GOLDMANN

Hinweise für den Benutzer:

Diese Ausgabe gibt den Stand vom 1. Mai 1992 wieder. Die Ziffern am oberen Rand der Seiten verweisen auf die Nummern der Gesetze und auf die Paragraphen oder Artikel.

Die in eckigen Klammern [] gesetzten Paragraphenüberschriften und sonstigen Zusätze sind nicht Bestandteile der Gesetze.

Die Orthographie der Originalurkunden wurde der heute gebräuchlichen Rechtschreibung angeglichen; ansonsten wurde die authentische Schreibweise nach den Originaldokumenten auch dann beibehalten, wenn sie nach dem heutigen Sprachgefühl fremd erscheinen mag.

Beim Zitieren von Gesetzen wird nur die Bezeichnung „Art." für den Artikel oder „§" für den Paragraphen verwendet. Absätze werden durch römische, Sätze durch arabische Ziffern angezeigt.

Fundstellen, in denen Gesetze nachgewiesen werden, geben jeweils die Seite des Gesetzblattes an, auf welcher das Gesetz beginnt.

Verfassungen und Gesetze, die bereits außer bzw. nie in Kraft getreten sind (Nr. 1 bis 5 und Nr. 7 und 9), sind in ihrer ursprünglichen Fassung abgedruckt; spätere Änderungen werden in Fußnoten angemerkt. Die Verfassung gemäß Nr. 8 ist in der Fassung abgedruckt, die sie vor Beginn des Prozesses hatte, der am 3. 10. 1990 zur Vereinigung Deutschlands geführt hat; in der Zwischenzeit ergangene Gesetze und Beschlüsse zur Änderung bzw. Ergänzung dieser Verfassung sind im Anhang B) dokumentiert. Eine noch in Kraft befindliche Verfassung (Nr. 6) gibt den jeweils neuesten Stand entsprechend dem oben genannten Datum wieder.

DEUTSCHE VERFASSUNGEN

Völlig neu bearbeitete und erweiterte Auflage

Mit einer allgemeinen Einführung,
besonderen Erläuterungen zu den jeweiligen
dokumentierten Texten und einer Abhandlung
über „Politische, soziale sowie staats-
und völkerrechtliche Probleme
bei der Vollendung der Einheit
und Freiheit Deutschlands vor dem Hintergrund
der internationalen Rahmenbedingungen“

Herausgegeben von
Professor Dr. Rudolf Schuster

GOLDMANN VERLAG

Der Band *Deutsche Verfassungen*
lag in zwanzig Auflagen unter der
Titelnummer 8020 vor.

Karten S. 450–453 und 455: Werner Liebing
Karten S. 454 und 456: Astrid Fischer

Der Goldmann Verlag
ist ein Unternehmen der Verlagsgruppe Bertelsmann

Made in Germany · 8/92 · 1. Auflage dieser
völlig neu bearbeiteten und erweiterten Ausgabe

Umschlaggestaltung: Design Team München
Satz: Uhl + Massopust, Aalen
Druck: Pressedruck Augsburg
Verlagsnummer: 12393
Lektorat: Johannes Jacob/SK
Redaktion: Thomas May
Herstellung: Peter Papenbrok
ISBN 3-442-12393-3

Inhalt

Verzeichnis der Abkürzungen

a.a.O.	am angegebenen Ort (verwendet, wenn die Fundstelle bereits vorher vollständig zitiert worden ist)
Art.	Artikel
BGBl.	Bundesgesetzblatt
BVerfGG	Gesetz über das Bundesverfassungsgericht
BV	Verfassung des Freistaates Bayern
DDRV 49	Verfassung der Deutschen Demokratischen Republik vom 7. 10. 1949
DDRV 68	Verfassung der Deutschen Demokratischen Republik vom 6. 4. 1968
DDRV 74	Verfassung der Deutschen Demokratischen Republik vom 6. 4. 1968 i.d.F. vom 7. 10. 1974
DJ	Demokratie Jetzt
EDDRV 90	Entwurf: Verfassung der Deutschen Demokratischen Republik, vorgelegt vom Runden Tisch (Berlin) am 4. 4. 1990
EG	Europäische Gemeinschaft
GBl.	Gesetzblatt der Deutschen Demokratischen Republik
GG	Grundgesetz für die Bundesrepublik Deutschland
i.d.F.	in der Fassung
i.V.m.	in Verbindung mit
KSZE	Konferenz für Sicherheit und Zusammenarbeit in Europa
LDP	Liberal-Demokratische Partei
NATO	Nordatlantische Verteidigungsorganisation
NF	Neues Forum

n. F.	neue Fassung
PDS	Partei des Demokratischen Sozialismus
Pr.	Präambel
RGBl.	Reichsgesetzblatt
RGW	Rat für gegenseitige Wirtschaftshilfe (COMECON)
RV	Reichsverfassung von 1871
S.	Seite
SED	Sozialistische Einheitspartei Deutschlands
VNB	Verfassung des Norddeutschen Bundes
WEU	Westeuropäische Union
WRV	Weimarer Reichsverfassung

Einführung

Der Band „DEUTSCHE VERFASSUNGEN“ enthält nicht nur einige Texte, die als Verfassungsrecht noch in Geltung sind oder doch wenigstens bis vor kurzem in Geltung waren. Er soll vielmehr den Versuch ermöglichen, die Entwicklung gesamtstaatlicher Verfassungen in Deutschland zurückzuverfolgen bis zu ihren Anfängen. Deshalb ist mit der Reichsverfassung zu beginnen, die am 28. 3. 1849 in der Paulskirche zu Frankfurt beschlossen worden ist, auch wenn sie nie in Kraft getreten ist, obwohl sie zuletzt von 29 deutschen Staaten oder Freien Städten anerkannt worden war. Die Aufnahme von Auszügen aus der Preußischen Verfassungsurkunde vom 31. 1. 1850, der Verfassung eines Einzelstaates also, ist eine Ausnahme, die aber berechtigt erscheint, weil die Texte beispielhaft aufzuzeigen vermögen, wie nach dem Scheitern der bürgerlichen Revolution von 1848/49 die Restauration das Terrain zurückeroberte, das bereits endgültig aufgegeben zu sein schien, ja wie ihr Pendelschlag die Entwicklung weit hinter das Jahr 1848 zurückwarf. Die Reichsverfassung von 1871 war durch die wenigen abweichenden Stellen der Verfassung des Norddeutschen Bundes zu ergänzen, um das Werk BISMARCKS auch wirklich erklären zu können. Der Weimarer Reichsverfassung folgen unter Preisgabe des Rechtsstaatsprinzips die Reichstagsbrandverordnung und das sogenannte Ermächtigungsgesetz, das ihr nach langer Agonie den Todesstoß versetzt hatte. Dann kommt für zwölf Jahre nichts, weil in dieser Zeit keine Verfassung galt, sondern der unbeschränkte Wille eines einzelnen. In der Zeit nach dem Zweiten Weltkrieg teilten sich zunächst die Wege der deutschen Verfassungsgeschichte für die lange Dauer von über vier Jahrzehnten. Das GG auf der einen Seite, auf der anderen drei verhältnismäßig dicht aufeinanderfolgende Verfassungen sowie ein Entwurf für eine weitere, in allen wesentlichen Positionen radikal veränderte, weithin den Vorgaben des GG angepaßte Verfassung, der allerdings keinerlei rechtliche und wohl nicht einmal eine politische Wirkung entfalten konnte, weil es – bildlich ausgedrückt – bereits fünf Minuten nach zwölf war, als er am 4. 4. 1990 vorgelegt wurde: Der Weg des Beitritts der vormaligen DDR zur Bundesrepublik Deutschland, der schließlich am 3. Oktober 1990 0.00 Uhr vollzogen wurde, war auf beiden Seiten bereits beschlossene Sache.

Die Paulskirchenverfassung vom 28. 3. 1849

Sie war die erste bis zur Vollendung gediehene Verfassung für den deutschen Gesamtstaat. Ihre national-bürgerliche Konzeption hat von ihrer Anziehungskraft bis heute nichts eingebüßt, gelang es ihr doch, die Postulate von Freiheit, Gleichheit und nationaler Einheit auf einen Nenner zu bringen. Die Zeit war reif für eine solche Verfassung. Seit in der Französischen Revolution die bürgerliche Freiheit neu entdeckt worden war, seit auf dem Wiener Kongreß Träume von einem deutschen Nationalstaat zerronnen waren, seither bedurfte es nur eines zündenden Funkens, um die alte Ordnung aus den Angeln zu heben. Dieser Funke kam in der Februarrevolution aus Frankreich, wo am 24. 2. 1848 die Flucht und Abdankung des Bürgerkönigs Louis Philippe I. erzwungen worden waren.

Die Sicherung der bürgerlichen Freiheiten hielten die Frankfurter Verfassungsgeber offenbar für besonders dringlich. Durch das „Gesetz betreffend die Grundrechte des Deutschen Volkes“ wurde dieser Teil der Verfassung schon am 27. 12. 1848 vorweg in Kraft gesetzt (später Abschnitt VI §§ 130–189). Es überrascht nicht nur die ungewöhnliche Fülle grundrechtlicher Gewährleistungen, sondern auch die Festlegung ihrer Unbeschränkbarkeit: „... keine Verfassung oder Gesetzgebung eines deutschen Einzelstaates soll dieselben je aufheben oder beschränken können“ (§ 130). Es sollten fast genau 100 Jahre vergehen, bis mit dem GG eine deutsche Verfassung den Grundrechten wieder die Bedeutung beimißt (Art. 1 III, 19 II GG) wie seinerzeit die Paulskirchenverfassung. Dem vorgesehenen Reichsgericht waren Zuständigkeiten zugemessen (§ 126), wie sie erst wieder im GG beim Bundesverfassungsgericht auftreten, so auch die Zuständigkeit für „Klagen deutscher Staatsbürger wegen Verletzung der durch die Reichsverfassung ihnen gewährten Rechte“ (§ 126 g), vergleichbar der jetzigen Verfassungsbeschwerde (Art. 93 I 4a GG). Das Parlament, der Reichstag, sah zwei Häuser vor: das Staatenhaus, bestehend aus 192 Vertretern der 39 deutschen Staaten bzw. Freien Städte (§§ 86ff.), und das Volkshaus, bestehend aus den gewählten Abgeordneten des deutschen Volkes (§§ 93f.). Erstaunlich stark ausgeprägt trat die zentrale Reichsgewalt in Erscheinung. An der Spitze sollte ein „Kaiser der Deutschen" stehen (§§ 68ff.). Nicht zuletzt an der Weigerung des Königs von Preußen, die ihm angetragene Kaiserkrone anzunehmen, weil sie ihm mit dem „Ludergeruch der Revolution" behaftet zu sein schien, sollte schließlich die ganze Paulskirchenverfassung scheitern.

Die Preußische Verfassungsurkunde vom 31. 1. 1850

Am 5. 12. 1848 gab König Friedrich Wilhelm IV. dem Preußischen Staat eine Verfassung. Man nennt sie die „oktroyierte" Verfassung, weil sie dem Land vom König auferlegt worden war. Diese Bezeichnung ist mißverständlich, wenn man bedenkt, daß der König hier den Versuch unternahm, die bürgerliche Revolution mit einer Verfassung zu unterlaufen, die für damalige Verhältnisse einigermaßen erträglich schien. In bezug auf die Zusammensetzung der Ersten Kammer (Art. 63) und in bezug auf den Wahlmodus der Zweiten Kammer (Art. 67) hatte der König in der Verfassung selbst Vermerke anbringen lassen, die auf eine baldige Revision dieser Bestimmungen hinausliefen. In der Preußischen Verfassungsurkunde vom 31. 1. 1850 wurde über diesen beschränkten Auftrag zur Revision jedoch erheblich hinausgegangen. Nachdem die Wirren der Revolution überstanden waren, sollte das Rad der geschichtlichen Entwicklung kräftig zurückgedreht werden. Da die beiden Kammern jedoch bei diesem Vorhaben mitwirkten, wird die Verfassung von 1850 als eine „paktierte" Verfassung angesehen. Ein Vergleich des Grundrechtskatalogs der revidierten Preußischen Verfassung von 1850 mit dem der Paulskirchenverfassung zeigt erheblich restaurative Tendenzen. Dies kommt ganz besonders deutlich zum Ausdruck im Titel V „Von den Kammern". Die Erste Kammer sollte nunmehr zum Teil aus ernannten Mitgliedern bestehen, zum Teil aus gewählten (Art. 65). Diese Bestimmung ist jedoch nie zur Anwendung gekommen, weil die Zusammensetzung der Ersten Kammer durch königliche Verordnung vom 12. 10. 1854 neu geregelt wurde, und zwar ganz im Sinne der überkommenen feudalistischen Strukturen. Am 30. 5. 1855 schließlich wurde die Erste Kammer in „Herrenhaus" umbenannt. Für die Zweite Kammer wurde das Dreiklassenwahlrecht eingeführt. „Die Urwähler werden nach Maßgabe der von ihnen zu entrichtenden direkten Staatssteuern in drei Abteilungen geteilt, und zwar in der Art, daß auf jede Abteilung ein Drittel der Gesamtsumme der Steuerbeträge aller Urwähler fällt ... Jede Abteilung wählt besonders, und zwar ein Drittel der zu wählenden Wahlmänner" (Art. 71 I 2 u. VI). Bis auf den heutigen Tag ist das Preußische Dreiklassenwahlrecht das Paradebeispiel für ungleiche Wahl geblieben. Es verhinderte, daß die aufkommende Industriearbeiterschaft eine angemessene politische Vertretung im Preußischen Landtag erhielt.

Die Verfassung des Norddeutschen Bundes vom 16. 4. 1867 (VNB) und die Verfassung des Deutschen Reichs vom 16. 4. 1871 (RV)

Nachdem Preußen 1866 Österreich militärisch besiegt hatte, war die Entscheidung für einen Bundesstaat im Sinne der kleindeutschen Lösung gefallen. Dieser Bundesstaat wurde 1867 geschaffen und trug den Namen „Norddeutscher Bund". Bei der Schaffung der Verfassung des Norddeutschen Bundes war Bismarck peinlich genau darauf bedacht, daß alles vermieden wurde, was einen Beitritt der vier süddeutschen Länder Bayern, Württemberg, Baden und Hessen für seine Gebiete südlich des Mains erschweren könnte. So trat er den Bemühungen, einen Grundrechtskatalog in die Verfassung aufzunehmen, mit dem Hinweis entgegen, die daraus folgenden unitarischen Tendenzen könnten den Beitritt der süddeutschen Staaten behindern, für den die Verfassung eine eigene Beitrittsklausel enthielt (Art. 79 VNB; vgl. Art. 23 GG). Die Hegemonie Preußens war gesichert. Im Bundesrat führte Preußen 17 der 43 Stimmen. Zur Änderung der Verfassung war eine Mehrheit von zwei Dritteln der Stimmen auch des Bundesrates notwendig, so daß Preußen hier ein absolutes Vetorecht hatte. Das Präsidium des Bundes stand der Krone Preußens zu (Art. 11 VNB). Der Reichstag ging aus allgemeinen und direkten Wahlen mit geheimer

Abstimmung hervor (Art. 20 VNB), wobei hinzuzufügen ist, daß der Reichstag das Recht auf geheime Stimmabgabe gegen den Willen Bismarcks erzwungen hatte. Auch in bezug auf die Stellung des Bundeskanzlers nahm der Reichstag eine entscheidende Änderung am Konzept Bismarcks vor: Der Bundeskanzler sollte ursprünglich nur der Vorsitzende des Bundesrats und Leiter der Bundesratsgeschäfte sein. Der Reichstag jedoch entschied sich für die Ministerverantwortlichkeit des Bundeskanzlers. Damit war der Bundeskanzler zu einem unmittelbaren obersten Organ des Norddeutschen Bundes erhoben worden. Die Errichtung eines Verfassungsgerichts wurde abgelehnt, weil man der Ansicht war, daß sich Gerichte für die Erledigung politischer Streitfragen nicht eigneten.

Der gemeinsame Waffengang gegen Frankreich 1870 brachte Bismarck die Möglichkeit, die Erweiterung des Norddeutschen Bundes zum Deutschen Reich gegen anfängliche Widerstände süddeutscher Regierungen durchzusetzen. Am 18. 1. 1871 wurde der König von Preußen im Schloß von Versailles zum Deutschen Kaiser proklamiert. Die Verfassung des Norddeutschen Bundes wurde praktisch ohne nennenswerte Änderungen in die Verfassung des Deutschen Reiches überführt. Die Hegemoniestellung Preußens wurde dabei nicht angetastet: Preußen führte nunmehr 17 von 58 Stimmen, hatte aber dennoch ein Veto gegen Verfassungsänderungen, weil (auf Antrag Bayerns) nunmehr 14 Stimmen im Bundesrat genügten, um einer Verfassungsänderung entgegenzutreten. Nicht nur die Verfassung des Norddeutschen Bundes, sondern auch sein Wahlgesetz und eine große Zahl weiterer Gesetze wurden unverändert in Reichsgesetze überführt. Deshalb ist die Rechtsfrage immer wieder erörtert worden, ob es sich bei den Vorgängen im Jahre 1871 überhaupt um eine Reichsgründung gehandelt habe oder nicht vielmehr um eine Erweiterung des Norddeutschen Bundes um die vier süddeutschen Staaten unter gleichzeitiger Umbenennung in „Deutsches Reich", und zwar unter Wahrung seiner Identität als Völkerrechtssubjekt. Der König von Preußen führte nunmehr den Titel eines Deutschen Kaisers (Art. 11 I 1). Den süddeutschen Staaten, die mit dem Beitritt zögerten, wurden einige Reservatrechte eingeräumt. Vor allem Bayern bekam eine gewisse Vorrangstellung durch den Vorsitz im Ausschuß für auswärtige Angelegenheiten (Art. 8 III). Die Bismarcksche Reichsverfassung erfuhr kaum nennenswerte Änderungen, bis wenige Tage vor dem Zusammenbruch der deutschen Monarchie eine umfängliche Parlamentarisierung der Reichsgewalt in Kraft trat: Der Reichskanzler bedurfte nunmehr des Vertrauens des Reichstags, auch personelle Maßnahmen im Bereich der bewaffneten Macht wurden gegenzeichnungspflichtig, Kriegserklärungen wie Friedensverträge brauchten jetzt die Zustimmung des Reichstags.

Die Weimarer Reichsverfassung (WRV)

Die Lage, aus der heraus die WRV entstanden ist, war gezeichnet von dem Bemühen, notwendige und unvermeidbare Änderungen im Deutschen Reich in Ruhe und Ordnung herbeizuführen. Die äußeren wie die inneren Umstände ließen freilich nur wenig Hoffnung, daß dies gelingen könne. Militärisch war das Reich im Herbst 1918 am Ende. Im Inneren herrschte bittere Not und weitverbreitete Ratlosigkeit über die politische Zukunft des Landes. Nach einem halben Jahrhundert wirtschaftlicher Blüte und imperialer Machtentfaltung war das politische Deutschland ziemlich unvorbereitet am Punkte Null angelangt: das Parlamentarisierungsgesetz vom 28. 10. 1918 war viel zu spät gekommen, um der Einübung glaubhafter Volksherrschaft eine Chance zu lassen; die Hartnäckigkeit, mit der sich der Kaiser weigerte, für seine und des Kronprinzen Person abzudanken, zerschlug die Pläne, eine verfassungsrechtliche Kontinuität an der Spitze des Reiches doch noch zu bewahren; das Abtreten der regierenden Bundesfürsten von der politischen Bühne erschütterte die Idee des „ewigen Bundes", als welchen sich BISMARCKS Werk 1871 vorgestellt hatte (Präambel), und gab den latenten zentrifugalen Tendenzen im Gefüge der föderalistischen Ordnung des Reichs gefährlichen Aufwind. Die soziale Konfrontation schließlich hatte angesichts des großen Elends ein Ausmaß erreicht, das revolutionäre Entladungen beinahe unvermeidlich erscheinen ließ.

Unter diesen Bedingungen in erster Linie an eine unbedingte Verwirklichung der lange ersehnten Volksherrschaft zu denken und die Wirksamkeit der Reichsgewalt diesem Postulat unterzuordnen mußte den meisten politischen Führern jener Tage als ein nicht zu verantwortendes Risiko erscheinen. Selbst die Linke, sonst jeder Konzentration von personaler Autorität abgeneigt (EDUARD BERNSTEIN: Keinen Bonapartismus!), erkannte die Notwendigkeit an, dem Reich eine starke Spitze zu geben. MAX WEBER, der berühmte Soziologe, der zusammen mit dem liberalen Verfassungsjuristen HUGO PREUSS an den Vorarbeiten zur

Schaffung einer neuen Reichsverfassung beteiligt war, verlangte gar einen „plebiszitären Diktator der Massen“ als Oberhaupt des Staates, der imstande sein sollte, als Gegengewicht zum Parlament zu wirken. So entstand schließlich eine Verfassungskonstruktion, in der die Macht zwischen dem volksgewählten Parlament (Reichstag, Art. 22) und dem volksgewählten Staatsoberhaupt (Reichspräsident, Art. 41) ausbalanciert sein sollte. In ruhigen Zeiten hatten der Reichstag und die von ihm abhängige Reichsregierung die Geschichte des Landes zu bestimmen, in Notzeiten jedoch der mit ungewöhnlich weitreichenden Machtbefugnissen ausgestattete Reichspräsident. Zu diesen Kompetenzen zählten a) das Recht, den Reichstag aufzulösen, ohne dabei an das Vorliegen besonderer Gründe gebunden zu sein (Art. 25), b) das Recht, den Reichskanzler und auf dessen Vorschlag die Reichsminister zu ernennen und auch zu entlassen (Art. 53), c) das Recht, ein vom Reichstag beschlossenes Gesetz zum Volksentscheid zu bringen, d) beinahe diktatorische Vollmachten für den Fall des Notstandes (Art. 48) und schließlich e) der Oberbefehl über die gesamte Wehrmacht des Reichs (Art. 47). Die Vormachtstellung des Präsidenten ist also unübersehbar, wenn er auch für alle Anordnungen und Verfügungen an das Erfordernis der Gegenzeichnung durch den parlamentarisch verantwortlichen Reichskanzler oder Reichsminister gebunden war (Art. 50). Auf die schwache Stellung des Parlaments unter solchen Bedingungen hatte schon Thomas Hobbes zutreffend hingewiesen: „Immer dann, wenn das Auflösungsrecht bei einer Instanz außerhalb des Parlaments liegt, hat diese Instanz auch das Recht, das Parlament – einschließlich der Kontrollfunktion des Parlaments – zu kontrollieren.“ Das institutionelle Gegengewicht des Reichstags, gegen den Reichspräsidenten vor dem Staatsgerichtshof Anklage erheben zu können, hat dagegen nie praktische Bedeutung erlangt.

Die Stellung der Reichsregierung war gekennzeichnet durch Abhängigkeit nach beiden Seiten: Sie wurde vom Reichspräsidenten gebildet (Art. 53), bedurfte aber zu ihrer Amtsführung des Vertrauens des Reichstags, und zwar sowohl der Reichskanzler als auch die einzelnen Reichsminister (Art. 54). Allerdings war die Abhängigkeit der Reichsregierung vom Reichstag dadurch abgeschwächt, daß es einer ausdrücklichen Vertrauensaussage nicht bedurfte. Vielmehr wurde nach damals herrschender Auffassung so lange unterstellt, daß die Reichsregierung das Vertrauen des Reichstags besaß, bis das Gegenteil durch ein Mißtrauensvotum des Reichstags bewiesen worden war. Diese Interpretation öffnete das Tor für den mehrfach gebrauchten Ausweg, Präsidialkabinette zu tolerieren, wenn die Schwierigkeiten, parlamentarische Mehrheitsregierungen zu bilden, nicht mehr zu überwinden waren. Die Grundidee der Verfassungskonstruktion, zwei unmittelbar demokratisch legitimierte Staatsorgane im Gleichgewicht zu halten, zeigt sich deutlich in der Bestimmung, die dem Präsidenten das Recht einräumte, ein vom Reichstag beschlossenes Gesetz zum Volksentscheid zu bringen, wenn er es nicht unterzeichnen wollte. In diesem Fall einer institutionellen Krise blieb nur der Weg, an den Auftraggeber beider Institutionen, den Wähler, zu appellieren.

Die Stellung der Länder hatte in der WRV erheblich an Gewicht verloren. Der Reichsrat hatte gegen vom Reichstag beschlossene Gesetze nur die Möglichkeit des Einspruchs, der aber in diesem Fall mit Zweidrittelmehrheit vom Reichstag ausgeräumt werden konnte (Art. 74).

Enttäuschend ist in der Weimarer Reichsverfassung die Stellung der Grundrechte. Nur wenigen wurde der Rang unmittelbar geltenden Rechts eingeräumt. Bei der Verfassungsschöpfung zeigte sich deutlich der Einfluß des Rechtspositivismus, der Menschenrechte nicht anerkennen konnte, deren Geltung in überpositiven Rechtsquellen begründet ist.

Zu zentraler Bedeutung erwuchs gegen Ende der Weimarer Zeit die Bestimmung über die Diktaturbefugnisse des Reichspräsidenten (Art. 48). Schon der erste Reichspräsident, der Sozialdemokrat FRIEDRICH EBERT, hatte diesen Artikel kräftig einsetzen müssen, um in den Wirren der ersten Nachkriegsjahre Ruhe und Ordnung im Reich aufrechterhalten zu können. Als im Gefolge der weltweiten Wirtschaftskrise im Jahr 1930 die wirtschaftlichen und sozialen Verhältnisse im Reich immer schneller an Stabilität verloren, begann sich die WRV mehr und mehr auf die Anwendung des Art. 48 zurückzubilden. CARL SCHMITTS Satz: „Souverän ist, wer über den Ausnahmezustand entscheidet“ gibt verkürzt, jedoch zutreffend die Verfassungswirklichkeit der letzten Jahre der Weimarer Republik wieder: eine völlige Aushöhlung des Parlamentarismus mit entsprechendem Machtzuwachs beim Reichspräsidenten.

Die Reichstagsbrandverordnung und das Ermächtigungsgesetz

Hatten schon die Präsidialkabinette unter PAPEN und SCHLEICHER vom Grundsatz der Rechtsstaatlichkeit nur eine formale Fassade übriggelassen, so wurde diese Entwicklung weit über die Grenze des Erträglichen fortgeführt, nachdem mit der „Verordnung des Reichspräsidenten zum Schutz von Volk und Staat" vom 28. Februar 1933, der sogenannten Reichstagsbrandverordnung, der grundrechtlich gesicherte Bereich der Bürger drastisch beschnitten und damit den Inhabern der Staatsgewalt praktisch jede Maßnahme zur Sicherung ihrer Stellung in die Hand gegeben worden war. Durch drakonische Strafen im Bereich des politischen Strafrechts, die zu einer Inflation der Todesstrafe führten, wurde damit die rechtliche Grundlage geschaffen, auf die sich die nationalsozialistischen Machthaber immer wieder berufen sollten. Bedroht von Gewaltanwendung und unter Verletzung geltenden Rechts beschloß der Reichstag das verfassungsändernde „Gesetz zur Behebung der Not von Volk und Reich", das sogenannte Ermächtigungsgesetz, durch das die WRV am 24. März 1933 faktisch aufgehoben war.

Der Regierung wurden damit Tür und Tor für Willkürakte jeglicher Art geöffnet. Nur die Einrichtungen des Reichstages und des Reichsrats sowie die Rechte des Reichspräsidenten sollten geschützt sein. Es brauchte nicht einmal ein Jahr, bis mit der Aufhebung der Länder selbst dieser Damm gebrochen war. Das Ermächtigungsgesetz hatte die Aufgabe, für die Entwicklung der nationalsozialistischen Herrschaft den Schein formaler Verfassungsmäßigkeit zu besorgen. Deshalb wurde das Ermächtigungsgesetz am 30. Januar 1937 auch formal und am 10. Mai 1943 durch Führererlaß auf unbestimmte Zeit verlängert, als von der WRV nur noch eine blasse Erinnerung übriggeblieben war. Für positivistisch denkende Juristen aber gab dieses Ermächtigungsgesetz das für ihr Selbstverständnis notwendige Alibi, auch in einer Willkürherrschaft Dienst zu tun.

Deutschlands Weg in die Teilung

In den zwölf Jahren der nationalsozialistischen Herrschaft war die Verfassung durch den Willen des Führers ersetzt. Mit der bedingungslosen Kapitulation der deutschen Wehrmacht am 8. 5. 1945 fand dieser Zustand sein Ende. Spätestens mit der Verhaftung der letzten Reichsregierung unter Führung des Großadmirals DÖNITZ gab es in Deutschland keine zentrale Staatsgewalt mehr. Die Frage nach dem Fortbestand des deutschen Staates war damit aufs höchste aktuell geworden, denn nach der herkömmlichen Staatslehre sind Staatsvolk, Staatsgebiet und Staatsgewalt unabdingbare Elemente jeder Staatlichkeit. Die oberste Regierungsgewalt in Deutschland war von den Vertretern der vier Siegermächte übernommen worden. Schon in der Berliner Erklärung vom 5. 6. 1945 legten die Alliierten jedoch verbindlich fest, daß dies nicht die Annektierung Deutschlands bewirke. Im Potsdamer Abkommen vom 2. 8. 1945, das am Ende der ersten großen Nachkriegskonferenz von den Regierungschefs der Vereinigten Staaten, Großbritanniens und der Sowjetunion abgeschlossen worden war, heißt es im dritten Abschnitt unter Nr. 14: „Während der Besatzungszeit ist Deutschland als eine wirtschaftliche Einheit zu betrachten." Aus der Erklärung der Alliierten vom 5. 6. 1945 ergibt sich, daß Deutschland innerhalb seiner Grenzen, wie sie am 31. Dezember 1937 bestanden, gemeint war. All diese Erklärungen der Alliierten waren von größter Bedeutung, denn sie ermöglichten es den deutschen Politikern, vom Fortbestand des deutschen Staates auszugehen. Ein solches Bekenntnis zur Kontinuität wurde von allen politischen Gruppierungen Deutschlands als Basis ihrer politischen Tätigkeit in den Vordergrund gestellt. Mögen die Motive, die diesem Bekenntnis zugrunde lagen, weit auseinandergegangen sein, im Ziel war man sich zunächst einig.

Die weltpolitische Entwicklung führte bald zu einer völligen Verkehrung der Fronten. Die Anti-Hitler-Koalition brach auseinander, als der gemeinsame Feind besiegt und der erste Rausch des Sieges vorübergegangen war. Schon im Jahre 1946 bildeten sich die neuen Fronten heraus: auf der einen Seite der von den Sowjets beherrschte Block, auf der anderen Seite die Länder, die entschlossen waren, nicht kommunistisch zu werden und sich der Führungsmacht USA anzuvertrauen. Diese Entwicklung zeigte ihre Folgen auf dem Gebiet der Deutschlandpolitik: Bald war keine der beiden Seiten mehr daran interessiert, ihr deutsches

Faustpfand aus der Hand zu geben. Jede der beiden Seiten trachtete danach, das ihr zugefallene Gebiet möglichst schnell und nachhaltig im eigenen politischen Sinne zu stabilisieren. Die drei westlichen Alliierten gingen daran, ihre Besatzungszonen zu vereinigen, um ein politisch und wirtschaftlich lebensfähiges Gebilde zu schaffen. Die Sowjetunion ließ nichts unversucht, um die politische Entwicklung ihrer Zone nach außen hin abzuschirmen. In beiden Gebieten waren deutsche Politiker aufgerufen worden, sich an den Vorarbeiten für die Schaffung einer deutschen Verfassung zu beteiligen. Das vorläufige Ende dieser Entwicklung brachte der Herbst 1949: Im Westen konstituierte sich die Bundesrepublik Deutschland auf der Basis des Grundgesetzes vom 23. 5. 1949, im Osten die Deutsche Demokratische Republik auf der Basis ihrer Verfassung vom 7. 10. 1949. Der Weg Deutschlands in die staatliche Teilung war beschritten.

Die Aussagen zum Fortbestand des überkommenen deutschen Staates mußten nun differenziert werden, wenn die Entwicklung bis zum Jahre 1949 eingefangen werden sollte. Das bloße Bekenntnis zur Kontinuität („... von dem Willen beseelt, seine nationale und staatliche Einheit zu wahren", Präambel GG) reichte dafür nicht mehr aus. Im wesentlichen standen sich zwei Denkmodelle gegenüber, die geeignet waren, das staatliche Selbstverständnis auf der Basis der Kontinuität zu erklären: die Identitätstheorie und die Teilordnungs- oder Dachstaattheorie. Letztere sieht in dem handlungsunfähigen oder organlosen Gesamtstaat, dem „Reichsdach", den Gegenstand der Kontinuitätsfeststellung. Die Bundesrepublik Deutschland und die Deutsche Demokratische Republik (dazu vielleicht noch Westberlin) erscheinen als Teilordnungen dieses Gesamtstaates „Deutschland", in dem sich zwar ideologisch diametral entgegengerichtete Herrschaftssysteme etabliert haben, die gleichwohl noch immer von Rechts wegen in der Pflicht gegenüber dem Ganzen stehen. Dabei ist es zunächst gleich, ob solche Bindungen freiwillig angenommen oder durch die Vorbehaltsrechte aller vier Alliierten in bezug auf Deutschland als Ganzes aufrechterhalten werden. Die Identitätstheorie ist vom Bundesverfassungsgericht im Konkordatsurteil vom 26. 3. 1957 präzis definiert worden: „Wenn auch die durch das Grundgesetz geschaffene Organisation vorläufig in ihrer Geltung auf einen Teil des Reichsgebiets beschränkt ist, so ist doch die Bundesrepublik Deutschland identisch mit dem Deutschen Reich." Deshalb auch konnte sich Dr. Adolf Arndt, Kronjurist der damaligen Opposition, am 31. 3. 1950 im Deutschen Bundestag dagegen verwahren, so zu tun, „als ob die Bundesrepublik ein anderer Staat als der deutsche Gesamtstaat wäre", und am 4. 12. 1952 am selben Ort hinzufügen: „Denn die Bundesrepublik umfaßt auch Saarbrücken, Groß-Berlin, Dresden, Breslau und Königsberg." Die Identitätstheorie geht also von der Annahme aus, daß das von dem Grundgesetz für die Bundesrepublik Deutschland reorganisierte Gebiet kleiner ist als das völkerrechtlich definierte Territorium des Staates Bundesrepublik Deutschland. Das GG betont deshalb, daß die Verfassungsschöpfer nur „für eine Übergangszeit eine neue Ordnung zu geben" beabsichtigten (Präambel), daß es also nur ein Provisorium begründet und durch eine Beitrittsklausel (Art. 23) einen Weg offenhält, diese Anomalie einer Inkongruenz von Staats- und Verfassungsgebiet zu beenden. Es besteht kein Zweifel, daß die Identitätstheorie über eine lange Zeit hinweg von allen Parteien im Deutschen Bundestag als Basis ihrer Deutschlandpolitik anerkannt gewesen ist. Erst im zweiten Jahrzehnt ihrer Geltung begann sie durch äußere Zwänge mehr und mehr ihre Wirksamkeit einzubüßen, weil ihre Grundannahmen Fortschritte in der Deutschlandpolitik unmöglich zu machen schienen. Bundeskanzler WILLY BRANDT vollzog dann in seiner Regierungserklärung vom 28. 10 1969 die totale Wendung: Er wählte als Fundament seiner neuen Deutschlandpolitik das Modell einer stark abgeschwächten Dachtheorie. Im Völkerrecht werden Rechtsverhältnisse am Grad ihrer Effektivität gemessen. Die kritische Frage war seit jeher, was eigentlich an dem „Reichsdach" noch effektiv sein sollte, wo sich Bindungen der Teile gegenüber dem Ganzen überhaupt noch nachweisen lassen würden. Das Bekenntnis zur Einheit der Nation, von der DDR ohnehin klar verweigert, konnte verfassungsrechtlich nicht tragen. Der Hinweis auf die Vorbehaltsrechte der Alliierten mochte gerade noch geeignet sein, eine verfassungsrechtliche Begründung für den Hausgebrauch zu liefern. In den internationalen Beziehungen galt die Teilung Deutschlands allseits als akzeptiert, seit die Vertreter von zwei souveränen deutschen Staaten in der Vollversammlung der Vereinten Nationen als gleichartige, gleichwertige und gleichberechtigte Partner auftraten. Unbeschadet der unscharfen salvatorischen Klauseln, die von den politisch Verantwortlichen der Bundesrepublik Deutschland aus Achtung vor den klaren Postulaten des Grundgesetzes immer und überall geltend gemacht wurden, war es wohl realistisch, zur Kenntnis zu nehmen, daß die Staaten dieser Welt seit dem Inkrafttreten des „Vertrages über die Grundlagen der Beziehungen zwischen der Bundesrepublik Deutschland und der Deutschen Demokratischen Republik" vom 21. 12. 1972 von der staatlichen Zweiheit Deutschlands ausgingen. Nebensächlich blieb dabei, ob sie einen Untergang des überkommenen deutschen Staates im Wege der Zergliederung (Dismembration) oder eine Abspaltung der DDR vom fortbestehenden überkommenen deutschen Staat, der Bundesrepublik Deutschland, (Separation) annahmen.

Damit war faktisch ein entscheidender Dissens zwischen den beiden Teilen Deutschlands ausgeräumt, denn die DDR war schon seit dem Jahre 1956 davon ausgegangen, daß das Deutsche Reich untergegangen ist und an seine Stelle zwei neue Staaten getreten sind, die im Wege völkerrechtlicher Universalsukzession die Rechte und Pflichten des Deutschen Reichs „geerbt" haben. Vorher hatte auch die DDR den Versuch unternommen, sich auf dem Boden der Kontinuität mit dem deutschen Staat zu identifizieren und sich als „das deutsche Kerngebiet" zu präsentieren (Wilhelm Pieck am 7. 10. 1949 vor der Volkskammer). Davon geben vor allem die erste Aussage der DDRV 49 („Deutschland ist eine unteilbare Republik" Art. 1 I), aber auch zahlreiche weitere Aussagen Zeugnis (Art. 1 IV; 25 I u. II; 114; 118 I u. II 2). Da sich dieser Ansatz angesichts der Verfassungswirklichkeit in der DDR nach außen kaum glaubhaft und mit Aussicht auf internationale Anerkennung darstellen ließ, folgte schon gut ein Jahr später der abrupte Bruch: Die DDR leugnete jedwede Kontinuität und empfand „eine Identifizierung beider Staaten (d. h. der DDR und des Deutschen Reichs) mit ihren diametral entgegengesetzten Funktionen und Zielrichtungen (als) eine unerträgliche Diffamierung unserer neuen antifaschistisch-demokratischen Staatsordnung" (so ein Urteil des Obersten Gerichts der DDR vom 31. 10. 1951). Anfang 1956 erfolgte schließlich die Festlegung, neben der Bundesrepublik Deutschland Teilrechtsnachfolger des untergegangenen Deutschen Reiches zu sein.

Das Bonner Grundgesetz (GG)

Dem Bonner Verfassungsgeber waren 1948/49 zwei Ziele besonders wichtig gewesen: Das Bonner Grundgesetz sollte, wie bereits ausführlich darzulegen war (S. 20ff.), in jedem Fall klarmachen, daß kein neuer westdeutscher Separatstaat geschaffen worden ist, sondern daß unbeirrt am Fortbestand des überkommenen deutschen Staats festgehalten werden sollte. Das andere Ziel war, aus den Fehlern der Weimarer Republik zu lernen und in der Verfassung selbst Vorsorge zu treffen, daß die zweite deutsche Republik bessere Überlebenschancen haben würde als ihre Weimarer Vorgängerin. Im Gegensatz zur WRV, die vor dem Hintergrund des Rechtspositivismus um absolute Wertneutralität bemüht war, betont das GG geradezu, daß der in ihm zum Ausdruck gekommene Grundkonsens der westdeutschen Nachkriegsgesellschaft auf unverrückbaren, von allen relevanten Gruppen auch anerkannten Wertvorstellungen beruht: a) auf dem Satz von der Würde des Menschen (Art. 1), der es verbietet, Menschen zu bloßen Objekten hoheitlichen Handelns zu machen; b) auf dem Satz vom Recht eines jeden auf freie Entfaltung seiner Persönlichkeit (Art. 2 I), der mit lückenfüllender Kraft die Vielzahl liberaler Freiheitsrechte überwölbt und gleich ihnen unmittelbar geltendes (Art. 1 I), in seinem Wesensgehalt nicht antastbares (Art. 19 II) Recht ist; c) auf dem Gleichheitssatz (Art. 3 I), der mit seiner detaillierenden Aufzählung von Eigenschaften, um derentwillen „niemand... benachteiligt oder bevorzugt" werden darf (Art. 3 III), das Verbot von Willkür kräftig unterstützt; d) auf dem Postulat der Sozialstaatlichkeit, das allerdings auffallend vage gehalten ist (Art. 20 I, 14, 15) und deshalb angesichts der ständig wachsenden Sachzwänge einer technologisch-industriell bestimmten Gesellschaft kritische Gleichgewichtsstörungen im Verhältnis zur umfänglich geschützten Individualsphäre auslösen mußte; e) auf dem Bekenntnis zur Souveränität des Volkes und zu einem demokratischen Herrschaftssystem, das mündigen Bürgern noch immer die beste Möglichkeit zur Teilhabe an den Angelegenheiten der *res publica* bietet; f) auf der Festlegung auf den Grundsatz der Rechtsstaatlichkeit (Art. 20 III), der durch das Gewaltenteilungsprinzip gestützt (Art. 20 II 2) und durch die grundrechtliche Sicherung eines (fast) lückenlosen Rechtsschutzes bei Verletzungen von Rechten durch die öffentliche Gewalt vervollständigt wird (Art. 19 IV). Der Prozeß der politischen Willensbildung ist grundsätzlich offen (Art. 21 I 2), doch hat die Freiheit dort ihr Ende, wo der beschriebene Grundkonsens, die freiheitlich demokratische Grundordnung, beeinträchtigt oder beseitigt werden soll. Das Grundgesetz bekennt sich zur „abwehrbereiten Demokratie" (Art. 21 II, 9 II, 18). Dieser Grundkonsens ist im übrigen auch dadurch geschützt, daß die Normen, die die oben beschriebenen Wertvorstellungen zum Inhalt haben, vor jedwedem Zugriff im Wege der Verfassungsänderung geschützt sind (Art. 79 III, 19 II) – ein Verfahren, das unter dem Aspekt der Volkssouveränität zumindest nicht ganz unbedenklich erscheint. Dies ist vor allem deshalb der Fall, weil in den absolut änderungsfesten Verfassungskern auch Grundsätze aufgenommen worden sind, die keineswegs den Rang unabänderlicher Aussagen beanpruchen können (wie z. B. das Bekenntnis zum föderalistischen Prinzip).

Zum ersten Mal wird die Funktion der politischen Parteien positiv gewürdigt: Sie „wirken bei der politischen Willensbildung des Volkes mit" (Art. 21 I 1). Damit fanden sich die Parteien als Institutionen der Gesellschaft in die Rolle von „Quasi-Staatsorganen" (so das Bundesverfassungsgericht) versetzt. Das brachte freilich für den dynamischen Charakter des politischen Prozesses nicht unerhebliche Probleme mit sich; auf die Praktiken der Parteienfinanzierung und – damit verbunden – auf die Chancen der freien Gründung neuer Parteien (Art. 21 I 2) sei in diesem Zusammenhang nur hingewiesen.

Auch im Institutionen-Teil erweist sich das GG als eine Art von Antiverfassung zu Weimar. Die Befugnisse des Staatsoberhauptes (Bundespräsident) sind weitgehend auf repräsentative Aufgaben reduziert, im politischen Entscheidungsprozeß spielt er fast keine Rolle mehr. Um so mehr ist das Amt des Bundeskanzlers in den Vordergrund getreten. Er wird vom Bundestag gewählt (Art. 63 I), und nur er ist dem Bundestag unmittelbar verantwortlich. Hier zeigen sich die Spuren, die Weimar mit seinen meist instabilen Reichsregierungen hinterlassen hat, besonders deutlich: Der Bundeskanzler und damit die Bundesregierung können vom Bundestag nur im Wege des „konstruktiven Mißtrauensvotums" abgelöst werden, das heißt *uno actu* durch die Wahl des Nachfolgers (Art. 67). Die Gefahr ständiger Regierungskrisen schien so auf ein Minimum reduziert, das Vorhandensein einer handlungsfähigen Regierung fast immer gesichert zu sein.

Die Errichtung eines Bundesverfassungsgerichts, dessen Zuständigkeit (Art. 93 I) in sehr vielen Punkten an die des Reichsgerichts der Paulskirchenverfassung erinnert (Art. 126), dient dem Ausbau des Rechtsstaats und soll vor allem sicherstellen, daß die Bindung des Gesetzgebers an die Verfassung (Art. 20 III) wirksam kontrolliert werden kann. Die Möglichkeit, eine abstrakte Normenkontrollklage zu erheben (Art. 93 I Nr. 2), ist zum stärksten Kontrollmittel der in Opposition befindlichen Minderheit des Parlaments geworden und hat damit bereits im Gesetzgebungsverfahren eine erhöhte Beachtung der verfassungsrechtlichen Grenzen zur Folge.

Die deutschen Länder, deren Vertreter im Parlamentarischen Rat das GG schließlich geschaffen haben, sind in ihrer Stellung im Vergleich zur Bismarckschen RV zwar noch immer schwächer, im Vergleich zur WRV jedoch erheblich gestärkt worden. Der Bundesrat, das von den Landesregierungen gebildete Bundesorgan, muß in allen Angelegenheiten, die die Zuständigkeit der Länder berühren, seine Zustimmung erteilen, wenn ein Gesetz zustande kommen soll. Diese Zustimmungserfordernis gilt übrigens bereits dann, wenn nur ein Teil eines Gesetzes in Länderaufgaben eingreift. Bei Materien, deren Regelung dem Bund zukommt (Art. 73, 74, 74a), steht dem Bundesrat nur ein Einspruchsrecht zu, das vom Bundestag gegebenenfalls mit qualifizierter Mehrheit überstimmt werden kann. Um zu versuchen, bei Unstimmigkeiten zwischen den an der Gesetzgebung beteiligten Bundesorganen, dem Bundestag und dem Bundesrat, einen Ausgleich zu finden, ist der „Vermittlungsausschuß" (Art. 77 II) als eigenes, durchaus neuartiges Bundesorgan im institutionellen Geflecht des GG verankert. Zweifel am Staatscharakter der Länder, wie sie die WRV hervorrufen mußte, sind nicht zuletzt auch dadurch beseitigt worden, daß den Ländern im GG unentbehrliche Attribute echter Staatlichkeit gesichert wurden: eigenes Budgetrecht (Art. 109 I), eigene Steuerquellen (Art. 106 II) und eigene Finanzverwaltung (Art. 108 II).

Um zu einer Einheit derjenigen Gebiete des ehemaligen Deutschen Reichs zu gelangen, das als Bundesrepublik Deutschland kontinuierlich fortbesteht und als Subjekt des Völkerrechts mit dem Deutschen Reich identisch ist (siehe S. 20ff.), mußte der Rückgriff auf den in formaler Sicht völkerrechtlich unbezweifelbaren Gebietsbestand vom 31. Dezember 1937 einer neuen, den inzwischen gefestigten Gegebenheiten entsprechenden Aussage Platz machen, die nicht nur von den vier Siegermächten des Zweiten Weltkrieges, die sich „in bezug auf Deutschland als Ganzes" Vorbehaltsrechte gegenüber deutscher Souveränität gesichert hatten, sondern auch vor allem von Polen, aber auch von anderen Nachbarn Deutschlands als eine hinlänglich stabile Basis für eine dauerhafte Sicherung des Friedens in Europa akzeptiert werden könnte. Das GG, das nicht zufällig den Begriff „Wiedervereinigung Deutschlands" strikt vermieden und statt dessen in seiner Präambel dieses Ziel in der Aufforderung formuliert hatte, „die Einheit und Freiheit Deutschlands zu vollenden", ließ auch im zweiten Satz der Beitrittsklausel des Art. 23 GG den territorialen Umfang des Wiedervereinigungsgebotes offen: „In anderen Teilen Deutschlands ist es nach deren Beitritt in Kraft zu setzen." Welche „anderen Teile Deutschlands" konnten denn außer der vormaligen DDR noch gemeint sein? In Frage kommen nur der von der Sowjetunion annektierte nördliche Teil Ostpreußens sowie andere Gebiete des ehemaligen Deutschen Reiches jenseits von Oder und Görlitzer Neiße, die bereits 1945 unter dem

Vorbehalt endgültiger Regelung in einem Friedensvertrag unter die Verwaltung Polens gestellt und durch eine Vertreibung der deutschen Bevölkerung planmäßig „polonisiert“ worden waren. Diese *de facto* selbst von den allermeisten Deutschen hingenommenen Veränderungen im Osten des deutschen Staates nach einer Gewöhnung von 45 Jahren just in dem Augenblick *de jure* wieder zur Revision anzumelden, in dem zum ersten Mal wenigstens die tatsächlich noch von deutscher Bevölkerung besiedelten Teile eine höchst reale Chance für ihre Vereinigung hatten, hätte wohl unvermeidlicherweise bedeutet, diese Chance zu verspielen. Wohlbegründete juristische Annahmen hätten dann zur Verhinderung wohlbegründeter realistischer Schritte zur Lösung der deutschen Frage geführt und damit zugleich eine auf Dauer ausgerichtete Definition des europäischen Friedens unmöglich gemacht. Dies aber wollte außer den Funktionären der Vertriebenenverbände, die sich auf durchaus bedenkenswerte Rechtspositionen berufen konnten, niemand. Im „Vertrag über die abschließende Regelung in bezug auf Deutschland“ (Zwei-Plus-Vier-Vertrag) blieb den Beteiligten die gewiß undankbare, aber eben als eine bittere Folge deutscher Politik unter nationalsozialistischer Herrschaft nicht zu umgehende Aufgabe, wieder einmal den ethischen Grundsatz des Völkerrechts *Ex iniuria ius non oritur* durch den höchst praktischen Grundsatz von der normativen Kraft des Faktischen in seiner allgemein anerkannten Form des Effektivitätsprinzips im Völkerrecht zu substituieren.

Mit Vorbedacht war das GG 1948/49 eingebettet worden in den Verfassungsauftrag, „die Einheit und Freiheit Deutschlands zu vollenden“ (letzter Satz der Präambel), und in die Begrenzung seines zeitlichen Geltungsbereiches auf den „Tag, an dem eine Verfassung in Kraft tritt, die von dem deutschen Volke in freier Entscheidung beschlossen worden ist“ (Art. 146, letzter Artikel des GG). Um seine räumliche Offenheit für das Erreichen dieses Zieles zu unterstreichen, war festgelegt worden, daß für einen Beitritt zum GG eine rechtswirksame Erklärung des beitretenden Teils genügt, ohne daß dem Teil, für den das GG zunächst Geltung erlangen konnte (Art. 23 S. 1 GG), die Befugnis eingeräumt worden wäre, über Annahme oder Ablehnung des Beitritts zu entscheiden: „In anderen Teilen Deutschlands ist es nach deren Beitritt in Kraft zu setzen“ (Art. 23 S. 2 GG). Mit der Erfüllung dieses Verfassungsauftrages sollten diese drei Aussagen ihren Sinn verlieren. Nur blieb unklar, wann dies der Fall sein würde, denn die räumliche Ausdehnung, auf die er sich beziehen sollte, war eben gerade nicht definiert worden. Für eine Verwirklichung der Einheit Deutschlands mußte deshalb diese Unklarheit ausgeräumt werden.

Zwei-Plus-Vier-Vertrag und Einigungsvertrag

Der Zwei-Plus-Vier-Vertrag betrifft einen Sachverhalt, der im klassischen Völkerrecht in der Regel einem Friedensvertrag vorbehalten ist, wenn dieser Sachverhalt zuvor durch kriegerische Auseinandersetzungen in Frage gestellt worden ist. Er betrifft nämlich die endgültige Definition des Territoriums des überkommenen deutschen Staates nach dem Zweiten Weltkrieg. Im Gegensatz zu den meisten Staaten, die bis zum Ende des Zweiten Welktrieges in den Krieg gegen Deutschland eingetreten waren, inzwischen aber in bilateralen Verträgen den Kriegszustand de jure beendet haben, hatten sich die vier Mächte, die sich in ihrer Rolle als militärische Besatzungsmächte als die eigentlichen Sieger des Zweiten Weltkrieges betrachteten, nämlich die Vereinigten Staaten von Amerika, das Vereinigte Königreich von Großbritannien und Nordirland, die Union der Sozialistischen Sowjetrepubliken und – erst später, gewissermaßen ehrenhalber in diesen Kreis aufgenommen und mit einer eigenen Besatzungszone ausgestattet – die Französische Republik, ihre Zustimmung zu Fragen, die „Deutschland als Ganzes" betreffen, zunächst aus dem Rechtstitel der *occupatio bellica*, später aufgrund scheinbar vertraglicher Regelungen mit dem ehemaligen Feindstaat ausdrücklich vorbehalten („retain" bzw. „se réservent", siehe S. 67ff.). In dem Vertrag, dessen korrekte Bezeichnung „Vertrag über die abschließende Regelung in bezug auf Deutschland" auf dessen friedensvertraglichen Charakter eindeutig hinweist, mußte vor allem Klarheit über die endgültige territoriale Ausdehnung deutscher Staatlichkeit geschaffen werden. Dies geschah in seinem Art. 1, nach welchem „das vereinte Deutschland ... die Gebiete der Bundesrepublik Deutschland, der Deutschen Demokratischen Republik und ganz Berlins umfassen" wird und dessen „Außengrenzen ... die Grenzen der Deutschen Demokratischen Republik und der Bundesrepublik Deutschland sein" werden. Dann folgt das Kernstück des Vertrags: „Die Bestätigung des endgültigen Charakters der Grenzen des vereinten Deutschland ist ein wesentlicher Bestandteil der Friedensordnung in Europa." Es war nur folgerichtig, als Vertragspflicht der deutschen Seite festzuschreiben, daß die beiden deutschen Regierungen „sicherstellen (werden), daß die Verfassung des vereinten Deutschland keinerlei Bestimmungen enthalten wird, die mit diesen Prinzipien unvereinbar sind. Dies gilt dementsprechend für die Bestimmungen, die in der Präambel und in den Artikeln 23 Satz 2 und 146 des Grundgesetzes für die Bundesrepublik Deutschland niedergelegt sind."

Im „Vertrag über die Herstellung der Einheit Deutschlands" (Einigungsvertrag), der zeitlich parallel zu dem Zwei-Plus-Vier-Vertrag zwischen den beiden deutschen Regierungen ausgehandelt wurde, ist in Art. 4 unter der Überschrift „Beitrittsbedingte Änderungen des Grundgesetzes" demgemäß in Nr. 1 der Wortlaut der Präambel und in Nr. 6 der des Art. 146 entsprechend angepaßt, Art. 23 jedoch in Nr. 2 ersatzlos aufgehoben worden.

Da der Einigungsvertrag seinem Inhalt nach gravierende Eingriffe in die Verfassungen der beiden Vertragspartner zur Folge hat, wurde er auf beiden Seiten im parlamentarischen Gesetzgebungsverfahren der jeweils gültigen Rechtslage gemäß mit Zweidrittelmehrheit der zuständigen Institutionen in einer der Ratifikation völkerrechtlicher Verträge entsprechenden Weise gebilligt und damit zu innerstaatlichem Recht transformiert.

45 Jahre nach der bedingungslosen Kapitulation der deutschen Wehrmacht und damit der Einstellung aller militärischen Kampfhandlungen im Mai 1945 wurde durch die beiden genannten Verträge eine staats- wie völkerrechtliche Grundlage für den deutschen Staat geschaffen, die geeignet ist, für die Zukunft der Deutschen und ihrer Nachbarn, darüber hinaus für die Staaten Europas und die Staatengemeinschaften der ganzen Welt ein friedliches Zusammenleben auf der Basis gegenseitigen Vertrauens und gegenseitigen Vorteils auf eine unbestimmte Zeit zu gewährleisten.

Die Verfassung der DDR vom 7. 10. 1949 (DDRV 49)

Die 330 Abgeordneten des „Deutschen Volksrates“ standen vor der fast unlösbaren Aufgabe, der sowjetischen Besatzungszone 1949 eine Verfassung zu geben, die einerseits für das ganze Deutschland als annehmbar erscheinen sollte, die andererseits aber den Mindestbestand einer sozialistischen Ordnung zu enthalten und zu sichern hatte. Der erste Teil der Aufgabe wurde durch eindeutige Bekenntnisse zur Kontinuität des deutschen Staates (S. 20f.), aber auch durch eine unübersehbare Anlehnung an die Grundstrukturen der WRV bewältigt. War dieser Versuch, die DDRV 49 als mögliche gesamtdeutsche Verfassung darzustellen, überhaupt je glaubhaft zu machen gewesen, die Verfassungswirklichkeit der DDR machte ihn schnell zunichte und zeigte überdies deutlich die ihm zugedachte Alibifunktion, die Schuld an der Spaltung Deutschlands dem Westen zuzuschieben. Gestützt wurde dies durch sorgfältige Terminplanung, die immer darauf bedacht war, bei Schritten, die als ein Infragestellen der Einheit Deutschlands gedeutet werden konnten, der Bundesrepublik Deutschland zeitlich den Vortritt zu lassen.

Die Spannung zwischen Verfassungsrecht und Verfassungswirklichkeit, die keinem Verfassungsstaat erspart bleibt, sollte in der DDR bald in Dimensionen ausufern, die das geschriebene Verfassungsrecht zur Farce werden ließen. Als im Gesetz vom 23. 7. 1952 die Länder der DDR faktisch aufgehoben wurden, weil „das noch vom kaiserlichen Deutschland stammende System der administrativen Gliederung in Länder mit eigenen Landesregierungen sowie in große Kreise... die Lösung der neuen Aufgaben unseres Staates“ nicht gewährleiste (so die Präambel des Gesetzes), geschah dies, ohne auch nur eine Silbe der Verfassung zu ändern. So blieben die Länder als organlose Abstraktionen auch dann noch in der DDRV 49 (Art. 109ff.), als durch Gesetz vom 8. 12. 1958 die Bestimmungen über die Länderkammer aufgehoben worden waren (Art. 71–80). Auch der sehr knapp ausgefallene Bereich der freiheitlichen Grundrechte zeigt dieses absurde Verhältnis von Verfassungsrecht und Verfassungswirklichkeit, wenn man etwa bedenkt, daß die DDRV 49 bis zu ihrer Aufhebung am 6. 4. 1968 den Bewohnern der DDR das Recht einräumte auszuwandern (Art. 10 III) und den Gewerkschaften das Streikrecht gewährleistete (Art. 14 II).

„Höchstes Organ der Republik ist die Volkskammer“ (Art. 50, der im übrigen fast wörtlich mit der entsprechenden Stelle der sowjetischen Stalin-Verfassung von 1936 übereinstimmt). Die Volkskammer war nicht nur Gesetzgeber, sie hatte auch eine Richtlinienkompetenz (Art. 63 2), sie prüfte durch ihren Verfassungsausschuß die Verfassungsmäßigkeit von Gesetzen der Republik (Art. 66 III), was den Richtern ausdrücklich vorenthalten war (Art. 89 I), sie konnte die Richter des Obersten Gerichts und den Obersten Staatsanwalt abberufen (Art. 132 I). Die Bezeichnung „höchstes Organ" und die Fülle der Kompetenzen, die auf den Grundsatz der Gewaltenteilung keine Rücksicht nahmen, sollten nicht darüber hinwegtäuschen, daß die Volkskammer politisch ohne sonderliche Bedeutung blieb, denn ihre Kompetenzen waren in einem weitverzweigten System von Delegationen an Institutionen weitergegeben, in denen wirklich Herrschaft ausgeübt wurde. Ungewohnt nimmt sich auch die Prozedur der Regierungsbildung in der DDRV 49 aus (Art. 92). Sie ist eine Funktion des Blockwahlrechts, das unter Verletzung der verfassungsrechtlich gebotenen Grundsätze des Verhältniswahlrechts (Art. 51 II) außerhalb der Verfassung festgelegt ist.

Das ursprüngliche Staatsoberhaupt der DDR, der Präsident der Republik, war auf repräsentative Aufgaben beschränkt (Art. 101–108); er hatte noch weniger Befugnisse, als sie unter dem GG dem Bundespräsidenten zukommen. Mit dem Gesetz über die Bildung des Staatsrats vom 13. 9. 1960 wurde die Institution eines Präsidenten der Republik aus der DDRV 49 entfernt und durch Umverteilung der Kompetenzen eine Machtverschiebung von außergewöhnlichem Umfang vorgenommen. Der Staatsrat wurde ja nicht nur kollektives Staatsoberhaupt mit all den Aufgaben, die diesem üblicherweise zufallen, er gab auch allgemeinverbindliche Auslegungen der Gesetze, das heißt, er konkurrierte in dieser Funktion mit dem Obersten Gericht, und er erließ Beschlüsse mit Gesetzeskraft, das heißt, er wurde zum eigentlichen Normalgesetzgeber, der der Volkskammer nur Materien von besonderer Wichtigkeit oder Publizität überließ (Art. 106 n. F.). Die neue Institution des Staatsrates schien mehr oder weniger auf die Person ausgerichtet zu sein, die ihr erster Vorsitzender werden sollte, auf den Ersten Sekretär des ZK der SED, Walter Ulbricht.

Die Verfassung der DDR vom 6.4.1968 (DDRV 68)

1968 gab sich die DDR eine neue, in sich konsequent sozialistisch konzipierte Verfassung. Sie bezeichnet als verbindliches Staatsziel der DDR die Aufgabe, den Sozialismus zu verwirklichen (Art. 1 I 2). Aus dem Kontext ergibt sich, daß damit ein Sozialismus auf der Basis des Marxismus-Leninismus gemeint ist. Das Gedankengebäude des Marxismus-Leninismus, das mit dem Anspruch auftritt, objektiv richtige Antworten auf die Fragen nach der gesellschaftlichen Entwicklung geben zu können, ist die Quelle, aus der das Gemeinwohlmodell der DDR sich ableitet. Dieses Modell vom Gemeinwohl ist in der DDR-Verfassungswirklichkeit wie im DDR-Verfassungsrecht als Axiom akzeptiert, das heißt, es muß den Beweis für seine Richtigkeit nicht ständig neu erbringen. Der Satz: „Alle Macht dient dem Wohle des Volkes" (Art. 4) hat seinen Sinn in der Annahme, daß das Wohl des Volkes objektiv feststellbar sei. Es ist nur konsequent, wenn die politische Führung in der DDR nur denjenigen anvertraut wird, die in der Lage sind, das objektiv Richtige zu finden, und die willens sind, es auch zu verwirklichen. Deshalb ist in der DDRV 68 auch der Führungsanspruch „der Arbeiterklasse und ihrer marxistisch-leninistischen Partei" ausdrücklich verankert (Ar. 1 I 2). Der sozialistische Charakter der DDRV 68 zeigt sich vor allem in den Bestimmungen über die ökonomischen Grundlagen, die zugleich den Nachweis über die Fortschritte auf dem Weg zum Sozialismus erbringen sollen. „Die Volkswirtschaft der Deutschen Demokratischen Republik beruht auf dem sozialistischen Eigentum an den Produktionsmitteln. Sie entwickelt sich gemäß den ökonomischen Gesetzen des Sozialismus auf der Grundlage der sozialistischen Produktionsverhältnisse" (Art. 9 I 1 u. 2). Der sehr umfängliche Katalog von Grundrechten und Grundpflichten der Bürger (Art. 19ff.) ist nur im Rahmen der oben beschriebenen Systemprämissen sinnvoll zu interpretieren. „Jeder Bürger hat das Recht, das politische, wirtschaftliche, soziale und kulturelle Leben der sozialistischen Gemeinschaft und des sozialistischen Staates umfassend mitzugestalten" (Art. 21 I 1). Die einzelnen Grundrechte sind deshalb nicht Abwehrrechte gegen hoheitliche Willkür, wie dies in liberalen Verfassungsstaaten der Fall ist, sondern sie sind die verschiedenen Ausformungen des Grundrechts auf Mitbestimmung und Mitgestaltung. Es ist deshalb durchaus folgerichtig, daß die einzelnen Grundrechte Einschränkungen unterliegen, die sie auf streng systemkonforme Anwendung reduzieren.

Der demokratische Zentralismus ist das tragende Prinzip des Staatsaufbaus der DDR (Art. 47 II). Die DDRV 68 kann geradezu als perfektes Grundmodell zum Grundsatz der Gewaltenteilung bezeichnet werden. Der ohnehin mächtige Staatsrat bekam noch weitere Kompetenzen. Seine Funktionen in der Gesetzgebung und seine Aufgaben als Verfassungsgericht wurden bestätigt (Art. 71 II u. III). Hinzu kommt eine Art Richtlinienkompetenz, denn „der Staatsrat regelt die grundsätzlichen Aufgaben, die sich aus den Gesetzen und Beschlüssen der Volkskammer ergeben, durch Erlasse" (Art. 71 I). Dieser Machtzuwachs ging eindeutig zu Lasten des Ministerrats, der im Vergleich zum Regierungssystem der Bundesrepublik Deutschland ungefähr nur noch so etwas darstellte wie einen Ausschuß von Staatssekretären. Der Träger dieser Machtfülle war noch immer WALTER ULBRICHT, der als Erster Sekretär des ZK der SED und als Vorsitzender des Staatsrates in seiner Person ein Maß an Macht vereinigte, das selbst in totalitären Ländern selten ist. Am 3. 5. 1971 war WALTER ULBRICHT als Erster Sekretär des ZK der SED abgelöst worden, und schon am 16. 10. 1972 brachte sein Nachfolger ERICH HONECKER das „Gesetz über den Ministerrat der DDR" durch die Volkskammer, durch welches die Befugnisse des Ministerrates erheblich erweitert wurden, ohne daß der Staatsrat auch nur erwähnt worden wäre. Die Ära ULBRICHT hatte der Ära HONECKER Platz gemacht.

Nachdem mit der DDRV 68 eine Verfassung in Kraft getreten war, die sich als sozialistisch bezeichnen kann, konnte nunmehr die Möglichkeit verfassungsdurchbrechender Gesetze ausdrücklich ausgeschlossen werden (Art. 108 I).

Zur größten Überraschung betonte die DDRV 68 die Einheit der Nation an drei herausgehobenen Stellen. Schon in der Präambel wird betont, daß man sich „der Verantwortung der ganzen deutschen Nation" gegenüber wohl bewußt gewesen sei. Nach dem ersten Satz der DDRV 68 ist die DDR „ein sozialistischer Staat deutscher Nation" (Art. 11 I 1). An anderer Stelle findet sich der Wunsch nach „Überwindung der vom Imperialismus der deutschen Nation aufgezwungenen Spaltung Deutschlands" (Art. 8 II 2).

Die Verfassung der DDR i. d. F. vom 7. 10. 1974 (DDRV 74)

Zum 25. Geburtstag wurde der DDR nach gründlicher Revision die Verfassung in neuem Gewand präsentiert. Ein guter Teil ihrer Bestimmungen war mehr oder weniger gravierenden Änderungen unterzogen worden. Wenn sich die DDRV 74 auch der Form nach nur als eine neue Fassung der fortgeltenden DDRV 68 betrachtet, so kann doch der Sache nach ohne Übertreibung gesagt werden, daß die DDR im Jahre 1974 eine neue Verfassung bekommen hat, die sich nun wieder mehr an das sowjetische Vorbild hält.

Das vordringlichste Ziel scheint gewesen zu sein, alle Spuren zu tilgen, die das Bekenntnis zur Einheit der Nation in der DDRV 68 hinterlassen hatte. Nachdem die DDR-Führung schon beim Abschluß des Grundlagenvertrages (S. 22 f.) jedes Bekenntnis zur Einheit der Nation hartnäkkig verweigert hatte, ja sogar entschlossen schien, an dieser Frage die Verhandlungen scheitern zu lassen, war es nun an der Zeit, den Text der Verfassung entsprechend zu berichtigen.

Das Auffälligste an der neuen Verfassung war eine weitgehende Abwertung des Staatsrates. Walter Ulbricht war inzwischen gestorben und damit die Person von der politischen Bühne abgetreten, um derentwillen der Staatsrat Eingang in die Verfassung gefunden hatte. Dem Staatsrat verbleibt praktisch nur noch seine Funktion als kollektives Staatsoberhaupt. Der Staatsrat hat nicht mehr die Kompetenz, Gesetzesvorhaben auf ihre Verfassungsmäßigkeit zu überprüfen. Die neue Verfassung kennt auch den Begriff „Erlasse" nicht, das heißt, der Staatsrat hat keine Befugnis zur Gesetzgebung. Die Funktion eines Verfassungsgerichts kommt nunmehr ausschließlich der Volkskammer zu. Zugleich mit der Entmachtung des Staatsrates wurde die bereits 1972 durch das „Gesetz über den Ministerrat der DDR" eingeleitete Aufwertung der Regierung in der Verfassung verankert.

Eine erhebliche Verstärkung haben die Bindungen der DDR an die Sowjetunion und das sozialistische Lager erfahren. „Die DDR ist für immer und unwiderruflich mit der UdSSR verbündet" (Art. 6 II 1). Und weiter: „Die DDR ist untrennbarer Bestandteil der sozialistischen Staatengemeinschaft" (Art. 6 II 3). Auch in „der zielstrebigen Verwirklichung der sozialistischen ökonomischen Integration" (Art. 9 I 2) ist eine verstärkte Bindung an den Rat für gegenseitige Wirtschaftshilfe zu erblicken. Insgesamt ist zu diesem Teil zu bemerken, daß sich die DDRV 74 in eine beinahe devote Ergebenheit gegenüber der Sowjetunion verstiegen hat, und dies in einem Augenblick, als die DDR weltweit um ihre Anerkennung als souveräner, von anderen unabhängiger Staat bemüht war.

Bei ihren Versuchen, neben der Bundesrepublik Deutschland als zweiter deutscher Staat, das heißt als gleichartiges, gleichwertiges und gleichberechtigtes Subjekt des Völkerrechts, international anerkannt zu werden, war die damalige DDR gleichwohl gut vorangekommen: Bald unterhielten die meisten Staaten der Welt in Ostberlin diplomatische Vertretungen verschiedenen Ranges. Nur eines blieb der DDR verwehrt: Ihre Anbiederung an die Sowjetunion führte keineswegs zu einer Festigung der „brüderlichen Verbundenheit" der beiden Partner. Bei aller – freilich meist recht vordergründigen – Betonung ihrer ideologischen Gemeinsamkeiten begann sich in der Sowjetunion langsam, aber stetig die Einsicht durchzusetzen, daß angesichts der sich rapide verändernden Entwicklung – weg von starrem Ost-West-Konfrontationsdenken hin zu behutsamem Akzeptieren einer gewissen „Sicherheitspartnerschaft" – die DDR sich mehr und mehr als störender Faktor darstellte. Sie stemmte sich weiter gegen jede Alternative zu anderen, zukunftsorientierten Wegen der Außen- und Sicherheitspolitik mit den alten, längst unglaubhaft gewordenen Parolen des Kalten Krieges.

Als am 11. 3. 1985 Michail Sergejewitsch Gorbatschow nach dem Tode seines unbeweglichen, orthodox-konservativen Vorgängers Tschernenko zum Generalsekrektär der KPdSU gewählt worden war und ohne großes Zaudern auf eine grundlegende Umgestaltung (Perestroika) der sowjetischen Gesellschaft auf der Grundlage sehr weitgehender Transparenz (Glasnost) zusteuerte, zeigten sich die ersten Risse im Fundament der DDR; denn mit dem neuen außenpolitischen Kurs wurde auch die Breschnew-Doktrin aus dem Jahre 1968 aufgegeben. Nach ihr sollten die Staaten auf der Basis des „realsozialistischen" Systems der Hegemonialmacht dieses Blocks gegenüber sich jedenfalls nicht auf ihre je eigene Souveränität berufen können, wenn dabei die ideologische Solidarität – und zwar nach den Beurteilungsmaßstäben der Hegemonialmacht Sowjetunion – in Frage gestellt würde. Ungarn hatte schon 1956 die Folgen solchen Denkens zu spüren bekommen; 1968 war die ČSSR das Opfer. Als weiteres Beispiel soll an den 17. Juni 1953 in der DDR – in bezug auf ihre damalige Verfassungswirklichkeit wohl zutreffender als „sowjetische Besatzungszone“ zu bezeichnen – erinnert werden. Ausgerechnet anläßlich der Feierlichkeiten zum 40. Jahrestag des Bestehens der DDR stellte GORBATSCHOW klar, daß die Sowjetunion in den Prozeß der Auflösung des SED-Staates nicht eingreifen, es also zu einem neuen 17. Juni 1953 nicht kommen würde. Damit hatte der schlechthin bestimmende Faktor, der die DDR bisher zusammengehalten hatte, seine Wirkung verloren, nämlich die Furcht vor einem militärischen Eingreifen der Sowjetunion, das jeder noch so starken Opposition ohne viel Federlesens den Garaus hätte machen können. Die vielen oppositionellen Bürgerbewegungen und Foren fanden sich schließlich unter späterer Einbeziehung von Vertretern der alten Blockparteien in der verfassungsrechtlich nicht vorgesehenen, gleichwohl aber politisch mächtiger werdenden Institution des Runden Tisches zusammen. Sie bestimmten fortan immer mehr die Entwicklung des politischen Prozesses in der DDR. Gleichwohl arbeiteten daneben auch die formalen verfassungsmäßigen Institutionen des Landes auf den Gebieten der gesetzgebenden, der ausführenden und der rechtsprechenden Gewalt weiter. Eine streng koordinierte, ständige Zusammenarbeit der beiden Ebenen fand nicht statt, wohl aber kam es immer wieder punktuell zu gegenseitiger Abstimmung, wenn die Bewältigung bestimmter Probleme es notwendig erscheinen ließ. Vor allem auf dem Gebiet der Gesetzgebung ließ sich die Volkskammer durch die Arbeitsgruppe „Neue Verfassung der DDR“ des Runden Tisches kaum beeinflussen. Die Volkskammer machte sich vielmehr mit beachtlicher Energie an die Aufgabe, für die Zeit bis zum absehbaren Ende einer eigenständigen DDR durch nicht weniger als 13 Gesetze und einen Beschluß die DDRV 74 so zu ändern oder zu ergänzen, daß ein Mindestmaß an Rechtssicherheit für die Übergangszeit gesichert werden konnte. Diese entsprachen der Koalitionsvereinbarung der DDR-Regierungsparteien vom 12. April 1990: „Ziel der Koalitionspartner ist es, den Prozeß der Gestaltung der Einheit Deutschlands schnell und verantwortlich zu organisieren. Dieser Prozeß setzt rechtsstaatliche Strukturen voraus, die z. Z. nicht gegeben bzw. nicht wirksam sind. Um den inneren Frieden in unserer Gesellschaft zu sichern, bedarf es einer verfassungsrechtlichen Grundlage. Die Koalition tritt bei der weiteren Gestaltung der Verfassung für Übergangsregelungen ein, die sowohl die Verfassung von 1949 als auch den Verfassungsentwurf des Runden Tisches berücksichtigen." Dieses Ziel wurde nicht zuletzt deshalb erreicht, weil Art. 106 DDRV 74, der verfassungsdurchbrechende Gesetze – wie übrigens auch Art. 79 I 1 GG – ausdrücklich ausgeschlossen hatte, am 17. 6. 1990 „durch eine Regierung ersetzt (wurde), die das Gegenteil der bisherigen zum Inhalt hat. Anstelle des Verbots, Verfassungsänderungen ohne Änderungen des Wortlauts der Verfassung vorzunehmen, trat die Festlegung, der zufolge die Verfassung nur von der Volkskammer durch Gesetz geändert werden kann, das ausdrücklich als ‚Verfassungsgesetz' bezeichnet ist. ‚Verfassungsgesetze' können demnach die Verfassung ändern, ohne daß ihr Wortlaut geändert oder ergänzt wird. Ferner gilt, daß Staatsverträge der DDR und andere völkerrechtliche Verträge, soweit durch sie Verfassungsgegenstände berührt werden, durch ein ausdrücklich als ‚Verfassungsgesetz' bezeichnetes Gesetz zu bestätigen sind, das der Zustimmung von zwei Dritteln der Mitglieder der Volkskammer (verfassungsändernde Mehrheit nach Art. 63 Abs. 2 Satz 2 DDR-Verfassung) bedarf. Derartig bezeichnete Gesetze stehen also über dem Wortlaut der Verfassung. Sie sind ohne Rücksicht auf ihn verfassungskonform." Siegfried Mampel, einer der besten Kenner des DDR-Verfassungsrechts in Westdeutschland, bemerkt dazu in seinem Beitrag über „Das Ende der sozialistischen Verfassung der DDR" (Deutschland-Archiv 9/1990 S. 1391) treffend: „Trotz aller Bedenken gegen das Verfassungsgrundsätzegesetz und die Methode von partikulären Änderungen des Verfassungsrechts überhaupt verschafften sie der

Verfassung von 1968/1974 einen anderen Charakter. Ihr Ende als sozialistische Verfassung war noch vor dem Ende der DDR gekommen."

In der Darstellung „Der Runde Tisch" von Uwe Thaysen (Opladen 1990) heißt es unter V. „Der Runde Tisch als Exponent neuer/alter DDR-Identitäten?": „Am Runden Tisch schimmerte eine neue DDR-Identität auf, eine jetzt gegen die Bundesrepublik gerichtete Solidargemeinschaft. Werner Schulz (NF) trat der ansonsten von ihm und den anderen Oppositionellen bisher so massiv angegriffenen Regierung mit einem Satz zur Seite, den man als ein DDR-Stereotyp dieser Tage bezeichnen kann: ‚Wir haben auch etwas einzubringen. Wir sind nicht der kleine Michel...'" (S. 139). Und weiter: „Die deutsche Einheit ist auf dem Wege eines wechselseitigen Reformprozesses beider deutscher sozialer Sicherungssysteme in ihren positiven Grundzügen zu vollziehen." In diesem Geiste, sich „in der besten Tradition deutscher Sozialgesetzgebung... als Anwalt der DDR-Bevölkerung" (S. 36) zu sehen, legte am 4.4. 1990 die Arbeitsgruppe „Neue Verfassung der DDR" des Runden Tisches den

Entwurf: Verfassung der Deutschen Demokratischen Republik (EDDRV 90)

vor, was von dessen Vorsitzendem Gerd Poppe so begründet wurde: „Deshalb legt der Runde Tisch als der legitime Sachwalter derjenigen Kräfte, die die Erneuerung bewirkten, einen Entwurf für eine neue Verfassung vor, über dessen Annahme nach öffentlicher Diskussion ein Volksentscheid befinden soll. Dabei handelt es sich um eine Verfassung für die DDR, mit deren Annahme wir eine gegenüber der durch das Grundgesetz für die Bundesrepublik gegebenen gleichrangige und damit gleichberechtigte Ordnung schaffen. Mit diesem Entwurf einer neuen Verfassung tritt der Runde Tisch Bestrebungen entgegen, sich durch die Abgabe von Beitrittserklärungen einer anderen Verfassungsordnung, dem Grundgesetz der BRD, nach Artikel 23 zu unterwerfen. Wer auf einen solchen Weg der Einheit Deutschlands strebt (sic), verletzt... das Selbstwertgefühl und damit die Würde dieses Volkes..." (S. 146). Damit ist zugleich die Richtung angezeigt, in die die Vertreter des Runden Tisches die Entwicklung lenken wollten: „Die Vereinigung der beiden deutschen Staaten sollte sich als ein ‚paritätischer Vorgang' (GREGOR GYSI, PDS) vollziehen: Damit wurde die Erwartung bekundet, ‚daß im Einigungsprozeß ... nicht die Mehrheit der Bevölkerung der Bundesrepublik über die DDR entscheiden kann', wie GYSI erläuterte, und ‚daß die DDR sich gleichberechtigt in die Deutsche Einheit einbringt', wie HANS-PETER WOLF (LDP) hinzufügte. Das war ein Plädoyer für den möglichst weitgehenden Aufbau einer neuen DDR-Eigenständigkeit, um von dieser Position aus die Einheit – für einige gewiß mit dem unausgesprochenen Zusatz: wenn diese denn schon ‚nicht mehr aufzuhalten' sei – zu den für die DDR-Bevölkerung günstigsten Bedingungen zu erreichen. Es war ein Plädoyer für eine vorübergehend möglichst perfekte Zweistaatlichkeit als bestem Wege zur Einstaatlichkeit, und es war ein von WOLFGANG ULLMANN (DJ) zusätzlich eingebrachtes Plädoyer für den Artikel 146 GG als (vermeintlich einzigem) Verfassungspfad zu einer möglichst behutsam und langsam gewünschten Realisierung der Einheit" (S. 146f.). Auch der Vertreter der katholischen Kirche, MONSIGNORE DUCKE, gab seiner Hoffnung Ausdruck, „daß mit einem neuen einigen Deutschland wirklich etwas Neues entstehe, nicht nur eine Vergrößerung der jetzigen Bundesrepublik". GREGOR GYSI, der Vorsitzende der zur PDS gewandelten SED, wies darauf hin, daß die DDR „durchaus etwas einzubringen (habe). Der ‚dritte Weg' ist objektiv notwendig, um die Menschheitsprobleme zu lösen. KLAUS WOLFRAM (NF) sprach in diesem Sinne von einem ‚Vermächtnis' des Runden Tisches" (S. 147).

Die Volkskammer schlug das „Vermächtnis" des Runden Tisches freilich aus und lehnte es mit 179 gegen 167 Stimmen ab, den EDDRV 90 als Übergangsverfassung für die DDR zu akzeptieren und ihn einem Volksentscheid der DDR-Bevölkerung zu unterwerfen. Sie war nicht einmal bereit, ihn an die zuständigen Ausschüsse zu überweisen. Der Grund dafür war nicht sein sicher idealistischer, aber eben zugleich utopischer Ansatz. Es störte wohl auch nicht ein Strauß an Stilblüten, die so ganz die Handschrift einer juristischen Laienspielschar tragen. Eine Befassung unterblieb offenbar, weil die Volkskammer in dem Stadium des Einigungsprozesses, innerhalb dessen man sich zu dieser Zeit bereits auf dem Pfad des Beitritts gemäß Art. 23 GG befand, einen solchen Kraftakt verspäteter freiheitlicher demokratischer Selbstdarstellung für schlicht überflüssig hielt. Hinzu kamen Bedenken gegen den leicht erkennbaren Versuch, den Entwurf in seiner auf Zeitgewinn gerichteten, bremsenden Funktion nicht den doch wenigstens einigermaßen politisch bewußten Abgeordneten der künftigen Volkskammer zu überantworten, sondern ihn von einer Bevölkerung, der mehr als ein halbes Jahrhundert jede Einübung in demokratische Willensbildung verwehrt worden war und die demgemäß demagogischen Einflüssen leichter zugänglich zu sein schien, in einem scheinbar unzweifelhaft demokratischen Verfahren auf plebiszitäre Weise legitimieren zu lassen.

Vor allem der Sprecher der SPD bei der Verfassungsdiskussion am Runden Tisch, RICHARD SCHRÖDER, „verwies mehrfach auf den fragwürdigen Status der Beratungsunterlagen und Entscheidungsvoraussetzungen: ‚... das wird nicht von der gesamten Arbeitsgruppe etwa getragen. Es ist eigentlich mißlich, daß hier so ein Mittelding von... Redaktionsgruppe-verantwortetem und Arbeitsgruppe-verantwortetem Text in die Halböffentlichkeit geht, und Sie wollen das bitte bei der Verwendung unbedingt berücksichtigen.' Er wollte die spätere, neugewählte Volkskammer möglichst frei von den Verfassungsvorgaben des Runden Tisches halten. Und er verwahrte sich gegen ein Selbstverständnis des Runden Tisches, dem zufolge nur dieser ‚und nicht das gewählte Parlament' befugt sei, ‚dem Volk einen Verfassungstext vorzulegen...' SCHRÖDER erläuterte seinen Einwand gegen ein solches Selbstverständnis: ‚Ich würde sagen, dieses ist aristokratisch argumentiert: *Verdienst bedingt Befugnis!* und nicht: *Demokratische Wahl bedingt Befugnis, und nur die Verdienste, die der Wähler honoriert, setzen sich in Befugnis um!*... Ich bin dafür, daß die Arbeit des Runden Tisches, mühsame Arbeit, Anfangsarbeit, eingeht in die weitere Arbeit. Aber diese Tonart, welche dem noch zu wählenden Parlament im voraus die Legitimation abzusprechen scheint, den zur Abstimmung gedachten Verfassungsentwurf vorzulegen, kann ich nicht gut finden.'"

Aus den oben wiedergegebenen Äußerungen sprechen jedoch Hoffnungen, zuweilen auch völlig realitätsfremde Illusionen, jedenfalls Stimmungen, die es angebracht erscheinen lassen, diesen Entwurf und damit die damals weitverbreitete Erwartungshaltung in der ehemaligen DDR zu dokumentieren. Der Entwurf hat aber auch aktuelle Bedeutung, weil er Auskunft gibt über Forderungen und Problemkreise, die gemäß der Überschrift von Art. 5 des Einigungsvertrages („künftige Verfassungsänderungen") und dessen letzten beiden Sätzen in bezug auf Überlegungen zur Aufnahme von Staatszielen in das Grundgesetz und zur Frage der Anwendung von Art. 146 des Grundgesetzes von größter

Bedeutung sind. Sie sind bereits mit Nachdruck in die Diskussion über eine Ergänzung des Grundgesetzes, dessen Totalrevision oder die Schaffung einer neuen gesamtdeutschen Verfassung eingebracht worden, wie der im Mai 1991 von dem „Kuratorium für einen demokratisch verfaßten Bund deutscher Länder" vorgelegte Verfassungsentwurf zeigt. Die Vorstellungen dieser Personengruppe, in der sich ehemalige Beteiligte des Runden Tisches mit fast ausnahmslos politisch links orientierten Politikern der alten Bundesländer, darunter durchaus namhafte Mitglieder der SPD und der Grünen, zusammengefunden haben, sind denn auch schon beim Parteitag der SPD Ende Mai 1991 in Bremen im Rahmen programmatischer Erwägungen unverwechselbar in Erscheinung getreten. Auch bei der Erarbeitung der Verfassungen für die fünf neuen Bundesländer dürften sie mit Sicherheit eine wichtige Rolle spielen. In diesem Sinne hat Brandenburg Anfang August 1991 ein „wegweisendes Modell" vorgelegt und auf dem Gebiet der Verfassungsgebung eine Art „Vorreiter-Rolle" übernommen (siehe Der Spiegel Nr. 4 vom 19. 8. 1991, S. 50ff.).

Wie schon festgestellt (S. 37), hat der Entwurf alle wesentlichen Positionen der vorangegangenen Verfassung (DDRV 74) radikal verändert, um sich weithin den Vorgaben des Grundgesetzes anpassen zu können. Schließlich wurde mit ihm das Ziel verfolgt, eine Plattform zu finden, von der aus sich die besten Chancen ableiten ließen, im Prozeß einer für unverzichtbar gehaltenen Schaffung einer von Grund auf neuen Verfassung, „die von dem deutschen Volke in freier Entscheidung" zu beschließen sein würde, eigenständige Vorstellungen des Runden Tisches einzubringen. Ein Beharren auf den zumeist antagonistischen Grundsätzen aus der Vergangenheit der vormaligen DDR hätte eine solche Hoffnung wohl *a priori* zunichte gemacht. Also galt es, sich soweit wie irgend möglich an die Wertvorstellungen wie an die institutionellen Strukturen des Grundgesetzes zu halten. Die folgende Darstellung des EDDRV 90 wird sich deshalb zweckmäßigerweise an das Schema halten, das der Beschreibung des Grundgesetzes (S. 23ff.) zugrunde gelegt worden ist.

a) Das Bekenntis zur Würde des Menschen (Art. 1 I GG) ist als Art. 1 I fast wörtlich übernommen worden. Hinzu treten drei bemerkenswerte Aspekte: nämlich die Achtung der Menschenwürde „im Sterben" (Art. 4 I 1), eine angesichts zunehmender Möglichkeiten, neben oder gar vor das Ziel der Heilung die Befriedigung wissenschaftlicher Interessen zu stellen, durchaus realistische Aussage, die andererseits aber auch Befürchtungen verstärkt, als Einstieg in die Zulässigkeit aktiver Sterbehilfe dienen zu sollen. Ihr ist u. a. auch der Gesetzesvorbehalt zuzuordnen, durch den die „Zulässigkeit von Mitteln und Methoden der Forschung beschränkt werden" kann (Art. 19 II 1); weiter: die Gewährleistung der „Freiheit des Gewissens" (Art. 11 I) als die zentrale Konsequenz aus dem Bekenntnis zur Menschenwürde, wobei freilich die Realisierungsmöglichkeiten im praktischen Vollzug in utopisch-illusionärer Weise dann völlig unbeachtet geblieben sind, so, wenn es in Anlehnung an den Vorrang des Gewissens, wie er beispielsweise im Problemfeld Wehrdienst/Zivildienst in Art. 4 III GG zum Ausdruck kommt, im zweiten Absatz heißt: „Widerstreitet das Gewissen staatsbürgerlichen oder bürgerlichen Pflichten, so muß der Bürger, wenn er diese Pflichten nicht erfüllen will, andere Leistungen anbieten und der Staat andere, gleichbelastende Pflichten eröffnen."

b) Für „freie Entfaltung der Persönlichkeit" eines jeden (Art. 2 I GG) findet sich die Gewährleistung der „allgemeinen Handlungsfreiheit" (Art. 5), wobei bereits in der Präambel der Überzeugung Ausdruck verliehen wird, „daß die Möglichkeit zu selbstbestimmtem verantwortlichen Handeln höchste Freiheit ist". Diese Freiheit, und zwar ohne jede Beschränkung durch besondere Indikationen oder Fristen, begründet nach Art. 4 III 1 auch das Recht der Frauen „auf selbstbestimmte Schwangerschaft". Wenn man die euphemistisch verhüllende Formulierung in politische Alltagssprache rückübersetzt, ist damit wohl das Recht gemeint, eine Schwangerschaft abzubrechen, wenn sie von Anfang an nicht gewollt war oder in ihrem Verlauf nicht mehr gewollt ist. Es gibt Anlaß zu schweren Bedenken, daß dieses religiös bzw. weltanschaulich zutiefst determinierte, den politischen Konsens unserer Gesellschaft akut bedrohende Problem mit leichter Hand, gewissermaßen en passant, zur Seite eskamotiert wird. Es geschieht, ohne einen Bezug zum Bild vom Menschen herzustellen, ohne einen Hinweis auf die tragende Güterabwägung zu geben und – erst recht – ohne die sehr dezidierten, aufgrund des Beitritts im übrigen von Rechts wegen bindenden Aussagen des Bundesverfassungsgerichts zu beachten. Schon der mehr als fragwürdige Kompromiß in Art. 31 IV des Einigungsvertrags läßt erahnen, was in dieser Frage an Auseinandersetzungen noch bevorsteht. Aufmerksamkeit verdienen als Ausdruck einer Weiterentwicklung menschenrechtlicher Garantien eines jeden „Anspruch auf Achtung und Schutz seiner Persönlichkeit und Privatheit" (Art. 8 I) und – damit im Zusammenhang stehend – die Sicherung des Rechts auf informationelle Selbstbestimmung im Sinne der Rechtsprechung des Bundesverfassungsgerichtes (Art. 8 II).

c) Der Gleichheitssatz verzichtet auf die tradierte Formulierung: „Vor der öffentlichen Gewalt (wohlgemerkt: nicht „vor dem Gesetz") sind alle Menschen gleich" (Art. 2 S. 1). Unklar bleibt, was der Grund für diese Abweichung vom überkommenen Sprachgebrauch sein könnte. Ein Hauch von Französischer Revolution weht in dem Entwurf, wenn sich die klassische Forderung nach Egalité in dem pathetischen Satz niederschlägt: „Jeder schuldet jedem die Anerkennung als Gleicher" (Art. 1 II 1). Wie im Art. 3 III GG findet sich auch im Art. 1 II 2 eine Aufzählung von Merkmalen, die als Grund für unterschiedliche Behandlung nicht zugelassen sind – Merkmale, die zu nennen entbehrlich gewesen wäre, weil sich der Gleichheitssatz auf „alle Menschen" bezieht, die jedoch nach den konkreten Erfahrungen unserer Geschichte besondere Aufmerksamkeit verdienen. Neben und im Kontext mit „sozialer Stellung", „Alter" und „Behinderung"wird auch das scheinbar besonderer Beachtung bedürftige Merkmal „sexuelle Orientierung" – wohlgemerkt: nicht „Veranlagung" – in die Aufzählung aufgenommen. Was immer das konkret umfassen soll, dieser befremdliche, ja absonderliche Einfall hat den Verfassern Kritik und nicht zuletzt beißenden Spott eingetragen. Den zusätzlichen Merkmalen ist, soweit es den öffentlichen Bereich anlangt, durch das Sozialgesetzbuch bzw. entsprechende Änderungen des Strafgesetzbuches längst Rechnung getragen. Art. 1 II legt jedoch seinem Wortlaut nach nahe, ihm rechtliche Verbindlichkeit auch in der privaten und in der gesellschaftlichen Sphäre Geltung zuzuschreiben. Wie eine solche im Art. 40 I besonders hervorgehobene unmittelbare Drittwirkung in einer freiheitlichen Gesellschaftsordnung tatsächlich durchgesetzt werden könnte, bleibt freilich völlig unerfindlich. Gewarnt durch die höchst formale, in der Praxis freilich nur sehr schleppend spürbare Verwirklichung des Grundsatzes von der Gleichberechtigung von Mann und Frau (Art. 3 II GG), wird in dem Entwurf „der Staat... verpflichtet, auf die Gleichstellung der Frau in Beruf und öffentlichem Leben, in Bildung und Ausbildung, in der Familie sowie im Bereich der sozialen Sicherung hinzuwirken" (Art. 3 II). Unter diesem Gesichtspunkt vor allem ist wohl auch der Satz zu verstehen: „Für gleiche Arbeit besteht ein Anspruch auf gleichen Lohn" (Art. 27 IV). Als Recht des *status activus* wird der Grundsatz betont: „Jeder Bürger hat das gleiche Recht auf politische Mitgestaltung" (Art. 21 I 1). Ausländern und Staatenlosen mit ständigem Wohnsitz kommt nur kommunales Wahlrecht zu (Art. 21 II 2). Besonderes Gewicht ist dem Grundsatz der

Bildungschancengleichheit gewidmet (Art. 24). Auffällig ist, daß die aufgeführten Merkmale niemanden „benachteiligen“ dürfen, während in Art. 3 III GG von „bevorzugen“ und von „benachteiligen“ die Rede ist. Eine Erklärung für diesen Unterschied könnte in der Logik zu finden sein, daß jede Bevorzugung des oder der einen immer auch eine Benachteiligung der anderen einschließt. Viele meinen jedoch, daß die über 40 Jahre währende stetige Bevorzugung der herrschenden Funktionärskaste in der vormaligen DDR auch von Gegnern dieses Systems der Nomenklatura so weit verinnerlicht worden ist, daß ihnen das Anrüchige dieses Aspekts von Willkür gar nicht mehr spontan in den Sinn gekommen und seine Nennung deshalb unterblieben sei.

d) Zur Beschreibung des Grundsatzes der Sozialstaatlichkeit wird das Attribut „sozial“ (Art. 20 I GG) im fünften Absatz der Präambel durch das in der vormaligen DDR gebräuchliche „solidarisch“ ersetzt. Es wird deutlich, daß der Problemkreis der Sozialstaatlichkeit für die Autoren des Runden Tisches eine überragende Bedeutung hatte, waren sie doch über viele Jahre hinweg mit dem Schlagwort von den „sozialen Errungenschaften der DDR“ konfrontiert, ohne freilich begründen zu können, worin denn diese „Errungenschaften“ den Sozialgesetzen der Bundesrepublik Deutschland in nennenswertem Umfang überlegen gewesen sind. Erkennbar ist, daß der Entwurf sich – zuweilen wörtlich – auch an der Verfassung des Freistaates Bayern (BV) orientiert. Nicht beachtet wurde dabei freilich die Tatsache, daß die Fülle ihrer Sätze, die ihrem Wortlaut nach „soziale Grundrechte“ zum Inhalt haben, samt und sonders durch den Bayerischen Verfassungsgerichtshof als das entzaubert worden sind, was sie im Rahmen einer sozialen Marktwirtschaft auch nur sein können, nämlich als Programmsätze, als fromme Wünsche für die Gestaltung der sozialen Gemeinschaft in einer unbestimmten Zukunft. Nicht beachtet wurde dabei auch, daß solche Sätze, die nur scheinbar subjektiv-öffentliche Rechte für den einzelnen begründen, einen Erwartungshorizont schaffen, der angesichts der Tatsache, daß solche „Garantien“ nicht einzulösen sind, letztlich nur zu Frustration und Staatsverdrossenheit führt. So taucht „das Recht auf angemessenen Wohnraum“ (Art. 106 BV, Art. 25 I 1) ebenso auf wie „das Recht auf Arbeit“ (Art. 166 II BV, Art. 27 I), welches nach Ansicht des sozialdemokratischen Bundestagsabgeordneten Otto Schily „eine Fata Morgana (wäre)“ (Vorwärts Nr. 8, August 1991, S. 8). Auch das Unikat Bayerns, ein Recht auf den Genuß der Naturschönheiten zu garantieren (Art. 141 III BV) – freilich ohne sonderlich erkennbare Folgen –, taucht in Art. 33 V samt der Pflicht der Kommunen auf, „der Allgemeinheit die

Zugänge zu Bergen, Wäldern, Feldern, Seen und Flüssen freizuhalten und gegebenenfalls durch Einschränkungen des Eigentumsrechts freizumachen". Der Satz: „Das Eigentum und die Nutzung von land- und forstwirtschaftlichen Flächen, die einhundert Hektar übersteigen, ist genossenschaftlichen und öffentlichen Einrichtungen und den Kirchen vorbehalten" (Art. 32 I 4) perpetuiert die Grundlage, von der aus bereits Ende 1945 durch die sowjetische Militäradministration die Bodenreform als Einstieg in das „realsozialistische" System Stalinscher Prägung vorangetrieben worden war. Bodenwertsteigerungen „auf Grund planerischer Umwandlung in Bauland" sollen einem „Planungswertausgleich" unterworfen werden, der „in der Regel durch die entschädigungslose Abgabe eines Anteils des beplanten Bodens erbracht wird" (Art. 32 II 1,2). Der Schutz der „natürlichen Umwelt" ist bereits im letzten Satz der Präambel als Staatsziel festgelegt. Art. 33 legt dar, wie diese Absichtserklärung im praktischen Vollzug verwirklicht werden soll. Um auch die letzten Unebenheiten in bezug auf die Gerechtigkeit in dieser Welt zu beseitigen, heißt es in Art. 23 in schon beinahe rührend-einfältiger Weise: „Das Gemeinwesen achtet das Alter. Es respektiert Behinderung." Welche konkreten, juristisch greif- und durchsetzbaren Folgen sich daraus ableiten sollen, bleibt schleierhaft. Als Formulierungshilfe hätte Art. 6 IV GG dienen können („... hat Anspruch auf den Schutz und die Fürsorge der Gemeinschaft"), wenn erreicht werden soll, mit diesen Aussagen reale juristische Anspruchsgrundlagen zu verbinden. Es zeichnet sich ab, daß auf dem Gebiet der Sozialstaatlichkeit mit wirkungsvollen Vorstößen zu rechnen ist: zur Änderung bzw. Ergänzung des GG oder bei der Schaffung einer von Grund auf neuen Verfassung, und zwar nicht nur von Abgeordneten der fünf neuen Bundesländer, sondern auch von Abgeordneten derjenigen Parteien im Westen Deutschlands, die 1948/49 mit ihrer Konzeption eines Wohlfahrtsstaates im Sinne einer gewissen sozialen Über-Sicherung des einzelnen auf dem Hintergrund einer zentral verwalteten Wirtschaft nicht zum Zuge gekommen sind.

e) Der zweite Schwerpunkt des EDDRV 90 gilt der Verwirklichung von Demokratie. Beim Bekenntnis zur Souveränität des Volkes verzichtet er wie die vorangegangenen DDRV 68 und DDRV 74, aber anders als Art. 20 II 1 GG auf die Beantwortung einer Frage, die ihrer Art nach metaphysischer Natur ist und deren Beantwortung in einer werte-, religions- und weltanschauungspluralistischen Gesellschaft kaum allseits befriedigend ausfallen kann, nämlich der Frage nach dem Ursprung der Staatsgewalt. Er beschränkt sich darauf, im Sinne einer Kompetenzzuweisung festzustellen: „Träger der Staatsgewalt ist das Volk" (Art. 42 I), und folgt damit auch in diesem Punkt dem Vorbild der Verfassung des Freistaates Bayern (Art. 2 I 2 BV). Er bleibt bei diesem Vorbild, wenn er die Gesetzgebung im Regelfall der Volksvertretung (der Volkskammer), im Ausnahmefall jedoch dem Volke selbst im Verfahren eines Volksentscheids zuweist (Art. 89, Art. 72 I BV). Damit wird eine Forderung aufgegriffen, die auch in den alten Bundesländern seit langem und von vielen Seiten erhoben wird. Zwar mögen die Bedenken wegen der Risiken angesichts unterstellter Anfälligkeit der Bürger gegenüber antidemokratischen Demagogen bei der Schaffung des GG 1948/49 noch berechtigt gewesen sein, aber nach über 40 Jahren der Einübung in demokratische Denk-, Verhaltens- und Verfahrensmuster kann man an ihnen schwerlich festhalten, ohne damit Demokratie als politische Ordnungsform selbst in Frage zu stellen. Das bayerische Vorbild jedenfalls, das schon Ende 1946 den Mut zu einer kräftigen plebiszitären Komponente im politischen System hatte, hat denen nicht recht gegeben, die die Verführbarkeit der offenbar prinzipiell für nur bedingt mündig gehaltenen Bürger und die daraus resultierenden Gefahren für den Bestand einer freiheitlichen demokratischen Grundordnung in düstersten Farben ausgemalt haben. Die Erfahrungen mit der unmittelbaren Beteiligung des Volkes, die entweder direkt gegen die Volksvertretung oder doch zumindest darauf gerichtet war, sie zu umgehen, haben zum Einbau einiger Sicherungen für die plebiszitäre Komponente geführt. So werden „Gesetzesvorlagen zu einem Volksentscheid... durch Volksbegehren beim Präsidenten der Republik eingebracht" (Art. 98 I 1), das heißt, sie werden in die Obhut einer nicht streitbefangenen Institution gegeben. Zur weiteren Absicherung des Verfahrens sind „im Entwurf (d.h. in dem „ausgearbeiteten und mit Gründen versehenen Gesetzentwurf")... neun Vertrauensleute zu benennen" (Art. 98 I 3). Diese Vertrauensleute sind gegebenenfalls am Verfahren zu beteiligen (Art. 98 III letzter Halbsatz). „Der Volksentscheid unterbleibt, wenn die Volkskammer die Gesetzesvorlage innerhalb einer Frist von drei Monaten nach Unterbreitung unverändert oder in einer Fassung, der zwei Drittel der Vertrauensleute zugestimmt haben, annimmt" (Art. 98 IV 3). Hier sind Ansätze aufgezeigt, die durchaus bedacht werden sollten, wenn man nicht nur formal, sondern tatsächlich ein Stück unmittelbarer Demokratie in das GG hineinnehmen will. Im Gegensatz zu Art. 75 I 1 BV ist der plebiszitären Komponente aus gutem Grund eine Grenze gesetzt, wenn es sich um Verfassungsänderungen handelt: „Diese Verfassung kann nur durch ein Gesetz der Volkskammer geändert werden, das der Zustimmung von zwei Dritteln der Mitglieder der Volkskammer bedarf. Es muß den Wortlaut der Verfassung ausdrücklich ändern oder ergänzen. Es bedarf der Bestätigung in einem Volksentscheid" (Art. 100 I). Wie in Art. 79 III GG sind Grundsätze genannt, die in Frage zu stellen in jedem Fall „unzulässig" ist (Art. 100 II). Dabei muß es freilich ziemlich unverständlich erscheinen, daß die tragenden Konstitutionsprinzipien, die im Art. 41 genannt sind und in ihrer Bedeutung wie in ihrem Inhalt in etwa dem Art. 20 GG entsprechen, sich nicht unter den Grundsätzen befinden, die als „verfassungsfestes Minimum" gemäß Art. 100 II geschützt sind. Damit wird dem Beispiel des GG gefolgt, das zwischen „einfachen" Verfassungsänderungen und Änderungen, die letztlich zu einem anderen politischen System führen, sorgfältig unterscheidet.

f) Alle wesentlichen Elemente eines Rechtsstaates sind – mit einer wichtigen Ausnahme – in der EDDRV 90 enthalten und gesichert. Das I. Kapitel (Art. 1 bis 40) trägt die Überschrift „Menschen- und Bürgerrechte". Der Katalog der freiheitssichernden Grundrechte enthält, systematisch logischer zugeordnet, außer den unter der Überschrift „I. Die Grundrechte" (Art. 1–19 GG) aufgeführten Grundrechten auch die im Alltag wichtigen Sicherungen aus dem strafprozeßualen Bereich, die im GG weit nach hinten unter die Überschrift „IX. Die Rechtsprechung" (Art. 101 bis 104 GG) abgedrängt worden sind. Die (fast) lückenlose Garantie des Rechtswegs, wenn „jemand durch die öffentliche Gewalt in seinen Rechten verletzt wird" (Art. 19 IV GG), ein Kern- und Glanzstück des Rechtsstaatsprinzips im Grundgesetz, wird in empfindlicher Weise auf Verletzungen von Menschen- und Bürgerrechten verkürzt (Art. 40 IV). Dieser Makel wird auch nicht dadurch wettgemacht, daß eine übergroße Fülle von Bestimmungen aus einfachen Gesetzen, insbesondere aus der Strafprozeßordnung, in die Verfassung transportiert worden und diese damit unnötig aufgebläht und für den Bürger ziemlich unübersichtlich geworden ist. Auch hier zeigt sich wohl ein Mangel an Erfahrung, der dazu geführt hat, den Grundsatz jeder Verfassungsgebung außer acht zu lassen, nämlich, eine Verfassung so knapp wie möglich zu halten, indem man sie auf das unbedingt Notwendige von grundsätzlicher Bedeutung beschränkt. Nur dadurch wird die Entwicklung der Gesellschaft wegen entbehrlicher Detailregelungen nicht so behindert, daß allzu häufige Änderungen der Verfassung geradezu vorprogrammiert sind. Völlig aus dem Rahmen üblicher rechtsstaatlicher Regelung fällt im Bereich der rechtsprechenden Gewalt die Beibehaltung sogenannter gesellschaftlicher Gerichte (Art. 108 I), freilich ohne jeden Hinweis im Text, was darunter konkret zu verstehen ist. Wohl nur aus den Besonderheiten der vormaligen DDR ist der Widerspruch zu erklären, einerseits die Garantie von Eigentum und Erbrecht (Art. 29 I) inhaltlich dem Art. 14 I, II GG anzugleichen, andererseits aber „die Bodenreform und die Eigentumsentziehungen", die auf der Grundlage des Art. 24 DDRV 49 erfolgt sind, für „unantastbar" zu erklären (Art. 131 I) und sie damit, an der Wortwahl „unantastbar" gemessen, auf eine Stufe mit dem Bekenntnis zur Würde des Menschen zu stellen (Art. 1 I). Nichts zeigt deutlicher, wie sehr es selbst in den Köpfen am Runden Tisch noch nicht gelungen war, die Krisis der Kriterien zu überwinden und zu angemessenen, auf Werte bezogenen Zuordnungen zurückzufinden.

Der Prozeß der politischen Willensbildung ist nach der EDDRV 90 grundsätzlich offen. Das gilt zunächst für die Gewährleistung der „Freiheit der Parteien, gleichberechtigt an der politischen Willensbildung in der Gesellschaft mitzuwirken" (Art. 37 I), jedoch findet diese auch hier ihre Grenze gemäß dem Modell einer „abwehrbereiten Demokratie", wobei das zu achtende „verfassungsfeste Minimum" weiter gefaßt ist als etwa in Art. 21 II GG. Die Rechtsfolgen sind flexibler gehalten, denn nach Art. 37 IV 1 können „die Rechte von Parteien ... von einer Wahl ausgeschlossen oder verboten werden" (sic), jedoch nur durch das Verfassungsgericht (Parteienprivileg wie in Art. 21 II 2, Art. 37 IV 2 GG). Für solche Entscheidungen ist durch den Zusatz: „... ihre Wirkung ist zeitlich zu begrenzen" (Art. 37 IV 2 zweiter Halbsatz) eine Fehlkonstruktion vermieden worden, die beispielsweise durch die unbefristete Regelung der Rechtsfolgen in § 46 BVerfGG letztlich die Glaubwürdigkeit des Demokratieverständnisses berührt. „Die Wahlkampfkostenerstattung ist an eine gesonderte Entscheidung der wahlberechtigten Bürger gebunden (Bürgerbonus)" (Art. 37 III 2). Diese Lösung ist nicht gerade originell, wurde jedoch bisher vor allem deshalb verworfen, weil der Kampf um die Anteile am Bürgerbonus zu einem periodisch wiederkehrenden Ersatzwahlkampf führen und so die Arbeitsfähigkeit der gewählten Institutionen zusätzlich lähmen würde. Diese Regelungen sollen auch auf Bürgerbewegungen Anwendung finden, die in folgender Legaldefinition beschrieben sind als „Vereinigungen, die sich öffentlichen Aufgaben widmen und dabei auf die öffentliche Meinungsbildung einwirken" (Art. 35 I). Ihnen werden weitgehende Rechte im parlamentarischen Verfahren der Gesetzgebung zugeschrieben (Art. 35 II).

Die Reglementierungen auf diesem Gebiet erstrecken sich jedoch nicht nur auf politische Parteien wie in Art. 21 I, II GG, sondern erfassen auch in weithin paralleler Weise die Ebene von gesellschaftlichen Gruppen und Verbänden. Auch das ist an sich nicht überraschend, denn seit THEODOR ESCHENBURG in seiner Abhandlung „Herrschaft der Verbände?" (Stuttgart 1955) auf den ständig wachsenden Einfluß der *pouvoirs intermédiaires* hingewiesen und vor deren unkontrollierten Aktivitäten nachdrücklich gewarnt hat, ist der Gedanke, die Verbände in das GG einzubinden, wenn auch nicht so strikt wie politische Parteien, immer wieder diskutiert worden. Daß es dazu schließlich doch nicht gekommen ist, liegt einerseits an der Schwierigkeit, die fast unübersehbare Verschiedenheit organisierter Interessen in einem zuverlässig abgrenzbaren allgemeinen Begriff einzufangen. Andererseits wogen die Bedenken gegenüber weiteren Reglementierungen im Umfeld einer freien Gesellschaft eben doch weit schwerer als die ohnehin trügerische Hoffnung auf eine effektive demokratische Kontrolle der weithin instabilen Verbandsstrukturen samt ihrem legitimen Einwirken auf politische Entscheidungen aller Ebenen. Dieses „Versäumnis" wird kräftig ausgeräumt (Art. 36). Mit der hölzernen Starrheit einer Heeresdienstordnung wird Ordnung geschaffen, wo bisher eher fruchtbare Vielfalt wucherte, die zuweilen eben auch Undurchsichtigkeit zur Folge hatte. So dürfen „Verbände, die in ihrem Wirkungsbereich keinem wesentlichen Wettbewerb ausgesetzt sind" (Art. 36 II 2), „die Mitgliedschaft nicht aus sachwidrigen Gründen verwehren" (Art. 36 III), obwohl den Ausgeschlossenen ja immer die Möglichkeit bleibt, Wettbewerb zu organisieren. Andererseits wird das Kammerwesen, also die „Errichtung berufsständischer öffentlich-rechtlicher Vereinigungen mit Zwangsmitgliedschaft", schlichtweg für unzulässig erklärt (Art. 39 I 3). Damit wird die über Jahrzehnte bewährte Delegation hoheitlicher Befugnisse an die Selbstverwaltung durch die wohl auch sachlich kompetenteren unmittelbar Betroffenen gegen alle Vernunft des Subsidiaritätsprinzips zugunsten unnötiger Konzentration staatlicher Befugnisse unmöglich gemacht. Massiv wird die Stellung der Gewerkschaften gestärkt, die ihrer tarifpolitischen Gegner dagegen bis zur Bedeutungslosigkeit ausgehöhlt. Die Gewerkschaften „haben das Recht des Zutritts zu den Betrieben" (Art. 39 II 2). Einerseits ist „das Streikrecht der Gewerkschaften ... gewährleistet" (Art. 39 V 1). Dabei ist „bei Arbeitskämpfen ... der Schadensersatz ... ausgeschlossen" (Art. 39 V 2). Andererseits ist „eine das Arbeitsrechtsverhältnis beendende Aussperrung ... verboten. In nichtbestreikten Betrieben ist jegliche Aussperrung verboten" (Art. 39 VI 1,2). Das weist den Weg von einer freiheitlichen demokratischen Grundordnung in den totalen Gewerkschaftsstaat und zeigt die Absicht, den Kern des Systems der freiheitlichen demokratischen Grundordnung zu verändern. Darauf zugeschnitten ist auch der Satz: „Der Lohnersatz bei mittelbar arbeitskampfbedingten Produktionsausfällen ... wird ... nach Maßgabe gesetzlicher Regelungen erstattet" (Art. 39 V 3). Wem diese Gemeinlast aufgebürdet wird und aus welchen Mitteln sie aufgebracht werden soll, darüber schweigt sich der Text aus.

Wie schwierig es ist, unter der Überschrift des 4. Abschnittes „Gesellschaftliche Gruppen und Verbände" einen allumfassenden Verbandsbegriff zu finden, zeigt die Behandlung der „Kirchen und Religionsgemeinschaften". Für sie kann „der Staat... aufgrund von Vereinbarungen... gegen Erstattung der Verwaltungskosten die Einbeziehung (sic) der Mitgliedsbeiträge übernehmen" (Art. 38 III 2). Die Ersetzung des in Deutschland seit langem verwendeten Begriffs „Kirchensteuer" durch „Mitgliedsbeiträge" deutet schon an, daß Kirchen und beispielsweise Sportvereine im Prinzip auf derselben Ebene anzusiedeln sind. Deshalb kann es auch kaum verwundern, daß Tendenzschutz, wie er in langjähriger, im Kern einheitlicher Rechtsprechung der Arbeitsgerichte der sensiblen Materie entsprechend entwickelt worden ist, hier offen in Frage gestellt wird: „Die Gleichwertigkeit des sozialen Schutzes kirchlicher Arbeitnehmer mit den Garantien aus dem allgemeinen Arbeits- und Sozialrecht ist zu gewährleisten" (Art. 38 I 3). Zuletzt ist darauf hinzuweisen, daß mit dem „Recht auf Verfahrensbeteiligung" auch für „Zusammenschlüsse von Betroffenen" (Art. 21 IV 2) bei bestimmten Vorhaben (Planung von Verkehrswegen und -anlagen, Energieanlagen, Produktionsstätten und Großbauten) eine weitreichende Zulässigkeit von „Verbandsklagen" angezeigt ist.

Im Institutionen-Teil werden weithin die Strukturen des Grundgesetzes kopiert, jedoch mit einigen Ausnahmen bzw. Besonderheiten. Vor allem bei der Institution des Staatsoberhauptes werden dessen Funktionen als *pouvoir neutre* genutzt, um Gremien zu bilden und Personen zu berufen, die besonders auf Unabhängigkeit von parteiengesteuerten Institutionen angewiesen erscheinen. So werden beim Präsidenten der Republik, wie das Staatsoberhaupt unter Rückgriff auf Art. 101 DDRV 49 wieder bezeichnet wird, Wahlausschüsse eingerichtet, auf deren Vorschlag der Präsident „die Bundesrichter und den Generalstaatsanwalt sowie die Mitglieder der Staatsbank und des Rechnungshofes des Bundes" ernennt (Art. 81 I). Der Datenschutzbeauftragte, der beim Präsidenten „bestellt" wird, wird von ihm „berufen und ernannt" (Art. 81 II). Des weiteren werden beim Präsidenten ein Richterwahlausschuß, der die Richter des Verfassungsgerichtes, und ein eigener Wahlausschuß, der die Mitglieder des Rechnungshofes zu wählen hat, eingerichtet. Daß Volksbegehren beim Präsidenten einzubringen sind, wurde bereits angemerkt. Ohne die Befugnisse des Präsidenten bei der Ausübung von Macht im Geflecht der Institutionen zu verändern, ist es so gelungen, neben seinen Aufgaben als Repräsentant des Staates seine Funktion als *pouvoir neutre* in durchaus sinnvoller Weise vor allem dort einzusetzen, wo es um die Glaubwürdigkeit von Kontrollorganen geht – ein Aspekt, der zu beachten wäre, wenn das Amt des Bundespräsidenten mit etwas mehr Substanz angereichert werden soll.

Merkwürdig mutet an, daß zwar der Ministerpräsident als Chef der Regierung nach seiner Wahl durch die Volkskammer vom Präsidenten zu ernennen ist (Art. 70 II 2), die Minister jedoch auf Vorschlag des Ministerpräsidenten ohne eine Bestätigung durch die Volkskammer vom Präsidenten der Volkskammer (Art. 71). Die Mechanismen des konstruktiven Mißtrauensvotums (Art. 67 GG) sind auch für den Ministerpräsidenten vorgesehen (Art. 75). Die Logik dieses Modells einer „Kanzler-Demokratie" wird allerdings aufgegeben, wenn es in Art. 77 II heißt: „Jeder Minister muß zurücktreten, wenn ihm die Volkskammer das Vertrauen entzieht." Das bedeutet zumindest teilweise einen doppelten Salto rückwärts, weil es unmittelbar an das durchaus nicht sonderlich gelungene Beispiel des Art. 54 (siehe S. 181) WRV anknüpft, der immerhin eine der gewichtigen Ursachen für die Instabilität der Regierungen in der Weimarer Republik gewesen ist. Ansonsten entspricht die Ausgestaltung des parlamentarischen Systems in etwa dem des GG. Nach Art. 55 kann die Selbstauflösung der Volkskammer durch eine „Mehrheit von zwei Dritteln ihrer Mitglieder" beschlossen werden. Dies soll die fast mißbräuchliche Verwendung des Art. 68 GG als Ersatz für ein nicht ausdrücklich vorgesehenes Selbstauflösungsrecht des Bundestages überflüssig machen. Sie war zur Herbeiführung vorgezogener Bundestagswahlen sowohl am 22. 9. 1972 zur Zeit des Bundeskanzlers Willy Brandt („die eigentliche Vertrauensfrage richtet sich an die Wähler") als auch am 17. 12. 1982 zur Zeit des Bundeskanzlers Helmut Kohl („dazu beitragen, daß der Weg zu Neuwahlen geöffnet werden kann") eingesetzt worden. Die Feststellung, „die Opposition ... hat das Recht auf Chancengleichheit" (Art. 51 II), ist auf den ersten Blick nicht recht verständlich, denn im Regelfall geht jedes parlamentarische System doch davon aus, daß die Regierung die Mehrheit und die Opposition – was immer darunter zu verstehen ist – eben nur eine Minderheit der Abgeordneten hinter sich hat, weshalb von einer Chancengleichheit der Opposition unter dem Aspekt des Abstimmungserfolges keine Rede sein kann. Art. 57 II 2 weist darauf hin, daß wohl eine über die „Verteilung der Redezeit" hinausgehende, mehr technisch zu verstehende Gleichheit bei der Nutzung der Chancen auf allen Stufen des parlamentarischen Verfahrens gemeint sein dürfte. Den gewählten Abgeordneten eines Parlaments „das Recht, in der Volkskammer oder deren Ausschüssen das Wort zu ergreifen, Fragen und Anträge zu stellen sowie bei Wahlen und Beschlüssen ihre Stimme abzugeben" (Art. 52 III 1), eigens zu bestätigen erscheint dann doch etwas eigentümlich – und vor allem überflüssig, weil es im Grundsachverhalt wirklich demokratischer Systeme in aller Welt ohnehin enthalten ist. Vielleicht ist es ja gerade deshalb in den Text geraten, weil es in der vormaligen DDR faktisch eben gerade nicht garantiert war.

„Das Verfassungsgericht bildet einen Senat und drei Kammern" (Art. 111 II). Es besteht aus dem Präsidenten, zwei Vizepräsidenten und sechs Verfassungsrichtern, die auf die Dauer von zwölf Jahren gewählt werden (Art. 112 I 1), deren Wiederwahl jedoch ausgeschlossen ist (Art. 112 I 2). Diese Konstruktion trägt der Erfahrung Rechnung, daß die Zuweisung der Entscheidungskompetenz an die zwei Senate des Bundesverfassungsgerichtes durch eine gezielte Wortwahl bei der Antragstellung durchaus beeinflußt werden konnte, wie vor allem der Streit um die EVG-Verträge im Jahre 1954 gezeigt hat. Auch die Delegation von minderrangigen Rechtsfragen an Kammern kann als eine Frucht der bisherigen Erfahrung gewertet werden. Ein Teil der Arbeit, vor allem im grundrechtlichen Bereich, könnte dem Verfassungsgericht von den Beauftragten abgenommen werden, die gemäß Art. 65 von der Volkskammer „auf die Dauer von sechs Jahren mit der Mehrheit von zwei Dritteln ihrer Mitglieder gewählt... und mit derselben Mehrheit abgewählt werden" (Art. 65 I 2,3). Sie sind wie Richter „in der Ausübung ihres Amtes unabhängig und nur dem Gesetz unterworfen" (Art. 65 II 1).

Die föderalistische Struktur der vormaligen DDR sollte – beinahe bis in alle Details hinein – den erprobten Vorgaben des GG nachgebildet werden. Da fehlt auch – dem Art. 77 II GG entsprechend – ein Vermittlungsausschuß nicht (Art. 92 II 1–3). Der EDDRV 90 geht in bezug auf die Substanz seiner föderalistischen Komponenten deutlich weiter als die DDRV 49. Die DDRV 68 wie die DDRV 74 können beiseite gelassen werden, weil solche Komponenten bereits 1952 und 1958 eliminiert und die eigenständigen Gliedstaaten, die Länder der DDR, durch Bezirke als Einheiten von bloßem Verwaltungscharakter ersetzt worden waren.

In zusammenfassender Betrachtung muß man feststellen, daß der EDDRV 90 den Ansprüchen, die sich der Runde Tisch selbst gesetzt hatte, nur zu einem geringen Teil gerecht geworden ist, nämlich der Absicht, dem Grundgesetz für die Bundesrepublik Deutschland eine gleichwertige Verfassung der DDR gegenüberzustellen, die geeignet sein sollte, ihren Anteil zu einem zu erstrebenden verfassungsrechtlichen Mittelweg für das vereinte Deutschland zu bieten. Besonders bei der Ausformung des Sozialstaatsgedankens ist er großenteils weit entfernt von kompromißfähigen Aussagen, die auf dem Hintergrund einer freiheitlichen demokratischen Grundordnung unter den ökonomischen Bedingungen einer sozialen Marktwirtschaft einen Sinn machen könnten. Die Versuche dagegen, das Demokratieprinzip effektiver zu gestalten, zeigen eine Reihe von Ansätzen, die durchaus bedenkenswert und wohl auch mehrheitsfähig sein könnten. Durch die vielen Bestimmungen, die bisher problemlos in einfachen Gesetzen untergebracht waren und nun in die Verfassung übernommen werden sollen, erscheint der Entwurf inhaltlich aufgebläht. Durch eine Reihe unscharfer Begriffe – zum Teil deutlich als Rückstände des alten Systems zu identifizieren – wirkt er ideologisch überfrachtet. Einige der Formulierungen könnten mühelos in eine Sammlung pseudojuristischer Stilblüten übernommen werden. Eine friedliche Revolution in Gang zu setzen und zum Erfolg zu führen ist eine Sache, die Achtung und Respekt, vor allem wegen des Mutes und der Besonnenheit der Akteure, verdient. Eine Verfassung zu kreieren, die auf lange Zeit Basis der Rechtsordnung einer pluralistischen Gesellschaft sein soll, ist die andere Seite. Die Wähler in der vormaligen DDR haben diesen Unterschied offenbar erkannt und ihre Wahlentscheidung möglicherweise daran orientiert, daß die Gewählten sehr bald mit Fragen der Verfassungsgebung konfrontiert sein könnten, sei es durch eine punktuelle Änderung bzw. Ergänzung des GG, sei es durch dessen Totalrevision oder sei es durch eine von Grund auf neue Verfassung. Alle drei Varianten könnten einem Volksentscheid unterworfen werden. Um das rein formale Legitimationsdefizit des GG aufzuheben, sollte man diesen Schritt, verbunden mit einer Rückkehr zu der traditionellen Bezeichnung „Verfassung", nicht scheuen und damit auf den allgemein üblichen Pfad des Verfassungsstaates zurückkehren, wonach dem Volk als *pouvoir constituant* selbst und unmittelbar das letzte Wort zukommt. Doch gilt es hier zu differenzieren: „Obgleich Art. 146 GG weiterhin mit den Begriffen ‚Verfassungsablösung' und ‚Neukonstituierung' verbunden wird, ist doch festzuhalten, daß Art. 146 GG n. F. zur überkommenen Verfassungsordnung des Grundgesetzes gehört und verfahrensmäßig durch Organe gehandhabt und angewendet wird, die ihre Befugnisse vom Grundgesetz und nicht von einem *pouvoir constituant originaire* ableiten. Der Verfassungskompromiß des Einigungsvertrages ist und bleibt eine Verfassungsfrage des Grundgesetzes! Art. 146 GG n. F. als ‚Überleitungsnorm' zu einer neuen Verfassung eröffnet weder selbst den Prozeß der Verfassungsablösung, noch enthält er Vorschriften, wie ein solches Verfahren zu eröffnen wäre. ... Was das einschlägige Verfahren anbelangt, muß Art. 146 GG n. F. (Art. 4 Nr. 6 Einigungsvertrag) in Verbindung mit Art. 5 Spiegelstrich 4 Einigungsvertrag gebracht werden. Letztere Norm bestimmt, daß die Organe des *pouvoir constituant institué*, die ‚gesetzgebenden Körperschaften' Bundestag und Bundesrat, sich ‚mit der Frage der Anwendung des Art. 146 GG und in deren Rahmen einer Volksabstimmung' befassen werden" (DIETER BLUMENWITZ, „Braucht Deutschland ein neues Grundgesetz? Verfassungsgebende und verfassungsändernde Gewalt nach dem Einigungsvertrag" in: Zeitschrift für Politik 1/1992, S. 15). Die Frage reduziert sich also auf Befugnisse eines *pouvoir constituant institue*, die den Bindungen des Art. 79 III GG voll und ganz unterliegen.

Rudolf Schuster

Politische, soziale sowie staats- und völkerrechtliche Probleme bei der Vollendung der Einheit und Freiheit Deutschlands vor dem Hintergrund der internationalen Rahmenbedingungen

Durch den Zusammenbruch des politischen wie des ökonomischen Systems der vormaligen DDR war der Weg geebnet zur Vollendung der Einheit und Freiheit Deutschlands, wie ihn der letzte Satz der Präambel des Grundgesetzes bereits vor 41 Jahren gewiesen hat. Wie dieser Weg zu beschreiten sei, war zunächst noch unklar: durch einen Zusammenschluß der Teile, einen Anschluß des einen Teils an den anderen oder einen unberechenbaren Kurzschluß in der Hektik sich überschlagender Ereignisse nicht nur in Deutschland, sondern im gesamten Block der „realsozialistischen" Staaten. Es schien ja nicht einmal sicher zu sein, ob das deutsche Volk nach einer so langen Dauer des Geteilt-Seins in zwei diametral entgegengesetzte politische Systeme überhaupt noch zu gemeinsamer Staatlichkeit fähig und willens sein würde, die zahlreichen, auch vielen Deutschen als Bedrohung erscheinenden Unwägbarkeiten dieses Weges auf sich zu nehmen.

Dies mögen beispielhaft einige Sätze aus Martin Walsers deutsch-deutscher Agenten-Novelle „Dorle und Wolf" (Frankfurt 1990) belegen: Als der DDR-„Kundschafter für den Frieden" Wolf sich vor der Staatsschutzkammer auf sein an Deutschland als Ganzes ausgerichtetes Gewissen berufen will, läßt ihm Walser durch den Bonner Rechtsanwalt Dr. Bestenhorn entgegenhalten: „... er sei natürlich auch dafür, daß Wolf vor Gericht auftrete als ein Opfer der deutschen Teilung; ... aber von einer politischen Motivation zu reden, sei schlicht schädlich. Auch unsinnig. Kein Mensch hier glaube noch an eine Vereinigung dieser deutschen Staaten. Es gebe natürlich noch dieses und oder jenes offizielle Lippengebet, Verfassungsheuchelei, aber es gebe kein bißchen Vorstellbarkeit einer deutschen Einigung und, was noch viel wichtiger sei, kein bißchen Bedürfnis."

Schon zuvor hatte der DDR-Agent Wolf beim Anblick so vieler selbstzufriedener Bundesbürger im Bonner Bahnhof – etwas verquer und reichlich gekünstelt – gegrübelt: „Alle leuchteten vor Gelungenheit, aber keiner schien zufrieden zu sein. Sie wissen nicht, was ihnen fehlt. Und keiner würde, fragte man ihn, sagen, ihm fehle seine Leipziger Hälfte, sein Dresdener Teil, seine mecklenburgische Erstreckung, seine thüringische Tiefe. Aber sie sind wie verloren in ein Extrem. Und die drüben sind verrannt ins andere Extrem. Das teilt mehr als der böse Strich durch die Geographie. ... Wir sind Halbierte."

Vorbei war auf einmal die Zeit, da man folgenlos von der Verbundenheit zu den Brüdern und Schwestern in der DDR reden konnte. Denn jetzt standen sie vor der Tür, unerwartet Solidarität einfordernd. Gab es anfänglich Bewunderung für ihren Mut und ihre Besonnenheit bei der revolutionären Veränderung der Verhältnisse, die ihnen zunächst ein aufrichtiges Willkommen sicherte, so rückte doch recht bald eine Frage in den Vordergrund, die unter lautstarkem Protest und nationaler Entrüstung der Philosoph Karl Jaspers schon im Jahre 1960 gestellt hatte, nämlich die Frage, ob wir die Wiedervereinigung überhaupt hätten wollen sollen, wenn wir sie hätten haben können.

Statt einem bedingungslosen Ja vernahm man auf beiden Seiten ein immer stärker werdendes „Ja, aber..."; statt konsequentem Handeln auf ein klares Ziel hin bemerkte man zunächst einmal ein ständiges Taktieren und Finassieren, vornehmlich orientiert an einem Prozedere, das in erster Linie am jeweiligen Vorteil der Teile, kaum aber einmal an einem kühnen Entwurf für das Ganze ausgerichtet erschien.

Öffentlich geäußerte Besorgnis, Deutsche aus der DDR könnten in großer – zu großer – Zahl in das soziale System der alten Bundesrepublik eindringen, es überlasten und damit am Ende die soziale Sicherheit der Bundesbürger gefährden, spiegelte nur wider, was viele Tausende in Angst versetzte und ihnen Sorge bereitete. Auch deshalb hatte der Vorschlag, dem Grundrecht auf Freizügigkeit „erträgliche Grenzen" zu setzen, unter der Oberfläche der Medienlandschaft mehr Zustimmung gefunden, als die offizielle Politik zuzugeben bereit war.

Welche Wege also boten sich an, „damit zusammenwachsen kann, was zusammengehört" (Willy Brandt am 10. 11. 1989 vor dem Schöneberger Rathaus in Berlin)? Bei diesen Überlegungen konnte zurückgegriffen werden auf Institutionen, die in der deutschen Verfassungsgeschichte bei vergleichbaren Situationen entwickelt wurden und die zum Teil in mehrhundertjähriger Praxis erfolgreich erprobt werden konnten. Als Ausgangspunkt war jedoch vor allem die Rechtslage Deutschlands zu berücksichtigen, die nicht nur hüben und drüben verschieden beurteilt wird, deren Prämissen sich darüber hinaus auch in der 40jährigen Geschichte der Bundesrepublik Deutschland selbst grundsätzlich geändert haben.

Es ist hier weder möglich noch für die Fragestellung erforderlich, die vielen Theorien zu diesem Thema abzuhandeln. Es genügt vielmehr, sich auf die in der politischen Wirklichkeit immer noch relevanten Modelle zu beschränken, nämlich auf die Identitätstheorie und auf die Zweistaatentheorie, die sich sowohl mit einem, die staatliche Kontinuität wahrenden, beide Teile überwölbenden Reichsdach (Dachtheorie) denken läßt wie auch ohne ein solches (Dismembrationstheorie; siehe S. 21 ff.).

Konföderativer Zusammenschluß?

Die Diskussion über eine Wiedervereinigung Deutschlands war – auch im Westen – zunächst weitgehend von der Existenz zweier deutscher Staaten bestimmt, deren Zusammenschluß über mehrere Stufen konföderativen (staatenbündischen) Charakters zu einer Föderation (Bundesstaat) anzustreben sei. In der Tat wäre eine weitmaschige Art institutionellen Zusammenwirkens der beiden deutschen Staaten die staatenbündische Lösung gewesen: eine Konföderation, notfalls über die Zwischenstufe einer sogenannten Vertragsgemeinschaft. Eine solche Vertragsgemeinschaft ist im Völkerrecht bisher als Typus nicht ausgeprägt und deshalb auch nicht sonderlich präzise definierbar. Ihr sollte die Funktion zukommen, durch ein immer dichter werdendes Netz bilateraler vertraglicher Regelungen in den Teilen die Entwicklung der gesellschaftlichen Zustände und der ihr zugeordneten Wirtschafts-, Sozial- und Rechtssysteme zu homogenisieren, ihre außenpolitischen Aktivitäten zu solidarisieren und ihre wertbezogenen Ordnungsvorstellungen auf eine gemeinsam vertretbare und vollziehbare Linie zu bringen, allerdings noch ohne eine gemeinsame Exekutive für den Vollzug gemeinsamer Beschlüsse.

Denn die Voraussetzungen für eine funktionierende Konföderation sind drei „Gleichheiten“, die in der Zeit vor der „Wende“ im Verhältnis der Bundesrepublik Deutschland zur DDR vollständig fehlten: Durch die Ungleichheit des gesellschaftlichen Zustandes fehlte es an der *gesellschaftlichen Homogenität;* durch die Ungleichheit der macht- und militärpolitischen Ziele fehlte es an der *außenpolitischen Solidarität;* durch den Grad der Ungleichheit einander ausschließender Legitimitätsbegriffe fehlte es an jedem Ansatz *ideologischer Kompatibilität.*

Als Preußen und Österreich 1864 nach dem Krieg gegen Dänemark über Schleswig und Holstein ein Kondominium errichteten, fehlte nur eines dieser drei Merkmale: die außenpolitische Solidarität. Trotzdem mußten sie kaum neun Monate später bereits erkennen, daß die gemeinsame Herrschaft „zu Unzukömmlichkeiten führt, welche gleichzeitig das gute Einvernehmen zwischen Ihren Regierungen und die Interessen der Herzogthümer gefährden". In der Konvention von Gastein zwischen Österreich und Preußen vom 14. August 1865 beschlossen deren Monarchen daher, „die Ihnen aus dem Artikel III des Traktats zufließenden Rechte fortan nicht mehr gemeinsam auszuüben, sondern bis auf weitere Vereinbarung die Ausübung derselben geographisch zu theilen". In ähnlicher Weise – und übrigens unter Bezugnahme auf den „Präzedenzfall" Schleswig und Holstein 1864/1865 – verfuhren die Alliierten des Zweiten Weltkrieges nach dem 8. Mai 1945: Sie ließen nach außen hin die Einheit des Völkerrechtssubjekts Deutschland ungeteilt, während sie nach innen die ihnen aus der *occupatio bellica* zufließende Herrschaft geographisch in Besatzungszonen teilten.

Der Deutsche Bund von 1815, in dem Monarchien und Republiken vereinigt waren, kann unter den Gesichtspunkten des eben Ausgeführten nicht als Beispiel dafür dienen, daß in einem Staatenbund eben nicht nur Gleiches mit Gleichem verbunden werden kann. Die gesellschaftlichen Zustände waren damals im gesamten Gebiet des Deutschen Bundes gleich, und selbst die Legitimitätsbegriffe waren doch bei aller formalen Ungleichheit gut miteinander vereinbar. Wenn der Deutsche Bund trotzdem 1866 auseinanderbrach, so lag das an den widerstrebenden machtpolitischen Interessen Österreichs und Preußens, also am Fehlen des notwendigen Minimums an außenpolitischer Solidarität zwischen den beiden beherrschenden Bundesmitgliedern.

Politisch aktueller ist der Hinweis auf den Versuch der britischen Regierung im Mai 1946, die Einheit Indiens durch einen überdachenden Staatenbund von einem Moslem-Bundesstaat, einem Hindu-Bundesstaat und einem Bundesstaat aus Gebieten mit stark gemischten Konfessionen in letzter Stunde zu retten. Auch dieser Vorschlag war zum Scheitern verurteilt, weil zwar gesellschaftliche Homogenität, aber keine ideologische (hier: religiöse) Kompatibilität vorlag. Als die UNO im

November 1947 den Gedanken erwog, Palästina zu einer jüdisch-arabischen Konföderation umzugestalten, zu deren Mindestvoraussetzungen unbedingte Freizügigkeit in ganz Palästina gehören sollte, scheiterte dies aus denselben Gründen. In beiden Fällen war die Frage der außenpolitischen Solidarität noch zweitrangig, da sich die Anwärter auf staatliche Unabhängigkeit machtpolitisch noch nicht endgültig formiert hatten. In beiden Fällen beruhte die ideologische Ungleichheit auf religiöser Intoleranz, die mit der Unversöhnlichkeit der ideologischen Gegensätze zwischen der Bundesrepublik Deutschland und der DDR in den vergangenen Jahren unter gewissen Einschränkungen durchaus vergleichbar erscheint. In der Tat hatte es in Deutschland seit den Tagen der konfessionellen Spaltung im 16. und 17. Jahrhundert keine so tiefgehenden ideologischen Gegensätze mehr gegeben, wie sie bis vor kurzem zwischen den Trägern der faktischen Macht in Ost- und Westdeutschland bestanden.

Was nun die Voraussetzungen anlangt, die für eine funktionierende Konföderation zwischen der Bundesrepublik Deutschland und der DDR – sozusagen für einen zweiten Deutschen Bund – hätten gegeben sein müssen, so dürften diese nach dem tiefgreifenden Wandel seit November 1989 auf allen drei Feldern zumindest hinreichend vorhanden gewesen sein:

1. Die totale außenpolitische Konfrontation schien im Prinzip überwunden zu sein, seit sich im Prozeß weltweiter Bemühungen um Entspannung und Friedenssicherung auch beide Teile Deutschlands vorrangig diesen Postulaten verpflichtet fühlten (Sicherheitspartnerschaft). Noch bestanden die zunächst schroff gegeneinander gerichteten Bündnisse (NATO – Warschauer Pakt, EG – RGW) nebeneinander, und nichts deutete zunächst darauf hin, daß sie auf kurze Sicht hätten aufgehoben oder unter Verzicht auf eine weitere Beteiligung der Deutschen fortgeführt werden können. Da beide Teile sich jedoch in ihrem jeweiligen politischen Umfeld der Förderung von Abrüstungs- und Entspannungsbemühungen verpflichtet fühlten und ausdrücklich der Sicherung des Friedens höchste Priorität in der Außenpolitik einräumten, konnte man – von der Warte eines vorsichtigen Optimismus aus gesehen – doch schon bald das notwendige Mindestmaß an außenpolitischer Solidarität als gegeben unterstellen.

2. Die gesellschaftlichen Gegebenheiten in den beiden Teilen hatten sich gewiß weit auseinanderentwickelt, besonders bei den Produktionsverhältnissen, im Bildungssystem, in der Rechtsentwicklung, bei den

Eigentumsverhältnissen samt ihren auf Rückübereignung gerichteten Ansprüchen, vor allem aber auch in bezug auf das System sozialer Sicherungen. Doch zeigte sich gerade seit Wegfall der totalen Überwachung durch den Staatsapparat, daß sich gemeinsame Strukturen aus der Zeit vor der Spaltung Deutschlands eben doch erhalten hatten. Die Annahme eines einheitlichen Volkes unter dem Aspekt hinreichender Homogenität erschien vielen im Überschwang der Gefühle deshalb durchaus nicht wirklichkeitsfremd.

3. Die vorangegangene völlige Inkompatibilität der Legitimitätsgrundlagen in beiden Teilen war in dem Prozeß gesellschaftlicher Pluralisierung und politischer Demokratisierung in der DDR schon bald aufgehoben. Das politische Spektrum in der ehemaligen DDR unterschied sich im Grundsatz kaum noch von dem in der alten Bundesrepublik Deutschland: Es formierten sich Richtungen im Osten, wie sie auch im Westen seit Jahr und Tag am politischen Prozeß beteiligt sind: Linke, Rechte und eine verhältnismäßig breite Mitte – in der DDR in einer etwas anderen quantitativen Zuordnung –, denen allen – wohl noch immer außer der PDS (SED) – die Ordnungsvorstellungen einer freiheitlichen demokratischen Grundordnung gemeinsam waren.

Schon ziemlich bald nach der Wende ließ sich also die Behauptung wagen, daß die objektiven Bedingungen in ausreichendem Maße gegeben waren, um – wie es in der „teutschen Schlußacte vom 8. Juni 1820 ... im Namen der allerheiligsten und untheilbaren Dreieinigkeit" heißt – „sich zu einem beständigen Bunde, welcher der teutsche Bund heißen soll", zu vereinigen. Auch die Zweckbestimmung eines zweiten Deutschen Bundes hätte vom ersten nach Art. 2 der Bundesakte übernommen werden können: „Dieser Verein besteht in seinem Innern als eine Gemeinschaft selbständiger, unter sich unabhängiger Staaten, mit wechselseitigen gleichen Vertragsrechten und Vertragsobliegenheiten, in seinen äußeren Verhältnissen aber als eine in politischer Einheit verbundene Gesamtmacht."

Die Willensbildung in einem Staatenbund erfolgt in der Regel ohnehin nicht durch Mehrheitsentscheidungen. Sie würden schließlich das bestimmende Strukturelement in Frage stellen, nämlich die Achtung vor der Selbständigkeit seiner Glieder als eigener Subjekte des Völkerrechts, das Überstimmungen – zumindest in wesentlichen Bereichen – ausschließt. Als in der ersten Hälfte des 17. Jahrhunderts die zutiefst zerstrittenen Konfessionen die zwar lose, aber eben doch wirkmächtige Einheit des Heiligen Römischen Reiches Deutscher Nation zu sprengen drohten, waren die Vorschriften über Parität eines der Instrumente, um die Furcht vor Majorisierung zu bannen; schließlich war der auslösende Faktor für die Protestation der evangelischen Stände auf dem Reichstag zu Speyer im Jahre 1529 der Beschluß der katholischen gewesen, Mehrheitsentscheidungen auch in religiösen Angelegenheiten zu reklamieren. Deshalb heißt es im Westfälischen Frieden: „In allen übrigen (d.h. Nichtreligions-) Angelegenheiten aber soll zwischen allen und jeden Kurfürsten, Fürsten und Ständen beider Religionen genaue und gegenseitige Gleichheit herrschen..., so daß, was für den einen Teil Recht ist, auch für den anderen Recht sein soll, wobei alle Gewalt und Tätlichkeit, wie im übrigen so auch hier zwischen beiden Teilen auf alle Zeit verboten ist."

Diese Regeln erlangten auch über Religionsfragen hinaus große Bedeutung und hätten deshalb für die Herstellung der Einheit Deutschlands von höchstem Interesse sein müssen, um die wechselseitige Furcht der früheren Teile, im künftigen Ganzen „überfahren" zu werden, zu bannen. Daß dieser Aspekt im Einigungsvertrag keine Beachtung gefunden hat, ist ein schwerwiegender Konstruktionsfehler, dessen politische Folgen sich schon kurze Zeit nach dem Vollzug der staatlichen Einheit abzuzeichnen begannen und seither in einer zunehmenden Gereiztheit zwischen den alten und den neuen Bundesländern wegen tiefgehender Interessengegensätze ihren öffentlichen Ausdruck finden.

Schon 1959 hatte Eberhard Menzel (SPD) Art. 24 I GG als eine Verfassungsnorm hingestellt, die für das Verfahren zur Überwindung der tatsächlichen Spaltung Deutschlands... in Frage kommen könnte: „Der dritte Weg zur Wiedervereinigung führt über Art. 24 GG. Sicherlich ist bei dem Erlaß dieser Bestimmung nicht an eine solche Verwendungsmöglichkeit gedacht worden. Das schließt aber nicht aus, daß man sich ihrer bedient, wenn andere Wege versagen. Die Wiedervereinigung könnte also auch auf diesem umständlicheren, aber wegen der steten Zurücknahme der Einzelakte gefahrloseren Weg der Errichtung zwischenstaatlicher Einrichtungen realisiert werden. Wenn auf diese Weise Hoheitsrechte auf gemeinsame Organe übertragen würden, so wäre dies durch einfaches Gesetz möglich. Es wäre also keine Grundgesetzänderung erforderlich." Diese Ansicht konnte freilich nur auf dem Boden einer Zweistaatentheorie vertreten werden, weil Art. 24 I GG als Objekt der Übertragung hoheitlicher Befugnisse nur „zwischenstaatliche Einrichtungen" kennt.

Außerdem wäre der „Umfeldverträglichkeit" eines zweiten Deutschen Bundes große Bedeutung zugekommen, wenn nicht eine neuerliche Isolierung in Europa hätte riskiert werden sollen. Das schon im Westfälischen Frieden den Gliedern zugestandene Recht, Bündnisse mit auswärtigen Mächten zu schließen *(ius foederis)*, solange sie sich nicht gegen Kaiser und Reich richteten, hätte in zumindest gleichem Maße den Teilen eines zweiten Deutschen Bundes zustehen können, nunmehr beschränkt durch ihre Vereinbarkeit mit den Interessen des ungeteilten deutschen Volkes und den legitimen Ansprüchen der deutschen Nation. Die Zugehörigkeit der beiden Teile zu Bündnissen (NATO – Warschauer Pakt, EG – RGW), die erklärtermaßen nicht länger gegen-, sondern im Rahmen eines evolutionären Prozesses nebeneinander bestehen sollten, hätte sich damit nicht als Stolperstein auf dem Weg zur deutschen Einheit erweisen müssen.

Einheit durch Anschluß?

Der Anschluß der DDR als Ganzes oder – nach ihrer Wiederherstellung – ihrer fünf Länder gemäß Art. 23 GG galt als ein weiterer Weg, die staatliche Einheit Deutschlands „zu vollenden"(Präambel, ursprüngliche Fassung). Art. 23 GG war bedingt durch die Anomalie einer Inkongruenz von Staatsgebiet und Geltungsbereich des GG und zielte tendenziell auf deren Beseitigung. Er lautete: „Dieses Grundgesetz gilt zunächst im Gebiete der Länder... (Es folgt die Aufzählung der 1949 bestehenden Länder westlich der früheren Zonengrenze, d.h. der Westgrenze der sowjetischen Besatzungszone.) In anderen Teilen Deutschlands ist es nach deren Beitritt in Kraft zu setzen."

Der Parlamentarische Rat wollte seinerzeit dem Umstand, daß sich wegen der von außen kommenden Beschränkungen nur ein Teil des deutschen Volkes an der Schöpfung des Grundgesetzes beteiligen konnte und daß die zu bildende Bundesregierung in der Effektivität ihrer Hoheitsakte wegen derselben Behinderungen zunächst nur auf einen Teil des deutschen Staatsgebietes beschränkt sein würde, durch eine klare Bestimmung im Text der Verfassung selbst Rechnung tragen. So wollte er jeden Vorwurf, die Grenzen seiner demokratischen Legitimation überschritten zu haben, im Kern entkräften.

Satz 2 enthielt eine echte Norm, aufgrund deren „jeder andere Teil

Deutschlands" Anspruch darauf hatte, in den Geltungsbereich des Grundgesetzes aufgenommen zu werden, sofern er von sich aus seinen Beitritt erklärt. Es kann heute dahingestellt bleiben, ob z. B. eine entsprechende Proklamation des Staatsratsvorsitzenden der DDR dafür genügt hätte, denn spätestens nach dem 18. März 1990 gab es eine demokratisch legitimierte Vertretung der DDR und seit dem 14. Oktober 1990 auch ihrer Länder, die schon deshalb unzweifelhaft befugt waren, eine solche Beitrittserklärung abzugeben, weil die DDR seither dem bundesstaatlichen Grundsatz der Homogenität gemäß Art. 28 I 1 GG im wesentlichen genügte. Schon im Plenum des Parlamentarischen Rates hatte der Abgeordnete Dr. Süsterhenn (CDU) am 8. 9. 1948 vorsorglich auf die wesentliche „Bedingung für einen Beitritt" hingewiesen, „daß nicht nur die Verfassung, sondern auch die realen politischen Verhältnisse der Länder der Ostzone freiheitlichen, demokratischen und rechtsstaatlichen Grundsätzen entsprechen".

Seitens der Bundesrepublik bestand jedenfalls keine verfassungsrechtliche Möglichkeit, einen Teil Deutschlands vom Beitritt auszuschließen. „Das bedeutet, daß das beitretende Gebiet mit dem Wirksamwerden des Beitritts Glied der Bundesrepublik Deutschland ist" (Maunz-Dürig Art. 23 Anm. 39 u. 40). „Das GG muß in dem beitretenden Landesteil noch in Kraft gesetzt werden. Es gilt also nicht automatisch mit dem Beitritt, sondern es bedarf hierzu noch eines besonderen Staatsaktes. ... doch muß schon wegen seiner politischen Bedeutung ..., vor allem aber, weil es sich um die Inkraftsetzung von Rechtssätzen handelt, ein Legislativakt gefordert werden. Eine Verfassungsänderung ist nicht notwendig; Art. 23 S. 2 wirkt insoweit wie ein Gesetzesvorbehalt. Doch ist eine Einfügung des neu beigetretenen Landesteils in den Katalog des Satzes 1 auch nicht unzulässig und sogar tunlich. Bei der ersten praktischen Anwendung des Art. 23 S. 2, dem Beitritt des Saarlandes, wurde sie allerdings unterlassen" (ebd. Anm. 43).

„Das GG verpflichtet nicht zu sofortiger (wenn auch wohl zu alsbaldiger) Inkraftsetzung. Soweit dieser also echte politische Schwierigkeiten entgegenstehen, ist auch eine stufenweise und wohl sogar auch eine (zunächst) modifizierte Inkraftsetzung des GG möglich" (ebd. Anm. 45). Angesichts der fast unübersehbaren Fülle von Problemen, die eine Angleichung des sozialen wie des Rechtssystems der DDR an das der Bundesrepublik mit sich bringt, bedurfte es wohlüberlegter und differenzierender Übergangsregelungen. So einfach wie bei dem „Gesetz über die Eingliederung des Saarlandes vom 23. Dezember 1956" (BGBl. I S. 1011) ließ sich ein Beitritt der DDR also nicht bewerkstelligen.

Gerade beim Anschluß-Modell war Befürchtungen in der Bevölkerung der DDR Rechnung zu tragen, bloßes Objekt eines Prozesses zu werden, der den Beitritt der DDR als Einverleibung diffamieren würde. Solche Befürchtungen waren einerseits durchaus nicht völlig unrealistisch, andererseits paßten sie natürlich haargenau in das über 40 Jahre hinweg in immer neuen Wendungen stilisierte Klischee vom kapitalistischen Klassenfeind.

Auch hier hätten erprobte Institutionen zur Verfügung gestanden, die in ihrer Zeit aus der Notwendigkeit geboren worden waren, die Anhänger zweier widerstrebender Wahrheiten konfessionell-religiöser Ausprägung unter dem Dach einer gemeinsamen Verfassung vor Majorisierungen in Angelegenheiten, die vom Wahrheitsanspruch her rein quantitativ legitimierte Mehrheitsentscheidungen eben gerade nicht zulassen (Religionsangelegenheiten), zu schützen. Deshalb ersetzte der Westfälische Friede in solchen Fällen die Entscheidung *per maiora* durch eine Entscheidung *per unanima,* ersetzte Stimmenmehrheit durch gütliche Einigung *(amicabilis compositio).* Dem dienten auch die Institution der *itio in partes* (des Gehens in die Teile) und das *ius eundi in partes* (das Recht der Teile, bei Abstimmungen in Religionsangelegenheiten das Auseinandergehen zur Beschlußfassung zu verlangen). Schon bei den Verhandlungen, sowohl in Münster als auch in Osnabrück, war den Beteiligten klar, daß es für den Begriff „Religionsangelegenheiten" keine hinreichend klare Abgrenzung gibt, die dauernde Auslegungsstreitigkeiten vermeidbar erscheinen ließ. Dies zeigte sich denn auch recht bald, nachdem der Westfälische Friede im Jahre 1648 geschlossen worden war. Eine Dehnung des Begriffs „Religionsangelegenheiten" wurde indes bald nicht mehr als Ärgernis, sondern eher als Chance empfunden, bei „wackeligen" Entscheidungen durch das Instrument der *itio in partes* eine doppelte Legitimitätsgrundlage zu schaffen, die der Mehrheit im Ganzen und die der getrennten Mehrheiten in den Teilen. Man sah in ihm später „auch eine Gewährleistung des Schutzes der *iura singularia*", „welche niemandem durch den Beifall des größeren Haufens entzogen werden können".

Wie hätten sich die historischen Erfahrungen mit Institutionen, die immerhin von 1648 bis 1806 im späten Verfassungsrecht des Ersten Reiches über 158 Jahre hinweg praktisch erprobt worden sind, für die Lösung der anstehenden Probleme heute nutzbar machen lassen?

1. Der Bundestag besteht aus 507 Abgeordneten aus den alten Bundesländern, 121 Abgeordneten aus den fünf neuen Bundesländern und

nunmehr 28 Abgeordneten aus ganz Berlin, davon 17 aus West- und 11 aus Ostberlin. Die 656 Abgeordneten könnten sich danach in eine West-Bank von 524 (= 79,9%) und eine Ost-Bank von 132 (= 20,1%) Abgeordneten aufteilen. Beide Bänke bekennen sich – unter den oben bereits vermerkten Einschränkungen – zwar zu den wesentlichen Elementen einer freiheitlichen demokratischen Grundordnung, haben aber in besonderen Bereichen auch voneinander abweichende Ordnungsvorstellungen, verschiedene Interessen und eine voneinander zunächst noch erheblich divergierende Verfassungswirklichkeit. Es wäre durchaus sinnvoll gewesen, diese drei Verschiedenheiten als je eine besondere Verfassungswirklichkeit anzuerkennen und die dadurch entstehenden, nicht gänzlich homogenen zwei Gruppen für eine Übergangszeit auf der Basis einer *itio in partes* und eines *ius eundi in partes* analog zu dem *corpus catholicorum* und dem *corpus evangelicorum* im Regensburger Reichstag zu behandeln. In der Geschäftsordnung des Bundestages hätten also die §§ 80 und 83 für diesen Übergang so geändert werden müssen, daß jede der beiden Gruppen mit einem Drittel ihrer Mitgliederzahl für die zweite Lesung von Gesetzen getrennte Abstimmungen hätte durchsetzen können und die dritte Lesung *in pleno* nur dann hätte angesetzt werden dürfen, wenn in jeder der beiden Gruppen zuvor eine Mehrheit zustande gekommen ist.

2. Für die Zusammensetzung des Bundesrates war es von größter Wichtigkeit, vor oder *uno actu* bei der Erklärung des Beitritts die alten, auf historischen Grenzen und ungebrochenen Identitäten beruhenden fünf Länder der DDR wiederherzustellen. Zwar hätte auch die DDR als ungegliedertes Ganzes ihren Beitritt erklären können; sie hätte dann sechs Stimmen im Bundesrat bei 15 441 400 Einwohnern (ohne Ostberlin) gehabt, das heißt genausoviel wie Nordrhein-Westfalen bei 16 677 000 Einwohnern. Von den dann vier Stimmen Berlins wären – theoretisch, weil die Stimmen eines Landes nur einheitlich abgegeben werden können – zwei auf Vertreter Ostberlins entfallen, so daß im Bundesrat insgesamt ein Verhältnis von 44 (42+2) : 8 (6+2) geherrscht haben würde – ein kaum befriedigender Zustand! Da jedoch die fünf Länder der DDR, Sachsen (40 Abg. im Bundestag), Sachsen-Anhalt (23 Abg.), Thüringen (22 Abg.), Brandenburg (22 Abg.) und Mecklenburg-Vorpommern (14 Abg.), unter staatsrechtlichen Gesichtspunkten den Beitritt je für sich vollzogen haben, erhielt mit einer Ausnahme jedes Land vier Stimmen, da nur eines weniger als zwei und keines mehr als sechs Millionen Einwohner hat (vgl. Art. 51 II GG). Das Verhältnis der

beiden Gruppen im Bundesrat ist nun – wiederum theoretisch (siehe oben) – 44 (42+2) : 21 (19+2). Was über die Instrumente der *itio in partes* und des *ius eundi in partes* für den Bundestag zu sagen war, ließe sich entsprechend auch auf den Bundesrat anwenden.

Die Bestimmungen, die die Minderheit der Ost-Bank (vor Überstimmung) wie übrigens auch die Mehrheit der West-Bank (vor entsprechenden Vorwürfen) bei genau festzulegenden Gesetzesmaterien schützen sollen, wären zweckmäßigerweise durch eine Änderung des Grundgesetzes im Rahmen des Einigungsvertrags einfacher Mehrheitsentscheidung zu entziehen gewesen.

Mit dem Beschluß des Bundesrates vom 29. 8. 1990 hatten die alten Bundesländer durch eine neue Stimmenverteilung der Länder im Bundesrat einen verfassungsrechtlichen Schachzug im Sinne, in welchem Mißtrauen gegenüber den politischen Kräften in den fünf neuen Bundesländern unverhohlen zum Ausdruck kam und der dem Gedanken eines „Minderheitenschutzes für die beitretenden Länder“ geradezu entgegengerichtet war. Nach der alten Regelung hätten die fünf Bundesländer im Zusammenwirken mit dem Lande Berlin die Möglichkeit gehabt, eine Verfassungsänderung zu verhindern. Zur Begründung hieß es nun, die bisherige ausgewogene Stimmenverteilung des GG wäre durch die Fortdauer der alten Regelung gestört und den kleineren und mittleren Ländern ein Übergewicht eingeräumt worden. Den vier großen Ländern wäre die Sperrminorität nicht nur entzogen worden, sie wäre nun den neuen Ländern zusammen mit Berlin zugewachsen. Den Regierungschefs der alten Bundesländer erschien dies offenbar so unerträglich, daß sie darüber hinwegsahen, welch schlechten Eindruck dies als ein Vorstoß gegen die Solidarität aller Bundesländer machen würde.

Anschluß durch Einverleibung oder durch Überfall?

In der Vergangenheit war immer wieder der Unterstellung von seiten der DDR entgegenzutreten, Art. 23 GG zeige in brutaler Weise die latent expansive Tendenz der westdeutschen Verfassungsordnung, ihren Geltungsbereich auf das Gebiet der DDR, wenn nicht gar auf das Territorium des überkommenen deutschen Staates in seinen Grenzen vom 31. 12. 1937 zu erstrecken; darin manifestiere sich die aggressive Grundtendenz der Bonner Deutschlandpolitik. Diese Variante des Anschluß-Modells, die Einverleibung der DDR durch die Bundesrepublik, schien bis vor kurzem weder wünschenswert noch praktisch erreichbar, „abgesehen von der politischen Abwegigkeit eines solchen Gedankens“ (MAUNZ-DÜRIG Art. 23 Anm. 23, 1966).

Die andere, theoretisch immer schon denkbare, öffentlich aber kaum angesprochene Variante zeigt Art. 23 GG als die Bresche, durch die die Bürger der DDR „überfallartig“ in das soziale System der Bundesrepublik „einbrechen“ und ihre Teilhabe an unserem Wohlstand erzwingen könnten – ganz einfach auf dem durch und durch verfassungsmäßigen Weg des einseitig erklärten Beitritts nach Schaffung eines demokratisch legitimierten Parlaments und einer demokratisch legitimierten Regierung. Nichts und niemand hätte sie daran hindern können. Es „wäre ... abwegig, eine kraft des Selbstbestimmungsrechts des Volkes von diesem abgegebene Beitrittserklärung zurückzuweisen“, so MAUNZ 1966 (ebd. Anm. 42).

Die Vorbehaltsrechte der Siegermächte

In Art. 2 S. 1 des „Vertrags über die Beziehungen zwischen der Bundesrepublik Deutschland und den Drei Mächten“ vom 26. 5. 1952 heißt es: „Im Hinblick auf die internationale Lage, die bisher die Wiedervereinigung Deutschlands und den Abschluß eines Friedensvertrags verhindert hat, behalten (im englischen Text „retain“, im französischen Text „se réservent“) die Drei Mächte die bisher von ihnen ausgeübten Rechte und Verantwortlichkeiten in bezug auf Berlin und Deutschland als Ganzes einschließlich der Wiedervereinigung Deutschlands und einer friedensvertraglichen Regelung.“ In der Präambel des „Vertrags über die Beziehungen zwischen der Deutschen Demokratischen Republik und der Union der Sozialistischen Sowjetrepubliken“ vom 20. 9. 1955 findet sich ein entsprechender Vorbehalt, unter dem das gesamte Vertragswerk steht: „Der Präsident der DDR und das Präsidium des Obersten Sowjets der UdSSR haben, ... unter Berücksichtigung der

Verpflichtungen, die die Deutsche Demokratische Republik und die Sowjetunion gemäß den internationalen Abkommen, die Deutschland als Ganzes betreffen, haben, beschlossen, den vorliegenden Vertrag zu schließen..."

Wollte man vom bloßen Wortlaut aus die Tragweite dieser Vorbehaltsrechte interpretieren, müßte man in der Tat zu der Überzeugung gelangen, daß die der Bundesrepublik angelasteten Einschränkungen weit stärker waren als die, unter denen die DDR stand. In Wirklichkeit waren die Vorbehaltsrechte hinsichtlich ihres Inhaltes und Ausmaßes in Ost und West gleich. Der Unterschied in den Formulierungen besteht nur scheinbar und aus dem verschiedenen Grad der Abhängigkeit nach außen erklärbar. Während es sich die Sowjetunion leisten konnte, den ihr ganz und gar ergebenen Machtapparat in ihrer militärischen Besatzungszone durch eine relativ unscharfe und den vertraglichen Charakter unterstreichende Formulierung zu binden, glaubten die Drei Mächte ihren militärischen Besatzungszonen gegenüber, in denen die deutsche Souveränität bereits in einem beachtlichen Maß wiederaufgelebt war und der Staatsapparat weitgehend Selbständigkeit erlangt hatte, auf einer klaren Formulierung bestehen zu müssen, die zudem noch an deren vertraglichem Charakter starke Zweifel aufkommen läßt. Beide Teile Deutschlands betonen jedoch, daß sie sich dieser Rechte freiwillig und auf vertraglicher Basis begeben haben, so daß diese Vorbehaltsrechte nicht weiterwirkendes Besatzungsrecht, sondern eben Vertragsrecht zum Inhalt hätten. Dabei darf allerdings nicht übersehen werden, daß die beiden Gemeinwesen zum Zeitpunkt des Vertragsabschlusses nur beschränkt vertragsfähig waren, daß sie vielmehr erst mit Inkrafttreten der Verträge *uno actu* die volle völkerrechtliche Handlungsfähigkeit selbst erlangen sollten (das sogenannte Junktim).

Ob man diese Vorbehaltsrechte nun als Ausfluß der *occupatio bellica* des Jahres 1945 oder als Vertragsrecht aus dem Jahre 1955 ansieht, macht im Ergebnis keinen großen Unterschied. Es unterlag in jedem Fall erheblichen Bedenken, die sogenannten Vorbehaltsrechte noch 45 bzw. 35 Jahre später, zudem unter völlig veränderten Umständen, als völkerrechtlich gültige Grundlage für den Handlungsspielraum der vier Siegermächte zu akzeptieren. In dem durchaus vergleichbaren Fall des Fortgeltens der Feindstaaten-Klauseln in der UN-Charta (Art. 53 u. Art. 107) auch nach der längst erfolgten Aufnahme der beiden deutschen Staaten in die UNO verweist ARMIN ALBANO-MÜLLER in seiner Abhandlung über „Die Deutschland-Artikel in der Satzung der Vereinten Nationen" (Stuttgart/Berlin/Köln/Mainz 1967) auf die *clausula rebus sic stantibus:*

„Die Klausel soll dazu dienen, den starren Grundsatz *pacta sunt servanda* mit Treu und Glauben, mit dem Billigkeitsprinzip in Einklang zu bringen. Die politischen oder wirtschaftlichen Umstände eines Landes können sich so sehr verändern, daß es – einerseits – den Vertrag nicht oder nicht in der gegebenen Form geschlossen hätte, wenn die Änderung der Umstände vorauszusehen gewesen wäre, und daß – andererseits – das Beharren auf dem Vertrag unzumutbar sein würde."

Nur am Rande soll die Frage gestellt werden, ob eine vertragliche Regelung überhaupt Gültigkeit erlangt hat, wenn sie nicht freiwillig, sondern unter dem Druck zustande gekommen ist, nur durch die Hinnahme der vorgenannten Vorbehaltsrechte überhaupt Freiraum für eine eigenständige Politik in Deutschland erhalten zu können. Eine Antwort konnte offengelassen werden, weil es kaum vorstellbar erschien, daß die Vorbehaltsrechte gegen den erklärten Willen beider Teile des einen deutschen Volkes nach so langer Zeit aktiviert werden könnten.

Der Zeitfaktor, nicht theoretische Überlegung bestimmte den Weg zur Einheit

Einem Zusammenschluß der beiden deutschen Staaten, also dem Konföderations-Modell, schien der Vorzug einzuräumen zu sein. Nach innen hätte es wohl die besseren Chancen gehabt, über eine gewisse Zeit hinweg, notfalls über eine Vorstufe als „Vertragsgemeinschaft", einen behutsameren Prozeß der Angleichung und des Zusammenwachsens zu fördern, um damit die Voraussetzungen zu schaffen, bruchlos vom Staatenbund in einen Bundesstaat hinüberzugleiten. Nach außen hätte sich die in ihrer Wichtigkeit gar nicht zu überschätzende Frage der „Umfeldverträglichkeit" vermutlich wesentlich weniger kompliziert lösen lassen.

Unberücksichtigt bliebe jedoch der immer dringlicher gewordene Zeitfaktor: Nach 40 Jahren „real existierendem Sozialismus" schien die Geduld der Menschen in der DDR erschöpft zu sein; eine weitere, in ihrer Ausdehnung noch nicht abschätzbare Zeitspanne des Wartens war ihnen einfach nicht zuzumuten, insbesondere da auch das ins Auge gefaßte Ziel, nämlich die bundesstaatliche Einheit Deutschlands, dann nicht mit letzter Gewißheit gesichert erschienen wäre. Wie aber hätte man den Menschen in der DDR Mut machen können, in ihrer Heimat zu bleiben, wenn die Hoffnung auf grundlegende Veränderungen von so vielen Unwägbarkeiten abhängig ist, wie dies in einem zeitlich langwährenden und noch dazu nicht genau abgrenzbaren Prozeß unvermeidlich gewesen wäre?

Von der hoheitlichen Gewalt hätte Vorsorge getroffen werden müssen, daß die Wirtschaft der DDR nicht in die Rolle eines Billiglohnlandes abgedrängt wird, indem bei den Joint-ventures High-Tech und sonstige innovative Sparten samt den dazugehörigen Entwicklungsabteilungen in die Bundesrepublik geholt werden und nur die Produktion für den Konsum in der DDR selbst forciert wird. Einer solchen Marginalisierung der DDR-Wirtschaft auf dem Status eines Landes der Dritten Welt hätte bereits im Einigungsvertrag vom 31. 8. 1990, mit dem das GG in Kraft gesetzt worden ist, deutlich entgegengetreten werden sollen, wobei das Beispiel des § 9 des Gesetzes über die Eingliederung des Saarlandes vom 29. 12. 1956 die Richtung hätte weisen können: „(1) Natürliche Personen, die am 1. Januar 1957 weder ihren Wohnsitz oder gewöhnlichen Aufenthalt noch ihre gewerbliche Niederlassung im Saarland haben, bedürfen bis zum Ablauf eines Jahres nach Beendigung der Übergangszeit... für die Aufnahme einer gewerblichen Tätigkeit im Saarland unbeschadet der sonstigen Voraussetzungen einer besonderen Erlaubnis der zuständigen Landesbehörde. (2) Die Erlaubnis kann versagt werden, wenn die Aufnahme der gewerblichen Tätigkeit den schutzwürdigen Interessen der saarländischen Wirtschaft oder eines ihrer Zweige zuwiderläuft. (3) Die Absätze 1 und 2 gelten entsprechend für juristische Personen..." (BGBl. I 1956, S. 1012).

In diesem Zusammenhang ist noch einmal auf das Problem eines zeitlich befristeten „Minderheitenschutzes" für die fünf beitretenden Bundesländer hinzuweisen. Ihm wurde im Einigungsvertrag nicht oder zumindest nicht in angemessener Weise Rechnung getragen. Deshalb kann es auch nicht verwundern, wenn dieser Mangel aus verschiedenen Anlässen immer wieder heftig beklagt und mit der Frage verbunden wird, ob beim Aushandeln des Einigungsvertrags der Verhandlungsführer der ersten freigewählten Regierung der vormaligen DDR eigentlich zuvörderst die Interessen der von ihm zu vertretenden Bevölkerung im Blick hatte oder sich mehr an den politischen Vorgaben orientierte, die die Bonner Bundesregierung den Verhandlungen *a priori* zugrunde gelegt hatte. Darauf weist auch eine Bemerkung hin, die sich in dem von

Wolfgang Schäuble, dem Bonner Verhandlungsführer, herausgegebenen Buch „Der Vertrag" (Stuttgart 1991) auf Seite 141 befindet: „Im Gegensatz zu dem Ministerpräsidenten ließ Krause nie den Drang verspüren, irgend etwas aus der alten DDR in das neue Deutschland retten zu wollen. Das erleichterte mir die Kooperation mit ihm. Mit de Maizière geriet sie zuweilen zäher. Er wollte erst sein Land in Ordnung bringen, ehe er mit einer sanierten, geläuterten DDR den Beitritt wagte." Noch drastischer wird dieser Sachverhalt in einem Satz über seinen damaligen „Partner" Krause beleuchtet, der ebenfalls Wolfgang Schäuble zugeschrieben wird: „(Bundeskanzler) Kohl saß an beiden Seiten des Tisches" (Der Spiegel Nr. 13 vom 23. 3. 1992 S. 18). Ein Sachverhalt, der im politischen Bewußtsein der Bevölkerung der Beitrittsländer mehr und mehr fatale Folgen zu zeitigen im Begriffe ist, weil er die schlimmsten Befürchtungen der regimekritischen Opposition am Runden Tisch zu bestätigen scheint (vgl. S. 38 ff.).

Die Geschichte des ersten Deutschen Bundes mag als Hinweis dienen, wie berechtigt ein Gefühl der Unsicherheit ist, wenn von einer Konföderation die Weiterentwicklung zu einem Bundesstaat erwartet wird. War schon ihre Gründung nicht des Volkes Wille, sondern der Fürsten Kalkül, schien sie sich doch bald als ein Katalysator auf dem Weg zur deutschen Einheit zu bewähren. Immerhin ereignete sich „die Paulskirche" innerhalb des Deutschen Bundes – aber auch ihr Scheitern war typisch für seine innere Struktur. Alle Hoffnungen aber, der Deutsche Bund könne in absehbarer Zeit in den ersehnten deutschen Nationalstaat einmünden, wurden 1866 im Kanonendonner der Schlacht von Königgrätz zunichte. Statt zur großen Lösung, die alle Deutschen einbeziehen sollte, kam es zu Otto von Bismarcks Klein-Deutschland, das von August Bebel ebenso hartnäckig wie zutreffend „Groß-Preußen" genannt wurde. Franz Grillparzer, der Österreicher, schrieb zwei Jahre später in wehmütig-nostalgischer Stimmung seinen Vierzeiler:

„Deutscher Bund.
Der deutsche Bund war nicht schlecht von Haus,
Gab euch Schutz in jeder Fährlichkeit;
Nur setzt er etwas Altmodisches voraus:
Die Treue und die Ehrlichkeit."

Die Haltung der Siegermächte

Jahr für Jahr hatten die Siegermächte ihren deutschen Partnern das versichert, was dem jeweiligen politischen Selbstverständnis der Teile entsprach. Nach der „Wende" in der DDR ergab sich zunächst ein unklares Bild:

Der Präsident der Französischen Republik betonte zwar vor aller Öffentlichkeit, er habe vor einer Wiedervereinigung Deutschlands nicht die geringste Angst, machte sich jedoch gleichzeitig auf die Reise, um in Kiew und später in Budapest mit beredten Worten die Vorzüge zu preisen, die ein Fortbestehen der beiden deutschen Staaten für ganz Europa habe. Erstaunen hatte die voreilige Feststellung des US-Botschafters in Bonn, VERNON WALTERS, hervorgerufen, seine Regierung könne sich eine Wiedervereinigung nur vorstellen, wenn das ganze Deutschland in der NATO verbliebe. Während sich Großbritannien zunächst sichtlich zurückhielt, dann aber auch auf einer NATO-Mitgliedschaft Gesamtdeutschlands bestand, ging GORBATSCHOW sehr bald in die Offensive. Das Streben nach der Einheit Deutschlands entspreche einem historischen Prozeß, in den die Sowjetunion nicht störend einzugreifen gedenke. Ihrer Mitverantwortung für Frieden und Sicherheit in der Welt und gerade eben auch für Europa entspreche es, dafür Sorge zu tragen, daß dieser Prozeß sich in geordneter, die Interessen nicht nur der Deutschen, sondern auch ihrer Nachbarn berücksichtigender Weise und nicht „auf der Straße" vollzieht.

Kurzschluß: Entscheidung doch „auf der Straße"?

Die Entwicklung beschleunigte sich in gefährlicher Weise – verständlich aus Sicht der DDR-Bevölkerung, beängstigend für die Bürger der Bundesrepublik, die – wie offenbar auch ihre Regierung – auf den „Ernstfall" nicht genügend vorbereitet waren. Sie drohte außer Kontrolle zu geraten. Die unbestreitbaren Chancen, die das Modell

„Anschluß durch Überfall“ den Menschen in der DDR bot, hätten Dämme brechen lassen können, freilich mit schier unabsehbaren außenpolitischen Folgen.

In gewisser Weise glichen die Probleme, vor denen MICHAIL GORBATSCHOW stand, jenen, vor denen nach dem Zusammenbruch des napoleonischen Staatensystems in Europa KLEMENS FÜRST V. METTERNICH als „Motor“ des Wiener Kongresses gestanden hatte. In beiden Fällen klafften die Empfindungen „auf der Straße“ und die Vernunft der Herrschenden weit auseinander. „Auf der Straße“, angeheizt von Burschenschaften und anderen studentischen Vereinigungen, forderte man vom Wiener Kongreß ungeduldig, der deutschen Kulturnation, die sich bei aller Kleinstaaterei längst definiert hatte, den deutschen Nationalstaat nicht länger vorzuenthalten. METTERNICH wußte sehr wohl, welch gefährliche Folgen dies für ein ins Gleichgewicht zu bringendes europäisches Staatensystem – er verwendete dafür den Begriff „europäisches Konzert“ – haben müßte, ganz abgesehen von der Frage, wer denn von beiden Anwärtern auf eine hegemoniale Stellung, Österreich und Preußen, das Pult des „Ersten Geigers“ innehaben sollte. So setzte er den Verzicht auf den deutschen Nationalstaat durch und ging als Architekt des ersten Deutschen Bundes in die Geschichte ein – unter dem stürmischen Protest „der Straße“. Der Deutsche Bund, seine Kreation, sah sich denn auch genötigt, einen erheblichen Teil seiner Energie auf dem Gebiet des Polizeirechts einzusetzen, um die – unter METTERNICHS Gesichtspunkt verfassungsfeindliche – „Straße“ in den Griff zu bekommen.

METTERNICHS Vorteil war, auf dem Boden dynastischer Legitimitätsvorstellungen mit sich selbst und mit fast allen herrschenden Schichten der damaligen Zeit im Einklang zu bleiben. Diesen Vorteil hatte GORBATSCHOW nicht; er, wie alle Beteiligten, war – wenigstens formal – demokratischer Legitimität verpflichtet, und die mußte ihm verbieten, unbestreitbar demokratische Prozesse mit der abschätzigen Rede von „der Straße“ zu diffamieren. Seine Lage war, wie schon gesagt, der METTERNICHS nicht unähnlich; seine Sorgen um einen auf Dauer angelegten Zustand von Frieden und Sicherheit in Europa waren zu realistisch, als daß man sie mit dem üblichen Feindbildklischee hätte abtun können. Gleichwohl wäre seine Glaubwürdigkeit auf das schwerste erschüttert worden, wenn er zu dem politisch repressiven und rechtlich ohnehin umstrittenen Mittel eines sich auf die Vorbehaltsrechte der Siegermächte von 1945 stützenden Vetos hätte greifen wollen.

Die Bundesregierung hätte so schnell und so konkret wie möglich dem Eindruck entgegenwirken sollen, der nicht zuletzt durch undifferenzierte Warnungen vor einer Gefährdung unseres Systems sozialer Sicherheit und unseres Lebensstandards verstärkt wurde, als würden durch den nun fälligen Ausgleich zwischen der Bundesrepublik und der DDR die Bewohner der Bundesrepublik ungerechtfertigt entreichert. „Deutschland haftet als Ganzes", hatte KURT SCHUMACHER am 19. 2. 1948 in einer Rede in Kassel nochmals betont, nachdem er schon vorher mehrmals darauf hingewiesen hatte, daß die Bevölkerung der sowjetischen Besatzungszone in ganz erheblicher Weise einen Vorschuß zum Abtragen der Schulden aller Deutschen geleistet habe, der künftig einmal auszugleichen sein werde. 1948 hatte man offensichtlich mehr Gespür für deutsche Solidarität als 42 Jahre später. Es wäre auch eine vordringliche Aufgabe der Bundesregierung gewesen, diesen Sachverhalt für alle erkennbar zu machen, damit das wehleidige Klagen über mögliche Einbußen am materiellen Lebensstandard aufgehört und der Einsicht Platz gemacht hätte, daß es nicht nur eine rechtliche, sondern auch eine moralische Pflicht ist, den Wohlstand zu teilen.

Bei Überlegungen zum Anschluß-Modell, vor allem in der Variante der Einverleibung, wurde eine merkwürdige, im Westen und im Osten Deutschlands höchst unterschiedliche Stimmungslage spürbar: Ein Gespalten-Sein zwischen nationaler Identität und radikalem Demokratieverständnis bestimmte mehr die Gefühle als die Vernunft weiter Kreise der Bevölkerung in den alten Bundesländern. Besonders von linken Intellektuellen wurde in zuweilen larmoyanter Weise immer wieder betont, daß die Bevölkerung der DDR auf gar keinen Fall „fremdbestimmt" werden dürfe, so als ob sich der Grundsatz des Selbstbestimmungsrechts der Völker auch auf Teile ein und desselben Volkes anwenden ließe. Wenn man freilich, wie es der damalige regierende Bürgermeister von Berlin getan hat, die Bevölkerung der DDR zum „Volk der DDR" hochstilisiert – just in dem Augenblick, in dem sich die Bevölkerung der DDR vor seinen Augen im nicht länger geteilten Berlin eindrucksvoll als Teil des einen ungeteilten deutschen Volkes in Erinnerung gebracht hatte –, dann freilich geht auch die Rede von „Fremdbestimmung" auf. Ansonsten zeugt sie nur von einem befremdlichen Unvermögen, den – wie sich gezeigt hat – unstreitigen Sachverhalt, daß sich die Deutschen über fast ein halbes Jahrhundert hinweg allen widrigen Umständen zum Trotz ihre Identität im Rahmen eines Volkes bewahren konnten, in eine erträgliche Balance mit dem Prinzip demokratischer Legitimation zu bringen; zudem zeigt sie eine fast irrationale Furcht, sich zu dieser Identität zu bekennen und dafür am

Ende eines geradezu klischeehaft beschworenen deutschen Nationalismus gescholten zu werden.

In den fünf neuen Bundesländern und in Ostberlin dagegen verliefen die Fronten anders. Am Runden Tisch beispielsweise, der ja zunächst von politisch aktiven Bürgern gesteuert wurde, die zumeist dem bisherigen politischen System der DDR schroff ablehnend gegenübergestanden und sich in diesem Sinne auch unter Gefahren für eine „Wende" aktiv engagiert hatten, „schimmerte eine neue DDR-Identität auf, eine jetzt gegen die Bundesrepublik gerichtete Solidargemeinschaft" (siehe S. 38). Das macht auch verständlich, daß recht bald Stühle an diesem Tisch freigehalten wurden für Vertreter der bisher allein herrschenden Blockparteien. Auf diesen Aspekt einer einstweilen andauernden eigenen Identität weist auch Siegfried Mampel in seinem Aufsatz über „Das Ende der sozialistischen Verfassung der DDR" (siehe S. 37f.) auf Seite 1384 hin: „Die DDR hatte bei den Deutschen dort in den vierzig Jahren ihres Bestehens trotz ihres von deren Mehrzahl abgelehnten politischen und ökonomischen Systems ein Gefühl der Identität entwikkelt, das bei einer Eingliederung durch Bundesgesetz verletzt worden wäre. Die DDR wäre in die Rolle eines bloßen Objekts des Einigungsprozesses hineingeraten. Das hätte aber das Selbstwertgefühl der Deutschen in der DDR verletzt, das noch dadurch verstärkt worden sei, daß Freiheit und Demokratie aus eigener Kraft errungen waren. Die DDR wollte und sollte Partner, nicht Unterworfener sein. Nur so konnten die Interessen der DDR im Vereinigungsprozeß gewahrt bleiben."

Die breite Masse der Bevölkerung schien für derart differenzierte Befindlichkeiten kein Gespür zu haben. Nach 40 Jahren, die als unwiederbringlich verlorene Lebenszeit empfunden wurden, galt ihre Option einer schnellen Vereinigung Deutschlands, nicht einer neuen Verfassung von „reformsozialistischem" Charakter. Unter diesem Gesichtspunkt gilt es, die Volkskammerwahlen vom 18. 3. 1990 zu bewerten. Das Votum der Wähler war weitgehend bestimmt von ihren Hoffnungen auf einen zügigen Prozeß bei der Herstellung der Einheit Deutschlands und von ihren Vorstellungen über die Gestaltung dieser Einheit. Daß diese Vorstellungen in erheblichem Ausmaß auf realitätsfernen, oft geradezu illusionär-utopischen Erwartungen gründeten, beruhte nicht zuletzt auf Wahlkampfstrategien, die mehr an den jeweiligen Erfolgsaussichten der Konkurrenten ausgerichtet zu sein schienen als an einem Bemühen um umfassende, auf objektiv zutreffenden Daten beruhende Information der politisch noch ziemlich unbewanderten Wähler in der vormaligen DDR.

Daß die oppositionellen Kräfte, die die „Wende“ in der vormaligen DDR unter großem persönlichen Mut herbeizuführen mitgeholfen hatten, mit dem von ihnen propagierten Weg eines langsamen, behutsamen Zusammenwachsens der beiden Teile Deutschlands keine Erfolgschance hatten, kann unter diesen Umständen nicht verwundern. Ihre Leistung, eine friedliche Revolution bewirkt zu haben, erschien nicht als Gewähr, auch das Management eines für die Menschen schnell spürbaren ökonomischen und sozialen Aufschwungs vom Range eines „Wirtschaftswunders“ in die Hand nehmen zu können.

Das Anschluß-Modell ist ja schon einmal in den Anfängen des überkommenen deutschen Staates in Erscheinung getreten: Die Gründung des Zweiten Deutschen Reichs, über Jahrzehnte hinweg am Gedenktag der Kaiserproklamation zu Versailles (18. 1. 1871) mit Pathos gefeiert, war unter den Aspekten streng völkerrechtlicher Begrifflichkeit keineswegs die „Gründung“ eines Staates, die Geburt eines neuen Subjektes des Völkerrechts. Sie war vielmehr der Anschluß der vier süddeutschen Länder Bayern, Württemberg, Baden und Hessen für dessen südlich vom Main gelegenes Staatsgebiet an den seit dem 16. 4. 1867 bestehenden Norddeutschen Bund unter gleichzeitigem Wechsel des Staatsnamens. Das Subjekt des Völkerrechts behielt damals seine Identität im internationalen Rechtsverkehr, sowohl als Gläubiger wie auch als Schuldner, wie überhaupt als Partner von Verträgen. Dies kommt deutlich zum Ausdruck im „Vertrag betreffend den Beitritt Bayerns zur Verfassung des Deutschen Bundes“ vom 23. 11. 1870, in welchem es unter II heißt: „Die Verfassung des Deutschen Bundes (später durch die Bezeichnung „Deutsches Reich“ ersetzt) ist die des bisherigen Norddeutschen Bundes, jedoch mit folgenden Änderungen...“ (Es folgten Bestimmungen entsprechend den Novemberverträgen mit den beitretenden Staaten, darunter vor allem die bayerischen Reservatrechte, die dann in den Text der Reichsverfassung vom 16. 4. 1871 eingegangen sind.) Eine nicht unerhebliche Zahl von weiteren Gesetzen des Norddeutschen Bundes ist danach auf diese Weise „umtituliert“ worden, so z. B. das Reichswahlgesetz und fast der gesamte Gesetzesbestand auf dem Gebiet des Militärwesens.

Der Aspekt der fortwährenden Identität war konkret von herausragender Bedeutung, denn mit dem vollzogenen Beitritt durch Anschluß ist der Teil Deutschlands, der zuvor unter der Bezeichnung „DDR“ als eigener Staat aufgetreten ist, im Völkerrechtssubjekt Bundesrepublik Deutschland „aufgegangen“ und damit Teil der Bündnisse, denen die Bundesrepublik aufgrund von bestehenden und bestehen bleibenden

Verträgen angehört. Änderungen im Gebietsbestand tangieren nach anerkannten Grundsätzen des Völkerrechts grundsätzlich nicht die Identität des Völkerrechtssubjektes; das galt 1870/71 und 1918/20 genauso wie 1990 für eine erweiterte Bundesrepublik Deutschland. Dessen ungeachtet besteht die Möglichkeit, die deutsche Mitgliedschaft in diesen Bündnissen so zu strukturieren, daß sie weder nach innen noch nach außen Probleme mit sich bringt, indem sie Ungleichgewichtigkeit erzeugt und zu verständlichen Ängsten der Bündnispartner oder deren Nachbarn führt.

Ein weiteres war bei dem Prozeß, der zur Einheit Deutschlands durch Anschluß der DDR führte, zu bedenken: Da der „Vertrag zwischen der Bundesrepublik Deutschland und der Volksrepublik Polen über die Grundlagen der Normalisierung ihrer gegenseitigen Beziehungen" vom 7. Dezember 1970 unverändert bestehen bleibt, war auch die von Polen geforderte Grenzgarantie der Sache nach eigentlich bereits erledigt, denn in Artikel I dieses Vertrages sind alle von Polen gewünschten Garantien bereits enthalten. Sie brauchten nicht neu formuliert zu werden, da das wiedervereinigte Deutschland als Subjekt des Völkerrechts identisch mit dem Vertragspartner Bundesrepublik Deutschland ist und der Bestand des Vertrages deshalb nicht in Frage gestellt wurde. Darüber hinaus waren der letzte Satz der Präambel und Artikel 23 – zumindest Satz 2 und in Satz 1 das Wort „zunächst" – des GG zu streichen, denn es gibt nun keinen Teil Deutschlands mehr, der noch von hinreichend vielen Deutschen bewohnt wird und deshalb zur weiteren Vollendung der Einheit Deutschlands beansprucht werden könnte. Dies stellte erneut unmißverständlich klar, daß niemand mehr Anlaß hat, sich vor deutschen Ansprüchen auf Wiederherstellung des *status quo ante* von 1937 zu fürchten.

Es muß allerdings daran erinnert werden, daß der Akt des Anschlusses im Jahre 1870/71 vor allem in Bayern noch lange (viele behaupten, bis heute) Wirkungen zeigte, die dem Gesamtstaat gegenüber nicht immer sonderlich positiv waren. Deswegen ist nun nach dem Anschluß der DDR gemäß Art. 23 GG ernsthaft zu erwägen, einem gesamtdeutschen Bundestag das Mandat für die Ausarbeitung einer Verfassung, „die von dem deutschen Volke in freier Entscheidung" gemäß Art. 146 GG zu beschließen ist, zu übertragen. Diese deutsche Verfassung könnte dann das Grundgesetz für die Bundesrepublik Deutschland ablösen, obwohl – das sei ausdrücklich betont – hierzu weder förmlich noch inhaltlich ein verfassungsrechtlich zwingender Grund gegeben wäre, wohl aber ein nicht zu unterschätzender politisch-psychologischer.

Dabei sollte man allerdings die Beständigkeit des Grundkonsenses von 1948/49 nicht überschätzen. Schon werden Forderungen nach teilweiser Systemänderung auch in der Bundesrepublik laut: etwa nach der Ausweitung des Sozialstaates zum Wohlfahrtsstaat durch eine Umgewichtung der grundrechtlich gesicherten persönlichen Entfaltungsfreiheit zugunsten stärkerer sozialer Einbindung oder nach einer Zurückschneidung föderalistischer Strukturen zugunsten nationaler, zentralistisch organisierter Kompetenzen. Hinzu kommen „radikaldemokratische“ Versuche, das repräsentative System der Bundesrepublik durch plebiszitäre Elemente zu ergänzen. Manche Wunschvorstellung, die sich im Parlamentarischen Rat nicht hat durchsetzen lassen, scheint zu neuen Hoffnungen erwacht zu sein. Da ist es nur naheliegend, daß für deren Durchsetzung auch Stimmenpotentiale mit ins Kalkül einer Mehrheitsbeschaffung im Parlament gezogen werden, die ihre Wurzeln eben gerade nicht im Boden einer freiheitlichen demokratischen Grundordnung haben. Die Gefahr wächst, daß im Prozeß der Wiedervereinigung Deutschlands der im GG zum Ausdruck gekommene Konsens aufs Spiel gesetzt werden könnte, der sich 40 Jahre lang bewährt hat und die Grundlage für jene menschenwürdigen, freiheitlichen und sozialverträglichen Verhältnisse in der Bundesrepublik ist, um derentwillen Hunderttausende Deutscher aus der DDR ihr Land verlassen haben. Auch für die staatliche Einheit Deutschlands wäre das aber ein zu hoher Preis.

Der Weg zu einer von der Wurzel her neuen Verfassung würde wohl lange Zeit in Anspruch nehmen und könnte leicht zu einem verbalen Bürgerkrieg ausarten. In diesem Zusammenhang darauf hinzuweisen, die Experten hätten im Sommer 1948 auf der Insel Herrenchiemsee ihren Entwurf für das GG schließlich auch in elf Tagen zuwege gebracht, zeugt von törichtem Wunschdenken, wenn dies auf die Neuschöpfung einer Verfassung in den neunziger Jahren auf dem Boden der veränderten politischen, sozialen und ökonomischen Bedingungen übertragen werden sollte. Bereits in der Regierungserklärung, die der damalige Bundesminister des Auswärtigen, Heinrich von Brentano, am 30. Juni 1960 vor dem Bundestag abgegeben hat, wurde Spekulationen, gelegentlich der Wiedervereinigung Deutschlands zugleich Systemveränderung anzustreben, eine den Kern des Problems klar bezeichnende Absage erteilt: „In der Bundesrepublik erhalten und verteidigen wir nicht eine zufällige politische Ordnungsform, sondern den endgültigen Ausdruck des staatlichen Ordnungsdenkens des deutschen Volkes.“ Das Grundgesetz darf auch um den Preis einer staatlichen Einheit in seinen Grundentscheidungen nicht in Frage gestellt werden.

Verfassungspatriotismus statt Vaterland?

Wenn von einem Preis die Rede ist, von einem zu hohen oder von einem angemessenen, werden immer zwei Größen zueinander in Beziehung gesetzt: bei unseren Betrachtungen zwei Vorstellungen von Patriotismus. Patriotismus drückt herkömmlicherweise eine Beziehung zu einer *patria*, zu einem Vaterland, aus, also zu einem nicht immer sonderlich exakt zu beschreibenden Teil der Erdoberfläche, der durch mannigfache Gemeinsamkeiten seiner Bewohner gekennzeichnet ist. Bei Verfassungspatriotismus aber ist die Rede von der Beziehung zu einer Verfassung, zu einer rechtlich normierten politischen Ordnung, die auf einem genau abgegrenzten Teil der Erdoberfläche Geltung hat. Es muß also definiert werden, was unter dem Begriff „Verfassungspatriotismus" gemeint sein soll – und es muß offengelegt werden, was dieses zunächst künstlich wirkende Wortgebilde verdecken, kompensieren oder sonst bewirken soll. Es geht dabei nicht um abstrakte Wortklauberei, sondern um die politischen Funktionen, die sich hinter ihm verbergen.

Am 23. Mai 1979 – also zum 30. Geburtstag des GG – war ein Leitartikel in der Frankfurter Allgemeinen Zeitung mit dem Wort „Verfassungspatriotismus" überschrieben. Drei Jahre später nahm dessen Autor, der Heidelberger Politikwissenschaftler Dolf Sternberger, die Gelegenheit wahr, anläßlich eines Festvortrags im Bayerischen Landtag diesen Begriff zu definieren und die Absichten zu erläutern, die er mit der Wiedereinpflanzung dieses Wortes in den Garten der politischen Bildung verfolgte. Dem seinerzeit in Bonn verfaßten Gemeinwesen sei „kaum eine herzhafte Empfindung aus dem Volke zugewachsen". Als Vaterland werde es jedenfalls nicht angenommen – wörtlich: als „dasjenige, welches eine natürliche Empfindung der Zugehörigkeit, der fraglosen Identifizierung erlaubte und zu erwecken imstande wäre". Den Älteren, die diese Wirklichkeit noch erfahren haben, gilt Deutschland als Vaterland, beileibe nicht die Bundesrepublik. Die Jüngeren wissen mit dem Wort „Vaterland" ohnehin kaum etwas anzufangen – kein Wunder, wenn man bedenkt, daß sie Deutschland als „einig Vaterland" (Hymmne der DDR) erst seit dem 3. 10. 1990 erleben. Das, was sie als ihre Wirklichkeit vorher erfahren konnten, nämlich die Bundesrepublik Deutschland oder die DDR, war ihnen als Vaterland eben gerade nicht nahezubringen. Dieses im Wechsel der Generationen ständig größer gewordene Defizit an gefühlsmäßiger Zuwendung, die einer rein verstandesmäßigen Annahme des politischen Systems erst wirklich Stabilität hätte verleihen können, dieses Defizit hatte Dolf Sternberger offenbar als bedrohlich empfunden. Genau an diesem Punkt wies er auf unsere Verfassung im Rechtssinne, das GG, hin: Sie sichert uns allen eine Verfassung im Sinne einer Lebenswichtigkeit, um derentwillen ein jeder Anlaß hätte, ihren Bestand mit dem Verstand und von Herzen zu wollen.

Patriotismus, so zeigte Sternberger auf, hat „in seinen Ursprüngen und in seiner Geschichte ... durchaus etwas mit Staat und Verfassung zu tun". Darauf weist auch das einschlägige Stichwort im Brockhaus 1972 hin: „Patriotismus ..., die im staatsbürgerlichen Ethos wurzelnde, zugleich gefühlsbetonte, oft leidenschaftlich gesteigerte Hingabe an das überpersönliche staatliche Ganze, das in dieser Hinsicht nicht nur als rechtliche und politische Ordnung, sondern als die den einzelnen tragende Gemeinschaft (la patrie, my country, das Vaterland) empfunden wird. Der Patriotismus wächst aus freier Bereitschaft zu Dienst und Opfer, er ist daher an ein gewisses Maß an staatsbürgerlicher Freiheit gebunden." In diesem Sinne hatte schon Ende des 17. Jahrhunderts Jean de La Bruyère ausgerufen: „Es gibt kein Vaterland in der Despotie!" Sternberger hat hierzu eine Quelle aus dem eigenen Sprachraum in Erinnerung gerufen, einen Thomas Abbt, der 1761 im Alter von 23 Jahren schrieb: „Die Stimme des Vaterlandes kann nicht mehr erschallen, wenn einmal die Luft der Freiheit entzogen ist", und: „Wenn mich die Geburt oder meine freie Entschließung mit einem Staat vereinigen, dessen heilsamen Gesetzen ich mich unterwerfe, Gesetzen, die mir nicht mehr von meiner Freiheit entziehen, als zum Besten des ganzen Staates nötig ist, alsdann nenne ich diesen Staat mein Vaterland." Vaterland bezeichnet hier den Raum, in dem es sich frei leben läßt – den Zustand des Raumes, seine Verfassung eben. Der Essay von Thomas Abbt trägt den Titel „Vom Tode fürs Vaterland!". Sternberger bemüht sich nachzuweisen, wieviel sinnvoller es doch wäre, solche zutreffenden und nützlichen Aussagen mit der Überschrift „Vom Leben für das Vaterland!" zu versehen, sie als kategorischen Imperativ für alle freien Bürger zu nehmen, ihre Verfassung so zu gestalten und dann auch zu sichern, daß ihr Geltungsbereich allen Vaterland sein kann. Das also meint Verfassungspatriotismus.

Martin Walser hat mithin zu kurz und noch dazu danebengegriffen, wenn er diesen Begriff abzuwerten versucht, weil er ihm aus einem „Abfindungslabor" zu stammen scheint, erdacht zur Bewältigung auf die Nation gerichteter Verdrängung. Der große Zauberer im Entfachen nationaler Emotionen war schließlich selbst ein Opfer dieser Emotionen geworden. Er schien nicht mehr imstande zu sein, den attackierten Begriff mit der Vernunft eines Intellektuellen auf seinen Inhalt und seine politische Funktion hin nüchtern auszuloten. Statt dessen versuchte er, ihn niederzumachen: „Abfindungslabor", also künstlich und in seiner Zielrichtung wenig schmeichelhaft, denn „Abfinden" hat immer auch einen Hauch von unangemessenem Preis. Dem aber gilt es zu widersprechen. Ist das GG nicht eine politische Ordnung, die allen Deutschen Vaterland sein könnte? Wenn also die beiden Vorstellungen von Patriotismus zueinander in Widerspruch geraten sollten, ist dann nicht der in eigener „freier Entschließung" erkorenen Zugehörigkeit zu einer politischen Ordnung, die von vorgegebenen, in der Natur des Menschen selbst gründenden Werten bestimmt ist, in jedem Fall der Vorrang einzuräumen vor der angeborenen Zugehörigkeit zu einem mehr geographisch definierten Begriff von Vaterland? WALSERS Schelte vermag also nicht zu überzeugen, vielleicht wird sie erklärlich, wenn man den Scheltenden selbst zu Wort kommen läßt: „Nie böllern mir die Schlagwörter so unbremsbar heraus wie beim Deutschland-Gespräch."

Die Selbstbestimmtheit der Bevölkerung der DDR stand jedenfalls außer Frage – ganz im Gegensatz zu derjenigen der Bevölkerung der Bundesrepublik. Ob Anschluß durch Beitritt gemäß Artikel 23 GG, einstweilige oder dauernde Eigenstaatlichkeit einer DDR – immer lag die Entscheidung bei den Menschen in der DDR und ihren demokratisch legitimierten Organen selbst, und in jedem Fall wäre sie von den Menschen in der Bundesrepublik und ihren demokratisch legitimierten Organen zu respektieren gewesen.

Die Trennung von Einheit und Freiheit als Lösung?

Geht man von der schon zitierten Überlegung des Philosophen KARL JASPERS aus, nämlich von der Frage, ob wir die Wiedervereinigung überhaupt hätten wollen sollen, wenn wir sie hätten haben können, muß es logischerweise zwei Antworten geben. Zusammenschluß, Anschluß und Kurzschluß sind Modelle, die allesamt ein Ja voraussetzen. Was wäre aber gewesen, wenn es – etwa aus Sorge um die Wahrung des GG und des in ihm zum Ausdruck kommenden Grundkonsens unserer Gesellschaft, also aus Gründen eines wohlverstandenen „Verfassungspatriotismus" – auf ein Nein hinausgelaufen wäre? Aus einem gewissen „nationalen Schamgefühl" ist diese Alternative in der Öffentlichkeit fast überhaupt nicht diskutiert worden. Im Überschwang der Gefühle, welche die „Wende" in der DDR zur Folge hatte, war diese von der Vernunft her gebotene Erwägung weithin untergegangen.

Schon seit Ende der fünfziger Jahre war immer häufiger erwogen worden, ob nicht die Frage nach der Freiheit von dem Problem der Einheit zweckmäßigerweise getrennt werden sollte. In der Bundestagsdebatte vom 20. März 1958 gab der damalige Bundesverteidigungsminister Strauß das Stichwort: „... Ist es denn wirklich die Wiedervereinigung, die uns in erster Linie drängt, quält, bedrückt, treibt? Es ist doch weniger die Wiedervereinigung im Sinne der Wiederherstellung der staatlichen Einheit Deutschlands; es ist doch vielmehr das Herzensanliegen der Wiederherstellung demokratischer und menschenwürdiger Zustände in diesem Gebiet..." Zuvor schon hatte Bundeskanzler Adenauer davor gewarnt, die deutsche Frage nur unter nationalen Aspekten zu betrachten. Damit waren damals in der Frage der Wiedervereinigung Deutschlands, insbesondere mit Blick auf den Westen, die Akzente klar gesetzt worden: In erster Linie sollte es um die Verbesserung der Lebensbedingungen gehen, unter denen fast 17 Millionen Deutsche zu leiden hatten. Daran hatte sich natürlich die Hoffnung geknüpft, daß sich sowohl die gesellschaftlichen Verhältnisse als auch die ideologische Basis der beiden Teile Deutschlands annähern würden, wenn nur erst einmal das Selbstbestimmungsrecht des deutschen Volkes in ganz Deutschland verwirklicht sein würde. Die Organisierung in einem gemeinsamen Staat sollte demgegenüber von sekundärer Bedeutung sein und am Schluß einer Entwicklung stehen. Namhafte Politiker und Publizisten haben damals diese Gedankengänge weiter ausgesponnen.

Diese Konzeption ging in der damaligen Zeit des Kalten Krieges zutreffenderweise davon aus, daß die Sowjets der staatlichen Einheit Deutschlands keinesfalls unter Umständen zustimmen würden, die zwangsläufig zu einer Stärkung der machtpolitischen Lage des Westens führen müßten. Da die Bundesrepublik aber nicht den Schutz der NATO aufgeben konnte und wollte, war an eine Herstellung der staatlichen Einheit seinerzeit überhaupt nicht zu denken. Deshalb wollte man wenigstens versuchen, der Bevölkerung in der sowjetischen Besatzungszone durch den Verzicht auf die staatliche Einheit die Freiheit zu „erkaufen". Für dieses Ziel sollte sogar nach dem Vorbild des österreichischen Staatsvertrags ein Anschlußverbot hingenommen werden. Nach einer solchen Lösung wäre die deutsche Nation hauptsächlich in drei deutschen Staaten organisiert gewesen: in der Bundesrepublik, in der DDR und in Österreich. Der Gedanke einer *trias Germaniae*, wie er seit der Zeit des Rheinbundes immer wieder auftauchte, hätte damit Wirklichkeit werden können. Zugleich schien für diese Lösung zu sprechen, daß Befürchtungen, die Nachbarn in Ost und West gegenüber der staatlichen Einheit Deutschlands hegen, einer Lösung des Deutschland-Problems nicht im Wege stehen würden.

Die Minimalforderung bei diesen Überlegungen war die Gewährung des Selbstbestimmungsrechts für die Bevölkerung in der sowjetischen Besatzungszone. Ihr sollte die Möglichkeit gegeben werden, sich selbst in Freiheit die Form staatlicher Organisation zu geben, die ihr gemäß erschien. Ihre Entscheidung sollte durch internationale Kontrolle und Garantien gesichert werden. Die solchermaßen demokratisierte DDR sollte neutralisiert werden oder ihre Neutralität selbst verkünden. Wirtschaftspolitisch hätte diese DDR ihre Funktionen im Wirtschaftsgefüge des Ostblocks weiter erfüllen sollen. Es wäre deshalb richtiger, für diesen Weg den Begriff „Finnlandisierung" zu wählen, als von einer „Österreich-Lösung" zu reden. Eine Konföderation der drei deutschen Staaten schien manchen Befürwortern einer solchen Konzeption angezeigt, um vor allem auf kulturellem Gebiet, aber auch in Fragen der Rechtsentwicklung wirken zu können.

Die weltpolitische Lage, insbesondere die Umstände, die für die deutsche Frage bestimmend sind, haben sich seither grundlegend geändert. Konnten diese Vorstellungen seinerzeit als reine Traumtänzerei abgetan werden, weil man sich das, was vor, bei und nach der „Wende" geschehen ist, schlechterdings nicht vorstellen konnte, hätte man sie nunmehr doch ernsthaft in die Überlegungen zur Lösung der deutschen Frage einbeziehen sollen. Wie schon betont wurde, hätte diese Neuauflage einer *trias Germaniae* – zumindest von außen gesehen – sehr viel für sich gehabt. Wenn sich das Zueinander von Bundesrepublik und DDR in der Weise hätte gestalten lassen, wie es sich z. B. zwischen der Bundesrepublik und Österreich entwickelt hat, wäre dem Drängen nach staatlicher Einheit Deutschlands ein Gutteil seiner Gründe – und seiner Dynamik – genommen worden.

Die Bevölkerung der Bundesrepublik wie auch die Bevölkerung der DDR hätten sich in aller Ruhe überlegen können, ob und in welcher

Weise sie die Wiedervereinigung überhaupt wollen, nun, da sie sie haben konnten. Es muß aber noch einmal in Erinnerung gerufen werden, daß nach den Entbehrungen der vorangegangenen 40 Jahre und angesichts der nunmehr zunächst an materielle und nicht länger primär an ideele Erwartungen geknüpften Hoffnungen der Bevölkerung der DDR mit vernunftbetonter Geduld kaum zu rechnen war. Die Entwicklung hatte eine Eigendynamik bekommen, die schließlich sogar über die Formel „Zwei-Plus-Vier" hinwegzugehen drohte. Dies hatte aber zur Folge, daß auch im Westen die Zahl derer ständig zunahm, die nicht bereit gewesen wären, um einer staatlichen Wiedervereinigung Deutschlands willen das politische System der Bundesrepublik Deutschland in Frage stellen zu lassen, wenn über die Möglichkeiten des Art. 146 GG fast jeder Variante von Systemveränderung Tür und Tor geöffnet worden wäre.

Vorbei war am 2. 10. 1990 um 24.00 Uhr die Zeit des Provisoriums – mit Blick auf das die Identität des überkommenen deutschen Staates wahrende Anschluß-Modell von THEODOR HEUSS prophetisch schon 1955 auf dem Juristentag als „Transitorium" bezeichnet. Damit ist zugleich ein Hindernis beseitigt, das bisher dem Wachsen von Verfassungspatriotismus entgegenstand. Nicht durch voreiligen Verzicht, nicht durch Diffamierung als „Deutschtümelei", Großmannssucht und typisch deutschen Hang zu aufgeblähtem Nationalismus, schon gar nicht durch Anbiederung an die inzwischen entlarvten Tyrannen des verbrecherischen SED-Regimes, sondern durch eine demokratische Entscheidung an der Basis des deutschen Volkes ist durch die freie Wahl des Anschlusses nach Art. 23 GG im Einvernehmen vor allem mit den betroffenen Nachbarn eine Frage entschärft worden, die schon seit langem Europa in Atem gehalten hatte: die deutsche Frage.

Rudolf Schuster

1 Die Verfassung des Deutschen Reiches (Paulskirchenverfassung)

Vom 28. März 1849 (RGBl. S. 101)

Die deutsche verfassungsgebende Nationalversammlung hat beschlossen und verkündigt als Reichsverfassung:

Verfassung des Deutschen Reiches

Abschnitt I. Das Reich

Artikel I

§ 1 [Reichsgebiet][1] Das Deutsche Reich besteht aus dem Gebiete des bisherigen Deutschen Bundes.

Die Festsetzung der Verhältnisse des Herzogtums Schleswig bleibt vorbehalten.

§ 2 [Personalunion deutscher und nichtdeutscher Länder] Hat ein deutsches Land mit einem nichtdeutschen Land dasselbe Staatsoberhaupt, so soll das deutsche Land eine von dem nichtdeutschen Lande getrennte eigene Verfassung, Regierung und Verwaltung haben. In die Regierung und Verwaltung des deutschen Landes dürfen nur deutsche Staatsbürger berufen werden.

Die Reichsverfassung und Reichsgesetzgebung hat in einem solchen deutschen Lande dieselbe verbindliche Kraft, wie in den übrigen deutschen Ländern.

§ 3 [Staatsoberhaupt einer Personalunion] Hat ein deutsches Land mit einem nichtdeutschen Lande dasselbe Staatsoberhaupt, so muß dieses entweder in seinem deutschen Lande residieren, oder es muß auf

---

1 Nach Auffassung der Paulskirchenverfassung war das zu konstituierende Deutsche Reich nicht Rechtsnachfolger des Deutschen Bundes. Gleichwohl sollten die deutschen Einzelstaaten in ihrer historisch gewachsenen Form in das Reich eingegliedert, nicht jedoch unter Gesichtspunkten der Neuordnung verändert werden.

verfassungsmäßigem Wege in demselben eine Regentschaft niedergesetzt werden, zu welcher nur Deutsche berufen werden dürfen.

§ 4 [Keine neue Personalunion] Abgesehen von den bereits bestehenden Verbindungen deutscher und nichtdeutscher Länder soll kein Staatsoberhaupt eines nichtdeutschen Landes zugleich zur Regierung eines deutschen Landes gelangen, noch darf ein in Deutschland regierender Fürst, ohne seine deutsche Regierung abzutreten, eine fremde Krone annehmen.

§ 5 [Selbständigkeit der deutschen Staaten] Die einzelnen deutschen Staaten behalten ihre Selbständigkeit, soweit dieselbe nicht durch die Reichsverfassung beschränkt ist; sie haben alle staatlichen Hoheiten und Rechte, soweit diese nicht der Reichsgewalt ausdrücklich übertragen sind.

Abschnitt II. Die Reichsgewalt

Artikel I

§ 6 [Auswärtige Beziehungen] Die Reichsgewalt ausschließlich übt dem Auslande gegenüber die völkerrechtliche Vertretung Deutschlands und der einzelnen deutschen Staaten aus.

Die Reichsgewalt stellt die Reichsgesandten und die Konsuln an. Sie führt den diplomatischen Verkehr, schließt die Bündnisse und Verträge mit dem Auslande, namentlich auch die Handels- und Schiffahrtsverträge, sowie die Auslieferungsverträge ab. Sie ordnet alle völkerrechtlichen Maßregeln an.

§ 7 [Keine eigenen Gesandtschaften der einzelnen Regierungen] Die einzelnen deutschen Regierungen haben nicht das Recht, ständige Gesandte zu empfangen oder solche zu halten.

Auch dürfen dieselben keine besonderen Konsuln halten. Die Konsuln fremder Staaten erhalten ihr Exequatur von der Reichsgewalt.

Die Absendung von Bevollmächtigten an das Reichsoberhaupt ist den einzelnen Regierungen unbenommen.

§ 8 [Verträge zwischen den einzelnen Regierungen] Die einzelnen deutschen Regierungen sind befugt, Verträge mit anderen deutschen Regierungen abzuschließen.

Ihre Befugnis zu Verträgen mit nichtdeutschen Regierungen beschränkt sich auf Gegenstände des Privatrechts, des nachbarlichen Verkehrs und der Polizei.

§ 9 **[Vorlage von Verträgen]** Alle Verträge nicht rein privatrechtlichen Inhalts, welche eine deutsche Regierung mit einer anderen deutschen oder nichtdeutschen abschließt, sind der Reichsgewalt zur Kenntnisnahme und, insofern das Reichsinteresse dabei beteiligt ist, zur Bestätigung vorzulegen.

Artikel II

§ 10 **[Krieg und Frieden]** Der Reichsgewalt ausschließlich steht das Recht des Krieges und Friedens zu.

Artikel III

§ 11 **[Verfügungsgewalt über die Wehrmacht]** Der Reichsgewalt steht die gesamte bewaffnete Macht Deutschlands zur Verfügung.

§ 12 **[Reichsheer]** Das Reichsheer besteht aus der gesamten, zum Zwecke des Krieges bestimmten Landmacht der einzelnen deutschen Staaten. Die Stärke und Beschaffenheit des Reichsheeres wird durch das Gesetz über die Wehrverfassung bestimmt.

Diejenigen Staaten, welche weniger als 500 000 Einwohner haben, sind durch die Reichsgewalt zu größeren militärischen Ganzen, welche dann unter der unmittelbaren Leitung der Reichsgewalt stehen, zu vereinigen, oder einem angrenzenden größeren Staate anzuschließen.

Die näheren Bedingungen einer solchen Vereinigung sind in beiden Fällen durch Vereinbarung der beteiligten Staaten unter Vermittlung und Genehmigung der Reichsgewalt festzustellen.

§ 13 **[Gesetzgebung und Organisation]** Die Reichsgewalt ausschließlich hat in betreff des Heerwesens die Gesetzgebung und die Organisation; sie überwacht deren Durchführung in den einzelnen Staaten durch fortdauernde Kontrolle.

Den einzelnen Staaten steht die Ausbildung ihres Kriegswesens auf Grund der Reichsgesetze und der Anordnungen der Reichsgewalt und beziehungsweise in den Grenzen der nach § 12 getroffenen Vereinbarungen zu. Sie haben die Verfügung über ihre bewaffnete Macht, soweit dieselbe nicht für den Dienst des Reiches in Anspruch genommen wird.

§ 14 [Fahneneid] In den Fahneneid ist die Verpflichtung zur Treue gegen das Reichsoberhaupt und die Reichsverfassung an erster Stelle aufzunehmen.

§ 15 [Truppenkosten] Alle durch Verwendung von Truppen zu Reichszwecken entstehenden Kosten, welche den durch das Reich festgesetzten Friedensstand übersteigen, fallen dem Reiche zur Last.

§ 16 [Wehrverfassung] Über eine allgemeine für ganz Deutschland gleiche Wehrverfassung ergeht ein besonderes Reichsgesetz.

§ 17 [Ernennung der Offiziere] Den Regierungen der einzelnen Staaten bleibt die Ernennung der Befehlshaber und Offiziere ihrer Truppen, soweit deren Stärke sie erheischt, überlassen.

Für die größeren militärischen Ganzen, zu denen Truppen mehrerer Staaten vereinigt sind, ernennt die Reichsgewalt die gemeinschaftlichen Befehlshaber.

Für den Krieg ernennt die Reichsgewalt die kommandierenden Generäle der selbständigen Korps sowie das Personal der Hauptquartiere.

§ 18 [Festungen] Der Reichsgewalt steht die Befugnis zu, Reichsfestungen und Küstenverteidigungswerke anzulegen und, insoweit die Sicherheit des Reiches es erfordert, vorhandene Festungen gegen billige Ausgleichung, namentlich für das überlieferte Kriegsmaterial, zu Reichsfestungen zu erklären.

Die Reichsfestungen und Küstenverteidigungswerke des Reiches werden auf Reichskosten unterhalten.

§ 19 [Seemacht] Die Seemacht ist ausschließlich Sache des Reiches. Es ist keinem Einzelstaate gestattet, Kriegsschiffe für sich zu halten oder Kaperbriefe auszugeben.

Die Bemannung der Kriegsflotte bildet einen Teil der deutschen Wehrmacht. Sie ist unabhängig von der Landmacht.

Die Mannschaft, welche aus einem einzelnen Staate für die Kriegsflotte gestellt wird, ist von der Zahl der von demselben zu haltenden Landtruppen abzurechnen. Das Nähere hierüber sowie über die Kostenausgleichung zwischen dem Reiche und den Einzelstaaten bestimmt ein Reichsgesetz.

Die Ernennung der Offiziere und Beamten der Seemacht geht allein vom Reiche aus.

Der Reichsgewalt liegt die Sorge für die Ausrüstung, Ausbildung und

Unterhaltung der Kriegsflotte und die Anlegung, Ausrüstung und Unterhaltung von Kriegshäfen und See-Arsenalen ob.

Über die zur Erreichung von Kriegshäfen und Marine-Etablissements nötigen Enteignungen sowie über die Befugnisse der dabei anzustellenden Reichsbehörden bestimmen die zu erlassenden Reichsgesetze.

Artikel IV

§ 20 [Einrichtungen der Seeschiffahrt] Die Schiffahrtsanstalten am Meere und in den Mündungen der deutschen Flüsse (Häfen, Seetonnen, Leuchtschiffe, das Lotsenwesen, das Fahrwasser usw.) bleiben der Fürsorge der einzelnen Uferstaaten überlassen. Die Uferstaaten unterhalten dieselben aus eigenen Mitteln.

Ein Reichsgesetz wird bestimmen, wie weit die Mündungen der einzelnen Flüsse zu rechnen sind.

§ 21 [Oberaufsicht der Reichsgewalt] Die Reichsgewalt hat die Oberaufsicht über diese Anstalten und Einrichtungen.

Es steht ihr zu, die betreffenden Staaten zu gehöriger Unterhaltung derselben anzuhalten, auch dieselben aus den Mitteln des Reiches zu vermehren und zu erweitern.

§ 22 [Verhältnismäßigkeit der Abgaben] Die Abgaben, welche in den Seeuferstaaten von den Schiffen und deren Ladungen für die Benutzung der Schiffahrtsanstalten erhoben werden, dürfen die zur Unterhaltung dieser Anstalten notwendigen Kosten nicht übersteigen. Sie unterliegen der Genehmigung der Reichsgewalt.

§ 23 [Belegung mit Abgaben] In betreff dieser Abgaben sind alle deutschen Schiffe und deren Ladungen gleichzustellen.

Eine höhere Belegung fremder Schiffahrt kann nur von der Reichsgewalt ausgehen.

Die Mehrabgabe von fremder Schiffahrt fließt in die Reichskasse.

Artikel V

§ 24 [Binnenschiffahrt, Wasserstraßen] Die Reichsgewalt hat das Recht der Gesetzgebung und die Oberaufsicht über die in ihrem schiffbaren Lauf mehrere Staaten durchströmenden oder begrenzenden Flüsse und Seen und über die Mündungen der in dieselben fallenden Nebenflüsse sowie über den Schiffahrtsbetrieb und die Flößerei auf denselben.

Auf welche Weise die Schiffbarkeit dieser Flüsse erhalten oder verbessert werden soll, bestimmt ein Reichsgesetz.

Die übrigen Wasserstraßen bleiben der Fürsorge der Einzelstaaten überlassen. Doch steht es der Reichsgewalt zu, wenn sie es im Interesse des allgemeinen Verkehrs für notwendig erachtet, allgemeine Bestimmungen über den Schiffahrtsbetrieb und die Flößerei auf denselben zu erlassen sowie einzelne Flüsse unter derselben Voraussetzung den oben erwähnten gemeinsamen Flüssen gleichzustellen.

Die Reichsgewalt ist befugt, die Einzelstaaten zu gehöriger Erhaltung der Schiffbarkeit dieser Wasserstraßen anzuhalten.

§ 25 [Flußzölle] Alle deutschen Flüsse sollen für deutsche Schiffahrt von Flußzöllen frei sein. Auch die Flößerei soll auf schiffbaren Flußstrecken solchen Abgaben nicht unterliegen. Das Nähere bestimmt ein Reichsgesetz.

Bei den mehreren Staaten durchströmenden oder begrenzenden Flüssen tritt für die Aufhebung dieser Flußzölle eine billige Ausgleichung ein.

§ 26 [Gebühren für Binnenschiffahrt] Die Hafen-, Kran-, Waag-, Lager-, Schleusen- und dergleichen Gebühren, welche an den gemeinschaftlichen Flüssen und den Mündungen der in dieselben sich ergießenden Nebenflüsse erhoben werden, dürfen die zur Unterhaltung derartiger Anstalten nötigen Kosten nicht übersteigen. Sie unterliegen der Genehmigung der Reichsgewalt.

Es darf in betreff dieser Gebühren keinerlei Begünstigung der Angehörigen eines deutschen Staates vor denen anderer deutschen Staaten stattfinden.

§ 27 [Zölle und Abgaben für fremde Schiffe] Flußzölle und Flußschiffahrtsabgaben dürfen auf fremde Schiffe und deren Ladungen nur durch die Reichsgewalt gelegt werden.

Artikel VI

§ 28 [Eisenbahnen] Die Reichsgewalt hat über die Eisenbahnen und deren Betrieb, soweit es der Schutz des Reiches oder das Interesse des allgemeinen Verkehrs erheischt, die Oberaufsicht und das Recht der Gesetzgebung. Ein Reichsgesetz wird bestimmen, welche Gegenstände dahin zu rechnen sind.

§ 29 **[Bewilligungsrecht]** Die Reichsgewalt hat das Recht, soweit sie es zum Schutze des Reiches oder im Interesse des allgemeinen Verkehrs für notwendig erachtet, die Anlage von Eisenbahnen zu bewilligen sowie selbst Eisenbahnen anzulegen, wenn der Einzelstaat, in dessen Gebiet die Anlage erfolgen soll, deren Ausführung ablehnt. Die Benutzung der Eisenbahnen für Reichszwecke steht der Reichsgewalt jederzeit gegen Entschädigung frei.

§ 30 **[Interessenwahrnehmung]** Bei der Anlage oder Bewilligung von Eisenbahnen durch die einzelnen Staaten ist die Reichsgewalt befugt, den Schutz des Reiches und das Interesse des allgemeinen Verkehrs wahrzunehmen.

§ 31 **[Landstraßen]** Die Reichsgewalt hat über die Landstraßen die Oberaufsicht und das Recht der Gesetzgebung, soweit es der Schutz des Reiches oder das Interesse des allgemeinen Verkehrs erheischt. Ein Reichsgesetz wird bestimmen, welche Gegenstände dahin zu rechnen sind.

§ 32 **[Neue Verkehrsanlagen]** Die Reichsgewalt hat das Recht, soweit sie es zum Schutze des Reiches oder im Interesse des allgemeinen Verkehrs für notwendig erachtet, zu verfügen, daß Landstraßen und Kanäle angelegt, Flüsse schiffbar gemacht oder deren Schiffbarkeit erweitert werde.

Die Anordnung der dazu erforderlichen baulichen Werke erfolgt nach vorgängigem Benehmen mit den beteiligten Einzelstaaten durch die Reichsgewalt.

Die Ausführung und Unterhaltung der neuen Anlagen geschieht von Reichs wegen und auf Reichskosten, wenn eine Verständigung mit den Einzelstaaten nicht erzielt wird.

Artikel VII

§ 33 **[Einheitliches Zoll- und Handelsgebiet]** Das Deutsche Reich soll ein Zoll- und Handelsgebiet bilden, umgeben von gemeinschaftlicher Zollgrenze, mit Wegfall aller Binnengrenzzölle.

Die Aussonderung einzelner Orte und Gebietsteile aus der Zollinie bleibt der Reichsgewalt vorbehalten.

Der Reichsgewalt bleibt es ferner vorbehalten, auch nicht zum Reiche gehörige Länder und Landesteile mittels besonderer Verträge dem deutschen Zollgebiet anzuschließen.

§ 34 [Gesetzgebung über Zölle und Steuern] Die Reichsgewalt ausschließlich hat die Gesetzgebung über das gesamte Zollwesen sowie über gemeinschaftliche Produktions- und Verbrauchssteuern. Welche Produktions- und Verbrauchssteuern gemeinschaftlich sein sollen, bestimmt die Reichsgesetzgebung.

§ 35 [Erhebung und Verwaltung] Die Erhebung und Verwaltung der Zölle sowie der gemeinschaftlichen Produktions- und Verbrauchssteuern geschieht nach Anordnung und unter Oberaufsicht der Reichsgewalt.

Aus dem Ertrage wird ein bestimmter Teil nach Maßgabe des ordentlichen Budgets für die Ausgaben des Reiches vorweggenommen, das übrige wird an die einzelnen Staaten verteilt.

Ein besonderes Reichsgesetz wird hierüber das Nähere feststellen.

§ 36 [Gesetzgebung über Gegenstände der Besteuerung] Auf welche Gegenstände die einzelnen Staaten Produktions- oder Verbrauchssteuern für Rechnung des Staates oder einzelner Gemeinden legen dürfen und welche Bedingungen und Beschränkungen dabei eintreten sollen, wird durch die Reichsgesetzgebung bestimmt.

§ 37 [Keine Zölle der einzelnen Staaten] Die einzelnen deutschen Staaten sind nicht befugt, auf Güter, welche über die Reichsgrenze ein- oder ausgehen, Zölle zu legen.

§ 38 [Gesetzgebung über Handel und Schiffahrt] Die Reichsgewalt hat das Recht der Gesetzgebung über den Handel und die Schiffahrt und überwacht die Ausführung der darüber erlassenen Reichsgesetze.

§ 39 [Gesetzgebung über das Gewerbewesen] Der Reichsgewalt steht es zu, über das Gewerbewesen Reichsgesetze zu erlassen und die Ausführung derselben zu überwachen.

§ 40 [Patente, Schutz des geistigen Eigentums] Erfindungspatente werden ausschließlich von Reichs wegen auf Grundlage eines Reichsgesetzes erteilt; auch steht der Reichsgewalt ausschließlich die Gesetzgebung gegen den Nachdruck von Büchern, jedes unbefugte Nachahmen von Kunstwerken, Fabrikzeichen, Mustern und Formen und gegen andere Beeinträchtigungen des geistigen Eigentums zu.

Artikel VIII

§ 41 [Postwesen] Die Reichsgewalt hat das Recht der Gesetzgebung und die Oberaufsicht über das Postwesen, namentlich über Organisation, Tarife, Transit, Portoteilung und die Verhältnisse zwischen den einzelnen Postverwaltungen.

Dieselbe sorgt für gleichmäßige Anwendung der Gesetze durch Vollzugsverordnungen und überwacht deren Durchführung in den einzelnen Staaten durch fortlaufende Kontrolle.

Der Reichsgewalt steht es zu, die innerhalb mehrerer Postgebiete sich bewegenden Kurse im Interesse des allgemeinen Verkehrs zu ordnen.

§ 42 [Befugnis zum Abschluß von Postverträgen] Postverträge mit ausländischen Postverwaltungen dürfen nur von der Reichsgewalt oder mit deren Genehmigung geschlossen werden.

§ 43 [Recht zur Übernahme des Postwesens] Die Reichsgewalt hat die Befugnis, insofern es ihr nötig scheint, das deutsche Postwesen für Rechnung des Reiches in Gemäßheit eines Reichsgesetzes zu übernehmen, vorbehaltlich billiger Entschädigung der Berechtigten.

§ 44 [Telegraphenwesen] Die Reichsgewalt ist befugt, Telegraphenlinien anzulegen und die vorhandenen gegen Entschädigung zu benutzen oder auf dem Wege der Enteignung zu erwerben.

Weitere Bestimmungen hierüber sowie über Benutzung von Telegraphen für den Privatverkehr sind einem Reichsgesetz vorbehalten.

Artikel IX

§ 45 [Münzwesen] Die Reichsgewalt ausschließlich hat die Gesetzgebung und die Oberaufsicht über das Münzwesen. Es liegt ihr ob, für ganz Deutschland dasselbe Münzsystem einzuführen.

Sie hat das Recht, Reichsmünzen zu prägen.

§ 46 [Maße und Gewichte] Der Reichsgewalt liegt es ob, in ganz Deutschland dasselbe System für Maß und Gewicht sowie über den Feingehalt der Gold- und Silberwaren zu begründen.

§ 47 [Bankwesen] Die Reichsgewalt hat das Recht, das Bankwesen und das Ausgeben von Papiergeld durch die Reichsgesetzgebung zu regeln. Sie überwacht die Ausführung der darüber erlassenen Reichsgesetze.

Artikel X

§ 48 [Ausgaben des Reiches] Die Ausgaben für alle Maßregeln und Einrichtungen, welche von Reichs wegen ausgeführt werden, sind von der Reichsgewalt aus den Mitteln des Reiches zu bestreiten.

§ 49 [Zölle, Produktions- und Verbrauchssteuern] Zur Bestreitung seiner Ausgaben ist das Reich zunächst auf seinen Anteil an den Einkünften aus den Zöllen und den gemeinsamen Produktions- und Verbrauchssteuern angewiesen.

§ 50 [Matrikularbeiträge] Die Reichsgewalt hat das Recht, insoweit die sonstigen Einkünfte nicht ausreichen, Matrikularbeiträge aufzunehmen.

§ 51 [Außerordentliche Fälle] Die Reichsgewalt ist befugt, in außerordentlichen Fällen Reichssteuern aufzulegen und zu erheben oder erheben zu lassen sowie Anleihen zu machen oder sonstige Schulden zu kontrahieren.

Artikel XI

§ 52 [Gerichtsbarkeit des Reiches] Den Umfang der Gerichtsbarkeit des Reiches bestimmt der Abschnitt vom Reichsgericht.

Artikel XII

§ 53 [Wahrung der staatsbürgerlichen Rechte] Der Reichsgewalt liegt es ob, die kraft der Reichsverfassung allen Deutschen verbürgten Rechte oberaufsehend zu wahren.

§ 54 [Wahrung von Sicherheit und Ordnung] Der Reichsverwaltung liegt die Wahrung des Reichsfriedens ob. Sie hat die für die Aufrechterhaltung der inneren Sicherheit und Ordnung erforderlichen Maßregeln zu treffen:

1. wenn ein deutscher Staat von einem anderen deutschen Staate in seinem Frieden gestört oder gefährdet wird;
2. wenn in einem deutschen Staate die Sicherheit und Ordnung durch Einheimische oder Fremde gestört oder gefährdet wird. Doch soll in diesem Falle von der Reichsgewalt nur dann eingeschritten werden, wenn die betreffende Regierung sie selbst dazu auffordert, es sei denn, daß dieselbe dazu notorisch außerstande ist oder der gemeinsame Reichsfrieden bedroht erscheint;

3. wenn die Verfassung eines deutschen Staates gewaltsam oder einseitig aufgehoben oder verändert wird und durch das Anrufen des Reichsgerichtes unverzüglich Hilfe nicht zu erwirken ist.

§ 55 [Maßregeln der Reichsgewalt] Die Maßregeln, welche von der Reichsgewalt zur Wahrung des Reichsfriedens ergriffen werden können, sind: 1. Erlasse, 2. Absendung von Kommissarien, 3. Anwendung von bewaffneter Macht.

Ein Reichsgesetz wird die Grundsätze bestimmen, nach welchen die durch solche Maßregeln veranlaßten Kosten zu tragen sind.

§ 56 [Maßregeln zur Aufrechterhaltung der öffentlichen Ordnung] Der Reichsgewalt liegt es ob, die Fälle und Formen, in welchen die bewaffnete Macht gegen Störungen der öffentlichen Ordnung angewendet werden soll, durch ein Reichsgesetz zu bestimmen.

§ 57 [Reichs- und Staatsbürgerrecht] Der Reichsgewalt liegt es ob, die gesetzlichen Normen über Erwerb und Verlust des Reichs- und Staatsbürgerrechts festzusetzen.

§ 58 [Heimatrecht] Der Reichsgewalt steht es zu, über das Heimatrecht Reichsgesetze zu erlassen und die Ausführung derselben zu überwachen.

§ 59 [Assoziationswesen] Der Reichsgewalt steht es zu, unbeschadet des durch die Grundrechte gewährleisteten Rechts der freien Vereinigung und Versammlung, Reichsgesetze über das Assoziationswesen zu erlassen.

§ 60 [Öffentliche Urkunden] Die Reichsgesetzgebung hat für die Aufnahme öffentlicher Urkunden diejenigen Erfordernisse festzustellen, welche die Anerkennung ihrer Echtheit in ganz Deutschland bedingen.

§ 61 [Maßregeln zur Gesundheitspflege] Die Reichsgewalt ist befugt, im Interesse des Gesamtwohls allgemeine Maßregeln für die Gesundheitspflege zu treffen.

Artikel XIII

§ 62 [Reichsgesetzgebung] Die Reichsgewalt hat die Gesetzgebung, soweit es zur Ausführung der ihr verfassungsmäßig übertragenen Befugnisse und zum Schutze der ihr überlassenen Anstalten erforderlich ist.

§ 63 [Verfassungsändernde Gesetze] Die Reichsgewalt ist befugt, wenn sie im Gesamtinteresse Deutschlands gemeinsame Einrichtungen und Maßregeln notwendig findet, die zur Begründung derselben erforderlichen Gesetze in den für die Veränderung der Verfassung vorgeschriebenen Formen zu erlassen.

§ 64 [Herstellung der Rechtseinheit] Der Reichsgewalt liegt es ob, durch die Erlassung allgemeiner Gesetzbücher über bürgerliches Recht, Handels- und Wechselrecht, Strafrecht und gerichtliches Verfahren die Rechtseinheit im deutschen Volke zu begründen.

§ 65 [Verkündigung durch das Reich] Alle Gesetze und Verordnungen der Reichsgewalt erhalten verbindliche Kraft durch ihre Verkündigung von Reichs wegen.

§ 66 [Reichsrecht bricht Landesrecht] Reichsgesetze gehen den Gesetzen der Einzelstaaten vor, insofern ihnen nicht ausdrücklich eine nur subsidiäre Geltung beigelegt ist.

Artikel XIV

§ 67 [Anstellung der Reichsbeamten] Die Anstellung der Reichsbeamten geht vom Reiche aus. Die Dienstpragmatik des Reiches wird ein Reichsgesetz feststellen.

Abschnitt III. Das Reichsoberhaupt

Artikel I

§ 68 [Person des Kaisers] Die Würde des Reichsoberhauptes wird einem der regierenden deutschen Fürsten übertragen.

§ 69 [Erbliches Kaisertum] Diese Würde ist erblich im Hause des Fürsten, dem sie übertragen worden. Sie vererbt im Mannesstamme nach dem Recht der Erstgeburt.

§ 70 [Kaiser der Deutschen] Das Reichsoberhaupt führt den Titel: Kaiser der Deutschen.

§ 71 [Sitz] Die Residenz des Kaisers ist am Sitze der Reichsregierung. Wenigstens während der Dauer des Reichstages wird der Kaiser dort bleibend residieren.

Sooft sich der Kaiser nicht am Sitze der Reichsregierung befindet, muß einer der Reichsminister in seiner unmittelbaren Umgebung sein.

Die Bestimmungen über den Sitz der Reichsregierung bleiben einem Reichsgesetz vorbehalten.

§ 72 [Zivilliste] Der Kaiser bezieht eine Zivilliste, welche der Reichstag festsetzt.

Artikel II

§ 73 [Regierung durch verantwortliche Minister] Die Person des Kaisers ist unverletzlich.

Der Kaiser übt die ihm übertragene Gewalt durch verantwortliche, von ihm ernannte Minister aus.

§ 74 [Gegenzeichnung] Alle Regierungshandlungen des Kaisers bedürfen zu ihrer Gültigkeit der Gegenzeichnung von wenigstens einem der Reichsminister, welcher dadurch die Verantwortung übernimmt.

Artikel III

§ 75 [Befugnisse des Kaisers: völkerrechtliche Vertretung] Der Kaiser übt die völkerrechtliche Vertretung des Deutschen Reiches und der einzelnen deutschen Staaten aus. Er stellt die Reichsgesandten und die Konsuln an und führt den diplomatischen Verkehr.

§ 76 [Kriegserklärung, Friedensschluß] Der Kaiser erklärt Krieg und schließt Frieden.

§ 77 [Bündnisse] Der Kaiser schließt die Bündnisse und Verträge mit den auswärtigen Mächten ab, und zwar unter Mitwirkung des Reichstages, insoweit diese in der Verfassung vorbehalten ist.

§ 78 [Vorlage von Verträgen] Alle Verträge nicht rein privatrechtlichen Inhalts, welche deutsche Regierungen unter sich oder mit auswärtigen Regierungen abschließen, sind dem Kaiser zur Kenntnisnahme und, insofern das Reichsinteresse dabei beteiligt ist, zur Bestätigung vorzulegen.

§ 79 [Einberufung des Reichstages] Der Kaiser beruft und schließt den Reichstag; er hat das Recht, das Volkshaus aufzulösen.

§ 80 [Recht des Gesetzesvorschlages] Der Kaiser hat das Recht des Gesetzesvorschlages. Er übt die gesetzgebende Gewalt in Gemeinschaft mit dem Reichstage unter den verfassungsmäßigen Beschränkungen aus. Er verkündigt die Reichsgesetze und erläßt die zur Vollziehung derselben nötigen Verordnungen.

§ 81 [Gnadenrecht] In Strafsachen, welche zur Zuständigkeit des Reichsgerichts gehören, hat der Kaiser das Recht der Begnadigung und Strafmilderung. Das Verbot der Einleitung oder Fortsetzung von Untersuchungen kann der Kaiser nur mit Zustimmung des Reichstages erlassen.

Zu Gunsten eines wegen seiner Amtshandlungen verurteilten Reichsministers kann der Kaiser das Recht der Begnadigung und Strafmilderung nur dann ausüben, wenn dasjenige Haus, von welchem die Anklage ausgegangen ist, darauf anträgt. Zu Gunsten von Landesministern steht ihm ein solches Recht nicht zu.

§ 82 [Wahrung des Reichsfriedens] Dem Kaiser liegt die Wahrung des Reichsfriedens ob.

§ 83 [Befehlsgewalt] Der Kaiser hat die Verfügung über die bewaffnete Macht.

§ 84 [Träger der Regierungsgewalt] Überhaupt hat der Kaiser die Regierungsgewalt in allen Angelegenheiten des Reiches nach Maßgabe der Reichsverfassung. Ihm als Träger dieser Gewalt stehen diejenigen Rechte und Befugnisse zu, welche in der Reichsverfassung der Reichsgewalt beigelegt und dem Reichstage nicht zugewiesen sind.

Abschnitt IV. Der Reichstag

Artikel I

§ 85 [Reichstag] Der Reichstag besteht aus zwei Häusern, dem Staatenhaus und dem Volkshaus.

Artikel II

§ 86 [Staatenhaus] Das Staatenhaus wird gebildet aus den Vertretern der deutschen Staaten.

§ 87 [Stimmenverhältnis] Die Zahl der Mitglieder verteilt sich nach folgendem Verhältnis:

Preußen	40 Mitglieder
Österreich	38 Mitglieder
Bayern	18 Mitglieder
Sachsen	10 Mitglieder
Hannover	10 Mitglieder
Württemberg	10 Mitglieder
Baden	9 Mitglieder
Kurhessen	6 Mitglieder
Großherzogtum Hessen	6 Mitglieder
Holstein(-Schleswig, s. § 1)	6 Mitglieder
Mecklenburg-Schwerin	4 Mitglieder
Luxemburg-Limburg	3 Mitglieder
Nassau	3 Mitglieder
Braunschweig	2 Mitglieder
Oldenburg	2 Mitglieder
Sachsen-Weimar	2 Mitglieder
Sachsen-Coburg-Gotha	1 Mitglied
Sachsen-Meiningen-Hildburghausen	1 Mitglied
Sachsen-Altenburg	1 Mitglied
Mecklenburg-Strelitz	1 Mitglied
Anhalt-Dessau	1 Mitglied
Anhalt-Bernburg	1 Mitglied
Anhalt-Köthen	1 Mitglied
Schwarzburg-Sondershausen	1 Mitglied
Schwarzburg-Rudolstadt	1 Mitglied
Hohenzollern-Hechingen	1 Mitglied
Liechtenstein	1 Mitglied
Hohenzollern-Sigmaringen	1 Mitglied
Waldeck	1 Mitglied
Reuß ältere Linie	1 Mitglied
Reuß jüngere Linie	1 Mitglied
Schaumburg-Lippe	1 Mitglied
Lippe-Detmold	1 Mitglied
Hessen-Homburg	1 Mitglied
Lauenburg	1 Mitglied
Lübeck	1 Mitglied
Frankfurt	1 Mitglied
Bremen	1 Mitglied
Hamburg	1 Mitglied
	192 Mitglieder

Solange die deutsch-österreichischen Lande an dem Bundesstaate nicht teilnehmen, erhalten nachfolgende Staaten eine größere Anzahl von Stimmen im Staatenhause; nämlich:

Bayern	20 Stimmen
Sachsen	12 Stimmen
Hannover	12 Stimmen
Württemberg	12 Stimmen
Baden	10 Stimmen
Großherzogtum Hessen	8 Stimmen
Kurhessen	7 Stimmen
Nassau	4 Stimmen
Hamburg	2 Stimmen

§ 88 [Ernennung der Mitglieder] Die Mitglieder des Staatenhauses werden zur Hälfte durch die Regierung und zur Hälfte durch die Volksvertretung der betreffenden Staaten ernannt.

In denjenigen deutschen Staaten, welche aus mehreren Provinzen oder Ländern mit abgesonderter Verfassung oder Verwaltung bestehen, sind die durch die Volksvertretung dieses Staates zu ernennenden Mitglieder des Staatenhauses nicht von der allgemeinen Landesvertretung, sondern von den Vertretungen der einzelnen Länder oder Provinzen (Provinzialständen) zu ernennen.

Das Verhältnis, nach welchem die Zahl der diesen Staaten zukommenden Mitglieder unter die einzelnen Länder oder Provinzen zu verteilen ist, bleibt der Landesgesetzgebung vorbehalten.

Wo zwei Kammern bestehen und eine Vertretung nach Provinzen nicht stattfindet, wählen beide Kammern in gemeinsamer Sitzung nach absoluter Stimmenmehrheit.

§ 89 [Wahl der Mitglieder] In denjenigen Staaten, welche nur ein Mitglied in das Staatenhaus senden, schlägt die Regierung drei Kandidaten vor, aus denen die Volksvertretung mit absoluter Stimmenmehrheit wählt.

Auf dieselbe Weise ist in denjenigen Staaten, welche eine ungerade Zahl von Mitgliedern senden, in betreff des letzten derselben zu verfahren.

§ 90 [Abänderung der Zusammensetzung] Wenn mehrere deutsche Staaten zu einem Ganzen verbunden werden, so entscheidet ein Reichsgesetz über die dadurch etwa notwendig werdende Abänderung in der Zusammensetzung des Staatenhauses.

§ 91 [Bedingungen für die Mitgliedschaft] Mitglied des Staatenhauses kann nur sein, wer

1. Staatsbürger des Staates ist, welcher ihn sendet,
2. das 30. Lebensjahr zurückgelegt hat,
3. sich im vollen Genuß der bürgerlichen und staatsbürgerlichen Rechte befindet.

§ 92 [Wahlperiode] Die Mitglieder des Staatenhauses werden auf sechs Jahre gewählt. Sie werden alle drei Jahre zur Hälfte erneuert.

Auf welche Weise nach den ersten drei Jahren das Ausscheiden der einen Hälfte stattfinden soll, wird durch ein Reichsgesetz bestimmt. Die Ausscheidenden sind stets wieder wählbar.

Wird nach Ablauf dieser drei Jahre und vor Vollendung der neuen Wahlen für das Staatenhaus ein außerordentlicher Reichstag berufen, so treten, soweit die neuen Wahlen noch nicht stattgefunden haben, die früheren Mitglieder ein.

Artikel III

§ 93 [Volkshaus; Zusammensetzung] Das Volkshaus besteht aus den Abgeordneten des deutschen Volkes.

§ 94 [Wahlperiode] Die Mitglieder des Volkshauses werden für das erste Mal auf vier Jahre, demnächst immer auf drei Jahre gewählt.

Die Wahl geschieht nach den in dem Reichswahlgesetze enthaltenen Vorschriften.

Artikel IV

§ 95 [Tagegeld usw.] Die Mitglieder des Reichstages beziehen aus der Reichskasse ein gleichmäßiges Tagegeld und Entschädigung für ihre Reisekosten. Das Nähere bestimmt ein Reichsgesetz.

§ 96 [Unabhängigkeit] Die Mitglieder beider Häuser können durch Instruktionen nicht gebunden werden.

§ 97 [Keine gleichzeitige Mitgliedschaft] Niemand kann gleichzeitig Mitglied von beiden Häusern sein.

Artikel V

§ 98 [Beschlußfassung des Reichstages] Zu einem Beschluß eines jeden Hauses des Reichstages ist die Teilnahme von wenigstens der Hälfte der gesetzlichen Anzahl seiner Mitglieder und die einfache Stimmenmehrheit erforderlich. Im Falle der Stimmengleichheit wird ein Antrag als abgelehnt betrachtet.

§ 99 [Recht des Gesetzesvorschlages] Das Recht des Gesetzesvorschlages, der Beschwerde, der Adresse und der Erhebung von Tatsachen sowie der Anklage der Minister steht jedem Hause zu.

§ 100 [Übereinstimmung beider Häuser] Ein Reichstagsbeschluß kann nur durch die Übereinstimmung beider Häuser gültig zustande kommen.

§ 101 [Fehlende Zustimmung der Reichsregierung] Ein Reichstagsbeschluß, welcher die Zustimmung der Reichsregierung nicht erlangt hat, darf in derselben Sitzungsperiode nicht wiederholt werden.

Ist von dem Reichstage in drei sich unmittelbar folgenden ordentlichen Sitzungsperioden derselbe Beschluß unverändert gefaßt worden, so wird derselbe, auch wenn die Zustimmung der Reichsregierung nicht erfolgt, mit dem Schlusse des dritten Reichstages zum Gesetz. Eine ordentliche Sitzungsperiode, welche nicht wenigstens vier Wochen dauert, wird in dieser Reihenfolge nicht mitgezählt.

§ 102 [Gegenstand der Beschlußfassung] Ein Reichstagsbeschluß ist in folgenden Fällen erforderlich:

1) Wenn es sich um die Erlassung, Aufhebung, Abänderung oder Auslegung von Reichsgesetzen handelt.
2) Wenn der Reichshaushalt festgestellt wird, wenn Anleihen kontrahiert werden, wenn das Reich eine im Budget nicht vorgesehene Ausgabe übernimmt oder Matrikularbeiträge oder Steuern erhebt.
3) Wenn fremde See- und Flußschiffahrt mit höheren Abgaben belegt werden soll.
4) Wenn Landesfestungen zu Reichsfestungen erklärt werden sollen.
5) Wenn Handels-, Schiffahrts- und Auslieferungsverträge mit dem Auslande geschlossen werden sowie überhaupt völkerrechtliche Verträge, insofern sie das Reich belasten.
6) Wenn nicht zum Reich gehörige Länder oder Landesteile dem

deutschen Zollgebiete angeschlossen oder einzelne Orte oder Gebietsteile von der Zollinie ausgeschlossen werden sollen.

7) Wenn deutsche Landesteile abgetreten oder wenn nichtdeutsche Gebiete dem Reich einverleibt oder auf andere Weise mit demselben verbunden werden sollen.

§ 103 **[Haushalt]** Bei Feststellung des Reichshaushaltes treten folgende Bestimmungen ein:

1) Alle Finanzen betreffenden Vorlagen der Reichsregierung gelangen zunächst an das Volkshaus.
2) Bewilligungen von Ausgaben dürfen nur auf Antrag der Reichsregierung und bis zum Belauf dieses Antrages erfolgen. Jede Bewilligung gilt nur für den besonderen Zweck, für welchen sie bestimmt worden ist. Die Verwendung darf nur innerhalb der Grenze der Bewilligung erfolgen.
3) Die Dauer der Finanzperiode und Budgetbewilligung ist ein Jahr.
4) Das Budget über die regelmäßigen Ausgaben des Reiches und über den Reservefonds sowie über die für beides erforderlichen Deckungsmittel wird auf dem ersten Reichstage durch Reichstagsbeschlüsse festgestellt. Eine Erhöhung dieses Budgets auf späteren Reichstagen erfordert gleichfalls einen Reichstagsbeschluß.
5) Dieses ordentliche Budget wird auf jedem Reichstag zuerst dem Volkshause vorgelegt, von diesem in seinen einzelnen Ansätzen nach den Erläuterungen und Belegen, welche die Reichsregierung vorzulegen hat, geprüft und ganz oder teilweise bewilligt oder verworfen.
6) Nach erfolgter Prüfung und Bewilligung durch das Volkshaus wird das Budget an das Staatenhaus abgegeben. Diesem steht, innerhalb des Gesamtbetrages des ordentlichen Budgets, sowie derselbe auf dem ersten Reichstage oder durch spätere Reichstagsbeschlüsse festgestellt ist, nur das Recht zu, Erinnerungen und Ausstellungen zu machen, über welche das Volkshaus endgültig beschließt.
7) Alle außerordentlichen Ausgaben und deren Deckungsmittel bedürfen, gleich der Erhöhung des ordentlichen Budgets, eines Reichstagsbeschlusses.
8) Die Nachweisung über die Verwendung der Reichsgelder wird dem Reichstage, und zwar zuerst dem Volkshause, zur Prüfung und zum Abschluß vorgelegt.

Artikel VI

§ 104 [Sitzungen] Der Reichstag versammelt sich jedes Jahr am Sitze der Reichsregierung. Die Zeit der Zusammenkunft wird vom Reichsoberhaupt bei der Einberufung angegeben, insofern nicht ein Reichsgesetz dieselbe festsetzt.

Außerdem kann der Reichstag zu außerordentlichen Sitzungen jederzeit vom Reichsoberhaupt einberufen werden.

§ 105 [Koordinierung der Sitzungsperioden] Die ordentlichen Sitzungsperioden der Landtage in den Einzelstaaten sollen mit denen des Reichstages in der Regel nicht zusammenfallen. Das Nähere bleibt einem Reichsgesetz vorbehalten.

§ 106 [Auflösung des Volkshauses] Das Volkshaus kann durch das Reichsoberhaupt aufgelöst werden.

In dem Falle der Auflösung ist der Reichstag binnen drei Monaten wieder zu versammeln.

§ 107 [Vertagung des Staatenhauses] Die Auflösung des Volkshauses hat die gleichzeitige Vertagung des Staatenhauses bis zur Wiederberufung des Reichstages zur Folge.

Die Sitzungsperioden beider Häuser sind dieselben.

§ 108 [Ende der Sitzungsperiode] Das Ende der Sitzungsperiode des Reichstages wird vom Reichsoberhaupt bestimmt.

§ 109 [Vertagung] Eine Vertagung des Reichstages oder eines der beiden Häuser durch das Reichsoberhaupt bedarf, wenn sie nach Eröffnung der Sitzung auf länger als vierzehn Tage ausgesprochen werden soll, der Zustimmung des Reichstages oder des betreffenden Hauses.

Auch der Reichstag selbst, sowie jedes der beiden Häuser, kann sich auf vierzehn Tage vertagen.

Artikel VII

§ 110 [Präsident] Jedes der beiden Häuser wählt seinen Präsidenten, seine Vizepräsidenten und seine Schriftführer.

§ 111 [Öffentlichkeit] Die Sitzungen beider Häuser sind öffentlich. Die Geschäftsordnung eines jeden Hauses bestimmt, unter welchen Bedingungen vertrauliche Sitzungen stattfinden können.

§ 112 [Vollmachten der Mitglieder] Jedes Haus prüft die Vollmachten seiner Mitglieder und entscheidet über die Zulassung derselben.

§ 113 [Eid] Jedes Mitglied leistet bei seinem Eintritt den Eid: „Ich schwöre, die deutsche Reichsverfassung getreulich zu beobachten und aufrechtzuerhalten, so wahr mir Gott helfe."

§ 114 [Ordnungsgewalt] Jedes Haus hat das Recht, seine Mitglieder wegen unwürdigen Verhaltens im Hause zu bestrafen und äußerstenfalls auszuschließen. Das Nähere bestimmt die Geschäftsordnung jedes Hauses.

Eine Ausschließung kann nur dann ausgesprochen werden, wenn eine Mehrheit von zwei Dritteln der Stimmen sich dafür entscheidet.

§ 115 [Verbot von Bittschriften und Deputationen] Weder Überbringer von Bittschriften noch überhaupt Deputationen sollen in den Häusern zugelassen werden.

§ 116 [Geschäftsordnung; geschäftliche Beziehungen] Jedes Haus hat das Recht, sich seine Geschäftsordnung selbst zu geben. Die geschäftlichen Beziehungen zwischen beiden Häusern werden durch Übereinkunft beider Häuser geordnet.

Artikel VIII

§ 117 [Immunität] Ein Mitglied des Reichstages darf während der Dauer der Sitzungsperiode ohne Zustimmung des Hauses, zu welchem es gehört, wegen strafrechtlicher Anschuldigungen weder verhaftet noch in Untersuchung gezogen werden, mit alleiniger Ausnahme der Ergreifung auf frischer Tat.

§ 118 [Benachrichtigungspflicht] In diesem letzteren Falle ist dem betreffenden Hause von der angeordneten Maßregel sofort Kenntnis zu geben. Es steht demselben zu, die Aufhebung der Haft oder Untersuchung bis zum Schlusse der Sitzungsperiode zu verfügen.

§ 119 [Aufhebung der Haft oder Untersuchung] Dieselbe Befugnis steht jedem Haus in betreff einer Verhaftung oder Untersuchung zu, welche über ein Mitglied desselben zur Zeit seiner Wahl verhängt gewesen oder nach dieser bis zur Eröffnung der Sitzungen verhängt worden ist.

§ 120 [Indemnität] Kein Mitglied des Reichstags darf zu irgendeiner Zeit wegen seiner Abstimmung oder wegen der in Ausübung seines Berufes getanen Äußerungen gerichtlich oder disziplinarisch verfolgt oder sonst außerhalb der Versammlung zur Verantwortung gezogen werden.

Artikel IX

§ 121 [Anhörung der Reichsminister] Die Reichsminister haben das Recht, den Verhandlungen beider Häuser des Reichstages beizuwohnen und jederzeit von denselben gehört zu werden.

§ 122 [Erscheinen; Erteilung von Auskunft] Die Reichsminister haben die Verpflichtung, auf Verlangen jedes der Häuser des Reichstages in demselben zu erscheinen und Auskunft zu erteilen, oder den Grund anzugeben, weshalb dieselbe nicht erteilt werden könne.

§ 123 [Unvereinbarkeit der Ämter] Die Reichsminister können nicht Mitglieder des Staatenhauses sein.

§ 124 [Annahme eines Amtes oder einer Beförderung] Wenn ein Mitglied des Volkshauses im Reichsdienst ein Amt oder eine Beförderung annimmt, so muß es sich einer neuen Wahl unterwerfen; es behält seinen Sitz im Hause, bis die neue Wahl stattgefunden hat.

Abschnitt V. Das Reichsgericht

Artikel I

§ 125 [Aufgabenbereich] Die dem Reich zustehende Gerichtsbarkeit wird durch ein Reichsgericht ausgeübt.

§ 126 [Zuständigkeit] Zur Zuständigkeit des Reichsgerichts gehören:

a) Klagen eines Einzelstaates gegen die Reichsgewalt wegen Verletzung der Reichsverfassung durch Erlassung von Reichsgesetzen und durch Maßregeln der Reichsregierung sowie Klagen der Reichsgewalt gegen einen Einzelstaat wegen Verletzung der Reichsverfassung.

b) Streitigkeiten zwischen dem Staatenhause und dem Volkshause unter sich und zwischen jedem von ihnen und der Reichsregierung, welche die Auslegung der Reichsverfassung betreffen, wenn die streitenden Teile sich vereinigen, die Entscheidung des Reichsgerichts einzuholen.

c) Politische und privatrechtliche Streitigkeiten aller Art zwischen den einzelnen deutschen Staaten.

d) Streitigkeiten über Thronfolge, Regierungsfähigkeit und Regentschaft in den Einzelstaaten.

e) Streitigkeiten zwischen der Regierung eines Einzelstaates und dessen Volksvertretung über die Gültigkeit der Auslegung der Landesverfassung.

f) Klagen der Angehörigen eines Einzelstaates gegen die Regierung desselben, wegen Aufhebung oder verfassungswidriger Veränderung der Landesverfassung.

Klagen der Angehörigen eines Einzelstaates gegen die Regierung wegen Verletzung der Landesverfassung können bei dem Reichsgericht nur angebracht werden, wenn die in der Landesverfassung gegebenen Mittel der Abhilfe nicht zur Anwendung gebracht werden können.

g) Klagen deutscher Staatsbürger wegen Verletzung der durch die Reichsverfassung ihnen gewährten Rechte. Die näheren Bestimmungen über den Umfang dieses Klagerechts und die Art und Weise, dasselbe geltend zu machen, bleiben der Reichsgesetzgebung vorbehalten.

h) Beschwerden wegen verweigerter oder gehemmter Rechtspflege, wenn die landesgesetzlichen Mittel der Abhilfe erschöpft sind.

i) Strafgerichtsbarkeit über die Anklagen gegen die Reichsminister, insofern sie deren ministerielle Verantwortlichkeit betreffen.

k) Strafgerichtsbarkeit über die Anklagen gegen die Minister der Einzelstaaten, insofern sie deren ministerielle Verantwortlichkeit betreffen.

l) Strafgerichtsbarkeit in den Fällen des Hoch- und Landesverrats gegen das Reich.

Ob noch andere Verbrechen gegen das Reich der Strafgerichtsbarkeit des Reichsgerichts zu überweisen sind, wird späteren Reichsgesetzen vorbehalten.

m) Klagen gegen den Reichsfiskus.

n) Klagen gegen deutsche Staaten, wenn die Verpflichtung, dem Anspruche Genüge zu leisten, zwischen mehreren Staaten zweifelhaft oder bestritten ist, sowie wenn die gemeinschaftliche Verpflichtung gegen mehrere Staaten in einer Klage geltend gemacht wird.

§ 127 [Entscheidungsrecht des Reichsgerichts] Über die Frage, ob ein Fall zur Entscheidung des Reichsgerichts geeignet sei, erkennt einzig und allein das Reichsgericht selbst.

§ 128 [Organisation] Über die Einsetzung und Organisation des Reichsgerichts, über das Verfahren und die Vollziehung der reichsgerichtlichen Entscheidungen und Verfügungen wird ein besonderes Gesetz ergehen.

Diesem Gesetz wird auch die Bestimmung, ob und in welchen Fällen bei dem Reichsgericht die Urteilsfällung durch Geschworene erfolgen soll, vorbehalten.

Ebenso bleibt vorbehalten, ob und wie weit dieses Gesetz als organisches Verfassungsgesetz zu betrachten ist.

§ 129 [Sondergerichte] Der Reichsgesetzgebung bleibt es vorbehalten, Admiralitäts- und Seegerichte zu errichten, sowie Bestimmungen über die Gerichtsbarkeit der Gesandten und Konsuln des Reichs zu treffen.

Abschnitt VI. Die Grundrechte des deutschen Volkes

§ 130 [Unbeschränkbare Grundrechte] Dem deutschen Volke sollen die nachstehenden Grundrechte gewährleistet sein. Sie sollen den Verfassungen der deutschen Einzelstaaten zur Norm dienen, und keine Verfassung oder Gesetzgebung eines deutschen Einzelstaates soll dieselben je aufheben und beschränken können.

Artikel I

§ 131 [Das deutsche Volk] Das deutsche Volk besteht aus den Angehörigen der Staaten, welche das Deutsche Reich bilden.

§ 132 [Reichsbürgerrecht] Jeder Deutsche hat das deutsche Reichsbürgerrecht. Die ihm kraft dessen zustehenden Rechte kann er in jedem deutschen Lande ausüben. Über das Recht, zur deutschen Reichsversammlung zu wählen, verfügt das Reichswahlgesetz.

§ 133 [Freizügigkeit, Berufsfreiheit] Jeder Deutsche hat das Recht, an jedem Orte des Reichsgebietes seinen Aufenthalt und Wohnsitz zu nehmen, Liegenschaften jeder Art zu erwerben und darüber zu verfügen, jeden Nahrungszweig zu betreiben, das Gemeindebürgerrecht zu gewinnen.

Die Bedingungen für den Aufenthalt und Wohnsitz werden durch ein Heimatgesetz, jene für den Gewerbebetrieb durch eine Gewerbeordnung für ganz Deutschland von der Reichsgewalt festgesetzt.

§ 134 [Gleiche Behandlung] Kein deutscher Staat darf zwischen seinen Angehörigen und anderen Deutschen einen Unterschied im bürgerlichen, peinlichen und Prozeß-Rechte machen, welcher die letzteren als Ausländer zurücksetzt.

§ 135 [Aufhebung des bürgerlichen Todes] Die Strafe des bürgerlichen Todes soll nicht stattfinden und da, wo sie bereits ausgesprochen ist, in ihren Wirkungen aufhören, soweit nicht hierdurch erworbene Privatrechte verletzt werden.

§ 136 [Auswanderungsfreiheit] Die Auswanderungsfreiheit ist von Staats wegen nicht beschränkt; Abzugsgelder dürfen nicht erhoben werden.

Die Auswanderungsangelegenheit steht unter dem Schutze und der Fürsorge des Reiches.

Artikel II

§ 137 [Gleichheitsgrundsatz, Zugang zu öffentlichen Ämtern, Wehrpflicht] Vor dem Gesetz gilt kein Unterschied der Stände. Der Adel als Stand ist aufgehoben.

Alle Standesvorrechte sind abgeschafft.

Die Deutschen sind vor dem Gesetze gleich.

Alle Titel, insoweit sie nicht mit einem Amte verbunden sind, sind aufgehoben und dürfen nie wieder eingeführt werden.

Kein Staatsangehöriger darf von einem auswärtigen Staate einen Orden annehmen.

Die öffentlichen Ämter sind für alle Befähigten gleich zugänglich.

Die Wehrpflicht ist für alle gleich; Stellvertretung bei derselben findet nicht statt.

Artikel III

§ 138 [Freiheit der Person] Die Freiheit der Person ist unverletzlich. Die Verhaftung einer Person soll, außer im Falle der Ergreifung auf frischer Tat, nur geschehen in Kraft eines richterlichen, mit Gründen versehenen Befehls. Dieser Befehl muß im Augenblicke der Verhaftung oder innerhalb der nächsten vierundzwanzig Stunden dem Verhafteten zugestellt werden.

Die Polizeibehörde muß jeden, den sie in Verwahrung genommen hat, im Laufe des folgenden Tages entweder freilassen oder der richterlichen Behörde übergeben.

Jeder Angeschuldigte soll gegen Stellung einer vom Gerichte zu bestimmenden Kaution oder Bürgschaft aus der Haft entlassen werden, sofern nicht dringende Anzeigen eines schweren peinlichen Verbrechens gegen denselben vorliegen.

Im Falle der widerrechtlich verfügten oder verlängerten Gefangenschaft ist der Schuldige und nötigenfalls der Staat dem Verletzten zur Genugtuung und Entschädigung verpflichtet.

Die für das Heer- und Seewesen erforderlichen Modifikationen dieser Bestimmungen werden besonderen Gesetzen vorbehalten.

§ 139 [Todesstrafe, Züchtigung] Die Todesstrafe, ausgenommen wo das Kriegsrecht sie vorschreibt oder das Seerecht im Fall von Meutereien sie zuläßt, sowie die Strafen des Prangers, der Brandmarkung und der körperlichen Züchtigung sind abgeschafft.

§ 140 [Unverletzlichkeit der Wohnung] Die Wohnung ist unverletzlich. Eine Haussuchung ist nur zulässig

1) in Kraft eines richterlichen, mit Gründen versehenen Befehls, welcher sofort oder innerhalb der nächsten vierundzwanzig Stunden dem Beteiligten zugestellt werden soll,

2) im Falle der Verfolgung auf frischer Tat, durch den gesetzlich berechtigten Beamten,

3) in den Fällen und Formen, in welchen das Gesetz ausnahmsweise bestimmten Beamten auch ohne richterlichen Befehl dieselbe gestattet.

Die Haussuchung muß, wenn tunlich, mit Zuziehung von Hausgenossen erfolgen.

Die Unverletzlichkeit der Wohnung ist kein Hindernis der Verhaftung eines gerichtlich Verfolgten.

§ 141 [Beschlagnahme] Die Beschlagnahme von Briefen und Papieren darf, außer bei einer Verhaftung oder Haussuchung, nur in Kraft eines richterlichen, mit Gründen versehenen Befehls vorgenommen werden, welcher sofort oder innerhalb der nächsten vierundzwanzig Stunden dem Beteiligten zugestellt werden soll.

§ 142 [Briefgeheimnis] Das Briefgeheimnis ist gewährleistet.

Die bei strafgerichtlichen Untersuchungen und in Kriegsfällen notwendigen Beschränkungen sind durch die Gesetzgebung festzustellen.

Artikel IV

§ 143 [Meinungs- und Pressefreiheit] Jeder Deutsche hat das Recht, durch Wort, Schrift, Druck und bildliche Darstellung seine Meinung frei zu äußern.

Die Pressefreiheit darf unter keinen Umständen und in keiner Weise durch vorbeugende Maßregeln, namentlich Zensur, Konzessionen, Sicherheitsbestellungen, Staatsauflagen, Beschränkungen der Druckereien oder des Buchhandels, Postverbote oder andere Hemmungen des freien Verkehrs beschränkt, suspendiert oder aufgehoben werden.

Über Pressevergehen, welche von Amts wegen verfolgt werden, wird durch Schwurgericht geurteilt.

Ein Pressegesetz wird vom Reiche erlassen werden.

Artikel V

§ 144 [Glaubens- und Gewissensfreiheit] Jeder Deutsche hat volle Glaubens- und Gewissensfreiheit.

Niemand ist verpflichtet, seine religiöse Überzeugung zu offenbaren.

§ 145 [Freiheit der Religionsausübung] Jeder Deutsche ist unbeschränkt in der gemeinsamen häuslichen und öffentlichen Übung seiner Religion.

Verbrechen und Vergehen, welche bei Ausübung dieser Freiheit begangen werden, sind nach dem Gesetze zu bestrafen.

§ 146 [Keine Einschränkung der bürgerlichen Rechte] Durch das religiöse Bekenntnis wird der Genuß der bürgerlichen und staatsbürgerlichen Rechte weder bedingt noch beschränkt. Den staatsbürgerlichen Pflichten darf dasselbe keinen Abbruch tun.

§ 147 [Religionsgesellschaften] Jede Religionsgesellschaft ordnet und verwaltet ihre Angelegenheiten selbständig, bleibt aber den allgemeinen Staatsgesetzen unterworfen.

Keine Religionsgesellschaft genießt vor andern Vorrechte durch den Staat; es besteht fernerhin keine Staatskirche.

Neue Religionsgesellschaften dürfen sich bilden; einer Anerkennung ihres Bekenntnisses durch den Staat bedarf es nicht.

§ 148 [Kein Zwang zu kirchlichen Handlungen] Niemand soll zu einer kirchlichen Handlung oder Feierlichkeit gezwungen werden.

§ 149 [Eidesformel] Die Formel des Eides soll künftig lauten: „So wahr mir Gott helfe."

§ 150 [Zivilehe] Die bürgerliche Gültigkeit der Ehe ist nur von der Vollziehung des Zivilaktes abhängig; die kirchliche Trauung kann nur nach der Vollziehung des Zivilaktes stattfinden.

Die Religionsverschiedenheit ist kein bürgerliches Ehehindernis.

§ 151 [Standesbücher] Die Standesbücher werden von den bürgerlichen Behörden geführt.

Artikel VI

§ 152 [Freiheit von Wissenschaft und Lehre] Die Wissenschaft und ihre Lehre ist frei.

§ 153 [Unterrichtswesen] Das Unterrichtswesen steht unter der Oberaufsicht des Staats und ist, abgesehen vom Religionsunterricht, der Beaufsichtigung der Geistlichkeit als solcher enthoben.

§ 154 [Privatschulen] Unterrichts- und Erziehungsanstalten zu gründen, zu leiten und an solchen Unterricht zu erteilen, steht jedem Deutschen frei, wenn er seine Befähigung der betreffenden Staatsbehörde nachgewiesen hat.

Der häusliche Unterricht unterliegt keiner Beschränkung.

§ 155 [Öffentliche Schulen] Für die Bildung der deutschen Jugend soll durch öffentliche Schulen überall genügend gesorgt werden.

Eltern oder deren Stellvertreter dürfen ihre Kinder oder Pflegebefohlenen nicht ohne den Unterricht lassen, welcher für die unteren Volksschulen vorgeschrieben ist.

§ 156 [Lehrer als Staatsbeamte] Die öffentlichen Lehrer haben das Recht der Staatsdiener. Der Staat stellt unter gesetzlich geordneter Beteiligung der Gemeinden aus der Zahl der Geprüften die Lehrer der Volksschulen an.

§ 157 [Schulgeldfreiheit] Für den Unterricht in Volksschulen und niederen Gewerbeschulen wird kein Schulgeld bezahlt.

Unbemittelten soll auf allen öffentlichen Unterrichtsanstalten freier Unterricht gewährt werden.

§ 158 [Freiheit der Berufswahl] Es steht einem jeden frei, seinen Beruf zu wählen und sich für denselben auszubilden, wie und wo er will.

Artikel VII

§ 159 [Petitionsrecht] Jeder Deutsche hat das Recht, sich mit Bitten und Beschwerden schriftlich an die Behörden, an die Volksvertretungen und an den Reichstag zu wenden.

Dieses Recht kann sowohl von einzelnen als von Korporationen und von mehreren im Vereine ausgeübt werden; beim Heer und bei der Kriegsflotte jedoch nur in der Weise, wie es die Disziplinarvorschriften bestimmen.

§ 160 [Verfolgung von Beamten] Eine vorgängige Genehmigung der Behörden ist nicht notwendig, um öffentliche Beamte wegen ihrer amtlichen Handlungen gerichtlich zu verfolgen.

Artikel VIII

§ 161 [Versammlungsfreiheit] Die Deutschen haben das Recht, sich friedlich und ohne Waffen zu versammeln; einer besonderen Erlaubnis dazu bedarf es nicht.

Volksversammlungen unter freiem Himmel können bei dringender Gefahr für die öffentliche Ordnung und Sicherheit verboten werden.

§ 162 [Vereinigungsfreiheit] Die Deutschen haben das Recht, Vereine zu bilden. Dieses Recht soll durch keine vorbeugende Maßregel beschränkt werden.

§ 163 [Subsidiarität der §§ 161, 162] Die in den §§ 161 und 162 enthaltenen Bestimmungen finden auf das Heer und die Kriegsflotte Anwendung, insoweit die militärischen Disziplinarvorschriften nicht entgegenstehen.

Artikel IX

§ 164 [Eigentum, Enteignung] Das Eigentum ist unverletzlich.

Eine Enteignung kann nur aus Rücksichten des gemeinen Besten, nur auf Grund eines Gesetzes und gegen gerechte Entschädigung vorgenommen werden.

Das geistige Eigentum soll durch die Reichsgesetzgebung geschützt werden.

§ 165 [Grundbesitz] Jeder Grundeigentümer kann seinen Grundbesitz unter Lebenden und von Todes wegen ganz oder teilweise veräußern. Den Einzelstaaten bleibt überlassen, die Durchführung des Grundsatzes der Teilbarkeit alles Grundeigentums durch Übergangsgesetze zu vermitteln.

Für die tote Hand sind Beschränkungen des Rechts, Liegenschaften zu erwerben und über sie zu verfügen, im Wege der Gesetzgebung aus Gründen des öffentlichen Wohls zulässig.

§ 166 [Untertänigkeitsverband] Jeder Untertänigkeits- und Hörigkeitsverband hört für immer auf.

§ 167 [Patrimonialgerichtsbarkeit usw.] Ohne Entschädigung sind aufgehoben:

1) Die Patrimonialgerichtsbarkeit und die grundherrliche Polizei, samt den aus diesen Rechten fließenden Befugnissen, Exemtionen und Abgaben.

2) Die aus dem guts- und schutzherrlichen Verbande fließenden persönlichen Abgaben und Leistungen.

Mit diesen Rechten fallen auch die Gegenleistungen und Lasten weg, welche dem bisher Berechtigten dafür oblagen.

§ 168 [Ablösbarkeit von Abgaben und Leistungen] Alle auf Grund und Boden haftenden Abgaben und Leistungen, insbesondere die Zehnten, sind ablösbar: ob nur auf Antrag des Belasteten oder auch des Berechtigten, und in welcher Weise, bleibt der Gesetzgebung der einzelnen Staaten überlassen.

Es soll fortan kein Grundstück mit einer unlösbaren Abgabe oder Leistung belastet werden.

§ 169 [Jagd] Im Grundeigentum liegt die Berechtigung zur Jagd auf eigenem Grund und Boden.

Die Jagdgerechtigkeit auf fremdem Grund und Boden, Jagddienste, Jagdfronten und andere Leistungen für Jagdzwecke sind ohne Entschädigung aufgehoben.

Nur ablösbar jedoch ist die Jagdgerechtigkeit, welche erweislich durch einen lästigen mit dem Eigentümer des belasteten Grundstücks abgeschlossenen Vertrag erworben ist; über die Art und Weise der Ablösung haben die Landesgesetzgebungen das weitere zu bestimmen.

Die Ausübung des Jagdrechts aus Gründen der öffentlichen Sicherheit und des gemeinen Wohls zu ordnen, bleibt der Landesgesetzgebung vorbehalten.

Die Jagdgerechtigkeit auf fremdem Grund und Boden darf in Zukunft nicht wieder als Grundgerechtigkeit bestellt werden.

§ 170 [Familienfideikommisse] Die Familienfideikommisse sind aufzuheben. Die Art und Bedingungen der Aufhebung bestimmt die Gesetzgebung der einzelnen Staaten.

Über die Familienfideikommisse der regierenden fürstlichen Häuser bleiben die Bestimmungen den Landesgesetzgebungen vorbehalten.

§ 171 [Lehensverband] Aller Lehensverband ist aufzuheben. Das Nähere über die Art und Weise der Ausführung haben die Gesetzgebungen der Einzelstaaten anzuordnen.

§ 172 [Vermögenseinziehung] Die Strafe der Vermögenseinziehung soll nicht stattfinden.

§ 173 [Besteuerung] Die Besteuerung soll so geordnet werden, daß die Bevorzugung einzelner Stände und Güter in Staat und Gemeinden aufhört.

Artikel X

§ 174 [Staatliche Gerichtsbarkeit] Alle Gerichtsbarkeit geht vom Staate aus. Es sollen keine Patrimonialgerichte bestehen.

§ 175 [Richterliche Gewalt, Ausnahmegerichte] Die richterliche Gewalt wird selbständig von den Gerichten geübt. Kabinetts- und Ministerialjustiz ist unstatthaft.

Niemand darf seinem gesetzlichen Richter entzogen werden. Ausnahmegerichte sollen nicht stattfinden.

§ 176 [Kein privilegierter Gerichtsstand, Militärgerichte] Es soll keinen privilegierten Gerichtsstand der Personen oder Güter geben.

Die Militärgerichtsbarkeit ist auf die Aburteilung militärischer Verbrechen und Vergehen sowie der Militär-Disziplinarvergehen beschränkt, vorbehaltlich der Bestimmungen für den Kriegszustand.

§ 177 [Unabhängigkeit der Richter] Kein Richter darf, außer durch Urteil und Recht, von seinem Amt entfernt oder an Rang und Gehalt beeinträchtigt werden.

Suspension darf nicht ohne gerichtlichen Beschluß erfolgen.

Kein Richter darf wider seinen Willen, außer durch gerichtlichen Beschluß in den durch Gesetz bestimmten Fällen und Formen, zu einer andern Stelle versetzt oder in Ruhestand gesetzt werden.

§ 178 [Öffentlichkeit] Das Gerichtsverfahren soll öffentlich und mündlich sein.

Ausnahmen von der Öffentlichkeit bestimmt im Interesse der Sittlichkeit das Gesetz.

§ 179 [Strafsachen] In Strafsachen gilt der Anklageprozeß.

Schwurgerichte sollen jedenfalls in schweren Strafsachen und bei allen politischen Vergehen urteilen.

§ 180 [Bürgerliche Rechtspflege] Die bürgerliche Rechtspflege soll in Sachen besonderer Berufserfahrung durch sachkundige, von den Berufsgenossen frei gewählte Richter geübt oder mit geübt werden.

§ 181 [Gewaltentrennung] Rechtspflege und Verwaltung sollen getrennt und voneinander unabhängig sein.

Über Kompetenzkonflikte zwischen den Verwaltungs- und Gerichtsbehörden in den Einzelstaaten entscheidet ein durch das Gesetz zu bestimmender Gerichtshof.

§ 182 [Verwaltungsrechtspflege] Die Verwaltungsrechtspflege hört auf; über alle Rechtsverletzungen entscheiden die Gerichte.

Der Polizei steht keine Strafgerichtsbarkeit zu.

§ 183 [Geltung rechtskräftiger Urteile] Rechtskräftige Urteile deutscher Gerichte sind in allen deutschen Landen gleich wirksam und vollziehbar.

Ein Reichsgesetz wird das Nähere bestimmen.

Artikel XI

§ 184 [Gemeindeverfassungen] Jede Gemeinde hat als Grundrechte ihrer Verfassung:

a) die Wahl ihrer Vorsteher und Vertreter;

b) die selbständige Verwaltung ihrer Gemeindeangelegenheiten mit Einschluß der Ortspolizei, unter gesetzlich geordneter Oberaufsicht des Staates;

c) die Veröffentlichung ihres Gemeindehaushaltes;

d) Öffentlichkeit der Verhandlungen als Regel.

§ 185 [Fluraufteilung] Jedes Grundstück soll einem Gemeindeverbande angehören.

Beschränkungen wegen Waldungen und Wüsteneien bleiben der Landesgesetzgebung vorbehalten.

Artikel XII

§ 186 [Verfassungen der Einzelstaaten] Jeder deutsche Staat soll eine Verfassung mit Volksvertretung haben.

Die Minister sind der Volksvertretung verantwortlich.

§ 187 [Rechte der Volksvertretungen] Die Volksvertretung hat eine entscheidende Stimme bei der Gesetzgebung, bei der Besteuerung, bei der Ordnung des Staatshaushaltes; auch hat sie – wo zwei Kammern vorhanden sind, jede Kammer für sich – das Recht des Gesetzesvorschlags, der Beschwerde, der Adresse sowie der Anklage der Minister.

Die Sitzungen der Landtage sind in der Regel öffentlich.

Artikel XIII

§ 188 [Fremdsprachige Volksstämme] Den nicht deutsch redenden Volksstämmen Deutschlands ist ihre volkstümliche Entwicklung gewährleistet, namentlich die Gleichberechtigung ihrer Sprachen, soweit deren Gebiete reichen, in dem Kirchenwesen, dem Unterrichte, der inneren Verwaltung und der Rechtspflege.

Artikel XIV

§ 189 [Schutz der Deutschen im Ausland] Jeder deutsche Staatsbürger in der Fremde steht unter dem Schutz des Reiches.

Abschnitt VII. Die Gewähr der Verfassung

Artikel I

§ 190 [Eid des Kaisers] Bei jedem Regierungswechsel tritt der Reichstag, falls er nicht schon versammelt ist, ohne Berufung zusammen, in der Art, wie er das letzte Mal zusammengesetzt war. Der Kaiser, welcher die Regierung antritt, leistet vor den zu einer Sitzung vereinigten beiden Häusern des Reichstages einen Eid auf die Reichsverfassung.

Der Eid lautet: „Ich schwöre, das Reich und die Rechte des deutschen Volkes zu schirmen, die Reichsverfassung aufrechtzuerhalten und sie gewissenhaft zu vollziehen. So wahr mir Gott helfe."

Erst nach geleistetem Eide ist der Kaiser berechtigt, Regierungshandlungen vorzunehmen.

§ 191 [Eid der Reichsbeamten] Die Reichsbeamten haben beim Antritt ihres Amtes einen Eid auf die Reichsverfassung zu leisten. Das Nähere bestimmt die Dienstpragmatik des Reiches.

§ 192 [Verantwortlichkeit der Minister] Über die Verantwortlichkeit der Reichsminister soll ein Reichsgesetz erlassen werden.

§ 193 [Reichsrecht bricht Landesrecht] Die Verpflichtung auf die Reichsverfassung wird in den Einzelstaaten mit der Verpflichtung auf die Landesverfassung verbunden und dieser vorangesetzt.

Artikel II

§ 194 [Vorrang der Reichsverfassung] Keine Bestimmung in der Verfassung oder in den Gesetzen eines Einzelstaates darf mit der Reichsverfassung in Widerspruch stehen.

§ 195 [Änderung der einzelstaatlichen Regierungsform] Eine Änderung der Regierungsform in einem Einzelstaat kann nur mit Zustimmung der Reichsgewalt erfolgen. Diese Zustimmung muß in den für Änderungen der Reichsverfassung vorgeschriebenen Formen gegeben werden.

Artikel III

§ 196 [Verfassungsänderung] Abänderungen in der Reichsverfassung können nur durch einen Beschluß beider Häuser und mit Zustimmung des Reichsoberhauptes erfolgen.

Zu einem solchen Beschluß bedarf es in jedem der beiden Häuser:

1) der Anwesenheit von wenigstens zwei Drittel der Mitglieder;

2) zweier Abstimmungen, zwischen welchen ein Zeitraum von wenigstens acht Tagen liegen muß;

3) einer Stimmenmehrheit von wenigstens zwei Drittel der anwesenden Mitglieder bei jeder der beiden Abstimmungen.

Der Zustimmung des Reichsoberhauptes bedarf es nicht, wenn in drei sich unmittelbar folgenden ordentlichen Sitzungsperioden derselbe Reichstagsbeschluß unverändert gefaßt worden ist. Eine ordentliche Sitzungsperiode, welche nicht wenigstens vier Wochen dauert, wird in dieser Reihenfolge nicht mitgezählt.

Artikel IV

§ 197 [Außerkraftsetzung von Verfassungsbestimmungen] Im Falle des Kriegs oder Aufruhrs können die Bestimmungen der Grundrechte über Verhaftung, Haussuchung und Versammlungsrecht von der Reichsregierung oder der Regierung eines Einzelstaates für einzelne Bezirke zeitweise außer Kraft gesetzt werden; jedoch nur unter folgenden Bedingungen:

1) die Verfügung muß in jedem einzelnen Falle von dem Gesamtministerium des Reiches oder Einzelstaates ausgehen;

2) das Ministerium des Reiches hat die Zustimmung des Reichstages, das Ministerium des Einzelstaates die des Landtages, wenn dieselben zur Zeit versammelt sind, sofort einzuholen. Wenn dieselben nicht versammelt sind, so darf die Verfügung nicht länger als 14 Tage dauern, ohne daß dieselben zusammenberufen und die getroffenen Maßregeln zu ihrer Genehmigung vorgelegt werden.

Weitere Bestimmungen bleiben einem Reichsgesetze vorbehalten.

Für die Verkündigung des Belagerungszustandes in Festungen bleiben die bestehenden gesetzlichen Vorschriften in Kraft.

2 Die Verfassungsurkunde für den Preußischen Staat

Vom 31. Januar 1850 (Preuß. Ges. Samml. S. 17)
[Auszug]

Wir Friedrich Wilhelm, von Gottes Gnaden König von Preußen usw., tun kund und fügen zu wissen, daß Wir, nachdem die von Uns unterm 5. Dezember 1848 vorbehaltlich der Revision im ordentlichen Wege der Gesetzgebung verkündigte und von beiden Kammern Unseres Königreichs anerkannte Verfassung des preußischen Staates der darin angeordneten Revision unterworfen ist, die Verfassung in Übereinstimmung mit beiden Kammern endgültig festgestellt haben.[1]

Wir verkünden demnach dieselbe als Staatsgrundgesetz, wie folgt:

Titel I. Vom Staatsgebiete

Art. 1 [Umfang] Alle Landesteile der Monarchie in ihrem gegenwärtigen Umfange bilden das preußische Staatsgebiet.

Art. 2 [Änderung] Die Grenzen dieses Staatsgebiets können nur durch ein Gesetz verändert werden.

Titel II. Von den Rechten der Preußen

Art. 3 [Staatsbürgerrechte] Die Verfassung und das Gesetz bestimmen, unter welchen Bedingungen die Eigenschaft eines Preußen und die staatsbürgerlichen Rechte erworben, ausgeübt und verloren werden.

---

1 Die Verfassungsurkunde hebt zwar nicht formell die sogenannte oktroyierte Verfassung vom 5. 12. 1848 auf, faktisch wurde sie jedoch durch die 1849 durchgeführte Totalrevision vollständig neu gefaßt.

Art. 4 [Gleichheitsgrundsatz, Zugang zu öffentlichen Ämtern] Alle Preußen sind vor dem Gesetz gleich. Standesvorrechte finden nicht statt. Die öffentlichen Ämter sind, unter Einhaltung der von den Gesetzen festgestellten Bedingungen, für alle dazu Befähigten gleich zugänglich.

Art. 5 [Persönliche Freiheit] Die persönliche Freiheit ist gewährleistet. Die Bedingungen und Formen, unter welchen eine Beschränkung derselben, insbesondere eine Verhaftung zulässig ist, werden durch das Gesetz bestimmt.

Art. 6 [Unverletzlichkeit der Wohnung] Die Wohnung ist unverletzlich. Das Eindringen in dieselbe und Haussuchungen sowie die Beschlagnahme von Briefen und Papieren sind nur in den gesetzlich bestimmten Fällen und Formen gestattet.

Art. 7 [Gesetzlicher Richter, Ausnahmegerichte] Niemand darf seinem gesetzlichen Richter entzogen werden. Ausnahmegerichte und außerordentliche Kommissionen sind unstatthaft.

Art. 8 [Strafen] Strafen können nur in Gemäßheit des Gesetzes angedroht oder verhängt werden.

Art. 9 [Eigentum, Enteignung] Das Eigentum ist unverletzlich. Es kann nur aus Gründen des öffentlichen Wohles gegen vorgängige, in dringenden Fällen wenigstens vorläufig festzustellende Entschädigung nach Maßgabe des Gesetzes entzogen oder beschränkt werden.

Art. 10 [Bürgerlicher Tod, Vermögenseinziehung] Der bürgerliche Tod und die Strafe der Vermögenseinziehung finden nicht statt.

Art. 11 [Auswanderung] Die Freiheit der Auswanderung kann von Staats wegen nur in bezug auf die Wehrpflicht beschränkt werden. Abzugsgelder dürfen nicht erhoben werden.

Art. 12 [Religionsfreiheit] Die Freiheit des religiösen Bekenntnisses, der Vereinigung zu Religionsgesellschaften (Art. 30 und 31) und der gemeinsamen häuslichen und öffentlichen Religionsausübung wird gewährleistet. Der Genuß der bürgerlichen und staatsbürgerlichen Rechte ist unabhängig von dem religiösen Bekenntnisse. Den bürgerlichen und staatsbürgerlichen Pflichten darf durch die Ausübung der Religionsfreiheit kein Abbruch geschehen.

Art. 13 [Religionsgesellschaften] Die Religionsgesellschaften sowie die geistlichen Gesellschaften, welche keine Korporationsrechte haben, können diese Rechte nur durch besondere Gesetze erlangen.

Art. 14 [Christliche Religion] Die christliche Religion wird bei denjenigen Einrichtungen des Staats, welche mit der Religionsausübung im Zusammenhang stehen, unbeschadet der im Art. 12 gewährleisteten Religionsfreiheit, zum Grunde gelegt.

Art. 15 [Selbständigkeit der Religionsgesellschaften] Die evangelische und die römisch-katholische Kirche sowie jede andere Religionsgesellschaft ordnet und verwaltet ihre Angelegenheiten selbständig und bleibt im Besitz und Genuß der für ihre Kultus-, Unterrichts- und Wohltätigkeitszwecke bestimmten Anstalten, Stiftungen und Fonds.

Art. 16 [Bekanntmachung kirchlicher Anordnungen] Der Verkehr der Religionsgesellschaften mit ihren Oberen ist ungehindert. Die Bekanntmachung kirchlicher Anordnungen ist nur denjenigen Beschränkungen unterworfen, welchen alle übrigen Veröffentlichungen unterliegen.

Art. 17 [Kirchenpatronat] Über das Kirchenpatronat und die Bedingungen, unter welchen dasselbe aufgehoben werden kann, wird ein besonderes Gesetz ergehen.

Art. 18 [Besetzung kirchlicher Stellen] Das Ernennungs-, Vorschlags-, Wahl- und Bestätigungsrecht bei Besetzung kirchlicher Stellen ist, soweit es dem Staate zusteht und nicht auf dem Patronat oder besonderen Rechtstiteln beruht, aufgehoben.

Auf die Anstellung von Geistlichen beim Militär und an öffentlichen Anstalten finden diese Bestimmungen keine Anwendung.

Art. 19 [Zivilehe] Die Einführung der Zivilehe erfolgt nach Maßgabe eines besonderen Gesetzes, was auch die Führung der Zivilstandsregister regelt.

Art. 20 [Freiheit von Wissenschaft und Lehre] Die Wissenschaft und ihre Lehre ist frei.

Art. 21 [Schulen] Für die Bildung der Jugend soll durch öffentliche Schulen genügend gesorgt werden.

Eltern und deren Stellvertreter dürfen ihre Kinder oder Pflegebefohlenen nicht ohne den Unterricht lassen, welcher für die öffentlichen Volksschulen vorgeschrieben ist.

Art. 22 [Privatschulen] Unterricht zu erteilen und Unterrrichtsanstalten zu gründen und zu leiten, steht jedem frei, wenn er seine sittliche, wissenschaftliche und technische Befähigung den betreffenden Staatsbehörden nachgewiesen hat.

Art. 23 [Staatsaufsicht] Alle öffentlichen und Privat-Unterrichts- und Erziehungsanstalten stehen unter der Aufsicht vom Staate ernannter Behörden.

Die öffentlichen Lehrer haben die Rechte und Pflichten der Staatsdiener.

Art. 24 [Volksschulen] Bei der Einrichtung der öffentlichen Volksschulen sind die konfessionellen Verhältnisse möglichst zu berücksichtigen.

Den religiösen Unterricht in der Volksschule leiten die betreffenden Religionsgesellschaften.

Die Leitung der äußeren Angelegenheiten der Volksschule steht der Gemeinde zu. Der Staat stellt unter gesetzlich geordneter Beteiligung der Gemeinden aus der Zahl der Befähigten die Lehrer der öffentlichen Volksschulen an.

Art. 25 [Unterhaltung der Volksschulen] Die Mittel zur Errichtung, Unterhaltung und Erweiterung der öffentlichen Volksschule werden von den Gemeinden und, im Falle des nachgewiesenen Unvermögens, ergänzungsweise vom Staate aufgebracht. Die auf besonderen Rechtstiteln beruhenden Verpflichtungen Dritter bleiben bestehen.

Der Staat gewährleistet demnach den Volksschullehrern ein festes, den Lokalverhältnissen angemessenes Einkommen.

In der öffentlichen Volksschule wird der Unterricht unentgeltlich erteilt.

Art. 26 [Regelung des Unterrichtswesens] Ein besonderes Gesetz regelt das ganze Unterrichtswesen.

Art. 27 [Meinungsfreiheit, Pressefreiheit] Jeder Preuße hat das Recht, durch Wort, Schrift, Druck und bildliche Darstellung seine Meinung frei zu äußern.

Die Zensur darf nicht eingeführt werden, jede andere Beschränkung der Pressefreiheit nur im Wege der Gesetzgebung.

Art. 28 [Verweisung auf die allgemeinen Strafgesetze] Vergehen, welche durch Wort, Schrift, Druck oder bildliche Darstellung begangen werden, sind nach den allgemeinen Strafgesetzen zu bestrafen.

Art. 29 [Versammlungsfreiheit] Alle Preußen sind berechtigt, sich ohne vorgängige obrigkeitliche Erlaubnis friedlich und ohne Waffen in geschlossenen Räumen zu versammeln.

Diese Bestimmung bezieht sich nicht auf Versammlungen unter freiem Himmel, welche auch in bezug auf vorgängige obrigkeitliche Erlaubnis der Verfügung des Gesetzes unterworfen sind.

Art. 30 [Vereinigungsfreiheit] Alle Preußen haben das Recht, sich zu solchen Zwecken, welche den Strafgesetzen nicht zuwiderlaufen, in Gesellschaften zu vereinigen.

Das Gesetz regelt, insbesondere zur Aufrechterhaltung der öffentlichen Sicherheit, die Ausübung des in diesem und in dem vorstehenden Artikel 29 gewährleisteten Rechts.

Politische Vereine können Beschränkungen und vorübergehenden Verboten im Wege der Gesetzgebung unterworfen werden.

Art. 31 [Korporationsrechte] Die Bedingungen, unter welchen Korporationsrechte erteilt oder verweigert werden, bestimmt das Gesetz.

Art. 32 [Petitionsrecht] Das Petitionsrecht steht allen Preußen zu. Petitionen unter einem Gesamtnamen sind nur Behörden und Korporationen gestattet.

Art. 33 [Briefgeheimnis] Das Briefgeheimnis ist unverletzlich. Die bei strafgerichtlichen Untersuchungen und in Kriegsfällen notwendigen Beschränkungen sind durch die Gesetzgebung festzustellen.

Art. 34 [Wehrpflicht] Alle Preußen sind wehrpflichtig. Den Umfang und die Art dieser Pflicht bestimmt das Gesetz.

Art. 35 [Heer] Das Heer begreift alle Abteilungen des stehenden Heeres und der Landwehr.

Im Falle des Krieges kann der König nach Maßgabe des Gesetzes den Landsturm aufbieten.

Art. 36 [Unterdrückung von Unruhen] Die bewaffnete Macht kann zur Unterdrückung innerer Unruhen und zur Ausführung der Gesetze nur in den vom Gesetz bestimmten Fällen und Formen und auf Requisition der Zivilbehörde verwendet werden. In letzterer Beziehung hat das Gesetz die Ausnahmen zu bestimmen.

Art. 37 [Militärgerichtsstand] Der Militärgerichtsstand des Heeres beschränkt sich auf Straftaten und wird durch das Gesetz geregelt. Die Bestimmungen über die Militärdisziplin im Heere bleiben Gegenstand besonderer Verordnungen.

Art. 38 [Versammlungsverbot] Die bewaffnete Macht darf weder in noch außer dem Dienste beratschlagen oder sich anders als auf Befehl versammeln. Versammlungen und Vereine der Landwehr zur Beratung militärischer Einrichtungen, Befehle und Anordnungen sind auch dann, wenn dieselbe nicht zusammenberufen ist, untersagt.

Art. 39 [Einschränkung der Grundrechte] Auf das Heer finden die in den Artikeln 5, 6, 29, 30 und 32 enthaltenen Bestimmungen nur insoweit Anwendung, als die militärischen Gesetze und Disziplinarvorschriften nicht entgegenstehen.

Art. 40 [Lehen usw.] Die Errichtung von Lehen und die Stiftung von Familien-Fideikommissen ist untersagt. Die bestehenden Lehen und Familien-Fideikommisse sollen durch gesetzliche Anordnung in freies Eigentum umgestaltet werden. Auf Familien-Stiftungen finden diese Bestimmungen keine Anwendung.

Art. 41 [Ausschluß des Art. 40] Vorstehende Bestimmungen (Art. 40) finden auf die Thronlehen, das Königliche Haus- und Prinzliche Fideikommiß sowie auf die außerhalb des Staates gelegenen Lehen und die ehemals reichsunmittelbaren Besitzungen und Fideikommisse, insofern letztere durch das deutsche Bundesrecht gewährleistet sind, zur Zeit keine Anwendung. Die Rechtsverhältnisse derselben sollen durch besondere Gesetze geordnet werden.

Art. 42 [Grundeigentum] Das Recht der freien Verfügung über das Grundeigentum unterliegt keinen anderen Beschränkungen als denen der allgemeinen Gesetzgebung. Die Teilbarkeit des Grundeigentums und die Ablösbarkeit der Grundlasten wird gewährleistet.

Für die tote Hand sind Beschränkungen des Rechts, Liegenschaften zu erwerben und über sie zu verfügen, zulässig.

Aufgehoben ohne Entschädigung sind:

1) Die Gerichtsherrlichkeit, die gutsherrliche Polizei und obrigkeitliche Gewalt sowie die gewissen Grundstücken zustehenden Hoheitsrechte und Privilegien;

2) die aus diesen Befugnissen, aus der Schutzherrlichkeit, der früheren Erbuntertänigkeit, der früheren Steuer- und Gewerbeverfassung herstammenden Verpflichtungen.

Mit den aufgehobenen Rechten fallen auch die Gegenleistungen und Lasten weg, welche den bisherigen Berechtigten dafür oblagen.

Bei erblicher Überlassung eines Grundstückes ist nur die Übertragung des vollen Eigentums zulässig; jedoch kann auch hier ein fester ablösbarer Zins vorbehalten werden.

Die weitere Ausführung dieser Bestimmungen bleibt besonderen Gesetzen vorbehalten.

Titel III. Vom Könige

Art. 43 [Unverletzlichkeit] Die Person des Königs ist unverletzlich.

Art. 44 [Verantwortlichkeit der Minister, Gegenzeichnung] Die Minister des Königs sind verantwortlich. Alle Regierungsakte des Königs bedürfen zu ihrer Gültigkeit der Gegenzeichnung eines Ministers, welcher dadurch die Verantwortlichkeit übernimmt.

Art. 45 [Vollziehende Gewalt] Dem Könige allein steht die vollziehende Gewalt zu. Er ernennt und entläßt die Minister. Er befiehlt die Verkündigung der Gesetze und erläßt die zu deren Ausführung nötigen Verordnungen.

Art. 46 [Oberbefehl] Der König führt den Oberbefehl über das Heer.

Art. 47 [Stellenbesetzung] Der König besetzt alle Stellen im Heere sowie in den übrigen Zweigen des Staatsdienstes, sofern nicht das Gesetz ein anderes verordnet.

Art. 48 [Kriegserklärung, Friedensschluß] Der König hat das Recht, Krieg zu erklären und Frieden zu schließen, auch andere Verträge mit fremden Regierungen zu errichten. Letztere bedürfen zu ihrer Gültigkeit der Zustimmung der Kammern, sofern es Handelsverträge sind, oder wenn dadurch dem Staate Lasten oder einzelnen Staatsbürgern Verpflichtungen auferlegt werden.

Art. 49 [Gnadenrecht] Der König hat das Recht der Begnadigung und Strafmilderung. Zu Gunsten eines wegen seiner Amtshandlungen verurteilten Ministers kann dieses Recht nur auf Antrag derjenigen Kammer ausgeübt werden, von welcher die Anklage ausgegangen ist.

Der König kann bereits eingeleitete Untersuchungen nur auf Grund eines besonderen Gesetzes niederschlagen.

Art. 50 [Orden, Münzrecht] Dem Könige steht die Verleihung von Orden und anderen mit Vorrechten nicht verbundenen Auszeichnungen zu.

Er übt das Münzrecht nach Maßgabe des Gesetzes.

Art. 51 [Einberufung und Auflösung der Kammern] Der König beruft die Kammern und schließt ihre Sitzungen. Er kann sie entweder beide zugleich oder auch nur eine auflösen. Es müssen aber in einem solchen Falle innerhalb eines Zeitraumes von sechzig Tagen nach der Auflösung die Wähler und innerhalb eines Zeitraumes von neunzig Tagen nach der Auflösung die Kammern versammelt werden.

Art. 52 [Vertagung] Der König kann die Kammern vertagen. Ohne deren Zustimmung darf diese Vertagung die Frist von dreißig Tagen nicht übersteigen und während derselben Session nicht wiederholt werden.

Art. 53 [Erbliches Königtum] Die Krone ist, den Königlichen Hausgesetzen gemäß, erblich in dem Mannesstamme des Königlichen Hauses nach dem Rechte der Erstgeburt und der agnatischen Linealfolge.

Art. 54 [Volljährigkeit, Eid] Der König wird mit Vollendung des achtzehnten Lebensjahres volljährig.

Er leistet in Gegenwart der vereinigten Kammern das eidliche Gelöbnis, die Verfassung des Königreiches fest und unverbrüchlich zu halten und in Übereinstimmung mit derselben und den Gesetzen zu regieren.

Art. 55 [Personalunion] Ohne Einwilligung beider Kammern kann der König nicht zugleich Herrscher fremder Reiche sein.

Art. 56 [Regentschaft] Wenn der König minderjährig oder sonst dauernd verhindert ist, selbst zu regieren, so übernimmt derjenige volljährige Agnat (Art. 53), welcher der Krone am nächsten steht, die Regentschaft. Er hat sofort die Kammern zu berufen, die in vereinigter Sitzung über die Notwendigkeit der Regentschaft beschließen.

Art. 57 [Gewählter Regent] Ist kein volljähriger Agnat vorhanden und nicht bereits vorher gesetzliche Fürsorge für diesen Fall getroffen, so hat das Staatsministerium die Kammern zu berufen, welche in vereinigter Sitzung einen Regenten erwählen. Bis zum Antritt der Regentschaft von seiten desselben führt das Staatsministerium die Regierung.

Art. 58 [Ausübung der Gewalt im Namen des Königs] Der Regent übt die dem Könige zustehende Gewalt in dessen Namen aus. Derselbe schwört nach der Einrichtung der Regentschaft vor den vereinigten Kammern einen Eid, die Verfassung des Königreichs fest und unverbrüchlich zu halten und in Übereinstimmung mit derselben und den Gesetzen zu regieren.

Bis zu dieser Eidesleistung bleibt in jedem Falle das bestehende gesamte Staatsministerium für alle Regierungshandlungen verantwortlich.

Art. 59 [Angewiesene Rente] Dem Kron-Fideikommißfonds verbleibt die durch das Gesetz vom 17. Januar 1820 auf die Einkünfte der Domänen und Forsten angewiesene Rente.

Titel IV. Von den Ministern

Art. 60 [Anhörung der Minister] Die Minister sowie die zu ihrer Vertretung abgeordneten Staatsbeamten haben Zutritt zu jeder Kammer und müssen auf ihr Verlangen zu jeder Zeit gehört werden.

Jede Kammer kann die Gegenwart der Minister verlangen.

Die Minister haben in einer oder der anderen Kammer nur dann Stimmrecht, wenn sie Mitglied derselben sind.

Art. 61 [Ministeranklage] Die Minister können durch Beschluß einer Kammer wegen des Verbrechens der Verfassungsverletzung, der Bestechung und des Verrates angeklagt werden. Über solche Anklage entscheidet der oberste Gerichtshof der Monarchie in vereinigten Senaten. Solange noch zwei oberste Gerichtshöfe bestehen, treten dieselben zu obigem Zwecke zusammen.

Die näheren Bestimmungen über die Fälle der Verantwortlichkeit, über das Verfahren und über die Strafen werden einem besonderen Gesetze vorbehalten.

Titel V. Von den Kammern

Art. 62 [Gesetzgebende Gewalt] Die gesetzgebende Gewalt wird gemeinschaftlich durch den König und durch zwei Kammern ausgeübt.

Die Übereinstimmung des Königs und beider Kammern ist zu jedem Gesetze erforderlich.

Finanzgesetzentwürfe und Staatshaushalts-Etats werden zuerst der zweiten Kammer vorgelegt; letztere werden von der ersten Kammer im Ganzen angenommen oder abgelehnt.

Art. 63 [Notstand] Nur in dem Falle, wenn die Aufrechterhaltung der öffentlichen Sicherheit oder die Beseitigung eines ungewöhnlichen Notstandes es dringend erfordert, können, insofern die Kammern nicht versammelt sind, unter Verantwortlichkeit des gesamten Staatsministeriums, Verordnungen, die der Verfassung nicht zuwiderlaufen, mit Gesetzeskraft erlassen werden. Dieselben sind aber den Kammern bei ihrem nächsten Zusammentritt zur Genehmigung sofort vorzulegen.

Art. 64 [Gesetzesvorschläge] Dem Könige sowie jeder Kammer steht das Recht zu, Gesetze vorzuschlagen.

Gesetzesvorschläge, welche durch eine der Kammern oder den König verworfen worden sind, können in derselben Sitzungsperiode nicht wieder vorgebracht werden.

Art. 65 [Zusammensetzung der ersten Kammer][2] Die erste Kammer besteht:

---

2 Die entsprechende Bestimmung der oktroyierten **Verfassung vom 5. 12. 1848** hatte gelautet:

„**Art. 63.** Die Mitglieder der ersten Kammer werden durch die Provinzial-, Bezirks- und Kreisvertreter erwählt (Artikel 104). Die Provinzial-, Bezirks- und Kreisvertreter bilden, nach näherer Bestimmung des Wahlgesetzes, die Wahlkörper und wählen die nach der Bevölkerung auf die Wahl-Bezirke fallende Zahl der Abgeordneten.

Bei der Revision der Verfassungs-Urkunde bleibt zu erwägen, ob ein Theil der Mitglieder der ersten Kammer vom Könige zu ernennen, und ob den Ober-Bürgermeistern der großen Städte so wie den Vertretern der Universitäten und Akademien der Wissenschaften und der Künste ein Sitz in der Kammer einzuräumen sein möchte."

Die Art. 65 bis 68 der revidierten Verfassung vom 31. 1. 1850 sind nie angewendet worden. Durch verfassungsänderndes Gesetz vom 7. 5. 1853 wurden sie aufgehoben, und der König wurde ermächtigt, die Bildung der Ersten Kammer durch Verordnung zu regeln:

„Verordnung wegen Bildung der Ersten Kammer
vom 12. Oktober 1854
(Preußische Gesetzsammlung 1854, S. 541)

Wir Friedrich Wilhelm, von Gottes Gnaden, König von Preußen etc. etc., verordnen, im Verfolg des Gesetzes vom 7. Mai 1853 (Gesetzsammlung Seite 181), betreffend die Bildung der Ersten Kammer, was folgt:

§ **1.** Die Erste Kammer besteht:
1. aus den Prinzen Unseres Königlichen Hauses, welche Wir, sobald sie in Gemäßheit Unserer Hausgesetze die Großjährigkeit erreicht haben, in die Erste Kammer zu berufen, Uns vorbehalten;
2. aus Mitgliedern, welche mit erblicher Berechtigung;
3. aus Mitgliedern, welche auf Lebenszeit von Uns berufen sind.

§ **2.** Mit erblicher Berechtigung gehören zur Ersten Kammer:
1. Die Häupter der fürstlichen Häuser von Hohenzollern-Hechingen und Hohenzollern-Sigmaringen;
2. die nach der Deutschen Bundes-Akte vom 8. Juni 1815 zur Standschaft berechtigten Häupter der vormaligen Deutschen reichsständigen Häuser in Unseren Landen;
3. die übrigen nach Unserer Verordnung vom 3. Februar 1847, zur Herren-Kurie des Vereinigten Landtags berufenen Fürsten, Grafen und Herren.

Außerdem gehören mit erblicher Berechtigung zur Ersten Kammer diejenigen Personen, welchen das erbliche Recht auf Sitz und Stimme in der Ersten Kammer von Uns durch besondere Verordnung verliehen wird. Das Recht hierzu wird in der durch die Verleihungs-Urkunde festgesetzten Folgeordnung vererbt.

§ **3.** Als Mitglieder auf Lebenszeit wollen Wir berufen:
1. Personen, welche Uns in Gemäßheit der folgenden Paragraphen präsentiert werden;
2. die Inhaber der vier großen Landes-Aemter im Königreich Preußen [Das waren der Landhofmeister, der Kanzler, der Obermarschall und der Oberburggraf];
3. einzelne Personen, welche Wir aus besonderem Vertrauen ausersehen. Aus denselben wollen Wir „Kron-Syndici“ bestellen, welchen Wir wichtige Rechtsfragen zur Begutachtung vorlegen, imgleichen die Prüfung und Erledigung rechtlicher Angelegenheiten des Hauses anvertrauen werden.

§ **4.** Das Präsentationsrecht steht zu:
1. den nach Unserer Verordnung vom 3. Februar 1847 zur Herren-Kurie des Vereinigten Landtags berufenen Stiftern [das waren die drei Domkapitel zu Brandenburg, Merseburg und Naumburg];
2. dem für jede Provinz zu bildenden Verbande der darin mit Rittergütern angesessenen Grafen, für je einen zu Präsentirenden;
3. den Verbänden der durch ausgebreiteten Familienbesitz ausgezeichneten Geschlechter, welche Wir mit diesem Recht begnadigen;
4. den Verbänden des alten und des befestigten Grundbesitzes;
5. einer jeden Landes-Universität;
6. denjenigen Städten, welchen Wir dieses Recht besonders beilegen.

§ **5.** Die von den Stiftern zu präsentirenden Vertreter werden von den Mitgliedern derselben aus ihrer Mitte, die von den Universitäten zu präsentirenden von dem akademischen Senate aus der Zahl der ordentlichen Professoren, die von den Städten zu präsentirenden von dem Magistrate, oder in Ermangelung eines kollegialischen Vorstandes von den übrigen kommunalverfassungsmäßigen Vertretern der Stadt aus der Zahl der Magistratsmitglieder erwählt.“
(Es folgen die §§ 6 bis 11.)

a) aus den großjährigen Königlichen Prinzen;

b) aus den Häuptern der ehemals unmittelbaren reichsständischen Häuser in Preußen – und aus den Häuptern derjenigen Familien, welchen durch Königliche Verordnung das nach der Erstgeburt und Linealfolge zu vererbende Recht auf Sitz und Stimme in der ersten Kammer beigelegt wird. In dieser Verordnung werden zugleich die Bedingungen festgesetzt, durch welche dieses Recht an einen bestimmten Grundbesitz geknüpft ist. Das Recht kann durch Stellvertretung nicht ausgeübt werden und ruht während der Minderjährigkeit oder während eines Dienstverhältnisses zu der Regierung eines nichtdeutschen Staats, ferner auch solange der Berechtigte seinen Wohnsitz außerhalb Preußens hat;

c) aus solchen Mitgliedern, welche der König auf Lebenszeit ernennt. Ihre Zahl darf den zehnten Teil der zu a) und b) genannten Mitglieder nicht übersteigen.

d) aus neunzig Mitgliedern, welche in Wahlbezirken, die das Gesetz feststellt, durch die dreißigfache Zahl derjenigen Urwähler (Art. 70), welche die höchsten direkten Staatssteuern bezahlen, durch direkte Wahl nach Maßgabe des Gesetzes gewählt werden;

e) aus dreißig, nach Maßgabe des Gesetzes von den Gemeinderäten gewählten Mitgliedern aus den größten Städten des Landes.

Die Gesamtzahl der unter a) bis c) genannten Mitglieder darf die Zahl der unter d) und e) bezeichneten nicht übersteigen.

Eine Auflösung der ersten Kammer bezieht sich nur auf die aus Wahl hervorgegangenen Mitglieder.

Art. 66 [Bildung der ersten Kammer] Die Bildung der ersten Kammer in der Art. 65 bestimmten Weise tritt am 7. August des Jahres 1852 ein. Bis zu diesem Zeitpunkte verbleibt es bei dem Wahlgesetze für die erste Kammer vom 6. Dezember 1848.

Art. 67 [Legislaturperiode] Die Legislaturperiode der ersten Kammer wird auf sechs Jahre festgesetzt.

Art. 68 [Wählbarkeit] Wählbar zum Mitglied der ersten Kammer ist jeder Preuße, der das vierzigste Lebensjahr vollendet, den Vollbesitz der bürgerlichen Rechte in Folge rechtskräftigen richterlichen Erkenntnisses nicht verloren und bereits fünf Jahre lang dem preußischen Staatsverbande angehört hat. Die Mitglieder der ersten Kammer erhalten weder Reisekosten noch Diäten.

Art. 69 [Zusammensetzung der zweiten Kammer] Die zweite Kammer besteht aus dreihundertundfünfzig Mitgliedern. Die Wahlbezirke werden durch das Gesetz festgestellt. Sie können aus einem oder mehreren Kreisen oder aus einer oder mehreren der größeren Städte bestehen.

Art. 70 [Wahlberechtigung] Jeder Preuße, welcher das fünfundzwanzigste Lebensjahr vollendet hat und in der Gemeinde, in welcher er seinen Wohnsitz hat, die Befähigung zu den Gemeindewahlen besitzt, ist stimmberechtigter Urwähler.

Wer in mehreren Gemeinden an den Gemeindewahlen teilzunehmen berechtigt ist, darf das Recht als Urwähler nur in einer Gemeinde ausüben.

Art. 71 [Dreiklassenwahlrecht] Auf jede Vollzahl von zweihundertundfünfzig Seelen der Bevölkerung ist ein Wahlmann zu wählen.[3] Die Urwähler werden nach Maßgabe der von ihnen zu entrichtenden direkten Staatssteuern in drei Abteilungen geteilt, und zwar in der Art, daß auf jede Abteilung ein Dritteil der Gesamtsumme der Steuerbeträge aller Urwähler fällt.

Die Gesamtsumme wird berechnet:

a) gemeindeweise, falls die Gemeinde einen Urwahlbezirk für sich bildet;

b) bezirksweise, falls der Urwahlbezirk aus mehreren Gemeinden zusammengesetzt ist.

Die erste Abteilung besteht aus denjenigen Urwählern, auf welche die höchsten Steuerbeträge bis zum Belaufe eines Dritteils der Gesamtsteuer fallen.

Die zweite Abteilung besteht aus denjenigen Urwählern, auf welche die nächst niedrigeren Steuerbeträge bis zur Grenze des zweiten Dritteils fallen.

---

3 Bis hierher entspricht der Text inhaltlich dem Art. 68 der oktroyierten Verfassung, dem jedoch folgender Vermerk förmlich vorangestellt war:

„Bei der Revision der Verfassungs-Urkunde bleibt es zu erwägen, ob nicht ein anderer Wahlmodus, namentlich der der Eintheilung nach bestimmten Klassen für Stadt und Land, wobei sämmtliche bisherige Urwähler mitwählen, vorzuziehen sein möchte."

Das preußische Dreiklassenwahlrecht beruhte zunächst auf der Verordnung betreffend die Ausführung der Wahl der Abgeordneten der Zweiten Kammer vom 30. Mai 1849. Es wurde in Art. 71 der revidierten Verfassung übernommen, dem gegenüber die genannte Wahl-Notverordnung vom 30. 5. 1849 den Rang der fortgeltenden Ausführungsbestimmung hatte. Das Dreiklassenwahlrecht blieb bis zum Ende der preußischen Monarchie im November 1918 in Geltung.

Die dritte Abteilung besteht aus den am niedrigsten besteuerten Urwählern, auf welche das dritte Dritteil fällt.

Jede Abteilung wählt besonders, und zwar ein Dritteil der zu wählenden Wahlmänner.

Die Abteilungen können in mehrere Wahlverbände eingeteilt werden, deren keiner mehr als fünfhundert Urwähler in sich schließen darf. Die Wahlmänner werden in jeder Abteilung aus der Zahl der stimmberechtigten Urwähler des Urwahlbezirks ohne Rücksicht auf die Abteilungen gewählt.

Art. 72 [Wahl der Abgeordneten] Die Abgeordneten werden durch die Wahlmänner gewählt.

Das Nähere über die Ausführung der Wahlen bestimmt das Wahlgesetz, welches auch die Anordnung für diejenigen Städte zu treffen hat, in denen an Stelle eines Teils der direkten Steuern die Mahl- und Schlachtsteuer erhoben wird.

Art. 73 [Legislaturperiode] Die Legislaturperiode der zweiten Kammer wird auf drei Jahre festgesetzt.

Art. 74 [Wählbarkeit] Zum Abgeordneten der zweiten Kammer ist jeder Preuße wählbar, der das dreißigste Lebensjahr vollendet, den Vollbesitz der bürgerlichen Rechte in Folge rechtskräftigen richterlichen Erkenntnisses nicht verloren und bereits drei Jahre dem preußischen Staatsverbande angehört hat.

Art. 75 [Neuwahl] Die Kammern werden nach Ablauf ihrer Legislaturperiode neu gewählt. Ein Gleiches geschieht im Falle der Auflösung. In beiden Fällen sind die bisherigen Mitglieder wieder wählbar.

Art. 76 [Einberufung] Die Kammern werden durch den König regelmäßig im Monat November jeden Jahres, und außerdem, sooft es die Umstände erheischen, einberufen.

Art. 77 [Eröffnung, Schließung usw.] Die Eröffnung und die Schließung der Kammern geschieht durch den König in Person oder durch einen dazu von ihm beauftragten Minister in einer Sitzung der vereinigten Kammern.

Beide Kammern werden gleichzeitig berufen, eröffnet, vertagt und geschlossen.

Wird eine Kammer aufgelöst, so wird die andere gleichzeitig vertagt.

Art. 78 [Wahlprüfung, Geschäftsordnung, Präsident] Jede Kammer prüft die Legitimation ihrer Mitglieder und entscheidet darüber. Sie regelt ihren Geschäftsgang und ihre Disziplin durch eine Geschäftsordnung und erwählt ihren Präsidenten, ihre Vizepräsidenten und Schriftführer.

Beamte bedürfen keines Urlaubs zum Eintritt in die Kammer.

Wenn ein Kammermitglied ein besoldetes Staatsamt oder im Staatsdienste in ein Amt eintritt, mit welchem ein höherer Rang oder ein höheres Gehalt verbunden ist, so verliert es Sitz und Stimme in der Kammer und kann seine Stelle in derselben nur durch neue Wahl wieder erlangen.

Niemand kann Mitglied beider Kammern sein.

Art. 79 [Öffentliche Sitzungen] Die Sitzungen beider Kammern sind öffentlich. Jede Kammer tritt auf den Antrag ihres Präsidenten oder von zehn Mitgliedern zu einer geheimen Sitzung zusammen, in welcher dann zunächst über diesen Antrag zu beschließen ist.

Art. 80 [Beschlußfassung] Keine der beiden Kammern kann einen Beschluß fassen, wenn nicht die Mehrheit der gesetzlichen Anzahl ihrer Mitglieder anwesend ist. Jede Kammer faßt ihre Beschlüsse nach absoluter Stimmenmehrheit, vorbehaltlich der durch die Geschäftsordnung für Wahlen etwa zu bestimmenden Ausnahmen.

Art. 81 [Adressen, Bittschriften] Jede Kammer hat für sich das Recht, Adressen an den König zu richten.

Niemand darf den Kammern oder einer derselben in Person eine Bittschrift oder Adresse überreichen.

Jede Kammer kann die an sie gerichteten Schriften an die Minister überweisen und von denselben Auskunft über eingehende Beschwerden verlangen.

Art. 82 [Untersuchungskommissionen] Eine jede Kammer hat die Befugnis, behufs ihrer Information Kommissionen zur Untersuchung von Tatsachen zu ernennen.

Art. 83 [Unabhängigkeit der Mitglieder] Die Mitglieder beider Kammern sind Vertreter des ganzen Volkes. Sie stimmen nach ihrer freien Überzeugung und sind an Aufträge und Instruktionen nicht gebunden.

Art. 84 [Idemnität, Immunität] Sie können für ihre Abstimmungen in der Kammer niemals, für ihre darin ausgesprochenen Meinungen nur innerhalb der Kammer auf Grund der Geschäftsordnung (Art. 78) zur Rechenschaft gezogen werden.

Kein Mitglied einer Kammer kann ohne deren Genehmigung während der Sitzungsperiode wegen einer mit Strafe bedrohten Handlung zur Untersuchung gezogen oder verhaftet werden, außer wenn es bei Ausübung der Tat oder im Laufe des nächstfolgenden Tages nach derselben ergriffen wird.

Gleiche Genehmigung ist bei einer Verhaftung wegen Schulden notwendig.

Jedes Strafverfahren gegen ein Mitglied der Kammer und eine jede Untersuchungs- oder Zivilhaft wird für die Dauer der Sitzungsperiode aufgehoben, wenn die betreffende Kammer es verlangt.

Art. 85 [Reisekosten, Diäten] Die Mitglieder der zweiten Kammer erhalten aus der Staatskasse Reisekosten und Diäten nach Maßgabe des Gesetzes. Ein Verzicht hierauf ist unstatthaft.

Titel VI. Von der richterlichen Gewalt

...

Titel VII. Von den nicht zum Richterstand gehörigen Staatsbeamten

...

Titel VIII. Von den Finanzen

Art. 99 [Etatgesetz] Alle Einnahmen und Ausgaben des Staates müssen für jedes Jahr im voraus veranschlagt und auf den Staatshaushaltsetat gebracht werden. Letzterer wird jährlich durch ein Gesetz festgestellt.

Art. 100 [Erhebung von Steuern und Abgaben] Steuern und Abgaben für die Staatskasse dürfen nur, soweit sie in den Staatshaushaltsetat aufgenommen werden oder durch besondere Gesetze angeordnet sind, erhoben werden.

...

Art. 103 [Anleihen, Garantien] Die Aufnahme von Anleihen für die Staatskasse findet nur auf Grund eines Gesetzes statt. Dasselbe gilt von der Übernahme von Garantien zu Lasten des Staates.

Art. 104 [Etat-Überschreitungen, Ober-Rechnungskammer] Zu Etat-Überschreitungen ist die nachträgliche Genehmigung der Kammern erforderlich. Die Rechnungen für den Staatshaushaltsetat werden von der Ober-Rechnungskammer geprüft und festgestellt. Die allgemeine Rechnung über den Staatshaushalt jeden Jahres, einschließlich einer Übersicht der Staatsschulden, wird mit den Bemerkungen der Ober-Rechnungskammer zur Entlastung der Staatsregierung den Kammern vorgelegt.

Ein besonderes Gesetz wird die Einrichtung und die Befugnisse der Ober-Rechnungskammer bestimmen.

Titel IX. Von den Gemeinden, Kreis-, Bezirks- und Provinzialverbänden

...

Allgemeine Bestimmungen

...

Übergangs-Bestimmungen

...

3 Die Verfassung des Deutschen Reichs (Bismarcksche Reichsverfassung)

Vom 16. April 1871 (RGBl. S. 63)[1]

Seine Majestät der König von Preußen *im Namen des Norddeutschen Bundes, Seine Majestät der König von Bayern, Seine Majestät der König von Württemberg, Seine Königliche Hoheit der Großherzog von Baden* und Seine Königliche Hoheit der Großherzog von Hessen und bei Rhein für die *südlich* vom Main belegenen Teile des Großherzogtums Hessen schließen einen ewigen Bund zum Schutze des Bundesgebietes und des innerhalb desselben gültigen Rechtes, sowie zur Pflege der Wohlfahrt des Deutschen Volkes. Dieser Bund wird den Namen *Deutsches Reich* führen und wird nachstehende Verfassung haben.

I. Bundesgebiet

Art. 1 [Größe] Das Bundesgebiet besteht aus den Staaten Preußen mit Lauenburg, *Bayern,* Sachsen, *Württemberg, Baden,* Hessen, Mecklenburg-Schwerin, Sachsen-Weimar, Mecklenburg-Strelitz, Oldenburg, Braunschweig, Sachsen-Meiningen, Sachsen-Altenburg, Sachsen-

---

1 Textstellen der Reichsverfassung vom 16. 4. 1871, die Abweichungen von oder Zusätze zu der Verfassung des Norddeutschen Bundes vom 16. 4. 1867 enthalten, sind durch *Kursiv-Drucktypen* kenntlich gemacht. Das gilt jedoch nicht für regelmäßig wiederkehrende Umbenennungen (wie z. B. Reich statt Bund, Deutsche statt Norddeutsche bzw. Bundesangehörige, Kaiser statt Präsidium bzw. Bundespräsidium oder Bundesfeldherr, Reichskanzler statt Bundeskanzler). Das gilt auch nicht für rein redaktionell-sprachliche Neuformulierungen. Soweit im übrigen Stellen der Verfassung des Norddeutschen Bundes im Text der Reichsverfassung nicht mehr erscheinen, sind sie, sofern es zum Verständnis wichtiger Änderungen notwendig ist, in einem gesonderten Auszug der Verfassung des Norddeutschen Bundes als Anhang zu dieser Verfassung abgedruckt (S. 164 ff.).

Die Reichsverfassung wird in ihrer ursprünglichen Fassung abgedruckt. Die späteren Änderungen bis zur Aufhebung durch Art. 178 der Weimarer Reichsverfassung vom 11. 8. 1919 (RGBl. S. 1383) sind in Fußnoten wiedergegeben.

Koburg-Gotha, Anhalt, Schwarzburg-Rudolstadt, Schwarzburg-Sondershausen, Waldeck, Reuß älterer Linie, Reuß jüngerer Linie, Schaumburg-Lippe, Lippe, Lübeck, Bremen und Hamburg.

II. Reichsgesetzgebung

Art. 2 [Reichsrecht bricht Landesrecht; Verkündigung und Inkrafttreten der Reichsgesetze] Innerhalb dieses Bundesgebietes übt das Reich das Recht der Gesetzgebung nach Maßgabe des Inhalts dieser Verfassung und mit der Wirkung aus, daß die Reichsgesetze den Landesgesetzen vorgehen. Die Reichsgesetze erhalten ihre verbindliche Kraft durch ihre Verkündigung von Reichs wegen, welche vermittelst eines Reichsgesetzblattes geschieht. Sofern nicht in dem publizierten Gesetze ein anderer Anfangstermin seiner verbindlichen Kraft bestimmt ist, beginnt die letztere mit dem vierzehnten Tage nach dem Ablauf desjenigen Tages, an welchem das betreffende Stück des Reichsgesetzblattes in Berlin ausgegeben worden ist.

Art. 3 [Staatsangehörigkeit] Für ganz Deutschland besteht ein gemeinsames Indigenat mit der Wirkung, daß der Angehörige (Untertan, Staatsbürger) eines jeden Bundesstaates in jedem anderen Bundesstaate als Inländer zu behandeln und demgemäß zum festen Wohnsitz, zum Gewerbebetriebe, zu öffentlichen Ämtern, zur Erwerbung von Grundstücken, zur Erlangung des Staatsbürgerrechtes und zum Genusse aller sonstigen bürgerlichen Rechte unter denselben Voraussetzungen wie der Einheimische zuzulassen, auch in betreff der Rechtsverfolgung und des Rechtsschutzes demselben gleich zu behandeln ist.

Kein Deutscher darf in der Ausübung dieser Befugnis durch die Obrigkeit seiner Heimat oder durch die Obrigkeit eines anderen Bundesstaates beschränkt werden.

Diejenigen Bestimmungen, welche die Armenversorgung und die Aufnahme in den lokalen Gemeindeverband betreffen, werden durch den im ersten Absatz ausgesprochenen Grundsatz nicht berührt.

Ebenso bleiben bis auf weiteres die Verträge in Kraft, welche zwischen den einzelnen Bundesstaaten in Beziehung auf die Übernahme von Auszuweisenden, die Verpflegung erkrankter und die Beerdigung verstorbener Staatsangehöriger bestehen.

Hinsichtlich der Erfüllung der Militärpflicht im Verhältnis zu dem Heimatslande wird im Wege der Reichsgesetzgebung das Nötige geordnet werden.

Dem Auslande gegenüber haben alle Deutschen gleichmäßig Anspruch auf den Schutz des Reichs.

Art. 4 [Angelegenheiten der Reichsgesetzgebung] Der Beaufsichtigung seitens des Reichs und der Gesetzgebung desselben unterliegen die nachstehenden Angelegenheiten:

1. die Bestimmungen über Freizügigkeit, Heimats- und Niederlassungsverhältnisse, Staatsbürgerrechte, Paßwesen und Fremdenpolizei und über den Gewerbebetrieb, einschließlich des Versicherungswesens, soweit diese Gegenstände nicht schon durch Art. 3 dieser Verfassung erledigt sind, *in Bayern jedoch mit Anschluß der Heimats- und Niederlassungsverhältnisse,* desgleichen über die Kolonisation und die Auswanderung nach außerdeutschen Ländern;
2. die Zoll- und Handelsgesetzgebung und die für die Zwecke des Reichs zu verwendenden Steuern;
3. die Ordnung des Maß-, Münz- und Gewichtssystems, nebst Feststellung der Grundsätze über die Emission von fundiertem und unfundiertem Papiergelde;
4. die allgemeinen Bestimmungen über das Bankwesen;
5. die Erfindungspatente;
6. der Schutz des geistigen Eigentums;
7. Organisation eines gemeinsamen Schutzes des deutschen Handels im Auslande, der deutschen Schiffahrt und ihrer Flagge zur See und Anordnung gemeinsamer konsularischer Vertretung, welche vom Reiche ausgestattet wird;
8. das Eisenbahnwesen, *in Bayern vorbehaltlich der Bestimmung in Art. 46,* und die Herstellung von Land- und Wasserstraßen im Interesse der Landesverteidigung und des allgemeinen Verkehrs;
9. der Flößerei- und Schiffahrtsbetrieb auf den mehreren Staaten gemeinsamen Wasserstraßen und der Zustand der letzteren sowie die Fluß- und sonstigen Wasserzölle[1a];
10. Das Post- und Telegraphenwesen, *jedoch in Bayern und Württemberg nur unter Maßgabe der Bestimmung im Art. 52;*

1a Ziff. 9 ist durch Gesetz vom 3.3. 1873 (RGBl. S. 47) wie folgt ergänzt worden: „desgleichen die Seeschiffahrtszeichen (Leuchtfeuer, Tonnen, Baken und sonstige Tagesmarken)“.

11. Bestimmungen über die wechselseitige Vollstreckung von Erkenntnissen in Zivilsachen und Erledigung von Requisitionen überhaupt;
12. sowie über die Beglaubigung von öffentlichen Urkunden;
13. die gemeinsame Gesetzgebung über das Obligationsrecht, Strafrecht, Handels- und Wechselrecht und das gerichtliche Verfahren[2];
14. das Militärwesen des Reichs und die Kriegsmarine;
15. Maßregeln der Medizinal- und Veterinärpolizei;
16. *die Bestimmungen über die Presse und das Vereinswesen.*

Art. 5 [Zustandekommen der Reichsgesetze] Die Reichsgesetzgebung wird ausgeübt durch den Bundesrat und den Reichstag. Die Übereinstimmung der Mehrheitsbeschlüsse beider Versammlungen ist zu einem Reichsgesetze erforderlich und ausreichend.

Bei Gesetzesvorschlägen über das Militärwesen, die Kriegsmarine *und die im Art. 35 bezeichneten Abgaben* gibt, wenn im Bundesrate eine Meinungsverschiedenheit stattfindet, die Stimme des Präsidiums den Ausschlag, wenn sie sich für die Aufrechterhaltung der bestehenden Einrichtungen ausspricht.

III. Bundesrat

Art. 6 [Zusammensetzung, Stimmen] Der Bundesrat besteht aus den Vertretern der Mitglieder des Bundes, unter welchen die Stimmführung sich in der Weise verteilt, daß Preußen mit den ehemaligen Stimmen von

Hannover, Kurhessen, Holstein, Nassau und Frankfurt	17 Stimmen
führt, *Bayern*	6 Stimmen
Sachsen	4 Stimmen
Württemberg	*4 Stimmen*
Baden	*3 Stimmen*
Hessen	3 Stimmen
Mecklenburg-Schwerin	2 Stimmen
Sachsen-Weimar	1 Stimme
Mecklenburg-Strelitz	1 Stimme

2 Ziff. 13 hat durch Gesetz vom 20. 12. 1837 (RGBl. S. 379) folgende Fassung erhalten: „die gemeinsame Gesetzgebung über das gesamte bürgerliche Recht, das Strafrecht und das gerichtliche Verfahren."

Oldenburg	1 Stimme
Braunschweig	2 Stimmen
Sachsen-Meiningen	1 Stimme
Sachsen-Altenburg	1 Stimme
Sachsen-Koburg-Gotha	1 Stimme
Anhalt	1 Stimme
Schwarzburg-Rudolstadt	1 Stimme
Schwarzburg-Sondershausen	1 Stimme
Waldeck	1 Stimme
Reuß älterer Linie	1 Stimme
Reuß jüngerer Linie	1 Stimme
Schaumburg-Lippe	1 Stimme
Lippe	1 Stimme
Lübeck	1 Stimme
Bremen	1 Stimme
Hamburg	1 Stimme
zusammen	*58 Stimmen*

Jedes Mitglied des Bundes kann so viel Bevollmächtigte zum Bundesrate ernennen, wie es Stimmen hat, doch kann die Gesamtheit der zuständigen Stimmen nur einheitlich abgegeben werden.[3]

Art. 7 [Aufgaben, Beschlußfassung] *Der Bundesrat beschließt:*

1. über die dem Reichstage zu machenden Vorlagen und die von demselben gefaßten Beschlüsse;

2. über die zur Ausführung der Reichsgesetze erforderlichen allgemeinen Verwaltungsvorschriften und Einrichtungen, sofern nicht durch Reichsgesetz etwas anderes bestimmt ist;

3. über Mängel, welche bei der Ausführung der Reichsgesetze oder der vorstehend erwähnten Vorschriften oder Einrichtungen hervortreten.

Jedes Bundesglied ist befugt, Vorschläge zu machen und in Vortrag zu

---

3 Durch Gesetz vom 31. 5. 1911 (RGBl. S. 225) wurde folgender Art. 6a eingefügt: „Elsaß-Lothringen führt im Bundesrate drei Stimmen, solange die Vorschriften im Art. II § 1, § 2 Abs. 1 und 3 des Gesetzes über die Verfassung Elsaß-Lothringens vom 31. Mai 1911 in Kraft sind.

Die elsaß-lothringischen Stimmen werden nicht gezählt, wenn die Präsidialstimme nur durch den Hinzutritt dieser Stimmen die Mehrheit für sich erlangen oder im Sinne des Art. 7 Abs. 3 Satz 3 den Ausschlag geben würde. Das gleiche gilt bei der Beschlußfassung über Änderungen der Verfassung.

Elsaß-Lothringen gilt im Sinne des Art. 6 Abs. 2 und der Art. 7 und 8 als Bundesstaat."

bringen, und das Präsidium ist verpflichtet, dieselben der Beratung zu übergeben.

Die Beschlußfassung erfolgt, *vorbehaltlich der Bestimmungen in den Art. 5, 37 und 78,* mit einfacher Mehrheit. Nicht vertretene oder nicht instruierte Stimmen werden nicht gezählt. Bei Stimmengleichheit gibt die Präsidialstimme den Ausschlag.

Bei der Beschlußfassung über eine Angelegenheit, welche nach den Bestimmungen dieser Verfassung nicht dem ganzen Reiche gemeinschaftlich ist, werden die Stimmen nur derjenigen Bundesstaaten gezählt, welchen die Angelegenheit gemeinschaftlich ist.

Art. 8 [Ausschüsse] Der Bundesrat bildet aus seiner Mitte dauernde Ausschüsse

1. für das Landheer und die Festungen;
2. für das Seewesen;
3. für Zoll- und Steuerwesen;
4. für Handel und Verkehr;
5. für Eisenbahnen, Post und Telegraphen;
6. für Justizwesen;
7. für Rechnungswesen.

In jedem dieser Ausschüse werden außer dem Präsidium mindestens *vier* Bundesstaaten vertreten sein, und führt innerhalb derselben jeder Staat nur eine Stimme. *In dem Ausschuß für das Landheer und die Festungen hat Bayern einen ständigen Sitz,* die übrigen Mitglieder desselben sowie die Mitglieder des Ausschusses für das Seewesen werden vom Kaiser ernannt; die Mitglieder der anderen Ausschüsse werden von dem Bundesrate gewählt. Die Zusammensetzung dieser Ausschüsse ist für jede Session des Bundesrates resp. mit jedem Jahre zu erneuern, wobei die ausscheidenden Mitglieder wieder wählbar sind.

Außerdem wird vom Bundesrate aus den Bevollmächtigten der Königreiche Bayern, Sachsen und Württemberg und zwei vom Bundesrate alljährlich zu wählenden Bevollmächtigten anderer Bundesstaaten ein Ausschuß für die auswärtigen Angelegenheiten gebildet, in welchem Bayern den Vorsitz führt.

Den Ausschüssen werden die zu ihren Arbeiten nötigen Beamten zur Verfügung gestellt.

Art. 9 [Recht auf Anhörung im Reichstag] Jedes Mitglied des Bundesrates hat das Recht, im Reichstage zu erscheinen und muß daselbst auf Verlangen jederzeit gehört werden, um die Ansichten seiner Regierung zu vertreten, auch dann, wenn dieselben von der Majorität des Bundesrates nicht adoptiert worden sind. Niemand kann gleichzeitig Mitglied des Bundesrates und des Reichstages sein.

Art. 10 [Diplomatischer Schutz] Dem Kaiser liegt es ob, den Mitgliedern des Bundesrates den üblichen diplomatischen Schutz zu gewähren.

IV. Präsidium

Art. 11 [Aufgaben des Kaisers; Kriegserklärung][4] Das Präsidium des Bundes steht dem Könige von Preußen zu, *welcher den Namen Deutscher Kaiser führt*. Der Kaiser hat das Reich völkerrechtlich zu vertreten, im Namen des Reichs Krieg zu erklären und Frieden zu schließen, Bündnisse und andere Verträge mit fremden Staaten einzugehen, Gesandte zu beglaubigen und zu empfangen.

Zur Erklärung des Krieges im Namen des Reichs ist die Zustimmung des Bundesrats erforderlich, es sei denn, daß ein Angriff auf das Bundesgebiet oder dessen Küsten erfolgt.

Insoweit die Verträge mit fremden Staaten sich auf solche Gegenstände beziehen, welche nach Art. 4 in den Bereich der Reichsgesetzgebung gehören, ist zu ihrem Abschluß die Zustimmung des Bundesrates und zu ihrer Gültigkeit die Genehmigung des Reichstages erforderlich.

Art. 12 [Berufung von Bundesrat und Reichstag] Dem Kaiser steht es zu, den Bundesrat und den Reichstag zu berufen, zu eröffnen, zu vertagen und zu schließen.

Art. 13 [Alljährliche Berufung] Die Berufung des Bundesrates und des Reichstages findet alljährlich statt, und der Bundesrat kann zur Vorbereitung der Arbeiten ohne den Reichstag, letzterer aber nicht ohne den Bundesrat berufen werden.

Art. 14 [Berufungszwang] Die Berufung des Bundesrates muß erfolgen, sobald sie von einem Drittel der Stimmenzahl verlangt wird.

---

4 Durch Gesetz vom 28. 10. 1918 (RGBl. S. 1274) sind die Abs. 2 und 3 wie folgt gefaßt worden:

„Zur Erklärung des Krieges im Namen des Reichs ist die Zustimmung des Bundesrates und des Reichstags erforderlich.

Friedensverträge sowie diejenigen Verträge mit fremden Staaten, welche sich auf Gegenstände der Reichsgesetzgebung beziehen, bedürfen der Zustimmung des Bundesrates und des Reichstags."

Art. 15 [Reichskanzler][5] Der Vorsitz im Bundesrate und die Leitung der Geschäfte stehen dem Reichskanzler zu, welcher vom Kaiser zu ernennen ist.

Der Reichskanzler kann sich durch jedes andere Mitglied des Bundesrates vermöge schriftlicher Substitution vertreten lassen.

Art. 16 [Behandlung der Vorlagen] Die erforderlichen Vorlagen werden nach Maßgabe der Beschlüsse des Bundesrates im Namen des Kaisers an den Reichstag gebracht, wo sie durch Mitglieder des Bundesrates oder durch besondere von letzterem zu ernennende Kommissarien vertreten werden.

Art. 17 [Anordnungen und Verfügungen des Kaisers; Gegenzeichnung][6] Dem Kaiser steht die Ausfertigung und Verkündigung der Reichsgesetze und die Überwachung der Ausführung derselben zu. Die Anordnungen und Verfügungen des Kaisers werden im Namen des Reichs erlassen und bedürfen zu ihrer Gültigkeit der Gegenzeichnung des Reichskanzlers, welcher dadurch die Verantwortlichkeit übernimmt.

Art. 18 [Ernennung und Entlassung der Reichsbeamten] Der Kaiser ernennt die Reichsbeamten, läßt dieselben für das Reich vereidigen und verfügt erforderlichen Falles deren Entlassung.

Den zu einem Reichsamte berufenen Beamten eines Bundesstaates stehen, sofern nicht vor ihrem Eintritt in den Reichsdienst im Wege der Reichsgesetzgebung etwas anderes bestimmt ist, dem Reiche gegenüber diejenigen Rechte zu, welche ihnen in ihrem Heimatslande aus ihrer dienstlichen Stellung zugestanden hatten.

Art. 19 [Exekution gegen Bundesglieder] Wenn Bundesglieder ihre verfassungsmäßigen Bundespflichten nicht erfüllen, können sie dazu im Wege der Exekution angehalten werden. Diese Exekution ist *vom Bundesrate zu beschließen und vom Kaiser zu vollstrecken.*

---

5 Art. 15 ist durch Gesetz vom 28. 10. 1918 (RGBl. S. 1274) wie folgt ergänzt worden: „Der Reichskanzler bedarf zu seiner Amtsführung des Vertrauens des Reichstags.

Der Reichskanzler trägt die Verantwortung für alle Handlungen von politischer Bedeutung, die der Kaiser in Ausübung der ihm nach der Reichsverfassung zustehenden Befugnisse vornimmt.

Der Reichskanzler und seine Stellvertreter sind für ihre Amtsführung dem Bundesrat und dem Reichstag verantwortlich."

6 Der mit „welcher" beginnende Satzteil ist durch Gesetz vom 28. 10. 1918 (RGBl. S. 1274) gestrichen worden.

V. Reichstag

Art. 20 [Wahl] Der Reichstag geht aus allgemeinen und direkten Wahlen mit geheimer Abstimmung hervor.

Bis zu der gesetzlichen Regelung, welche im § 5 des Wahlgesetzes vom 31. Mai 1869 (Bundesgesetzbl. 1869 S. 145) vorbehalten ist, werden in Bayern 48, in Württemberg 17, in Baden 14, in Hessen südlich des Mains 6 Abgeordnete gewählt, und beträgt demnach die Gesamtzahl der Abgeordneten 382.[7]

Art. 21 [Beamte] Beamte bedürfen keines Urlaubs zum Eintritt in den Reichstag.

Wenn ein Mitglied des Reichstages ein besoldetes Reichsamt oder in einem Bundesstaat ein besoldetes Staatsamt annimmt oder im Reichs- oder Staatsdienste in ein Amt eintritt, mit welchem ein höherer Rang oder ein höheres Gehalt verbunden ist, so verliert es Sitz und Stimme in dem Reichstag und kann seine Stelle in demselben nur durch neue Wahl wieder erlangen.[8]

Art. 22 [Öffentlichkeit der Verhandlungen] Die Verhandlungen des Reichstages sind öffentlich.

Wahrheitsgetreue Berichte über Verhandlungen in den öffentlichen Sitzungen des Reichstages bleiben von jeder Verantwortlichkeit frei.

Art. 23 [Gesetzesvorschläge; Petitionen] Der Reichstag hat das Recht, innerhalb der Kompetenz des Reichs Gesetze vorzuschlagen und an ihn gerichtete Petitionen dem Bundesrate resp. Reichskanzler zu überweisen.

Art. 24 [Legislaturperiode; Auflösung][9] Die Legislaturperiode des Reichstages dauert drei Jahre. Zur Auflösung des Reichstags während derselben ist ein Beschluß des Bundesrates unter Zustimmung des Kaisers erforderlich.

---

7 Die Gesamtzahl ist durch Gesetz vom 25. 6. 1873 (RGBl. S. 161) um 15 (für Elsaß-Lothringen) und durch Gesetz vom 24. 8. 1918 (RGBl. S. 1079) auf 441 erhöht worden.

8 Abs. 2 ist durch Gesetz vom 28. 10. 1918 (RGBl. S. 1273) gestrichen worden.

9 Die Legislaturperiode ist durch Gesetz vom 19. 3. 1888 (RGBl. S. 110) auf fünf Jahre verlängert worden.

Art. 25 [Neuwahl] Im Falle der Auflösung des Reichstages müssen innerhalb eines Zeitraumes von 60 Tagen nach derselben die Wähler und innerhalb eines Zeitraumes von 90 Tagen nach der Auflösung der Reichstag versammelt werden.

Art. 26 [Vertagung] Ohne Zustimmung des Reichstages darf die Vertagung desselben die Frist von 30 Tagen nicht übersteigen und während derselben Session nicht wiederholt werden.

Art. 27 [Geschäftsordnung; Präsident] Der Reichstag prüft die Legitimation seiner Mitglieder und entscheidet darüber. Er regelt seinen Geschäftsgang und seine Disziplin durch eine Geschäftsordnung und erwählt seinen Präsidenten, seine Vizepräsidenten und Schriftführer.

Art. 28 [Beschlußfassung] Der Reichstag beschließt mit absoluter Stimmenmehrheit. Zur Gültigkeit der Beschlußfassung ist die Anwesenheit der Mehrheit der gesetzlichen Anzahl der Mitglieder erforderlich.

Bei der Beschlußfassung über eine Angelegenheit, welche nach den Bestimmungen dieser Verfassung nicht dem ganzen Reiche gemeinschaftlich ist, werden die Stimmen nur derjenigen Mitglieder gezählt, die in Bundesstaaten gewählt sind, welchen die Angelegenheit gemeinschaftlich ist.[10]

Art. 29 [Unabhängigkeit der Abgeordneten] Die Mitglieder des Reichstages sind Vertreter des gesamten Volkes und an Aufträge und Instruktionen nicht gebunden.

Art. 30 [Indemnität] Kein Mitglied des Reichstages darf zu irgendeiner Zeit wegen seiner Abstimmung oder wegen der in Ausübung seines Berufes getanen Äußerungen gerichtlich oder disziplinarisch verfolgt oder sonst außerhalb der Versammlung zur Verantwortung gezogen werden.

Art. 31 [Immunität] Ohne Genehmigung des Reichstages kann kein Mitglied desselben während der Sitzungsperiode wegen einer mit Strafe bedrohten Handlung zur Untersuchung gezogen oder verhaftet werden, außer wenn es bei Ausübung der Tat oder im Laufe des nächstfolgenden Tages ergriffen wird.

Gleiche Genehmigung ist bei einer Verhaftung wegen Schulden erforderlich.

Auf Verlangen des Reichstages wird jedes Strafverfahren gegen ein

---

10 Abs. 2 ist durch Gesetz vom 24. 2. 1873 (RGBl. S. 5) aufgehoben worden.

Mitglied desselben und jede Untersuchungs- und Zivilhaft für die Dauer der Sitzungsperiode aufgehoben.

Art. 32 [Keine Entschädigung][11] Die Mitglieder des Reichstages dürfen als solche keine Besoldung oder Entschädigung beziehen.

VI. Zoll- und Handelswesen

Art. 33 [Zoll- und Handelsgebiet] Deutschland bildet ein Zoll- und Handelsgebiet, umgeben von gemeinschaftlicher Zollgrenze. Ausgeschlossen bleiben die wegen ihrer Lage zur Einschließung in die Zollgrenze nicht geeigneten einzelnen Gebietsteile.

Alle Gegenstände, welche im freien Verkehr eines Bundesstaates befindlich sind, können in jeden anderen Bundesstaat eingeführt und dürfen in letzterem einer Absage nur insoweit unterworfen werden, als daselbst gleichartige inländische Erzeugnisse einer inneren Steuer unterliegen.

Art. 34 [Bremen, Hamburg] Die Hansestädte Bremen und Hamburg mit einem dem Zweck entsprechenden Bezirke ihres oder des umliegenden Gebietes bleiben als Freihäfen außerhalb der gemeinschaftlichen Zollgrenze, bis sie ihren Einschluß in dieselbe beantragen.[12]

Art. 35 [Gesetzgebung über Zollwesen und Besteuerung] Das Reich ausschließlich hat die Gesetzgebung über das gesamte Zollwesen, über die Besteuerung *des im Bundesgebiet gewonnenen* Salzes und Tabaks, *bereiteten* Branntweins und Bieres und *aus Rüben oder anderen inländischen Erzeugnissen dargestellten Zuckers und Sirups, über den gegenseitigen Schutz der in den einzelnen Bundesstaaten erhobenen Verbrauchsabgaben gegen Hinterziehungen,* sowie über die Maßregeln, welche in den Zollausschüssen zur Sicherung der gemeinsamen Zollgrenze erforderlich sind.

In Bayern, Württemberg und Baden bleibt die Besteuerung des inländischen Branntweins und Bieres der Landesgesetzgebung vorbehalten. Die Bundesstaaten werden jedoch ihr Bestreben darauf richten, eine

---

11 Art. 32 erhielt durch Gesetz vom 21. 5. 1906 (RGBl. S. 467) folgende Fassung: „Die Mitglieder des Reichstags dürfen als solche keine Besoldung beziehen. Sie erhalten eine Entschädigung nach Maßgabe des Gesetzes.“

12 Der Einschluß ist am 15. 10. 1888 erfolgt.

Übereinstimmung der Gesetzgebung über die Besteuerung auch dieser Gegenstände herbeizuführen.

Art. 36 [Erhebung und Verwaltung der Zölle und Steuern] Die Erhebung und Verwaltung der Zölle und Verbrauchssteuern (Art. 35) bleibt jedem Bundesstaate, soweit derselbe sie bisher ausgeübt hat, innerhalb seines Gebietes überlassen.

Der Kaiser überwacht die Einhaltung des gesetzlichen Verfahrens durch Reichsbeamte, welche er den Zoll- oder Steuerämtern und den Direktivbehörden der einzelnen Staaten, nach Vernehmung des Ausschusses des Bundesrates für Zoll- und Steuerwesen, beiordnet.

Die von diesen Beamten über Mängel bei der Ausführung der gemeinschaftlichen Gesetzgebung (Art. 35) gemachten Anzeigen werden dem Bundesrate zur Beschlußnahme vorgelegt.

Art. 37 [Beschlußfassung über Verwaltungsvorschriften] *Bei der Beschlußnahme über die zur Ausführung der gemeinschaftlichen Gesetzgebung (Art. 35) dienenden Verwaltungsvorschriften und Einrichtungen* gibt die Stimme des Präsidiums alsdann den Ausschlag, wenn sie sich für Aufrechterhaltung der bestehenden Vorschrift oder Einrichtung ausspricht.

Art. 38 [Verteilung] Der Ertrag der Zölle und der anderen in Art. 35 bezeichneten Abgaben, *letzterer soweit sie der Reichsgesetzgebung unterliegen*, fließt in die Reichskasse.

Dieser Ertrag besteht aus der gesamten von den Zöllen und den übrigen Abgaben aufgekommenen Einnahme nach Abzug:

1. der auf Gesetzen oder allgemeinen Verwaltungsvorschriften beruhenden Steuervergütungen und Ermäßigungen,
2. *der Rückerstattungen für unrichtige Erhebungen,*
3. der Erhebungs- und Verwaltungskosten, und zwar:

a) bei den Zöllen der Kosten, welche an den gegen das Ausland gelegenen Grenzen und in dem Grenzbezirk für den Schutz und die Erhebungen der Zölle erforderlich sind,

b) bei der Salzsteuer der Kosten, welche zur Besoldung der mit Erhebung und Kontrollierung dieser Steuer auf den Salzwerken beauftragten Beamten aufgewendet werden,

c) *bei der Rübenzucker- und Tabaksteuer der Vergütung, welche nach den jeweiligen Beschlüssen des Bundesrates den einzelnen Bundesregierungen für die Kosten der Verwaltung dieser Steuern zu gewähren ist,*

d) bei den übrigen Steuern mit fünfzehn Prozent der Gesamteinnahme.[13]

Die außerhalb der gemeinschaftlichen Zollgrenze liegenden Gebiete tragen zu den Ausgaben des Reichs durch Zahlung eines Aversums bei.

Bayern, Württemberg und Baden haben an dem in die Reichskasse fließenden Ertrage der Steuern von Branntwein und Bier und an dem diesem Ertrage entsprechenden Teile des vorstehend erwähnten Aversums keinen Teil.

Art. 39 [Feststellung der zu zahlenden Beträge] Die von den Erhebungsbehörden der Bundesstaaten nach Ablauf eines jeden Vierteljahres aufzustellenden Quartal-Extrakte und die nach dem Jahres- und Bücherschlusse aufzustellenden Finalabschlüsse über die im Laufe des Vierteljahres beziehungsweise während des Rechnungsjahres fällig gewordenen Einnahmen an Zöllen und *nach Art. 38 zur Reichskasse fließenden* Verbrauchsabgaben werden von den Direktivbehörden der Bundesstaaten, nach vorangegangener Prüfung, in Hauptübersichten zusammengestellt, *in welchem jede Abgabe gesondert nachzuweisen ist,* und es werden diese Übersichten an den Ausschluß des Bundesrates für das Rechnungswesen eingesandt.

Der letztere stellt auf Grund dieser Übersichten von drei zu drei Monaten den von der Kasse jedes Bundesstaates der Reichskasse schuldigen Betrag vorläufig fest und setzt von dieser Feststellung den Bundesrat und die Bundesstaaten in Kenntnis, legt auch alljährlich die schließliche Feststellung jener Beträge mit seinen Bemerkungen dem Bundesrate vor. Der Bundesrat beschließt über diese Feststellung.

Art. 40 [Zollvereinigungsvertrag von 1867] Die Bestimmungen in dem Zollvereinigungsvertrage vom *8. Juli 1867* bleiben in Kraft, soweit sie nicht durch die Vorschriften dieser Verfassung abgeändert sind und solange sie nicht auf dem im Art. *7 beziehungsweise 78* bezeichneten Wege abgeändert werden.

---

13 Hinsichtlich der Brausteuer ist durch Gesetz vom 3. 6. 1906 (RGBl. S. 620) folgende Regelung getroffen worden: „Die Vorschrift des Art. 38 Abs. 2 Ziffer 3d der Reichsverfassung wird in Ansehung der Brausteuer aufgehoben. Die den Bundesstaaten zu gewährende Vergütung der Erhebungs- und Verwaltungskosten der Brausteuer wird durch den Bundesrat festgesetzt."

VII. Eisenbahnwesen

Art. 41 [Anlegung von Eisenbahnen] Eisenbahnen, welche im Interesse der Verteidigung Deutschlands oder im Interesse des gemeinsamen Verkehrs für notwendig erachtet werden, können kraft eines Reichsgesetzes auch gegen den Widerspruch der Bundesglieder, deren Gebiet für Eisenbahnen durchschneiden, unbeschadet der Landeshoheitsrechte, für Rechnung des Reichs angelegt oder an Privatunternehmer zur Ausführung konzessioniert und mit dem Expropriationsrechte ausgestattet werden.

Jede bestehende Eisenbahnverwaltung ist verpflichtet, sich den Anschluß neu angelegter Eisenbahnen auf Kosten der letzteren gefallen zu lassen.

Die gesetzlichen Bestimmungen, welche bestehenden Eisenbahn-Unternehmungen ein Widerspruchsrecht gegen die Anlegung von Parallel- oder Konkurrenzbahnen einräumen, werden, unbeschadet bereits erworbener Rechte, für das ganze Reich hierdurch aufgehoben. Ein solches Widerspruchsrecht kann auch in den künftig zu erteilenden Konzessionen nicht weiter verliehen werden.

Art. 42 [Vereinheitlichung] Die Bundesregierungen verpflichten sich, die Deutschen Eisenbahnen im Interesse des allgemeinen Verkehrs wie ein einheitliches Netz verwalten und zu diesem Behuf auch die neu herzustellenden Bahnen nach einheitlichen Normen anlegen und ausrüsten zu lassen.

Art. 43 [Übereinstimmende Betriebseinrichtungen] Es sollen demgemäß in tunlichster Beschleunigung übereinstimmende Betriebseinrichtungen getroffen, insbesondere gleiche Bahnpolizei-Reglements eingeführt werden. Das Reich hat dafür Sorge zu tragen, daß die Eisenbahnverwaltungen die Bahnen jederzeit in einem die nötige Sicherheit gewährenden baulichen Zustande erhalten und dieselben mit Betriebsmaterial so ausrüsten, wie das Verkehrsbedürfnis es erheischt.

Art. 44 [Durchgangs- und Anschlußverkehr] Die Eisenbahnverwaltungen sind verpflichtet, die für den durchgehenden Verkehr und zur Herstellung ineinander greifender Fahrpläne nötigen Personenzüge mit entsprechender Fahrgeschwindigkeit, desgleichen die zur Bewältigung des Güterverkehrs nötigen Güterzüge einzuführen, auch direkte Expeditionen im Personen- und Güterverkehr, unter Gestattung des Übergangs der Transportmittel von einer Bahn auf die andere, gegen die übliche Vergütung einzurichten.

Art. 45 [Tarifwesen] Dem Reiche steht die Kontrolle über das Tarifwesen zu. Dasselbe wird namentlich dahin wirken:

1. daß baldigst auf allen Deutschen Eisenbahnen übereinstimmende Betriebsreglements eingeführt werden;

2. daß die möglichste Gleichmäßigkeit und Herabsetzung der Tarife erzielt, insbesondere, daß bei größeren Entfernungen für den Transport von Kohlen, Koks, Holz, Erzen, Steinen, Salz, Roheisen, Düngungsmitteln und ähnlichen Gegenständen ein dem Bedürfnis der Landwirtschaft und Industrie entsprechender ermäßigter Tarif, und zwar zunächst tunlichst der Einpfennig-Tarif, eingeführt werde.

Art. 46 [Spezialtarif bei Notständen] Bei eintretenden Notständen, insbesondere bei ungewöhnlicher Teuerung der Lebensmittel, sind die Eisenbahnverwaltungen verpflichtet, für den Transport, namentlich von Getreide, Mehl, Hülsenfrüchten und Kartoffeln, zeitweise einen dem Bedürfnis entsprechenden, von dem Kaiser auf Vorschlag des betreffenden Bundesrats-Ausschusses festzustellenden, niedrigen Spezialtarif einzuführen, welcher jedoch nicht unter den niedrigsten auf der betreffenden Bahn für Rohprodukte geltenden Satz herabgehen darf.

Die vorstehenden sowie die in den Art. 42 bis 45 getroffenen Bestimmungen sind auf Bayern nicht anwendbar.

Dem Reiche steht jedoch auch Bayern gegenüber das Recht zu, im Wege der Gesetzgebung einheitliche Normen für die Konstruktion und Ausrüstung der für die Landesverteidigung wichtigen Eisenbahnen aufzustellen.

Art. 47 [Benutzung zu Verteidigungszwecken] Den Anforderungen der Behörden des Reichs in Betreff der Benutzung der Eisenbahnen zum Zweck der Verteidigung Deutschlands haben sämtliche Eisenbahnverwaltungen unweigerlich Folge zu leisten. Insbesondere ist das Militär und alles Kriegsmaterial zu gleichen ermäßigten Sätzen zu befördern.

VIII. Post- und Telegraphenwesen

Art. 48 [Einheitliche Staatsverkehrsanstalten] Das Postwesen und das Telegraphenwesen werden für das gesamte Gebiet des Deutschen Reichs als einheitliche Staatsverkehrsanstalten eingerichtet und verwaltet.

Die im Art. 4 vorgesehene Gesetzgebung des Reichs in Post- und Telegraphenangelegenheiten erstreckt sich nicht auf diejenigen Gegenstände, deren Regelung nach den in der Norddeutschen Post- und Telegraphenverwaltung maßgebend gewesenen Grundsätzen der reglementarischen Festsetzung oder administrativen Anordnung überlassen ist.

Art. 49 [Einnahmen und Ausgaben] Die Einnahmen des Post- und Telegraphenwesens sind für das ganze Reich gemeinschaftlich. Die Ausgaben werden aus den gemeinschaftlichen Einnahmen bestritten. Die Überschüsse fließen in die Reichskasse (Abschnitt XII).

Art. 50 [Leitung der Post- und Telegraphenverwaltung] Dem Kaiser gehört die obere Leitung der Post- und Telegraphenverwaltung an. Die *von ihm bestellten Behörden* haben die Pflicht und das Recht, dafür zu sorgen, daß Einheit in der Organisation der Verwaltung und im Betriebe des Dienstes sowie in der Qualifikation der Beamten hergestellt und erhalten wird.

Dem Kaiser steht der Erlaß der reglementarischen Festsetzungen und allgemeinen administrativen Anordnungen sowie die ausschließliche Wahrnehmung der Beziehungen zu anderen Post- und Telegraphenverwaltungen zu.

Sämtliche Beamte der Post- und Telegraphenverwaltung sind verpflichtet, den Kaiserlichen Anordnungen Folge zu leisten. Diese Verpflichtung ist in den Diensteid aufzunehmen.

Die Anstellung der bei den Verwaltungsbehörden der Post- und Telegraphie in den verschiedenen Bezirken erforderlichen oberen Beamten (z. B. der Direktoren, Räte, Oberinspektoren), ferner die Anstellung der zur Wahrnehmung des Aufsichts- usw. Dienstes in den einzelnen Bezirken als Organe der erwähnten Behörden fungierenden Post- und Telegraphenbeamten (z. B. Inspektoren, Kontrolleure) geht für das ganze Gebiet des Deutschen Reichs vom Kaiser aus, welchem diese Beamten den Diensteid leisten. Den einzelnen Landesregierungen wird von den in Rede stehenden Ernennungen, sowie dieselben ihre Gebiete betreffen, behufs der landesherrlichen Bestätigung und Publikation rechtzeitig Mitteilung gemacht werden.

Die anderen bei den Verwaltungsbehörden der Post und Telegraphie erforderlichen Beamten sowie alle für den lokalen und technischen Betrieb bestimmten, mithin bei den eigentlichen Betriebsstellen fungierenden Beamten usw. werden von den betreffenden Landesregierungen angestellt.

Wo eine selbständige Landespost- resp. Telegraphenverwaltung nicht besteht, entscheiden die Bestimmungen der besonderen Verträge.

Art. 51 [Anrechnung der Postüberschüsse] Bei Überweisung des Überschusses der Postverwaltung für allgemeine Reichszwecke (Art. 49) soll, in Betracht der bisherigen Verschiedenheit der von den Landes-Postverwaltungen der einzelnen Gebiete erzielten Reineinnahmen, zum Zwecke einer entsprechenden Ausgleichung während der unten festgesetzten Übergangszeit folgendes Verfahren beobachtet werden.

Aus den Postüberschüssen, welche in den einzelnen Postbezirken während der fünf Jahre 1861 bis 1865 aufgekommen sind, wird ein durchschnittlicher Jahresüberschuß berechnet, und der Anteil, welchen jeder einzelne Postbezirk an dem für das gesamte Gebiet des Reichs sich danach herausstellenden Postüberschusse gehabt hat, nach Prozenten festgestellt.

Nach Maßgabe des auf diese Weise festgestellten Verhältnisses werden den einzelnen Staaten während der *auf ihren Eintritt in die Reichspostverwaltung* folgenden acht Jahre die sich für sie aus den im Reiche aufkommenden Postüberschüssen ergebenden Quoten auf ihre sonstigen Beiträge zu Reichszwecken zugute gerechnet.

Nach Ablauf der acht Jahre hört jene Unterscheidung auf, und fließen die Postüberschüsse in ungeteilter Aufrechnung nach dem im Art. 49 enthaltenen Grundsatz der Reichskasse zu.

Von der während der vorgedachten acht Jahre für die Hansestädte sich herausstellenden Quote des Postüberschusses wird alljährlich vorweg die Hälfte dem Kaiser zur Disposition gestellt zu dem Zwecke, daraus zunächst die Kosten für die Herstellung normaler Posteinrichtungen in den Hansestädten zu bestreiten.

Art. 52 [Bayern, Württemberg] *Die Bestimmungen in den vorstehenden Art. 48 bis 51 finden auf Bayern und Württemberg keine Anwendung. An ihrer Stelle gelten für beide Bundesstaaten folgende Bestimmungen.*

Dem Reiche ausschließlich steht die Gesetzgebung über die Vorrechte der Post und Telegraphie, über die rechtlichen Verhältnisse beider Anstalten zum Publikum, über die Portofreiheiten und das Posttaxwesen, jedoch ausschließlich der reglementarischen und Tarifbestimmungen für den internen Verkehr innerhalb Bayerns, beziehungsweise Württembergs, sowie, unter gleicher Beschränkung, die Feststellung der Gebühren für die telegraphische Korrespondenz zu.

Ebenso steht dem Reiche die Regelung des Post- und Telegraphenverkehrs mit dem Auslande zu, ausgenommen den eigenen unmittelbaren Verkehr Bayerns, beziehungsweise Württembergs mit seinen dem Reiche nicht angehörenden Nachbarstaaten, wegen dessen Regelung es bei der Bestimmung im Art. 49 des Postvertrages vom 23. November 1867 bewendet.

An den zur Reichskasse fließenden Einnahmen des Post- und Telegraphenwesens haben Bayern und Württemberg keinen Teil.

IX. Marine und Schiffahrt

Art. 53 [Kriegsmarine][14] Die Kriegsmarine des Reichs ist eine einheitliche unter dem Oberbefehl des Kaisers. Die Organisation und Zusammensetzung derselben liegt dem Kaiser ob, welcher die Offiziere und Beamten der Marine ernennt, und für welchen dieselben nebst den Mannschaften eidlich in Pflicht zu nehmen sind.

Der Kieler Hafen und der Jadehafen sind Reichskriegshäfen.

Der zur Gründung und Erhaltung der Kriegsflotte und der damit zusammenhängenden Anstalten erforderliche Aufwand wird aus der Reichskasse bestritten.

Die gesamte seemännische Bevölkerung des Reichs, einschließlich des Maschinenpersonals und der Schiffshandwerker, ist vom Dienste im Landheere befreit, dagegen zum Dienste in der Kaiserlichen Marine verpflichtet.

Die Verteilung des Ersatzbedarfs findet nach Maßgabe der vorhandenen seemännischen Bevölkerung statt, und die hiernach von jedem Staate gestellte Quote kommt auf die Gestellung zum Landheer in Abrechnung.

---

14 Abs. 1 ist durch Gesetz v. 28. 10. 1918 (RGBl. S. 1274) wie folgt ergänzt worden: „Die Ernennung, Versetzung, Beförderung und Verabschiedung der Offiziere und Beamten der Marine erfolgt unter Gegenzeichnung des Reichskanzlers."

Abs. 5 ist durch Gesetz v. 26. 5. 1893 (RGBl. S. 185) aufgehoben worden.

Art. 54 [Handelsmarine; Abgaben][15] Die Kauffahrteischiffe aller Bundesstaaten bilden eine einheitliche Handelsmarine.

Das Reich hat das Verfahren zur Ermittlung der Ladungsfähigkeit der Seeschiffe zu bestimmen, die Ausstellung der Meßbriefe sowie der Schiffszertifikate zu regeln und die Bedingungen festzustellen, von welchen die Erlaubnis zur Führung eines Seeschiffes abhängig ist.

In den Seehäfen und auf allen natürlichen und künstlichen Wasserstraßen der einzelnen Bundesstaaten werden die Kauffahrteischiffe sämtlicher Bundesstaaten gleichmäßig zugelassen und behandelt. Die Abgaben, welche in den Seehäfen von den Seeschiffen oder deren Ladungen für die Benutzung der Schiffahrtsanstalten erhoben werden, dürfen die zur Unterhaltung und gewöhnlichen Herstellung dieser Anstalten erforderlichen Kosten nicht übersteigen.

Auf allen natürlichen Wasserstraßen dürfen Abgaben nur für die Benutzung besonderer Anstalten, die zur Erleichterung des Verkehrs bestimmt sind, erhoben werden. Diese Abgaben sowie die Abgaben für die Befahrung solcher künstlichen Wasserstraßen, welche Staatseigentum sind, dürfen die zur Unterhaltung und gewöhnlichen Herstellung der Anstalten und Anlagen erforderlichen Kosten nicht übersteigen. Auf die Flößerei finden diese Bestimmungen insoweit Anwendung, als dieselbe auf schiffbaren Wasserstraßen betrieben wird.[16]

Auf fremde Schiffe oder deren Ladungen andere oder höhere Abgaben zu legen, als von den Schiffen der Bundesstaaten oder deren Ladungen zu entrichten sind, steht keinem Einzelstaate, sondern nur dem Reiche zu.

---

15 Abs. 3 Satz 2 ist durch Gesetz v. 24. 12. 1911 (RGBl. S. 1137) gestrichen worden.

16 Abs. 4 ist durch Gesetz v. 24. 12. 1911 (RGBl. S. 1137) durch folgende Abs. 4 bis 7 ersetzt worden: „Auf natürlichen Wasserstraßen dürfen Abgaben nur für solche Anstalten (Werke und Einrichtungen) erhoben werden, die zur Erleichterung des Verkehrs bestimmt sind. Sie dürfen bei staatlichen und kommunalen Anstalten die zur Herstellung und Unterhaltung erforderlichen Kosten nicht übersteigen. Die Herstellungs- und Unterhaltungskosten für Anstalten, die nicht nur zur Erleichterung des Verkehrs, sondern auch zur Förderung anderer Zwecke und Interessen bestimmt sind, dürfen nur zu einem verhältnismäßigen Anteil durch Schiffahrtsabgaben aufgebracht werden. Als Kosten der Herstellung gelten die Zinsen und Tilgungsbeträge für die aufgewendeten Kapitalien.

Vorschriften des Abs. 4 finden auch Anwendung auf die Abgaben, die für künstliche Wasserstraßen und deren Anstalten sowie in Häfen erhoben werden.

Der Bemessung von Befahrungsabgaben können im Bereiche der Binnenschiffahrt die Gesamtkosten für eine Wasserstraße, ein Stromgebiet oder ein Wasserstraßennetz zugrunde gelegt werden.

Auf die Flößerei finden diese Bestimmungen insoweit Anwendung, als sie auf schiffbaren Wasserstraßen betrieben wird."

Art. 55 [Flagge] Die Flagge der Kriegs- und Handelsmarine ist schwarz-weiß-rot.

X. Konsulatwesen

Art. 56 [Regelung] Das gesamte Konsulatwesen des Deutschen Reichs steht unter Aufsicht des Kaisers, welcher die Konsuln, nach Vernehmung des Ausschusses des Bundesrates für Handel und Verkehr, anstellt.

In dem Amtsbezirk der Deutschen Konsuln des Deutschen Reichs dürfen neue Landeskonsulate nicht errichtet werden. Die Deutschen Konsuln üben für die in ihrem Bezirk nicht vertretenen Bundesstaaten die Funktionen eines Landeskonsuls aus. Die sämtlichen bestehenden Landeskonsulate werden aufgehoben, sobald die Organisation der Deutschen Konsulate dergestalt vollendet ist, daß die Vertretung der Einzelinteressen aller Bundesstaaten als durch die Deutschen Konsulate gesichert von dem Bundesrate anerkannt wird.

XI. Reichskriegswesen

Art. 57 [Wehrpflicht] Jeder Deutsche ist wehrpflichtig und kann sich in Ausübung dieser Pflicht nicht vertreten lassen.

Art. 58 [Verteilung der Lasten] Die Kosten und Lasten des gesamten Kriegswesens des Reichs sind von allen Bundesstaaten und ihren Angehörigen gleichmäßig zu tragen, so daß weder Bevorzugungen noch Prägravationen einzelner Staaten oder Klassen grundsätzlich zulässig sind. Wo die gleiche Verteilung der Lasten sich in natura nicht herstellen läßt, ohne die öffentliche Wohlfahrt zu schädigen, ist die Ausgleichung nach den Grundsätzen der Gerechtigkeit im Wege der Gesetzgebung festzustellen.

Art. 59 [Dienstzeit][17] Jeder wehrfähige Deutsche gehört sieben Jahre lang, in der Regel vom vollendeten 20. bis zum beginnenden 28. Lebensjahre, dem stehenden Heere – und zwar die ersten drei Jahre bei den Fahnen, die letzten vier Jahre in der Reserve – und die folgenden fünf Lebensjahre der Landwehr an. In denjenigen Bundesstaaten, in denen bisher eine längere als zwölfjährige Gesamtdienstzeit gesetzlich war, findet die allmähliche Herabsetzung der Verpflichtung nur in dem Maße statt, als dies die Rücksicht auf die Kriegsbereitschaft des Reichsheeres zuläßt.

In bezug auf die Auswanderung der Reservisten sollen lediglich diejenigen Bestimmungen maßgebend sein, welche für die Auswanderung der Landwehrmänner gelten.

Art. 60 [Friedensstärke des Heeres] Die Friedens-Präsenzstärke des deutschen Heeres wird bis zum 31. Dezember 1871 auf ein Prozent der Bevölkerung von 1867 normiert, und wird pro rata derselben von den einzelnen Bundesstaaten gestellt. Für die spätere Zeit wird die Friedens-Präsenzstärke des Heeres im Wege der Reichsgesetzgebung festgestellt.

Art. 61 [Einführung der Preußischen Militärgesetzgebung] Nach Publikation der Verfassung ist in dem ganzen Reiche die gesamte Preußische Militärgesetzgebung ungesäumt einzuführen, sowohl die Gesetze selbst als die zu ihrer Ausführung, Erläuterung oder Ergänzung erlassenen Reglements, Instruktionen und Reskripte, namentlich als das Militär-Strafgesetzbuch vom 3. April 1845, die Militär-Strafgerichtsordnung vom 3. April 1845, die Verordnung über die Ehrengerichte vom 20. Juli 1843, die Bestimmungen über Aushebung, Dienstzeit, Servis- und Verpflegungswesen, Einquartierung, Ersatz von Flurbeschädigungen, Mobilmachung usw. für Krieg und Frieden. Die Militär-Kirchenordnung ist jedoch ausgeschlossen.

Nach gleichmäßiger Durchführung der Kriegsorganisation des deutschen Heeres wird ein umfassendes Reichs-Militärgesetz dem Reichstage und dem Bundesrate zur verfassungsmäßigen Beschlußfassung vorgelegt werden.

---

17 Durch Gesetz vom 11. 2. 1888 (RGBl. S. 11) ist in Absatz 1 Satz 1 nach dem Wort „Landwehr" der Zusatz: „ersten Aufgebots und sodann bis zum 31. März desjenigen Kalenderjahres, in welchem das neununddreißigste Lebensjahr vollendet wird, der Landwehr zweiten Aufgebots" eingefügt worden.

Durch Gesetz vom 15. 4. 1905 (RGBl. S. 249) ist Absatz 1 durch folgende Abs. 1 und 2 ersetzt worden: „Jeder wehrfähige Deutsche gehört sieben Jahre lang, in der Regel vom vollendeten zwanzigsten bis zum beginnenden achtundzwanzigsten Lebensjahre, dem stehenden Heere, die folgenden fünf Lebensjahre der Landwehr ersten Aufgebots und sodann bis zum 31. März des Kalenderjahres, in welchem das neununddreißigste Lebensjahr vollendet wird, der Landwehr zweiten Aufgebots an.

Während der Dauer der Dienstpflicht im stehenden Heere sind die Mannschaften der Kavallerie und reitenden Feldartillerie die ersten drei, alle übrigen Mannschaften die ersten zwei Jahre zum ununterbrochenen Dienste bei den Fahnen verpflichtet."

Art. 62 [Militär-Etat] Zur Bestreitung des Aufwandes für das gesamte deutsche Heer und die zu demselben gehörigen Einrichtungen sind bis zum 31. Dezember 1871 dem Kaiser jährlich sovielmal 225 Taler, in Worten zweihundertfünfundzwanzig Taler, als die Kopfzahl der Friedensstärke des Heeres nach Art. 60 beträgt, zur Verfügung zu stellen. Vgl. Abschnitt XII.

Nach dem 31. Dezember 1871 müssen diese Beträge von den einzelnen Staaten des Bundes zur Reichskasse fortgezahlt werden. Zur Berechnung derselben wird die im Art. 60 interimistisch festgestellte Friedens-Präsenzstärke so lange festgehalten, bis sie durch ein Reichsgesetz abgeändert ist.

Die Verausgabung dieser Summe für das gesamte Reichsheer und dessen Einrichtungen wird durch das Etatgesetz festgestellt.

Bei der Festellung des Militär-Ausgabeetats wird die auf Grundlage dieser Verfassung gesetzlich feststehende Organisation des Reichsheeres zugrunde gelegt.

Art. 63 [Einheitliches Heer; Befehlsgewalt des Kaisers] Die gesamte Landmacht des Reichs wird ein einheitliches Heer bilden, welches in Krieg und Frieden unter dem Befehle des Kaisers steht.

Die Regimenter usw. führen fortlaufende Nummern durch das ganze deutsche Heer. Für die Bekleidung sind die Grundfarben und der Schnitt der Königlich Preußischen Armee maßgebend. Dem betreffenden Kontingentsherrn bleibt es überlassen, die äußeren Abzeichen (Kokarden usw.) zu bestimmen.

Der Kaiser hat die Pflicht und das Recht, dafür Sorge zu tragen, daß innerhalb des deutschen Heeres alle Truppenteile vollzählig und kriegstüchtig vorhanden sind und daß Einheit in der Organisation und Formation, in Bewaffnung und Kommando, in der Ausbildung der Mannschaften sowie in der Qualifikation der Offiziere hergestellt und erhalten wird. Zu diesem Behufe ist der Kaiser berechtigt, sich jederzeit durch Inspektionen von der Verfassung der einzelnen Kontingente zu überzeugen und die Abstellung der dabei vorgefundenen Mängel anzuordnen.

Der Kaiser bestimmt den Präsenzstand, die Gliederung und Einteilung der Kontingente des Reichsheeres sowie die Organisation der Landwehr und hat das Recht, innerhalb des Bundesgebietes die Garnisonen zu bestimmen sowie die kriegsbereite Aufstellung eines jeden Teiles des Reichsheeres anzuordnen.

Behufs Erhaltung der unentbehrlichen Einheit in der Administration,

Verpflegung, Bewaffnung und Ausrüstung aller Truppenteile des deutschen Heeres sind die bezüglichen künftig ergehenden Anordnungen für die Preußische Armee den Kommandeuren der übrigen Kontingente, durch den Art. 8 Nr. 1 bezeichneten Ausschuß für das Landheer und die Festungen, zur Nachachtung in geeigneter Weise mitzuteilen.

Art. 64 [Gehorsamspflicht; Ernennung der Offiziere] Alle deutschen Truppen sind verpflichtet, den Befehlen des Kaisers unbedingte Folge zu leisten. Diese Verpflichtung ist in den Fahneneid aufzunehmen.

Der Höchstkommandierende eines Kontingents sowie alle Offiziere, welche Truppen mehr als eines Kontingents befehligen, und alle Festungskommandanten werden von dem Kaiser ernannt.[18] Die von demselben ernannten Offiziere leisten ihm den Fahneneid. Bei Generalen und den Generalstellungen versehenden Offizieren innerhalb des Kontingents ist die Ernennung von der jedesmaligen Zustimmung des Kaisers abhängig zu machen.

Der Kaiser ist berechtigt, behufs Versetzung mit oder ohne Beförderung für die von ihm im Reichsdienste, sei es im preußischen Heere, oder in anderen Kontingenten zu besetzenden Stellen aus den Offizieren aller Kontingente des Reichsheeres zu wählen.

Art. 65 [Festungen] Das Recht, Festungen innerhalb des Bundesgebietes anzulegen, steht dem Kaiser zu, welcher die Bewilligung der dazu erforderlichen Mittel, soweit das Ordinarium sie nicht gewährt, nach Abschnitt XII beantragt.

Art. 66 [Rechte der Bundesfürsten und Senate][19] Wo nicht besondere Konventionen ein anderes bestimmen, ernennen die Bundesfürsten, beziehentlich die Senate die Offiziere ihrer Kontingente, mit der Einschränkung des Art. 64. Sie sind Chefs aller ihren Gebieten angehörenden Truppenteile und genießen die damit verbundenen Ehren. Sie haben namentlich das Recht der Inspizierung zu jeder Zeit und erhalten, außer den regelmäßigen Rapporten und Meldungen über vorkommende

---

18 Durch Gesetz vom 28. 10. 1918 (RGBl. S. 1274) ist in Abs. 2 Satz 1 nach dem Wort „Kaiser“ der Zusatz „unter Gegenzeichnung des Reichskanzlers“ eingefügt worden.

19 Durch Gesetz vom 28. 10. 1918 (RGBl. S. 1274) sind folgende Abs. 3 und 4 hinzugefügt worden:

„Die Ernennung, Versetzung, Beförderung und Verabschiedung der Offiziere und Militärbeamten eines Kontingents erfolgt unter Gegenzeichnung des Kriegsministers des Kontingents.

Die Kriegsminister sind dem Bundesrat und dem Reichstag für die Verwaltung ihres Kontingents verantwortlich.“

Veränderungen, behufs der nötigen landesherrlichen Publikation, rechtzeitige Mitteilung von den die betreffenden Truppenteile berührenden Avancements und Ernennungen.

Auch steht ihnen das Recht zu, zu polizeilichen Zwecken nicht bloß ihre eigenen Truppen zu verwenden, sondern auch alle anderen Truppenteile des Reichsheeres, welche in ihren Ländergebieten disloziert sind, zu requirieren.

Art. 67 [Ersparnisse am Militäretat] Ersparnisse an dem Militäretat fallen unter keinen Umständen einer einzelnen Regierung, sondern jederzeit der Reichskasse zu.

Art. 68 [Erklärung des Kriegszustandes] Der Kaiser kann, wenn die öffentliche Sicherheit in dem Bundesgebiete bedroht ist, einen jeden Teil desselben in Kriegszustand erklären. Bis zum Erlaß eines die Voraussetzungen, die Form der Verkündigung und die Wirkungen einer solchen Erklärung regelnden Reichsgesetzes gelten dafür die Vorschriften des Preußischen Gesetzes vom 4. Juni 1851 (Gesetz-Samml. für 1851 S. 451 ff.).

Schlußbestimmung zum XI. Abschnitt

Die in diesem Abschnitt enthaltenen Vorschriften kommen in Bayern nach näherer Bestimmung des Bündnisvertrages vom 23. November 1870 (Bundesgesetzbl. 1871 S. 9) unter III § 5, in Württemberg nach näherer Bestimmung der Militärkonvention vom 21./25. November 1870 (Bundesgesetzbl. 1870 S. 658) zur Anwendung.

XII. Reichsfinanzen

Art. 69 [Reichshaushaltsetat] Alle Einnahmen und Ausgaben des Reichs müssen für jedes Jahr veranschlagt und auf den Reichshaushaltsetat gebracht werden. Letzterer wird vor Beginn des Etatjahres nach folgenden Grundsätzen durch ein Gesetz festgestellt.

Art. 70 [Deckung der Ausgaben][20] Zur Bestreitung aller gemeinschaftlichen Ausgaben dienen zunächst die etwaigen Überschüsse der

Vorjahre sowie die aus den Zöllen, den gemeinschaftlichen Verbrauchssteuern und aus dem Post- und Telegraphenwesen fließenden gemeinschaftlichen Einnahmen. Insoweit dieselben durch diese Einnahmen nicht gedeckt werden, sind sie, solange Reichssteuern nicht eingeführt sind, durch Beiträge der einzelnen Bundesstaaten nach Maßgabe ihrer Bevölkerung aufzubringen, welche bis zur Höhe des budgetmäßigen Betrages durch den Reichskanzler ausgeschrieben werden.

Art. 71 [Bewilligungsdauer] Die gemeinschaftlichen Ausgaben werden in der Regel für ein Jahr bewilligt, können jedoch in besonderen Fällen auch für eine längere Dauer bewilligt werden.

Während der im Art. 60 normierten Übergangszeit ist der nach Titeln geordnete Etat über die Ausgaben für das Heer dem Bundesrate und dem Reichstage nur zur Kenntnisnahme und zur Erinnerung vorzulegen.

Art. 72 [Rechnungslegung] Über die Verwendung aller Einnahmen des Reichs ist durch den Reichskanzler dem Bundesrate und dem Reichstage zur Entlastung jährlich Rechnung zu legen.

Art. 73 [Anleihe, Garantie] In Fällen eines außerordentlichen Bedürfnisses kann im Wege der Reichsgesetzgebung die Aufnahme einer Anleihe sowie die Übernahme einer Garantie zu Lasten des Reichs erfolgen.

---

20 Art. 70 erhielt durch Gesetz vom 14. 5. 1904 (RGBl. S. 169) folgende Fassung: „Zur Bestreitung aller gemeinschaftlichen Ausgaben dienen zunächst die aus den Zöllen und gemeinsamen Steuern, aus dem Eisenbahn-, Post- und Telegraphenwesen sowie aus den übrigen Verwaltungszweigen fließenden gemeinschaftlichen Einnahmen. Insoweit die Ausgaben durch diese Einnahmen nicht gedeckt werden, sind sie durch Beiträge der einzelnen Bundesstaaten nach Maßgabe ihrer Bevölkerung aufzubringen, welche in Höhe des budgetmäßigen Betrags durch den Reichskanzler ausgeschrieben werden. Insoweit diese Beiträge in den Überweisungen keine Deckung finden, sind sie den Bundesstaaten am Jahresschluß in dem Maße zu erstatten, als die übrigen ordentlichen Einnahmen des Reichs dessen Bedarf übersteigen.

Etwaige Überschüsse aus den Vorjahren dienen, insoweit durch das Gesetz über den Reichshaushaltsetat nicht ein anderes bestimmt wird, zur Deckung gemeinschaftlicher außerordentlicher Ausgaben."

Schlußbestimmungen zum XII. Abschnitt

Auf die Ausgaben für das bayerische Heer finden die Art. 69 und 71 nur nach Maßgabe der in der Schlußbestimmung zum XI. Abschnitt erwähnten Bestimmungen des Vertrages vom 23. November 1870 und der Art. 72 nur insoweit Anwendung, als dem Bundesrate und dem Reichstage die Überweisung der für das bayerische Heer erforderlichen Summe an Bayern nachzuweisen ist.

XIII. Schlichtung von Streitigkeiten und Strafbestimmungen

Art. 74 [Delikte gegen das Deutsche Reich] Jedes Unternehmen gegen die Existenz, die Integrität, die Sicherheit oder die Verfassung des Deutschen Reichs, endlich die Beleidigung des Bundesrates, des Reichstages, eines Mitgliedes des Bundesrates oder des Reichstages, einer Behörde oder eines öffentlichen Beamten des Reichs, während dieselben in der Ausübung ihres Berufes begriffen sind oder in Beziehung auf ihren Beruf, durch Wort, Schrift, Druck, Zeichen, bildliche oder andere Darstellung, werden in den einzelnen Bundesstaaten beurteilt und bestraft nach Maßgabe der in den letzteren bestehenden oder künftig in Wirksamkeit tretenden Gesetze, nach welchen eine gleiche gegen den einzelnen Bundesstaat, seine Verfassung, seine Kammern oder Stände, seine Kammer- oder Ständemitglieder, seine Behörden und Beamten begangene Handlung zu richten wäre.

Art. 75 [Zuständigkeit bei Hoch- oder Landesverrat] Für diejenigen in Art. 74 bezeichneten Unternehmungen gegen das Deutsche Reich, welche, wenn gegen einen der einzelnen Bundesstaaten gerichtet, als Hochverrat oder Landesverrat zu qualifizieren wären, ist das gemeinschaftliche Ober-Appellationsgericht der drei freien und Hansestädte in Lübeck die zuständige Spruchbehörde in erster und letzter Instanz.

Die näheren Bestimmungen über die Zuständigkeit und das Verfahren des Ober-Appellationsgerichts erfolgen im Wege der Reichsgesetzgebung. Bis zum Erlasse eines Reichsgesetzes bewendet es bei der seitherigen Zuständigkeit der Gerichte in den einzelnen Bundesstaaten und den auf das Verfahren dieser Gerichte sich beziehenden Bestimmungen.

Art. 76 [Streitigkeiten zwischen Bundesstaaten; Verfassungsstreitigkeiten] Streitigkeiten zwischen verschiedenen Bundesstaaten, sofern dieselben nicht privatrechtlicher Natur und daher von den kompetenten Gerichtsbehörden zu entscheiden sind, werden auf Anrufen des einen Teils von dem Bundesrate erledigt.

Verfassungsstreitigkeiten in solchen Bundesstaaten, in deren Verfassung nicht eine Behörde zur Entscheidung solcher Streitigkeiten bestimmt ist, hat auf Anrufen eines Teiles der Bundesrat gütlich auszugleichen oder, wenn das nicht gelingt, im Wege der Reichsgesetzgebung zur Erledigung zu bringen.

Art. 77 [Justizverweigerung] Wenn in einem Bundesstaate der Fall einer Justizverweigerung eintritt, und auf gesetzlichem Wege ausreichende Hilfe nicht erlangt werden kann, so liegt dem Bundesrate ob, erwiesene, nach der Verfassung und den bestehenden Gesetzen des betreffenden Bundesstaates zu beurteilende Beschwerden über verweigerte oder gehemmte Rechtspflege anzunehmen und darauf die gerichtliche Hilfe bei der Bundesregierung, die zu der Beschwerde Anlaß gegeben hat, zu bewirken.

XIV. Allgemeine Bestimmungen

Art. 78 [Änderung der Verfassung] Veränderungen der Verfassung erfolgen im Wege der Gesetzgebung. *Sie gelten als abgelehnt, wenn sie im Bundesrate 14 Stimmen gegen sich haben.*

Diejenigen Vorschriften der Reichsverfassung, durch welche bestimmte Rechte einzelner Bundesstaaten in deren Verhältnis zur Gesamtheit festgestellt sind, können nur mit Zustimmung des berechtigten Bundesstaates abgeändert werden.

Anhang:
Die Verfassung des Norddeutschen Bundes

Vom 16. April 1867 (BGBl. S. 2)
[Auszug][1]

Seine Majestät der König von Preußen, Seine Majestät der König von Sachsen, Seine Königliche Hoheit der Großherzog von Mecklenburg-Schwerin, Seine Königliche Hoheit der Großherzog von Sachsen-Weimar-Eisenach, Seine Königliche Hoheit der Großherzog von Mecklenburg-Strelitz, Seine Königliche Hoheit der Großherzog von Oldenburg, Seine Hoheit der Herzog von Braunschweig und Lüneburg, Seine Hoheit der Herzog von Sachsen-Meiningen und Hildburghausen, Seine Hoheit der Herzog zu Sachsen-Altenburg, Seine Hoheit der Herzog zu Sachsen-Koburg und Gotha, Seine Hoheit der Herzog von Anhalt, Seine Durchlaucht der Fürst zu Schwarzburg-Rudolstadt, Seine Durchlaucht der Fürst zu Schwarzburg-Sondershausen, Seine Durchlaucht der Fürst zu Waldeck und Pyrmont, Ihre Durchlaucht die Fürstin Reuß älterer Linie, Seine Durchlaucht der Fürst Reuß jüngerer Linie, Seine Durchlaucht der Fürst von Schaumburg-Lippe, Seine Durchlaucht der Fürst zur Lippe, der Senat der freien und Hansestadt Lübeck, der Senat der freien Hansestadt Bremen, der Senat der freien und Hansestadt Hamburg, jeder für den gesammten Umfang ihres Staatsgebietes, und Seine Königliche Hoheit der Großherzog von Hessen und bei Rhein für die nördlich vom Main belegenen Teile des Großherzogtums Hessen, schließen einen ewigen Bund zum Schutze des Bundesgebietes und des innerhalb desselben gültigen Rechtes, sowie zur Pflege der Wohlfahrt des Deutschen Volkes. Dieser Bund wird den Namen des Norddeutschen führen und wird nachstehende Verfassung haben.

---

1 Die alte Reichsverfassung Bismarcks vom 16. 4. 1871 weicht von der Verfassung des Norddeutschen Bundes vom 16. 4. 1867 kaum ab. Die zu Vergleichszwecken notwendigen Textstellen der Verfassung des Norddeutschen Bundes sind in nachfolgendem Auszug zusammengestellt.

I. Bundesgebiet

Art. 1 [Größe] Das Bundesgebiet besteht aus den Staaten Preußen mit Lauenburg, Sachsen, Mecklenburg-Schwerin, Sachsen-Weimar, Mecklenburg-Strelitz, Oldenburg, Braunschweig, Sachsen-Meiningen, Sachsen-Altenburg, Sachsen-Koburg-Gotha, Anhalt, Schwarzburg-Rudolstadt, Schwarzburg-Sondershausen, Waldeck, Reuß älterer Linie, Reuß jüngerer Linie, Schaumburg-Lippe, Lippe, Lübeck, Bremen, Hamburg, und aus den nördlich vom Main belegenen Teilen des Großherzogtums Hessen.

II. Bundesgesetzgebung

. . .

III. Bundesrat

Art. 6 [Zusammensetzung, Stimmen] Der Bundesrat besteht aus den Vertretern der Mitglieder des Bundes, unter welchen die Stimmführung sich nach Maßgabe der Vorschriften für das Plenum des ehemaligen Deutschen Bundes verteilt, so daß Preußen mit den ehemaligen Stimmen von

Hannover, Kurhessen, Holstein, Nassau und Frankfurt	17 Stimmen
führt, Sachsen	4 Stimmen
Hessen	1 Stimme
Mecklenburg-Schwerin	2 Stimmen
Sachsen-Weimar	1 Stimme
Mecklenburg-Strelitz	1 Stimme
Oldenburg	1 Stimme
Braunschweig	2 Stimmen
Sachsen-Meiningen	1 Stimme
Sachsen-Altenburg	1 Stimme
Sachsen-Koburg-Gotha	1 Stimme
Anhalt	1 Stimme
Schwarzburg-Rudolstadt	1 Stimme
Schwarzburg-Sondershausen	1 Stimme
Waldeck	1 Stimme

Reuß älterer Linie	1 Stimme
Reuß jüngerer Linie	1 Stimme
Schaumburg-Lippe	1 Stimme
Lippe	1 Stimme
Lübeck	1 Stimme
Bremen	1 Stimme
Hamburg	1 Stimme
Summa	43 Stimmen

IV. Bundespräsidium

Art. 19 [Exekution gegen Bundesglieder] Wenn Bundesglieder ihre verfassungsmäßigen Bundespflichten nicht erfüllen, so können sie dazu im Wege der Exekution angehalten werden. Diese Exekution ist

a) in Betreff militärischer Leistungen, wenn Gefahr im Verzuge, von dem Bundesfeldherrn anzuordnen und zu vollziehen,

b) in allen anderen Fällen aber von dem Bundesrate zu beschließen und von dem Bundesfeldherrn zu vollstrecken.

Die Exekution kann bis zur Sequestration des betreffenden Landes und seiner Regierungsgewalt ausgedehnt werden. In den unter a) bezeichneten Fällen ist dem Bundesrate von Anordnung der Exekution, unter Darlegung der Beweggründe, ungesäumt Kenntnis zu geben.

V. Reichstag

...

VI. Zoll- und Handelswesen

...

Art. 37 [Besondere Beschlußfassung] Der Bundesrat beschließt:

1) über die dem Reichstage vorzulegenden oder von demselben angenommenen unter die Bestimmung des Art. 35 fallenden gesetzlichen Anordnungen einschließlich der Handels- und Schiffahrtsverträge;

2) über die zur Ausführung der gemeinschaftlichen Gesetzgebung (Art. 35) dienenden Verwaltungsvorschriften und Einrichtungen;

3) über Mängel, welche bei der Ausführung der gemeinschaftlichen Gesetzgebung (Art. 35) hervortreten;

4) über die von seiner Rechnungsbehörde ihm vorgelegte schließliche Feststellung der in die Bundeskasse fließenden Abgaben (Art. 39).

Jeder über die Gegenstände zu 1) bis 3) von einem Bundesstaate oder über die Gegenstände zu 4) von einem kontrollierenden Beamten bei dem Bundesrate gestellte Antrag unterliegt der gemeinschaftlichen Beschlußnahme. Im Falle der Meinungsverschiedenheit gibt die Stimme des Präsidiums bei den zu 1. und 2. bezeichneten alsdann den Ausschlag, wenn sie sich für Aufrechterhaltung der bestehenden Vorschrift oder Einrichtung ausspricht, in allen übrigen Fällen entscheidet die Mehrheit der Stimmen nach dem in Artikel 6 dieser Verfassung festgestellten Stimmenverhältnis.

...

VII. Eisenbahnwesen

...

VIII. Post- und Telegraphenwesen

...

IX. Marine und Schiffahrt

...

X. Konsulatwesen

...

XI. Bundes-Kriegswesen

...

XII. Bundesfinanzen

...

XIII. Schlichtung von Streitigkeiten und Strafbestimmungen

...

XIV. Allgemeine Bestimmung

Art. 78 [Änderung der Verfassung] Veränderungen der Verfassung erfolgen im Wege der Gesetzgebung, jedoch ist zu denselben im Bundesrate eine Mehrheit von zwei Dritteln der vertretenen Stimmen erforderlich.

XV. Verhältnis zu den Süddeutschen Staaten

Art. 79 [Besondere Beziehungen und Beitrittsklausel für die Süddeutschen Staaten] Die Beziehungen des Bundes zu den Süddeutschen Staaten werden sofort nach Feststellung der Verfassung des Norddeutschen Bundes, durch besondere dem Reichstage zur Genehmigung vorzulegende Verträge, geregelt werden.

Der Eintritt der Süddeutschen Staaten oder eines derselben in den Bund erfolgt auf den Vorschlag des Bundespräsidiums im Wege der Bundesgesetzgebung.

4 Die Verfassung des Deutschen Reichs (Weimarer Verfassung)

Vom 11. August 1919 (RGBl. S. 1383)[1]

Das Deutsche Volk, einig in seinen Stämmen und von dem Willen beseelt, sein Reich in Freiheit und Gerechtigkeit zu erneuern und zu festigen, dem inneren und dem äußeren Frieden zu dienen und den gesellschaftlichen Fortschritt zu fördern, hat sich diese Verfassung gegeben.

Erster Hauptteil
Aufbau und Aufgaben des Reichs

Erster Abschnitt. Reich und Länder

Art. 1 [Republik, Staatsgewalt] Das Deutsche Reich ist eine Republik. Die Staatsgewalt geht vom Volke aus.

Art. 2 [Reichsgebiet] Das Reichsgebiet besteht aus den Gebieten der deutschen Länder. Andere Gebiete können durch Reichsgesetz in das Reich aufgenommen werden, wenn es ihre Bevölkerung kraft des Selbstbestimmungsrechts begehrt.

Art. 3 [Farben] Die Reichsfarben sind schwarz-rot-gold. Die Handelsflagge ist schwarz-weiß-rot mit den Reichsfarben in der oberen inneren Ecke.

---

1 In Kraft getreten am 14. 8. 1919. Formell wurde die Weimarer Verfassung nicht außer Kraft gesetzt, faktisch jedoch durch das Ermächtigungsgesetz vom 24. 3. 1933 (abgedruckt unter Nr. 5) aufgehoben.

In den folgenden Fußnoten werden nur die Gesetze angeführt, durch die die Verfassung ausdrücklich geändert worden ist.

Art. 4 [Völkerrecht] Die allgemein anerkannten Regeln des Völkerrechts gelten als bindende Bestandteile des deutschen Reichsrechts.

Art. 5 [Reichs- und Landesangelegenheiten] Die Staatsgewalt wird in Reichsangelegenheiten durch die Organe des Reichs auf Grund der Reichsverfassung, in Landesangelegenheiten durch die Organe der Länder auf Grund der Landesverfassung ausgeübt.

Art. 6 [Ausschließliche Gesetzgebung] Das Reich hat die ausschließliche Gesetzgebung über:

1. die Beziehungen zum Ausland;
2. das Kolonialwesen;
3. die Staatsangehörigkeit, die Freizügigkeit, die Ein- und Auswanderung und die Auslieferung;
4. die Wehrverfassung;
5. das Münzwesen;
6. das Zollwesen sowie die Einheit des Zoll- und Handelsgebiets und die Freizügigkeit des Warenverkehrs;
7. das Post- und Telegraphenwesen einschließlich des Fernsprechwesens.

Art. 7 [Konkurrierende Gesetzgebung] Das Reich hat die Gesetzgebung über:

1. das bürgerliche Recht;
2. das Strafrecht;
3. das gerichtliche Verfahren einschließlich des Strafvollzugs sowie die Amtshilfe zwischen Behörden;
4. das Paßwesen und die Fremdenpolizei;
5. das Armenwesen und die Wandererfürsorge;
6. das Presse-, Vereins- und Versammlungswesen;
7. die Bevölkerungspolitik, die Mutterschafts-, Säuglings-, Kinder- und Jugendfürsorge;
8. das Gesundheitswesen, das Veterinärwesen und den Schutz der Pflanzen gegen Krankheiten und Schädlinge;
9. das Arbeitsrecht, die Versicherung und den Schutz der Arbeiter und Angestellten sowie den Arbeitsnachweis;
10. die Einrichtung beruflicher Vertretungen für das Reichsgebiet;
11. die Fürsorge für die Kriegsteilnehmer und ihre Hinterbliebenen;
12. das Enteignungsrecht;
13. die Vergesellschaftung von Naturschätzen und wirtschaftlichen Unternehmungen sowie die Erzeugung, Herstellung, Verteilung und Preisgestaltung wirtschaftlicher Güter für die Gemeinwirtschaft;

14. den Handel, das Maß- und Gewichtswesen, die Ausgabe von Papiergeld, das Bankwesen sowie das Börsenwesen;
15. den Verkehr mit Nahrungs- und Genußmitteln sowie mit Gegenständen des täglichen Bedarfs;
16. das Gewerbe und den Bergbau;
17. das Versicherungswesen;
18. die Seeschiffahrt, die Hochsee- und die Küstenfischerei;
19. die Eisenbahnen, die Binnenschiffahrt, den Verkehr mit Kraftfahrzeugen zu Lande, zu Wasser und in der Luft sowie den Bau von Landstraßen, soweit es sich um den allgemeinen Verkehr und die Landesverteidigung handelt;
20. das Theater- und Lichtspielwesen.

Art. 8 [Gesetzgebung über Abgaben] Das Reich hat ferner die Gesetzgebung über die Abgaben und sonstigen Einnahmen, soweit sie ganz oder teilweise für seine Zwecke in Anspruch genommen werden. Nimmt das Reich Abgaben oder sonstige Einnahmen in Anspruch, die bisher den Ländern zustanden, so hat es auf die Erhaltung der Lebensfähigkeit der Länder Rücksicht zu nehmen.

Art. 9 [Wohlfahrtspflege, Ordnung und Sicherheit] Soweit ein Bedürfnis für den Erlaß einheitlicher Vorschriften vorhanden ist, hat das Reich die Gesetzgebung über:
1. die Wohlfahrtspflege;
2. den Schutz der öffentlichen Ordnung und Sicherheit.

Art. 10 [Rahmengesetzgebung] Das Reich kann im Wege der Gesetzgebung Grundsätze aufstellen für:
1. die Rechte und Pflichten der Religionsgesellschaften;
2. das Schulwesen einschließlich des Hochschulwesens und das wissenschaftliche Büchereiwesen;
3. das Recht der Beamten aller öffentlichen Körperschaften;
4. das Bodenrecht, die Bodenverteilung, das Ansiedlungs- und Heimstättenwesen, die Bindung des Grundbesitzes, das Wohnungswesen und die Bevölkerungsverteilung;
5. das Bestattungswesen.

Art. 11 [Landesabgaben] Das Reich kann im Wege der Gesetzgebung Grundsätze über die Zulässigkeit und Erhebungsart von Landesabgaben aufstellen, soweit sie erforderlich sind, um
1. Schädigung der Einnahmen oder der Handelsbeziehungen des Reichs,

2. Doppelbesteuerungen,
3. übermäßige oder verkehrshindernde Belastung der Benutzung öffentlicher Verkehrswege und Einrichtungen mit Gebühren,
4. steuerliche Benachteiligungen eingeführter Waren gegenüber den eigenen Erzeugnissen im Verkehr zwischen den einzelnen Ländern und Landesteilen oder
5. Ausfuhrprämien

auszuschließen oder wichtige Gesellschaftsinteressen zu wahren.

Art. 12 [Gesetzgebungsrecht von Reich und Ländern] Solange und soweit das Reich von seinem Gesetzgebungsrechte keinen Gebrauch macht, behalten die Länder das Recht der Gesetzgebung. Dies gilt nicht für die ausschließliche Gesetzgebung des Reichs.

Gegen Landesgesetze, die sich auf Gegenstände des Artikels 7 Ziffer 13 beziehen, steht der Reichsregierung, sofern dadurch das Wohl der Gesamtheit im Reich berührt wird, ein Einspruchsrecht zu.

Art. 13 [Reichsrecht bricht Landesrecht] Bestehen Zweifel oder Meinungsverschiedenheiten darüber, ob eine landesrechtliche Vorschrift mit dem Reichsrecht vereinbar ist, so kann die zuständige Reichs- oder Landeszentralbehörde nach näherer Vorschrift eines Reichsgesetzes die Entscheidung eines obersten Gerichtshofs des Reichs anrufen.

Art. 14 [Ausführung der Reichsgesetze] Die Reichsgesetze werden durch die Landesbehörden ausgeführt, soweit nicht die Reichsgesetze etwas anderes bestimmen.

Art. 15 [Aufsicht, Anweisungen] Die Reichsregierung übt die Aufsicht in den Angelegenheiten aus, in denen dem Reiche das Recht der Gesetzgebung zusteht.

Soweit die Reichsgesetze von den Landesbehörden auszuführen sind, kann die Reichsregierung allgemeine Anweisungen erlassen. Sie ist ermächtigt, zur Überwachung der Ausführung der Reichsgesetze zu den Landeszentralbehörden und mit ihrer Zustimmung zu den unteren Behörden Beauftragte zu entsenden.

Die Landesregierungen sind verpflichtet, auf Ersuchen der Reichsregierung Mängel, die bei der Ausführung der Reichsgesetze hervorgetreten sind, zu beseitigen. Bei Meinungsverschiedenheiten kann sowohl die Reichsregierung als die Landesregierung die Entscheidung des Staatsgerichtshofs anrufen, falls nicht durch Reichsgesetz ein anderes Gericht bestimmt ist.

Art. 16 [Beamte] Die mit der unmittelbaren Reichsverwaltung in den Ländern betrauten Beamten sollen in der Regel Landesangehörige sein. Die Beamten, Angestellten und Arbeiter der Reichsverwaltung sind auf ihren Wunsch in ihren Heimatgebieten zu verwenden, soweit dies möglich ist und nicht Rücksichten auf ihre Ausbildung oder Erfordernisse des Dienstes entgegenstehen.

Art. 17 [Innere Ordnung der Länder] Jedes Land muß eine freistaatliche Verfassung haben. Die Volksvertretung muß in allgemeiner, gleicher, unmittelbarer und geheimer Wahl von allen reichsdeutschen Männern und Frauen nach den Grundsätzen der Verhältniswahl gewählt werden. Die Landesregierung bedarf des Vertrauens der Volksvertretung.

Die Grundsätze für die Wahlen zur Volksvertretung gelten auch für die Gemeindewahlen. Jedoch kann durch Landesgesetz die Wahlberechtigung von der Dauer des Aufenthalts in der Gemeinde bis zu einem Jahre abhängig gemacht werden.

Art. 18 [Gebietsänderung] Die Gliederung des Reichs in Länder soll unter möglichster Berücksichtigung des Willens der beteiligten Bevölkerung der wirtschaftlichen und kulturellen Höchstleistung des Volkes dienen. Die Änderung des Gebiets von Ländern und die Neubildung von Ländern innerhalb des Reichs erfolgen durch verfassungsänderndes Reichsgesetz.

Stimmen die unmittelbar beteiligten Länder zu, so bedarf es nur eines einfachen Reichsgesetzes.

Ein einfaches Reichsgesetz genügt ferner, wenn eines der beteiligten Länder nicht zustimmt, die Gebietsänderung oder Neubildung aber durch den Willen der Bevölkerung gefordert wird und ein überwiegendes Reichsinteresse sie erheischt.

Der Wille der Bevölkerung ist durch Abstimmung festzustellen. Die Reichsregierung ordnet die Abstimmung an, wenn ein Drittel der zum Reichstag wahlberechtigten Einwohner des abzutretenden Gebiets es verlangt.

Zum Beschluß einer Gebietsänderung oder Neubildung sind drei Fünftel der abgegebenen Stimmen, mindestens aber die Stimmenmehrheit der Wahlberechtigten erforderlich. Auch wenn es sich nur um Abtrennung eines Teiles eines preußischen Regierungsbezirkes, eines bayerischen Kreises oder in anderen Ländern eines entsprechenden Verwaltungsbezirkes handelt, ist der Wille der Bevölkerung des ganzen in Betracht kommenden Bezirkes festzustellen. Wenn ein räumlicher

Zusammenhang des abzutrennenden Gebiets mit dem Gesamtbezirke nicht besteht, kann auf Grund eines besonderen Reichsgesetzes der Wille der Bevölkerung des abzutrennenden Gebiets als ausreichend erklärt werden.

Nach Feststellung der Zustimmung der Bevölkerung hat die Reichsregierung dem Reichstag ein entsprechendes Gesetz zur Beschlußfassung vorzulegen.

Entsteht bei der Vereinigung oder Abtrennung Streit über die Vermögensauseinandersetzung, so entscheidet hierüber auf Antrag einer Partei der Staatsgerichtshof für das Deutsche Reich.

Art. 19 [Verfassungsstreitigkeiten usw.] Über Verfassungsstreitigkeiten innerhalb eines Landes, in dem kein Gericht zu ihrer Erledigung besteht, sowie über Streitigkeiten nichtprivatrechtlicher Art zwischen verschiedenen Ländern oder zwischen dem Reiche und einem Lande entscheidet auf Antrag eines der streitenden Teile der Staatsgerichtshof für das Deutsche Reich, soweit nicht ein anderer Gerichtshof des Reichs zuständig ist.

Der Reichspräsident vollstreckt das Urteil des Staatsgerichtshofs.

Zweiter Abschnitt. Der Reichstag

Art. 20 [Zusammensetzung] Der Reichstag besteht aus den Abgeordneten des deutschen Volkes.

Art. 21 [Stellung der Abgeordneten] Die Abgeordneten sind Vertreter des ganzen Volkes. Sie sind nur ihrem Gewissen unterworfen und an Aufträge nicht gebunden.

Art. 22 [Wahl] Die Abgeordneten werden in allgemeiner, gleicher, unmittelbarer und geheimer Wahl von den über zwanzig Jahre alten Männern und Frauen nach den Grundsätzen der Verhältniswahl gewählt. Der Wahltag muß ein Sonntag oder öffentlicher Ruhetag sein.

Das Nähere bestimmt das Reichswahlgesetz.

Art. 23 [Wahlperiode] Der Reichstag wird auf vier Jahre gewählt. Spätestens am sechzigsten Tage nach ihrem Ablauf muß die Neuwahl stattfinden.

Der Reichstag tritt zum ersten Male spätestens am dreißigsten Tage nach der Wahl zusammen.

Art. 24 [Zusammentritt des Reichstags] Der Reichstag tritt in jedem Jahre am ersten Mittwoch des November am Sitze der Reichsregierung zusammen. Der Präsident des Reichstags muß ihn früher berufen, wenn es der Reichspräsident oder mindestens ein Drittel der Reichstagsmitglieder verlangt.

Der Reichstag bestimmt den Schluß der Tagung und den Tag des Wiederzusammentritts.

Art. 25 [Auflösung] Der Reichspräsident kann den Reichstag auflösen, jedoch nur einmal aus dem gleichen Anlaß.

Die Neuwahl findet spätestens am sechzigsten Tag nach der Auflösung statt.

Art. 26 [Präsident, Geschäftsordnung] Der Reichstag wählt seinen Präsidenten, dessen Stellvertreter und seine Schriftführer. Er gibt sich seine Geschäftsordnung.

Art. 27 [Zwischen Tagungen oder Wahlperioden] Zwischen zwei Tagungen oder Wahlperioden führen Präsident und Stellvertreter der letzten Tagung ihre Geschäfte fort.

Art. 28 [Aufgaben des Präsidenten] Der Präsident übt das Hausrecht und die Polizeigewalt im Reichstagsgebäude aus. Ihm untersteht die Hausverwaltung; er verfügt über die Einnahmen und Ausgaben des Hauses nach Maßgabe des Reichshaushalts und vertritt das Reich in allen Rechtsgeschäften und Rechsstreitigkeiten seiner Verwaltung.

Art. 29 [Öffentliche Sitzungen] Der Reichstag verhandelt öffentlich. Auf Antrag von fünfzig Mitgliedern kann mit Zweidrittelmehrheit die Öffentlichkeit ausgeschlossen werden.

Art. 30 [Berichte] Wahrheitsgetreue Berichte über die Verhandlungen in den öffentlichen Sitzungen des Reichstags, eines Landtags oder ihrer Ausschüsse bleiben von jeder Verantwortlichkeit frei.

Art. 31 [Wahlprüfung] Bei dem Reichstag wird ein Wahlprüfungsgericht gebildet. Es entscheidet auch über die Frage, ob ein Abgeordneter die Mitgliedschaft verloren hat.

Das Wahlprüfungsgericht besteht aus Mitgliedern des Reichstags, die dieser für die Wahlperiode wählt, und aus Mitgliedern des Reichsverwaltungsgerichts, die der Reichspräsident auf Vorschlag des Präsidiums dieses Gerichts bestellt.

Das Wahlprüfungsgericht erkennt auf Grund öffentlicher mündlicher

Verhandlung durch drei Mitglieder des Reichstags und zwei richterliche Mitglieder.

Außerhalb der Verhandlungen vor dem Wahlprüfungsgerichte wird das Verfahren von einem Reichsbeauftragten geführt, den der Reichspräsident ernennt. Im übrigen wird das Verfahren von dem Wahlprüfungsgericht geregelt.

Art. 32 [Beschlußfassung] Zu einem Beschlusse des Reichstags ist einfache Stimmenmehrheit erforderlich, sofern die Verfassung kein anderes Stimmenverhältnis vorschreibt. Für die vom Reichstag vorzunehmenden Wahlen kann die Geschäftsordnung Ausnahmen zulassen.

Die Beschlußfähigkeit wird durch die Geschäftsordnung geregelt.

Art. 33 [Anhörung von Regierungsvertretern] Der Reichstag und seine Ausschüsse können die Anwesenheit des Reichskanzlers und jedes Reichsministers verlangen.

Der Reichskanzler, die Reichsminister und die von ihnen bestellten Beauftragten haben zu den Sitzungen des Reichstags und seiner Ausschüsse Zutritt. Die Länder sind berechtigt, in diese Sitzungen Bevollmächtigte zu entsenden, die den Standpunkt ihrer Regierung zu dem Gegenstande der Verhandlung darlegen.

Auf ihr Verlangen müssen die Regierungsvertreter während der Beratung, die Vertreter der Reichsregierung auch außerhalb der Tagesordnung gehört werden.

Sie unterstehen der Ordnungsgewalt des Vorsitzenden.

Art. 34 [Untersuchungsausschüsse] Der Reichstag hat das Recht und auf Antrag von einem Fünftel der Mitglieder die Pflicht, Untersuchungsausschüsse einzusetzen. Diese Ausschüsse erheben in öffentlicher Verhandlung die Beweise, die sie oder die Antragsteller für erforderlich erachten. Die Öffentlichkeit kann vom Untersuchungsausschuß mit Zweidrittelmehrheit ausgeschlossen werden. Die Geschäftsordnung regelt das Verfahren des Ausschusses und bestimmt die Zahl seiner Mitglieder.

Die Gerichte und Verwaltungsbehörden sind verpflichtet, dem Ersuchen dieser Ausschüsse um Beweiserhebungen Folge zu leisten; die Akten der Behörden sind ihnen auf Verlangen vorzulegen.

Auf die Erhebungen der Ausschüsse und der von ihnen ersuchten Behörden finden die Vorschriften der Strafprozeßordnung sinngemäße Anwendung, doch bleibt das Brief-, Post-, Telegraphen- und Fernsprechgeheimnis unberührt.

Art. 35 [Ständige Ausschüsse] Der Reichstag bestellt einen ständigen Ausschuß für auswärtige Angelegenheiten, der auch außerhalb der Tagung des Reichstags und nach der Beendigung der Wahlperiode oder der Auflösung des Reichstags bis zum Zusammentritte des neuen Reichstags tätig werden kann. Die Sitzungen dieses Ausschusses sind nicht öffentlich, wenn nicht der Ausschuß mit Zweidrittelmehrheit die Öffentlichkeit beschließt.

Der Reichstag bestellt ferner zur Wahrung der Rechte der Volksvertretung gegenüber der Reichsregierung für die Zeit außerhalb der Tagung und nach Beendigung einer Wahlperiode[2] einen ständigen Ausschuß.

Diese Ausschüsse haben die Rechte von Untersuchungsausschüssen.

Art. 36 [Indemnität] Kein Mitglied des Reichstags oder eines Landtags darf zu irgendeiner Zeit wegen seiner Abstimmung oder wegen der in Ausübung seines Berufs getanen Äußerungen gerichtlich oder dienstlich verfolgt oder sonst außerhalb der Versammlung zur Verantwortung gezogen werden.

Art. 37 [Immunität] Kein Mitglied des Reichstags oder eines Landtags kann ohne Genehmigung des Hauses, dem der Abgeordnete angehört, während der Sitzungsperiode wegen einer mit Strafe bedrohten Handlung zur Untersuchung gezogen oder verhaftet werden, es sei denn, daß das Mitglied bei Ausübung der Tat oder spätestens im Laufe des folgenden Tages festgenommen ist.

Die gleiche Genehmigung ist bei jeder anderen Beschränkung der persönlichen Freiheit erforderlich, die die Ausübung des Abgeordnetenberufs beeinträchtigt.

Jedes Strafverfahren gegen ein Mitglied des Reichstags oder eines Landtags und jede Haft oder sonstige Beschränkung seiner persönlichen Freiheit wird auf Verlangen des Hauses, dem der Abgeordnete angehört, für die Dauer der Sitzungsperiode aufgehoben.

Art. 38 [Zeugnisverweigerungsrecht] Die Mitglieder des Reichstags und der Landtage sind berechtigt, über Personen, die ihnen in ihrer Eigenschaft als Abgeordnete Tatsachen anvertrauen oder denen sie in Ausübung ihres Abgeordnetenberufs solche anvertraut haben, sowie über diese Tatsachen selbst das Zeugnis zu verweigern. Auch in Bezie-

2 Durch Gesetz vom 15. 12. 1923 (RGBl. I S. 1185) eingefügt: „oder der Auflösung des Reichstags bis zum Zusammentritt des neuen Reichstags".

hung auf Beschlagnahme von Schriftstücken stehen sie den Personen gleich, die ein gesetzliches Zeugnisverweigerungsrecht haben.

Eine Durchsuchung oder Beschlagnahme darf in den Räumen des Reichstags oder eines Landtags nur mit Zustimmung des Präsidenten vorgenommen werden

Art. 39 [Beamte, Soldaten] Beamte und Angehörige der Wehrmacht bedürfen zur Ausübung ihres Amtes als Mitglieder des Reichstags oder eines Landtags keines Urlaubs.

Bewerben sie sich um einen Sitz in diesen Körperschaften, so ist ihnen der zur Vorbereitung ihrer Wahl erforderliche Urlaub zu gewähren.

Art. 40 [Diäten] Die Mitglieder des Reichstags erhalten das Recht zur freien Fahrt auf allen deutschen Eisenbahnen sowie Entschädigung nach Maßgabe eines Reichsgesetzes.[3]

---

3 Durch Gesetz vom 22. 5. 1926 (RGBl. I S. 243) eingefügt:

Art. 40a [Zwischen Tagungen oder Wahlperioden] Die Vorschriften der Artikel 36, 37, 38 Abs. 1 und 39 Abs. 1 gelten für den Präsidenten des Reichstags, seine Stellvertreter und die ständigen und ersten stellvertretenden Mitglieder der im Artikel 35 bezeichneten Ausschüsse auch für die Zeit zwischen zwei Tagungen (Sitzungsperioden) oder Wahlperioden des Reichstags.

Das gleiche gilt für den Präsidenten eines Landtags, seine Stellvertreter und die ständigen und ersten stellvertretenden Mitglieder von Ausschüssen eines Landtags, wenn sie nach der Landesverfassung außerhalb der Tagung (Sitzungsperiode) oder Wahlperiode tätig werden können.

Soweit Art. 37 eine Mitwirkung des Reichstags oder eines Landtags vorsieht, tritt der Ausschuß zur Wahrung der Rechte der Volksvertretung an die Stelle des Reichstags und, falls Ausschüsse des Landtags fortbestehen, der vom Landtag bestimmte Ausschuß an die Stelle des Landtags.

Die im Abs. 1 bezeichneten Personen haben zwischen zwei Wahlperioden die im Art. 40 bezeichneten Rechte.

Dritter Abschnitt.
Der Reichspräsident und die Reichsregierung

Art. 41 [Wahl des Reichspräsidenten] Der Reichspräsident wird vom ganzen deutschen Volke gewählt.

Wählbar ist jeder Deutsche, der das fünfunddreißigste Lebensjahr vollendet hat.

Das Nähere bestimmt ein Reichsgesetz.

Art. 42 [Eid] Der Reichspräsident leistet bei der Übernahme seines Amtes vor dem Reichstag folgenden Eid:

Ich schwöre, daß ich meine Kraft dem Wohle des deutschen Volkes widmen, seinen Nutzen mehren, Schaden von ihm wenden, die Verfassung und die Gesetze des Reichs wahren, meine Pflichten gewissenhaft erfüllen und Gerechtigkeit gegen jedermann üben werde.

Die Beifügung einer religiösen Beteuerung ist zulässig.

Art. 43 [Amtsdauer, Absetzung] Das Amt des Reichspräsidenten dauert sieben Jahre. Wiederwahl ist zulässig.

Vor Ablauf der Frist kann der Reichspräsident auf Antrag des Reichstags durch Volksabstimmung abgesetzt werden. Der Beschluß des Reichstags erfordert Zweidrittelmehrheit. Durch den Beschluß ist der Reichspräsident an der ferneren Ausübung des Amtes verhindert. Die Ablehnung der Absetzung durch die Volksabstimmung gilt als neue Wahl und hat die Auflösung des Reichstags zur Folge.

Der Reichspräsident kann ohne Zustimmung des Reichstags nicht strafrechtlich verfolgt werden.

Art. 44 [Nicht zugleich Abgeordneter] Der Reichspräsident kann nicht zugleich Mitglied des Reichstags sein.

Art. 45 [Völkerrechtliche Vertretung] Der Reichspräsident vertritt das Reich völkerrechtlich. Er schließt im Namen des Reichs Bündnisse und andere Verträge mit auswärtigen Mächten. Er beglaubigt und empfängt die Gesandten.

Kriegserklärung und Friedensschluß erfolgen durch Reichsgesetz.

Bündnisse und Verträge mit fremden Staaten, die sich auf Gegenstände der Reichsgesetzgebung beziehen, bedürfen der Zustimmung des Reichstags.

Art. 46 [Ernennungs- und Entlassungsrecht] Der Reichspräsident ernennt und entläßt die Reichsbeamten und die Offiziere, soweit nicht durch Gesetz etwas anderes bestimmt ist. Er kann das Ernennungs- und Entlassungsrecht durch andere Behörden ausüben lassen.

Art. 47 [Oberbefehl] Der Reichspräsident hat den Oberbefehl über die gesamte Wehrmacht des Reichs.

Art. 48 [Maßnahmen bei Störung von Sicherheit und Ordnung] Wenn ein Land die ihm nach der Reichsverfassung oder den Reichsgesetzen obliegenden Pflichten nicht erfüllt, kann der Reichspräsident es dazu mit Hilfe der bewaffneten Macht anhalten.

Der Reichspräsident kann, wenn im Deutschen Reich die öffentliche Sicherheit und Ordnung erheblich gestört oder gefährdet wird, die zur Wiederherstellung der öffentlichen Sicherheit und Ordnung nötigen Maßnahmen treffen, erforderlichenfalls mit Hilfe der bewaffneten Macht einschreiten. Zu diesem Zwecke darf er vorübergehend die in den Artikeln 114, 115, 117, 118, 123, 124 und 153 festgesetzten Grundrechte ganz oder zum Teil außer Kraft setzen.

Von allen gemäß Abs. 1 oder Abs. 2 dieses Artikels getroffenen Maßnahmen hat der Reichspräsident unverzüglich dem Reichstag Kenntnis zu geben. Die Maßnahmen sind auf Verlangen des Reichstags außer Kraft zu setzen.

Bei Gefahr im Verzuge kann die Landesregierung für ihr Gebiet einstweilige Maßnahmen der in Abs. 2 bezeichneten Art treffen. Die Maßnahmen sind auf Verlangen des Reichspräsidenten oder des Reichstags außer Kraft zu setzen.

Das Nähere bestimmt ein Reichsgesetz.

Art. 49 [Gnadenrecht] Der Reichspräsident übt für das Reich das Begnadigungsrecht aus.

Reichsamnestien bedürfen eines Reichsgesetzes.

Art. 50 [Gegenzeichnung] Alle Anordnungen und Verfügungen des Reichspräsidenten, auch solche auf dem Gebiete der Wehrmacht, bedürfen zu ihrer Gültigkeit der Gegenzeichnung durch den Reichskanzler oder den zuständigen Reichsminister. Durch die Gegenzeichnung wird die Verantwortung übernommen.

Art. 51 [Vertreter des Reichspräsidenten] Der Reichspräsident wird im Falle seiner Verhinderung durch den Reichskanzler vertreten.[4]

---

4 Durch Gesetz vom 17. 12. 1932 (RGBl. I S. 547) wurde das Wort „Reichskanzler" durch die Worte „Präsidenten des Reichsgerichts" ersetzt.

Das gleiche gilt für den Fall einer vorzeitigen Erledigung der Präsidentschaft bis zur Durchführung der neuen Wahl.

Art. 52 [Zusammensetzung der Reichsregierung] Die Reichsregierung besteht aus dem Reichskanzler und den Reichsministern.

Art. 53 [Ernennung und Entlassung] Der Reichskanzler und auf seinen Vorschlag die Reichsminister werden vom Reichspräsidenten ernannt und entlassen.

Art. 54 [Entzug des Vertrauens] Der Reichskanzler und die Reichsminister bedürfen zu ihrer Amtsführung des Vertrauens des Reichstags. Jeder von ihnen muß zurücktreten, wenn ihm der Reichstag durch ausdrücklichen Beschluß sein Vertrauen entzieht.

Art. 55 [Aufgaben des Reichskanzlers] Der Reichskanzler führt den Vorsitz in der Reichsregierung und leitet ihre Geschäfte nach einer Geschäftsordnung, die von der Reichsregierung beschlossen und vom Reichspräsidenten genehmigt wird.

Art. 56 [Richtlinienkompetenz] Der Reichskanzler bestimmt die Richtlinien der Politik und trägt dafür gegenüber dem Reichstag die Verantwortung. Innerhalb dieser Richtlinien leitet jeder Reichsminister den ihm anvertrauten Geschäftszweig selbständig und unter eigener Verantwortung gegenüber dem Reichstag.

Art. 57 [Gegenstand der Beratung und Beschlußfassung] Die Reichsminister haben der Reichsregierung alle Gesetzentwürfe, ferner Angelegenheiten, für welche Verfassung oder Gesetz dieses vorschreiben, sowie Meinungsverschiedenheiten über Fragen, die den Geschäftsbereich mehrerer Reichsminister berühren, zur Beratung und Beschlußfassung zu unterbreiten.

Art. 58 [Beschlüsse] Die Reichsregierung faßt ihre Beschlüsse mit Stimmenmehrheit. Bei Stimmengleichheit entscheidet die Stimme des Vorsitzenden.

Art. 59 [Anklage vor dem Staatsgerichtshof] Der Reichstag ist berechtigt, den Reichspräsidenten, den Reichskanzler und die Reichsminister vor dem Staatsgerichtshof für das Deutsche Reich anzuklagen, daß sie schuldhafterweise die Reichsverfassung oder ein Reichsgesetz verletzt haben. Den Antrag auf Erhebung der Anklage muß von mindestens hundert Mitgliedern des Reichstags unterzeichnet sein und bedarf der Zustimmung der für Verfassungsänderungen vorgeschriebenen Mehrheit. Das Nähere regelt das Reichsgesetz über den Staatsgerichtshof.

Vierter Abschnitt. Der Reichsrat

Art. 60 [Vertretung der Länder] Zur Vertretung der deutschen Länder bei der Gesetzgebung und Verwaltung des Reichs wird ein Reichsrat gebildet.

Art. 61 [Stimmen] Im Reichsrat hat jedes Land mindestens eine Stimme. Bei den größeren Ländern entfällt auf 1 Million Einwohner eine Stimme. Ein Überschuß, der mindestens der Einwohnerzahl des kleinsten Landes gleichkommt, wird einer vollen Million gleichgerechnet.[5] Kein Land darf durch mehr als zwei Fünftel aller Stimmen vertreten sein.

Deutschösterreich erhält nach seinem Anschluß an das Deutsche Reich das Recht der Teilnahme am Reichsrat mit der seiner Bevölkerung entsprechenden Stimmenzahl. Bis dahin haben die Vertreter Deutschösterreichs beratende Stimme.[5a]

Die Stimmenzahl wird durch den Reichsrat nach jeder allgemeinen Volkszählung neu festgesetzt.

Art. 62 [Ausschüsse] In den Ausschüssen, die der Reichsrat aus seiner Mitte bildet, führt kein Land mehr als eine Stimme.

Art. 63 [Vertreter] Die Länder werden im Reichsrat durch Mitglieder ihrer Regierungen vertreten. Jedoch wird die Hälfte der preußischen Stimmen nach Maßgabe eines Landesgesetzes von den preußischen Provinzialverwaltungen bestellt.

Die Länder sind berechtigt, so viele Vertreter in den Reichsrat zu entsenden, wie sie Stimmen führen.

Art. 64 [Einberufung] Die Reichsregierung muß den Reichsrat auf Verlangen von einem Drittel seiner Mitglieder einberufen.

Art. 65 [Vorsitz, Teilnahme von Regierungsmitgliedern] Den Vorsitz im Reichsrat und in seinen Ausschüssen führt ein Mitglied der Reichsregierung. Die Mitglieder der Reichsregierung haben das Recht und auf Verlangen die Pflicht, an den Verhandlungen des Reichsrats und

---

5 Durch Gesetz vom 24. 3. 1921 (RGBl. S. 440) wurden ersetzt im 2. Satz die Zahl „1 Million" durch die Zahl „700 000" und im 3. Satz die Worte „der mindestens der Einwohnerzahl des kleinsten Landes gleichkommt, wird einer vollen Million" durch die Worte „von mindestens 350 000 Einwohnern wird 700 000".

5a Dieser Absatz wurde durch den Versailler Friedensvertrag und ein besonderes Protokoll vom 22. 9. 1919 außer Kraft gesetzt.

seiner Ausschüsse teilzunehmen. Sie müssen während der Beratung auf Verlangen jederzeit gehört werden.

Art. 66 [Anträge, Geschäftsordnung, Abstimmung] Die Reichsregierung sowie jedes Mitglied des Reichsrats sind befugt, im Reichsrat Anträge zu stellen.

Der Reichsrat regelt seinen Geschäftsgang durch eine Geschäftsordnung.

Die Vollsitzungen des Reichsrats sind öffentlich. Nach Maßgabe der Geschäftsordnung kann die Öffentlichkeit für einzelne Beratungsgegenstände ausgeschlossen werden.

Bei der Abstimmung entscheidet die einfache Mehrheit der Abstimmenden.

Art. 67 [Unterrichtung des Reichsrats] Der Reichsrat ist von den Reichsministern über die Führung der Reichsgeschäfte auf dem laufenden zu halten. Zu Beratungen über wichtige Gegenstände sollen von den Reichsministern die zuständigen Ausschüsse des Reichsrats zugezogen werden.

Fünfter Abschnitt. Die Reichsgesetzgebung

Art. 68 [Einbringung von Gesetzesvorlagen] Die Gesetzesvorlagen werden von der Reichsregierung oder aus der Mitte des Reichstags eingebracht.

Die Reichsgesetze werden vom Reichstag beschlossen.

Art. 69 [Vorlagen der Reichsregierung] Die Einbringung von Gesetzesvorlagen der Reichsregierung bedarf der Zustimmung des Reichsrats. Kommt eine Übereinstimmung zwischen der Reichsregierung und dem Reichsrat nicht zustande, so kann die Reichsregierung die Vorlage gleichwohl einbringen, hat aber hierbei die abweichende Auffassung des Reichsrats darzulegen.

Beschließt der Reichsrat eine Gesetzesvorlage, welcher die Reichsregierung nicht zustimmt, so hat diese die Vorlage unter Darlegung ihres Standpunkts beim Reichstag einzubringen.

Art. 70 [Ausfertigung, Verkündung der Gesetze] Der Reichspräsident hat die verfassungsmäßig zustande gekommenen Gesetze auszufertigen und binnen Monatsfrist im Reichs-Gesetzblatt zu verkünden.

Art. 71 [Inkrafttreten] Reichsgesetze treten, soweit sie nichts anderes bestimmen, mit dem vierzehnten Tage nach Ablauf des Tages in Kraft, an dem das Reichs-Gesetzblatt in der Reichshauptstadt ausgegeben worden ist.

Art. 72 [Aussetzung der Verkündung] Die Verkündung eines Reichsgesetzes ist um zwei Monate auszusetzen, wenn es ein Drittel des Reichstages verlangt. Gesetze, die der Reichstag und der Reichsrat für dringlich erklären, kann der Reichspräsident ungeachtet dieses Verlangens verkünden.

Art. 73 [Volksentscheid, Volksbegehren] Ein vom Reichstag beschlossenes Gesetz ist vor seiner Verkündung zum Volksentscheid zu bringen, wenn der Reichspräsident binnen eines Monats es bestimmt.

Ein Gesetz, dessen Verkündung auf Antrag von mindestens einem Drittel des Reichstags ausgesetzt ist, ist dem Volksentscheid zu unterbreiten, wenn ein Zwanzigstel der Stimmberechtigten es beantragt.

Ein Volksentscheid ist ferner herbeizuführen, wenn ein Zehntel der Stimmberechtigten das Begehren nach Vorlegung eines Gesetzentwurfs stellt. Dem Volksbegehren muß ein ausgearbeiteter Gesetzentwurf zugrunde liegen. Er ist von der Regierung unter Darlegung ihrer Stellungnahme dem Reichstag zu unterbreiten. Der Volksentscheid findet nicht statt, wenn der begehrte Gesetzentwurf im Reichstag unverändert angenommen worden ist.

Über den Haushaltsplan, über Abgabengesetze und Besoldungsordnungen kann nur der Reichspräsident einen Volksentscheid veranlassen.

Das Verfahren beim Volksentscheid und beim Volksbegehren regelt ein Reichsgesetz.

Art. 74 [Einspruch des Reichsrats] Gegen die vom Reichstag beschlossenen Gesetze steht dem Reichsrat der Einspruch zu.

Der Einspruch muß innerhalb zweier Wochen nach der Schlußabstimmung im Reichstag bei der Reichsregierung eingebracht und spätestens binnen zwei weiteren Wochen mit Gründen versehen werden.

Im Falle des Einspruchs wird das Gesetz dem Reichstag zur nochmaligen Beschlußfassung vorgelegt. Kommt hierbei keine Übereinstimmung zwischen Reichstag und Reichsrat zustande, so kann der Reichspräsident binnen drei Monaten über den Gegenstand der Meinungsverschiedenheit einen Volksentscheid anordnen. Macht der Präsident von diesem Recht keinen Gebrauch, so gilt das Gesetz als nicht zustande gekommen. Hat der Reichstag mit Zweidrittelmehrheit entgegen dem Einspruch des Reichsrats beschlossen, so hat der Präsident das Gesetz binnen drei Monaten in der vom Reichstag beschlossenen Fassung zu verkünden oder einen Volksentscheid anzuordnen.

Art. 75 [Außerkraftsetzung durch Volksentscheid] Durch den Volksentscheid kann ein Beschluß des Reichstags nur dann außer Kraft gesetzt werden, wenn sich die Mehrheit der Stimmberechtigten an der Abstimmung beteiligt.

Art. 76 [Änderung der Verfassung] Die Verfassung kann im Wege der Gesetzgebung geändert werden. Jedoch kommen Beschlüsse des Reichstags auf Abänderung der Verfassung nur zustande, wenn zwei Drittel der gesetzlichen Mitgliederzahl anwesend sind und wenigstens zwei Drittel der Anwesenden zustimmen. Auch Beschlüsse des Reichsrats auf Abänderung der Verfassung bedürfen einer Mehrheit von zwei Dritteln der abgegebenen Stimmen. Soll auf Volksbegehren durch Volksentscheid eine Verfassungsänderung beschlossen werden, so ist die Zustimmung der Mehrheit der Stimmberechtigten erforderlich.

Hat der Reichstag entgegen dem Einspruch des Reichsrats eine Verfassungsänderung beschlossen, so darf der Reichspräsident dieses Gesetz nicht verkünden, wenn der Reichsrat binnen zwei Wochen den Volksentscheid verlangt.

Art. 77 [Ausführungsvorschriften] Die zur Ausführung der Reichsgesetze erforderlichen allgemeinen Verwaltungsvorschriften erläßt, soweit die Gesetze nichts anderes bestimmen, die Reichsregierung. Sie bedarf dazu der Zustimmung des Reichsrats, wenn die Ausführung der Reichsgesetze den Landesbehörden zusteht.

Sechster Abschnitt. Die Reichsverwaltung

Art. 78 [Auswärtige Angelegenheiten] Die Pflege der Beziehungen zu den auswärtigen Staaten ist ausschließlich Sache des Reichs.

In Angelegenheiten, deren Regelung der Landesgesetzgebung zusteht, können die Länder mit auswärtigen Staaten Verträge schließen; die Verträge bedürfen der Zustimmung des Reichs.

Vereinbarungen mit fremden Staaten über Veränderung der Reichsgrenzen werden nach Zustimmung des beteiligten Landes durch das Reich abgeschlossen. Die Grenzveränderungen dürfen nur auf Grund eines Reichsgesetzes erfolgen, soweit es sich nicht um bloße Berichtigung der Grenzen unbewohnter Gebietsteile handelt.

Um die Vertretung der Interessen zu gewährleisten, die sich für einzelne Länder aus ihren besonderen wirtschaftlichen Beziehungen oder ihrer benachbarten Lage zu auswärtigen Staaten ergeben, trifft das Reich im Einvernehmen mit den beteiligten Ländern die erforderlichen Einrichtungen und Maßnahmen.

Art. 79 [Verteidigung, Wehrverfassung] Die Verteidigung des Reichs ist Reichssache. Die Wehrverfassung des deutschen Volkes wird unter Berücksichtigung der besonderen landsmannschaftlichen Eigenarten durch ein Reichsgesetz einheitlich geregelt.

Art. 80 [Kolonialwesen] Das Kolonialwesen ist ausschließlich Sache des Reichs.

Art. 81 [Handelsflotte] Alle deutschen Kauffahrteischiffe bilden eine einheitliche Handelsflotte.

Art. 82 [Einheitliches Zoll- und Handelsgebiet] Deutschland bildet ein Zoll-und Handelsgebiet, umgeben von einer gemeinschaftlichen Zollgrenze.

Die Zollgrenze fällt mit der Grenze gegen das Ausland zusammen. An der See bildet das Gestade des Festlandes und der zum Reichsgebiet gehörigen Inseln die Zollgrenze. Für den Lauf der Zollgrenze an der See und an anderen Gewässern können Abweichungen bestimmt werden.

Fremde Staatsgebiete oder Gebietsteile können durch Staatsverträge oder Übereinkommen dem Zollgebiete angeschlossen werden.

Aus dem Zollgebiete können nach besonderem Erfordernis Teile ausgeschlossen werden. Für Freihäfen kann der Ausschluß nur durch ein verfassungsänderndes Gesetz aufgehoben werden.

Zollausschüsse können durch Staatsverträge oder Übereinkommen einem fremden Zollgebiet angeschlossen werden.

Alle Erzeugnisse der Natur sowie des Gewerbe- und Kunstfleißes, die sich im freien Verkehr des Reichs befinden, dürfen über die Grenze der Länder und Gemeinden ein-, aus- oder durchgeführt werden. Ausnahmen sind auf Grund eines Reichsgesetzes zulässig.

Art. 83 [Abgaben] Die Zölle und Verbrauchssteuern werden durch Reichsbehörden verwaltet.

Bei der Verwaltung von Reichsabgaben durch Reichsbehörden sind Einrichtungen vorzusehen, die den Ländern die Wahrung besonderer

Landesinteressen auf dem Gebiete der Landwirtschaft, des Handels, des Gewerbes und der Industrie ermöglichen.

Art. 84 [Gesetzliche Regelungen durch das Reich] Das Reich trifft durch Gesetz die Vorschriften über:

1. die Einrichtung der Abgabenverwaltung der Länder, soweit es die einheitliche und gleichmäßige Durchführung der Reichsabgabengesetze erfordert;
2. die Einrichtung und Befugnisse der mit der Beaufsichtigung der Ausführung der Reichsabgabengesetze betrauten Behörden;
3. die Abrechnung mit den Ländern;
4. die Vergütung der Verwaltungskosten bei Ausführung der Reichsabgabengesetze.

Art. 85 [Haushaltsplan][6] Alle Einnahmen und Ausgaben des Reichs müssen für jedes Rechnungsjahr veranschlagt und in den Haushaltsplan eingestellt werden.

Der Haushaltsplan wird vor Beginn des Rechnungsjahrs durch ein Gesetz festgestellt.

Die Ausgaben werden in der Regel für ein Jahr bewilligt; sie können in besonderen Fällen auch für eine längere Dauer bewilligt werden. Im übrigen sind Vorschriften im Reichshaushaltsgesetz unzulässig, die über das Rechnungsjahr hinausreichen oder sich nicht auf die Einnahmen und Ausgaben des Reichs oder ihre Verwaltung beziehen.

Der Reichstag kann im Entwurfe des Haushaltsplans ohne Zustimmung des Reichsrats Ausgaben nicht erhöhen oder neu einsetzen.

Die Zustimmung des Reichsrats kann gemäß den Vorschriften des Artikel 74 ersetzt werden.

Art. 86 [Rechnungsprüfung][6] Über die Verwendung aller Reichseinnahmen legt der Reichsfinanzminister in dem folgenden Rechnungsjahr zur Entlastung der Reichsregierung dem Reichsrat und dem Reichstag Rechnung. Die Rechnungsprüfung wird durch Reichsgesetz geregelt.

Art. 87 [Kredite][6] Im Wege des Kredits dürfen Geldmittel nur bei außerordentlichem Bedarf und in der Regel nur für Ausgaben zu

6 Durch § 15 Abs. 2 des Reichspostfinanzgesetzes vom 18. 3. 1924 (RGBl. S. 287) wurde bestimmt: „Die Bestimmungen der Art. 85 bis 87 der Reichsverfassung gelten von dem gleichen Zeitpunkt [1. 4. 1924] ab mit der Maßgabe, daß an die Stelle des Reichsrats und Reichstags der Verwaltungsrat tritt, und daß es zur Aufnahme von Krediten und zur Übernahme von Sicherheitsleistungen eines Reichsgesetzes nicht bedarf."

werbenden Zwecken beschafft werden. Eine solche Beschaffung sowie die Übernahme einer Sicherheitsleistung zu Lasten des Reichs dürfen nur auf Grund eines Reichsgesetzes erfolgen.

Art. 88 [Post- und Telegraphenwesen] Das Post- und Telegraphenwesen samt dem Fernsprechwesen ist ausschließlich Sache des Reichs.

Die Postwertzeichen sind für das ganze Reich einheitlich.

Die Reichsregierung erläßt mit Zustimmung des Reichsrats die Verordnungen, welche Grundsätze und Gebühren für die Benutzung der Verkehrseinrichtungen festsetzen. Sie kann diese Befugnis mit Zustimmung des Reichsrats auf den Reichspostminister übertragen.

Zur beratenden Mitwirkung in Angelegenheiten des Post-, Telegraphen- und Fernsprechverkehrs und der Tarife errichtet die Reichsregierung mit Zustimmung des Reichsrats einen Beirat.[7]

Verträge über den Verkehr mit dem Ausland schließt allein das Reich.

Art. 89 [Eisenbahnen] Aufgabe des Reichs ist es, die dem allgemeinen Verkehre dienenden Eisenbahnen in sein Eigentum zu übernehmen und als einheitliche Verkehrsanstalt zu verwalten.

Die Rechte der Länder, Privateisenbahnen zu erwerben, sind auf Verlangen dem Reiche zu übertragen.

Art. 90 [Enteignungsbefugnis; staatliche Hoheitsrechte] Mit dem Übergang der Eisenbahnen übernimmt das Reich die Enteignungsbefugnis und die staatlichen Hoheitsrechte, die sich auf das Eisenbahnwesen beziehen. Über den Umfang dieser Rechte entscheidet im Streitfall der Staatsgerichtshof.

Art. 91 [Bau, Betrieb, Verkehr der Eisenbahnen] Die Reichsregierung erläßt mit Zustimmung des Reichsrats die Verordnungen, die den Bau, den Betrieb und den Verkehr der Eisenbahnen regeln. Sie kann diese Befugnis mit Zustimmung des Reichsrats auf den zuständigen Reichsminister übertragen.

Art. 92 [Selbständige, wirtschaftliche Unternehmen] Die Reichseisenbahnen sind, ungeachtet der Eingliederung ihres Haushalts und ihrer Rechnung in den allgemeinen Haushalt und die allgemeine Rechnung des Reichs, als ein selbständiges wirtschaftliches Unternehmen zu verwalten, das seine Ausgaben einschließlich Verzinsung und Tilgung

---

7 Durch § 15 des Reichspostfinanzgesetzes vom 18. 3. 1924 (RGBl. I S. 287) wurden die Absätze 3 und 4 außer Kraft gesetzt.

der Eisenbahnschuld selbst zu bestreiten und eine Eisenbahnrücklage anzusammeln hat. Die Höhe der Tilgung und der Rücklage sowie die Verwendungszwecke der Rücklage sind durch besonderes Gesetz zu regeln.

Art. 93 [Beiräte] Zur beratenden Mitwirkung in Angelegenheiten des Eisenbahnverkehrs und der Tarife errichtet die Reichsregierung für die Reichseisenbahnen mit Zustimmung des Reichsrats Beiräte.

Art. 94 [Bau neuer Eisenbahnen] Hat das Reich die dem allgemeinen Verkehre dienenden Eisenbahnen eines bestimmten Gebiets in seine Verwaltung übernommen, so können innerhalb dieses Gebiets neue, dem allgemeinen Verkehre dienende Eisenbahnen nur vom Reiche oder mit seiner Zustimmung gebaut werden. Berührt der Bau neuer oder die Veränderung bestehender Reichseisenbahnanlagen den Geschäftsbereich der Landespolizei, so hat die Reichseisenbahnverwaltung vor der Entscheidung die Landesbehörden anzuhören.

Wo das Reich die Eisenbahnen noch nicht in seine Verwaltung übernommen hat, kann es für den allgemeinen Verkehr oder die Landesverteidigung als notwendig erachtete Eisenbahnen kraft Reichsgesetzes auch gegen den Widerspruch der Länder, deren Gebiet durchschnitten wird, jedoch unbeschadet der Landeshoheitsrechte, für eigene Rechnung anlegen oder den Bau einem anderen zur Ausführung überlassen, nötigenfalls unter Verleihung des Enteignungsrechts.

Jede Eisenbahnverwaltung muß sich den Anschluß anderer Bahnen auf deren Kosten gefallen lassen.

Art. 95 [Beaufsichtigung durch das Reich] Eisenbahnen des allgemeinen Verkehrs, die nicht vom Reiche verwaltet werden, unterliegen der Beaufsichtigung durch das Reich.

Die der Reichsaufsicht unterliegenden Eisenbahnen sind nach den gleichen vom Reiche festgesetzten Grundsätzen anzulegen und auszurüsten. Sie sind in betriebssicherem Zustand zu erhalten und entsprechend den Anforderungen des Verkehrs auszubauen. Personen- und Güterverkehr sind in Übereinstimmung mit dem Bedürfnis zu bedienen und auszugestalten.

Bei der Beaufsichtigung des Tarifwesens ist auf gleichmäßige und niedrige Eisenbahntarife hinzuwirken.

Art. 96 [Benutzung der Eisenbahnen zum Zweck der Landesverteidigung] Alle Eisenbahnen, auch die nicht dem allgemeinen Verkehr dienenden, haben den Anforderungen des Reichs auf Benutzung der Eisenbahnen zum Zwecke der Landesverteidigung Folge zu leisten.

Art. 97 [Wasserstraßen] Aufgabe des Reichs ist es, die dem allgemeinen Verkehre dienenden Wasserstraßen in sein Eigentum und seine Verwaltung zu übernehmen.

Nach der Übernahme können dem allgemeinen Verkehre dienende Wasserstraßen nur noch vom Reiche oder mit seiner Zustimmung angelegt oder ausgebaut werden.

Bei der Verwaltung, dem Ausbau oder dem Neubau von Wasserstraßen sind die Bedürfnisse der Landeskultur und der Wasserwirtschaft im Einvernehmen mit den Ländern zu wahren. Auch ist auf deren Förderung Rücksicht zu nehmen.

Jede Wasserstraßenverwaltung hat sich den Anschluß anderer Binnenwasserstraßen auf Kosten der Unternehmer gefallen zu lassen. Die gleiche Verpflichtung besteht für die Herstellung einer Verbindung zwischen Binnenwasserstraßen und Eisenbahnen.

Mit dem Übergange der Wasserstraßen erhält das Reich die Enteignungsbefugnis, die Tarifhoheit sowie die Strom- und Schiffahrtspolizei.

Die Aufgaben der Strombauverbände in bezug auf den Ausbau natürlicher Wasserstraßen im Rhein-, Weser- und Elbgebiet sind auf das Reich zu übernehmen.

Art. 98 [Beiräte] Zur Mitwirkung in Angelegenheiten der Wasserstraßen werden bei den Reichswasserstraßen nach näherer Anordnung der Reichsregierung unter Zustimmung des Reichsrats Beiräte gebildet.

Art. 99 [Erhebung von Abgaben] Auf natürlichen Wasserstraßen dürfen Abgaben nur für solche Werke, Einrichtungen und sonstige Anstalten erhoben werden, die zur Erleichterung des Verkehrs bestimmt sind. Sie dürfen bei staatlichen und kommunalen Anstalten die zur Herstellung und Unterhaltung erforderlichen Kosten nicht übersteigen. Die Herstellungs- und Unterhaltungskosten für Anstalten, die nicht ausschließlich zur Erleichterung des Verkehrs, sondern auch zur Förderung anderer Zwecke bestimmt sind, dürfen nur zu einem verhältnismäßigen Anteil durch Schiffahrtsabgaben aufgebracht werden. Als Herstellungskosten gelten die Zinsen und Tilgungsbeträge für die aufgewandten Mittel.

Die Vorschriften des vorstehenden Absatzes finden Anwendung auf die Abgaben, die für künstliche Wasserstraßen sowie für Anstalten an solchen und in Häfen erhoben werden.

Im Bereiche der Binnenschiffahrt können für die Bemessung der Befahrungsabgaben die Gesamtkosten einer Wasserstraße, eines Stromgebiets oder eines Wasserstraßennetzes zugrunde gelegt werden.

Diese Bestimmungen gelten auch für die Flößerei auf schiffbaren Wasserstraßen.

Auf fremde Schiffe und deren Ladungen andere oder höhere Abgaben zu legen als auf deutsche Schiffe und deren Ladungen, steht nur dem Reiche zu.

Zur Beschaffung von Mitteln für die Unterhaltung und den Ausbau des deutschen Wasserstraßennetzes kann das Reich die Schiffahrtsbeteiligten auch auf andere Weise durch Gesetz zu Beiträgen heranziehen.

Art. 100 [Kostendeckung] Zur Deckung der Kosten für Unterhaltung und Bau von Binnenschiffahrtswegen kann durch ein Reichsgesetz auch herangezogen werden, wer aus dem Bau von Talsperren in anderer Weise als durch Befahrung Nutzen zieht, sofern mehrere Länder beteiligt sind oder das Reich die Kosten der Anlage trägt.

Art. 101 [Seezeichen] Aufgabe des Reichs ist es, alle Seezeichen, insbesondere Leuchtfeuer, Feuerschiffe, Bojen, Tonnen und Baken, in sein Eigentum und seine Verwaltung zu übernehmen. Nach der Übernahme können Seezeichen nur noch vom Reiche oder mit seiner Zustimmung hergestellt oder ausgebaut werden.

Siebenter Abschnitt. Die Rechtspflege

Art. 102 [Unabhängigkeit der Richter] Die Richter sind unabhängig und nur dem Gesetz unterworfen.

Art. 103 [Reichsgericht, Gerichte der Länder] Die ordentliche Gerichtsbarkeit wird durch das Reichsgericht und durch die Gerichte der Länder ausgeübt.

Art. 104 [Amtsenthebung, Versetzung] Die Richter der ordentlichen Gerichtsbarkeit werden auf Lebenszeit ernannt. Sie können wider ihren Willen nur kraft richterlicher Entscheidung und nur aus den Gründen und unter den Formen, welche die Gesetze bestimmen, dauernd oder zeitweise ihres Amtes enthoben oder an eine andere Stelle oder in den Ruhestand versetzt werden. Die Gesetzgebung kann Altersgrenzen festsetzen, bei deren Erreichung Richter in den Ruhestand treten.

Die vorläufige Amtsenthebung, die kraft Gesetzes eintritt, wird hierdurch nicht berührt.

Bei einer Veränderung in der Einrichtung der Gerichte oder ihrer Bezirke kann die Landesjustizverwaltung unfreiwillige Versetzungen an ein anderes Gericht oder Entfernungen vom Amte, jedoch nur unter Belassung des vollen Gehalts, verfügen.

Auf Handelsrichter, Schöffen und Geschworene finden diese Bestimmungen keine Anwendung.

Art. 105 [Ausnahmegerichte] Ausnahmegerichte sind unstatthaft. Niemand darf seinem gesetzlichen Richter entzogen werden. Die gesetzlichen Bestimmungen über Kriegsgerichte und Standgerichte werden hiervon nicht berührt. Die militärischen Ehrengerichte sind aufgehoben.

Art. 106 [Militärgerichtsbarkeit] Die Militärgerichtsbarkeit ist aufzuheben, außer für Kriegszeiten und an Bord der Kriegsschiffe. Das Nähere regelt ein Reichsgesetz.

Art. 107 [Verwaltungsgerichte] Im Reiche und in den Ländern müssen nach Maßgabe der Gesetze Verwaltungsgerichte zum Schutze der einzelnen gegen Anordnungen und Verfügungen der Verwaltungsbehörden bestehen.

Art. 108 [Staatsgerichtshof] Nach Maßgabe eines Reichsgesetzes wird ein Staatsgerichtshof für das Deutsche Reich errichtet.

Zweiter Hauptteil
Grundrechte und Grundpflichten der Deutschen

Erster Abschnitt. Die Einzelperson

Art. 109 [Gleichheitsgrundsatz, Gleichberechtigung, Titel, Orden] Alle Deutschen sind vor dem Gesetze gleich.

Männer und Frauen haben grundsätzlich dieselben staatsbürgerlichen Rechte und Pflichten.

Öffentlich-rechtliche Vorrechte oder Nachteile der Geburt oder des Standes sind aufzuheben. Adelsbezeichnungen gelten nur als Teil des Namens und dürfen nicht mehr verliehen werden.

Titel dürfen nur verliehen werden, wenn sie ein Amt oder einen Beruf bezeichnen; akademische Grade sind hierdurch nicht betroffen.

Orden und Ehrenzeichen dürfen vom Staat nicht verliehen werden.

Kein Deutscher darf von einer ausländischen Regierung Titel oder Orden annehmen.

Art. 110 [Staatsangehörigkeit] Die Staatsangehörigkeit im Reiche und in den Ländern wird nach den Bestimmungen eines Reichsgesetzes erworben und verloren. Jeder Angehörige eines Landes ist zugleich Reichsangehöriger.

Jeder Deutscher hat in jedem Lande des Reichs die gleichen Rechte und Pflichten wie die Angehörigen des Landes selbst.

Art. 111 [Freizügigkeit, Berufsfreiheit] Alle Deutschen genießen Freizügigkeit im ganzen Reiche. Jeder hat das Recht, sich an beliebigem Orte des Reichs aufzuhalten und niederzulassen, Grundstücke zu erwerben und jeden Nahrungszweig zu betreiben. Einschränkungen bedürfen eines Reichsgesetzes.

Art. 112 [Auswanderung, Auslieferung] Jeder Deutsche ist berechtigt, nach außerdeutschen Ländern auszuwandern. Die Auswanderung kann nur durch Reichsgesetz beschränkt werden.

Dem Ausland gegenüber haben alle Reichsangehörigen inner- und außerhalb des Reichsgebiets Anspruch auf den Schutz des Reichs.

Kein Deutscher darf einer ausländischen Regierung zur Verfolgung oder Bestrafung überliefert werden.

Art. 113 [Fremdsprachige Volksteile] Die fremdsprachigen Volksteile des Reichs dürfen durch die Gesetzgebung und Verwaltung nicht in ihrer freien, volkstümlichen Entwicklung, besonders nicht im Gebrauch ihrer Muttersprache beim Unterricht sowie bei der inneren Verwaltung und der Rechtspflege beeinträchtigt werden.

Art. 114 [Freiheit der Person] Die Freiheit der Person ist unverletzlich. Eine Beeinträchtigung oder Entziehung der persönlichen Freiheit durch die öffentliche Gewalt ist nur auf Grund von Gesetzen zulässig.

Personen, denen die Freiheit entzogen wird, sind spätestens am darauffolgenden Tage in Kenntnis zu setzen, von welcher Behörde und aus welchen Gründen die Entziehung der Freiheit angeordnet worden ist; unverzüglich soll ihnen Gelegenheit gegeben werden, Einwendungen gegen ihre Freiheitsentziehung vorzubringen.

Art. 115 [Unverletzlichkeit der Wohnung] Die Wohnung jedes Deutschen ist für ihn eine Freistätte und unverletzlich. Ausnahmen sind nur auf Grund von Gesetzen zulässig.

Art. 116 [Gesetzliche Bestimmung der Strafbarkeit] Eine Handlung kann nur dann mit einer Strafe belegt werden, wenn die Strafbarkeit gesetzlich bestimmt war, bevor die Handlung begangen wurde.

Art. 117 [Briefgeheimnis] Das Briefgeheimnis sowie das Post-, Telegraphen- und Fernsprechgeheimnis sind unverletzlich. Ausnahmen können nur durch Reichsgesetz zugelassen werden.

Art. 118 [Meinungsfreiheit, Zensur] Jeder Deutsche hat das Recht, innerhalb der Schranken der allgemeinen Gesetze seine Meinung durch Wort, Schrift, Druck, Bild oder in sonstiger Weise frei zu äußern. An diesem Rechte darf ihn kein Arbeits- oder Anstellungsverhältnis hindern, und niemand darf ihn benachteiligen, wenn er von diesem Rechte Gebrauch macht.

Eine Zensur findet nicht statt, doch können für Lichtspiele durch Gesetz abweichende Bestimmungen getroffen werden. Auch sind zur Bekämpfung der Schund- und Schmutzliteratur sowie zum Schutze der Jugend bei öffentlichen Schaustellungen und Darbietungen gesetzliche Maßnahmen zulässig.

Zweiter Abschnitt. Das Gemeinschaftsleben

Art. 119 [Ehe und Familie] Die Ehe steht als Grundlage des Familienlebens und der Erhaltung und Vermehrung der Nation unter dem besonderen Schutz der Verfassung. Sie beruht auf der Gleichberechtigung der beiden Geschlechter.

Die Reinerhaltung, Gesundung und soziale Förderung der Familie ist Aufgabe des Staats und der Gemeinden. Kinderreiche Familien haben Anspruch auf ausgleichende Fürsorge.

Die Mutterschaft hat Anspruch auf den Schutz und die Fürsorge des Staats.

Art. 120 [Erziehung] Die Erziehung des Nachwuchses zur leiblichen, seelischen und gesellschaftlichen Tüchtigkeit ist oberste Pflicht und natürliches Recht der Eltern, über deren Betätigung die staatliche Gemeinschaft wacht.

Art. 121 [Uneheliche Kinder] Den unehelichen Kindern sind durch die Gesetzgebung die gleichen Bedingungen für ihre leibliche, seelische und gesellschaftliche Entwicklung zu schaffen wie den ehelichen Kindern.

Art. 122 [Schutz der Jugend] Die Jugend ist gegen Ausbeutung sowie gegen sittliche, geistige oder körperliche Verwahrlosung zu schützen. Staat und Gemeinde haben die erforderlichen Einrichtungen zu treffen.

Fürsorgemaßregeln im Wege des Zwanges können nur auf Grund des Gesetzes angeordnet werden.

Art. 123 [Versammlungsfreiheit] Alle Deutschen haben das Recht, sich ohne Anmeldung oder besondere Erlaubnis friedlich und unbewaffnet zu versammeln.

Versammlungen unter freiem Himmel können durch Reichsgesetz anmeldepflichtig gemacht und bei unmittelbarer Gefahr für die öffentliche Sicherheit verboten werden.

Art. 124 [Vereinigungsfreiheit] Alle Deutschen haben das Recht, zu Zwecken, die den Strafgesetzen nicht zuwiderlaufen, Vereine oder Gesellschaften zu bilden. Dies Recht kann nicht durch Vorbeugungsmaßregeln beschränkt werden. Für religiöse Vereine und Gesellschaffen gelten dieselben Bestimmungen.

Der Erwerb der Rechtsfähigkeit steht jedem Verein gemäß den Vorschriften des bürgerlichen Rechts frei. Er darf einem Verein nicht aus dem Grunde versagt werden, daß er einen politischen, sozialpolitischen oder religiösen Zweck verfolgt.

Art. 125 [Wahlfreiheit, Wahlgeheimnis] Wahlfreiheit und Wahlgeheimnis sind gewährleistet. Das Nähere bestimmen die Wahlgesetze.

Art. 126 [Petitionsrecht] Jeder Deutsche hat das Recht, sich schriftlich mit Bitten oder Beschwerden an die zuständige Behörde oder an die Volksvertretung zu wenden. Dieses Recht kann sowohl von einzelnen als auch von mehreren gemeinsam ausgeübt werden.

Art. 127 [Selbstverwaltung der Gemeinden] Gemeinden und Gemeindeverbände haben das Recht der Selbstverwaltung innerhalb der Schranken der Gesetze.

Art. 128 [Öffentlicher Dienst] Alle Staatsbürger ohne Unterschied sind nach Maßgabe der Gesetze und entsprechend ihrer Befähigung und ihren Leistungen zu den öffentlichen Ämtern zuzulassen.

Alle Ausnahmestimmungen gegen weibliche Beamte werden beseitigt.

Die Grundlagen des Beamtenverhältnisses sind durch Reichsgesetz zu regeln.

Art. 129 [Rechtsstellung der Beamten] Die Anstellung der Beamten erfolgt auf Lebenszeit, soweit nicht durch Gesetz etwas anderes bestimmt ist. Ruhegehalt und Hinterbliebenenversorgung werden gesetzlich geregelt. Die wohlerworbenen Rechte der Beamten sind unverletzlich. Für die vermögensrechtlichen Ansprüche der Beamten steht der Rechtsweg offen.

Die Beamten können nur unter den gesetzlich bestimmten Voraussetzungen und Formen vorläufig ihres Amtes enthoben, einstweilen oder endgültig in den Ruhestand oder in ein anderes Amt mit geringerem Gehalt versetzt werden.

Gegen jedes dienstliche Straferkenntnis muß ein Beschwerdeweg und die Möglichkeit eines Wiederaufnahmeverfahrens eröffnet sein. In die Nachweise über die Person des Beamten sind Eintragungen von ihm ungünstigen Tatsachen erst vorzunehmen, wenn dem Beamten Gelegenheit gegeben war, sich über sie zu äußern. Dem Beamten ist Einsicht in seine Personalnachweise zu gewähren.

Die Unverletzlichkeit der wohlerworbenen Rechte und die Offenhaltung des Rechtswegs für die vermögensrechtlichen Ansprüche werden besonders auch den Berufssoldaten gewährleistet. Im übrigen wird ihre Stellung durch Reichsgesetz geregelt.

Art. 130 [Beamte dienen der Gesamtheit] Die Beamten sind Diener der Gesamtheit, nicht einer Partei.

Allen Beamten wird die Freiheit ihrer politischen Gesinnung und die Vereinigungsfreiheit gewährleistet.

Die Beamten erhalten nach näherer reichsgesetzlicher Bestimmung besondere Beamtenvertretungen.

Art. 131 [Amtspflichtverletzung] Verletzt ein Beamter in Ausübung der ihm anvertrauten öffentlichen Gewalt die ihm einem Dritten gegenüber obliegende Amtspflicht, so trifft die Verantwortlichkeit grundsätzlich den Staat oder die Körperschaft, in deren Dienste der Beamte steht. Der Rückgriff gegen den Beamten bleibt vorbehalten. Der ordentliche Rechtsweg darf nicht ausgeschlossen werden.

Die nähere Regelung liegt der zuständigen Gesetzgebung ob.

Art. 132 [Ehrenämter] Jeder Deutsche hat nach Maßgabe der Gesetze die Pflicht zur Übernahme ehrenamtlicher Tätigkeiten.

Art. 133 [Persönliche Dienste, Wehrpflicht] Alle Staatsbürger sind verpflichtet, nach Maßgabe der Gesetze persönliche Dienste für den Staat und die Gemeinde zu leisten.

Die Wehrpflicht richtet sich nach den Bestimmungen des Reichswehrgesetzes. Dieses bestimmt auch, wieweit für Angehörige der Wehrmacht zur Erfüllung ihrer Aufgaben und zur Erhaltung der Manneszucht einzelne Grundrechte einzuschränken sind.

Art. 134 [Beitrag zu öffentlichen Lasten] Alle Staatsbürger ohne Unterschied tragen im Verhältnis ihrer Mittel zu allen öffentlichen Lasten nach Maßgabe der Gesetze bei.

Dritter Abschnitt. Religion und Religionsgesellschaften

Art. 135 [Glaubens- und Gewissensfreiheit] Alle Bewohner des Reichs genießen volle Glaubens- und Gewissensfreiheit. Die ungestörte Religionsübung wird durch die Verfassung gewährleistet und steht unter staatlichem Schutz. Die allgemeinen Staatsgesetze bleiben hiervon unberührt.

Art. 136 [Religion und staatsbürgerliche Stellung][8] Die bürgerlichen und staatsbürgerlichen Rechte und Pflichten werden durch die Ausübung der Religionsfreiheit weder bedingt noch beschränkt.

Der Genuß bürgerlicher und staatsbürgerlicher Rechte sowie die Zulassung zu öffentlichen Ämtern sind unabhängig von dem religiösen Bekenntnis.

Niemand ist verpflichtet, seine religiöse Überzeugung zu offenbaren. Die Behörden haben nur soweit das Recht, nach der Zugehörigkeit zu einer Religionsgesellschaft zu fragen, als davon Rechte und Pflichten abhängen oder eine gesetzlich angeordnete statistische Erhebung dies erfordert.

Niemand darf zu einer kirchlichen Handlung oder Feierlichkeit oder zur Teilnahme an religiösen Übungen oder zur Benutzung einer religiösen Eidesform gezwungen werden.

---

8 Die Art. 136 bis 139, 141 wurden gemäß Art. 140 GG Bestandteil des Grundgesetzes.

Art. 137 [Religionsgesellschaften] Es besteht keine Staatskirche.

Die Freiheit der Vereinigung zu Religionsgesellschaften wird gewährleistet. Der Zusammenschluß von Religionsgesellschaften innerhalb des Reichsgebiets unterliegt keinen Beschränkungen.

Jede Religionsgesellschaft ordnet und verwaltet ihre Angelegenheiten selbständig innerhalb der Schranken des für alle geltenden Gesetzes. Sie verleiht ihre Ämter ohne Mitwirkung des Staates oder der bürgerlichen Gemeinde. Religionsgesellschaften erwerben die Rechtsfähigkeit nach den allgemeinen Vorschriften des bürgerlichen Rechtes.

Die Religionsgesellschaften bleiben Körperschaften des öffentlichen Rechtes, soweit sie solche bisher waren. Anderen Religionsgesellschaften sind auf ihren Antrag gleiche Rechte zu gewähren, wenn sie durch ihre Verfassung und die Zahl ihrer Mitglieder die Gewähr der Dauer bieten. Schließen sich mehrere derartige öffentlich-rechtliche Religionsgesellschaften zu einem Verbande zusammen, so ist auch dieser Verband eine öffentlich-rechtliche Körperschaft.

Die Religionsgesellschaften, welche Körperschaften des öffentlichen Rechtes sind, sind berechtigt, auf Grund der bürgerlichen Steuerlisten nach Maßgabe der landesrechtlichen Bestimmungen Steuern zu erheben.

Den Religionsgesellschaften werden die Vereinigungen gleichgestellt, die sich die gemeinschaftliche Pflege einer Weltanschauung zur Aufgabe machen.

Soweit die Durchführung dieser Bestimmungen eine weitere Regelung erfordert, liegt diese der Landesgesetzgebung ob.

Art. 138 [Staatsleistungen, Eigentum] Die auf Gesetz, Vertrag oder besonderen Rechtstiteln beruhenden Staatsleistungen an die Religionsgesellschaften werden durch die Landesgesetzgebung abgelöst. Die Grundsätze hierfür stellt das Reich auf.

Das Eigentum und andere Rechte der Religionsgesellschaften und religiösen Vereine an ihren für Kultus-, Unterrichts- und Wohltätigkeitszwecke bestimmten Anstalten, Stiftungen und sonstigen Vermögen werden gewährleistet.

Art. 139 [Sonntag, Feiertage] Der Sonntag und die staatlich anerkannten Feiertage bleiben als Tage der Arbeitsruhe und der seelischen Erhebung gesetzlich geschützt.

Art. 140 [Wehrmachtsangehörige] Den Angehörigen der Wehrmacht ist die nötige freie Zeit zur Erfüllung ihrer religiösen Pflichten zu gewähren.

Art. 141 [Seelsorge im Heer und in Anstalten] Soweit das Bedürfnis nach Gottesdiensten und Seelsorge im Heer, in Krankenhäusern, Strafanstalten oder sonstigen öffentlichen Anstalten besteht, sind die Religionsgesellschaften zur Vornahme religiöser Handlungen zuzulassen, wobei jeder Zwang fernzuhalten ist.

Vierter Abschnitt. Bildung und Schule

Art. 142 [Freiheit von Kunst und Wissenschaft] Die Kunst, die Wissenschaft und ihre Lehre sind frei. Der Staat gewährt ihnen Schutz und nimmt an ihrer Pflege teil.

Art. 143 [Bildung der Jugend, Lehrer] Für die Bildung der Jugend ist durch öffentliche Anstalten zu sorgen. Bei ihrer Einrichtung wirken Reich, Länder und Gemeinden zusammen.

Die Lehrerbildung ist nach den Grundsätzen, die für die höhere Bildung allgemein gelten, für das Reich einheitlich zu regeln.

Die Lehrer an öffentlichen Schulen haben die Rechte und Pflichten der Staatsbeamtetn.

Art. 144 [Schulaufsicht] Das gesamte Schulwesen steht unter der Aufsicht des Staates; er kann die Gemeinden daran beteiligen. Die Schulaufsicht wird durch hauptamtlich tätige, fachmännisch vorgebildete Beamte ausgeübt.

Art. 145 [Schulpflicht] Es besteht allgemeine Schulpflicht. Ihrer Erfüllung dient grundsätzlich die Volksschule mit mindestens acht Schuljahren und die anschließende Fortbildungsschule bis zum vollendeten achtzehnten Lebensjahre. Der Unterricht und die Lernmittel in den Volksschulen und Fortbildungsschulen sind unentgeltlich.

Art. 146 [Aufbau des öffentlichen Schulwesens] Das öffentliche Schulwesen ist organisch auszugestalten. Auf einer für alle gemeinsamen Grundschule baut sich das mittlere und höhere Schulwesen auf. Für diesen Aufbau ist die Mannigfaltigkeit der Lebensberufe, für die Aufnahme eines Kindes in eine bestimmte Schule sind seine Anlage und Neigung, nicht die wirtschaftliche und gesellschaftliche Stellung oder das Religionsbekenntnis seiner Eltern maßgebend.

Innerhalb der Gemeinden sind indes auf Antrag von Erziehungsberechtigten Volksschulen ihres Bekenntnisses oder ihrer Weltanschauung einzurichten, soweit hierdurch ein geordneter Schulbetrieb, auch im Sinne des Abs. 1, nicht beeinträchtigt wird. Der Wille der Erziehungsberechtigten ist möglichst zu berücksichtigen. Das Nähere bestimmt die Landesgesetzgebung nach den Grundsätzen eines Reichsgesetzes.

Für den Zugang Minderbemittelter zu den mittleren und höheren Schulen sind durch Reich, Länder und Gemeinden öffentliche Mittel bereitzustellen, insbesondere Erziehungsbeihilfen für die Eltern von Kindern, die zur Ausbildung auf mittleren und höheren Schulen für geeignet erachtet werden, bis zur Beendigung der Ausbildung.

Art. 147 [Privatschulen] Private Schulen als Ersatz für öffentliche Schulen bedürfen der Genehmigung des Staates und unterstehen den Landesgesetzen. Die Genehmigung ist zu erteilen, wenn die Privatschulen in ihren Lehrzielen und Einrichtungen sowie in der wissenschaftlichen Ausbildung ihrer Lehrkräfte nicht hinter den öffentlichen Schulen zurückstehen und eine Sonderung der Schüler nach den Besitzverhältnissen der Eltern nicht gefördert wird. Die Genehmigung ist zu versagen, wenn die wirtschaftliche und rechtliche Stellung der Lehrkräfte nicht genügend gesichert ist.

Private Volksschulen sind nur zuzulassen, wenn für eine Minderheit von Erziehungsberechtigten, deren Wille nach Artikel 146 Abs. 2 zu berücksichtigen ist, eine öffentliche Volksschule ihres Bekenntnisses oder ihrer Weltanschauung in der Gemeinde nicht besteht oder die Unterrichtsverwaltung ein besonderes pädagogisches Interesse anerkennt.

Private Vorschulen sind aufzuheben.

Für private Schulen, die nicht als Ersatz für öffentliche Schulen dienen, verbleibt es bei dem geltenden Recht.

Art. 148 [Inhalt des Unterrichts] In allen Schulen ist sittliche Bildung, staatsbürgerliche Gesinnung, persönliche und berufliche Tüchtigkeit im Geiste des deutschen Volkstums und der Völkerversöhnung zu erstreben.

Beim Unterricht in öffentlichen Schulen ist Bedacht zu nehmen, daß die Empfindungen Andersdenkender nicht verletzt werden.

Staatsbürgerkunde und Arbeitsunterricht sind Lehrfächer der Schulen. Jeder Schüler erhält bei Beendigung der Schulpflicht einen Abdruck der Verfassung.

Das Volksbildungswesen, einschließlich der Volkshochschulen, soll von Reich, Ländern und Gemeinden gefördert werden.

Art. 149 [Religionsunterricht] Der Religionsunterricht ist ordentliches Lehrfach der Schulen mit Ausnahme der bekenntnisfreien (weltlichen) Schulen. Seine Erteilung wird im Rahmen der Schulgesetzgebung geregelt. Der Religionsunterricht wird in Übereinstimmung mit den Grundsätzen der betreffenden Religionsgemeinschaft unbeschadet des Aufsichtsrechts des Staates erteilt.

Die Erteilung religiösen Unterrichts und die Vornahme kirchlicher Verrichtungen bleibt der Willenserklärung der Lehrer, die Teilnahme an religiösen Unterrichtsfächern und an kirchlichen Feiern und Handlungen der Willenserklärung desjenigen überlassen, der über die religiöse Erziehung des Kindes zu bestimmen hat.

Die theologischen Fakultäten an den Hochschulen bleiben erhalten.

Art. 150 [Denkmäler] Die Denkmäler der Kunst, der Geschichte und der Natur sowie die Landschaft genießen den Schutz und die Pflege des Staates.

Es ist Sache des Reichs, die Abwanderung deutschen Kunstbesitzes in das Ausland zu verhüten.

Fünfter Abschnitt. Das Wirtschaftsleben

Art. 151 [Grundsätze] Die Ordnung des Wirtschaftslebens muß den Grundsätzen der Gerechtigkeit mit dem Ziel der Gewährleistung eines menschenwürdigen Daseins für alle entsprechen. In diesen Grenzen ist die wirtschaftliche Freiheit des einzelnen zu sichern.

Gesetzlicher Zwang ist nur zulässig zur Verwirklichung bedrohter Rechte oder im Dienst überragender Forderungen des Gemeinwohls.

Die Freiheit des Handels und Gewerbes wird nach Maßgabe der Reichsgesetze gewährleistet.

Art. 152 [Vertragsfreiheit] Im Wirtschaftsverkehr gilt Vertragsfreiheit nach Maßgabe der Gesetze.

Wucher ist verboten. Rechtsgeschäfte, die gegen die guten Sitten verstoßen, sind nichtig.

Art. 153 [Eigentum, Enteignung] Das Eigentum wird von der Verfassung gewährleistet. Sein Inhalt und seine Schranken ergeben sich aus den Gesetzen.

Eine Enteignung kann nur zum Wohle der Allgemeinheit und auf gesetzlicher Grundlage vorgenommen werden. Sie erfolgt gegen angemessene Entschädigung, soweit nicht ein Reichsgesetz etwas anderes bestimmt. Wegen der Höhe der Entschädigung ist im Streitfalle der Rechtsweg bei den ordentlichen Gerichten offenzuhalten, soweit Reichsgesetze nichts anderes bestimmen. Enteignung durch das Reich gegenüber Ländern, Gemeinden und gemeinnützigen Verbänden kann nur gegen Entschädigung erfolgen.

Eigentum verpflichtet. Sein Gebrauch soll zugleich Dienst sein für das Gemeine Beste.

Art. 154 [Erbrecht] Das Erbrecht wird nach Maßgabe des bürgerlichen Rechtes gewährleistet.

Der Anteil des Staates am Erbgut bestimmt sich nach den Gesetzen.

Art. 155 [Verteilung und Nutzung des Bodens] Die Verteilung und Nutzung des Bodens wird von Staats wegen in einer Weise überwacht, die Mißbrauch verhütet und dem Ziele zustrebt, jedem Deutschen eine gesunde Wohnung und allen deutschen Familien, besonders den kinderreichen, eine ihren Bedürfnissen entsprechende Wohn- und Wirtschaftsheimstätte zu sichern. Kriegsteilnehmer sind bei dem zu schaffenden Heimstättenrecht besonders zu berücksichtigen.

Grundbesitz, dessen Erwerb zur Befriedigung des Wohnungsbedürfnisses, zur Förderung der Siedlung und Urbarmachung oder zur Hebung der Landwirtschaft nötig ist, kann enteignet werden. Die Fideikommisse sind aufzulösen.

Die Bearbeitung und Ausnutzung des Bodens ist eine Pflicht des Grundbesitzers gegenüber der Gemeinschaft. Die Wertsteigerung des Bodens, die ohne eine Arbeits- oder Kapitalaufwendung auf das Grundstück entsteht, ist für die Gesamtheit nutzbar zu machen.

Alle Bodenschätze und alle wirtschaftlich nutzbaren Naturkräfte stehen unter Aufsicht des Staates. Private Regale sind im Wege der Gesetzgebung auf den Staat zu überführen.

Art. 156 [Sozialisierung] Das Reich kann durch Gesetz, unbeschadet der Entschädigung, in sinngemäßer Anwendung der für Enteignung geltenden Bestimmungen, für die Vergesellschaftung geeignete private wirtschaftliche Unternehmungen in Gemeineigentum überführen. Es kann sich selbst, die Länder oder die Gemeinden an der Verwaltung wirtschaftlicher Unternehmungen und Verbände beteiligen oder sich daran in anderer Weise einen bestimmenden Einfluß sichern.

Das Reich kann ferner im Falle dringenden Bedürfnisses zum Zwecke der Gemeinwirtschaft durch Gesetz wirtschaftliche Unternehmungen und Verbände auf der Grundlage der Selbstverwaltung zusammenschließen mit dem Ziele, die Mitwirkung aller schaffenden Volksteile zu sichern, Arbeitgeber und Arbeitnehmer an der Verwaltung zu beteiligen und Erzeugung, Herstellung, Verteilung, Verwendung, Preisgestaltung sowie Ein- und Ausfuhr der Wirtschaftsgüter nach gemeinwirtschaftlichen Grundsätzen zu regeln.

Die Erwerbs- und Wirtschaftsgenossenschaften und deren Vereinigungen sind auf ihr Verlangen unter Berücksichtigung ihrer Verfassung und Eigenart in die Gemeinwirtschaft einzugliedern.

Art. 157 [Arbeitsrecht] Die Arbeitskraft steht unter dem besonderen Schutz des Reichs.

Das Reich schafft ein einheitliches Arbeitsrecht.

Art. 158 [Schutz geistigen Eigentums] Die geistige Arbeit, das Recht der Urheber, der Erfinder und der Künstler genießt den Schutz und die Fürsorge des Reichs.

Den Schöpfungen deutscher Wissenschaft, Kunst und Technik ist durch zwischenstaatliche Vereinbarungen auch im Ausland Geltung und Schutz zu verschaffen.

Art. 159 [Gewerkschaften usw.] Die Vereinigungsfreiheit zur Wahrung und Förderung der Arbeits- und Wirtschaftsbedingungen ist für jedermann und für alle Berufe gewährleistet. Alle Abreden und Maßnahmen, welche diese Freiheit einzuschränken oder zu behindern suchen, sind rechtswidrig.

Art. 160 [Wahrnehmung staatsbürgerlicher Rechte] Wer in einem Dienst- oder Arbeitsverhältnis als Angestellter oder Arbeiter steht, hat das Recht auf die zur Wahrnehmung staatsbürgerlicher Rechte und, soweit dadurch der Betrieb nicht erheblich geschädigt wird, zur Ausübung ihm übertragener öffentlicher Ehrenämter nötige freie Zeit. Wieweit ihm der Anspruch auf Vergütung erhalten bleibt, bestimmt das Gesetz.

Art. 161 [Sozialversicherung] Zur Erhaltung der Gesundheit und Arbeitsfähigkeit, zum Schutz der Mutterschaft und zur Vorsorge gegen die wirtschaftlichen Folgen von Alter, Schwäche und Wechselfällen des Lebens schafft das Reich ein umfassendes Versicherungswesen unter maßgebender Mitwirkung der Versicherten.

Art. 162 [Zwischenstaatliche Regelung] Das Reich tritt für eine zwischenstaatliche Regelung der Rechtsverhältnisse der Arbeiter ein, die für die gesamte arbeitende Klasse der Menschheit ein allgemeines Mindestmaß der sozialen Rechte erstrebt.

Art. 163 [Nachweis von Arbeitsgelegenheiten] Jeder Deutsche hat unbeschadet seiner persönlichen Freiheit die sittliche Pflicht, seine geistigen und körperlichen Kräfte so zu betätigen, wie es das Wohl der Gesamtheit erfordert.

Jedem Deutschen soll die Möglichkeit gegeben werden, durch wirtschaftliche Arbeit seinen Unterhalt zu erwerben. Soweit ihm angemessene Arbeitsgelegenheit nicht nachgewiesen werden kann, wird für seinen notwendigen Unterhalt gesorgt. Das Nähere wird durch besondere Reichsgesetze bestimmt.

Art. 164 [Selbständiger Mittelstand] Der selbständige Mittelstand in Landwirtschaft, Gewerbe und Handel ist in Gesetzgebung und Verwaltung zu fördern und gegen Überlastung und Aufsaugung zu schützen.

Art. 165 [Arbeiter- und Wirtschaftsräte] Die Arbeiter und Angestellten sind dazu berufen, gleichberechtigt in Gemeinschaft mit den Unternehmern an der Regelung der Lohn- und Arbeitsbedingungen sowie an der gesamten wirtschaftlichen Entwicklung der produktiven Kräfte mitzuwirken. Die beiderseitigen Organisationen und ihre Vereinbarungen werden anerkannt.

Die Arbeiter und Angestellten erhalten zur Wahrnehmung ihrer sozialen und wirtschaftlichen Interessen gesetzliche Vertretungen in Betriebsarbeiterräten sowie in nach Wirtschaftsgebieten gegliederten Bezirksarbeiterräten und in einem Reichsarbeiterrat.

Die Bezirksarbeiterräte und der Reichsarbeiterrat treten zur Erfüllung der gesamten wirtschaftlichen Aufgaben und zur Mitwirkung bei der Ausführung der Sozialisierungsgesetze mit den Vertretungen der Unternehmer und sonst beteiligter Volkskreise zu Bezirkswirtschaftsräten und zu einem Reichswirtschaftsrat zusammen. Die Bezirkswirtschaftsräte und der Reichswirtschaftsrat sind so zu gestalten, daß alle wichtigen Berufsgruppen entsprechend ihrer wirtschaftlichen und sozialen Bedeutung darin vertreten sind.

Sozialpolitische und wirtschaftspolitische Gesetzentwürfe von grundlegender Bedeutung sollen von der Reichsregierung vor ihrer Einbringung dem Reichswirtschaftsrat zur Begutachtung vorgelegt werden. Der Reichswirtschaftsrat hat das Recht, selbst solche Gesetzesvorlagen zu beantragen. Stimmt ihnen die Reichsregierung nicht zu, so hat sie trotzdem die Vorlage unter Darlegung ihres Standpunktes beim

Reichstag einzubringen. Der Reichswirtschaftsrat kann die Vorlage durch eines seiner Mitglieder vor dem Reichstag vertreten lassen.

Den Arbeiter- und Wirtschaftsräten können auf den ihnen überwiesenen Gebieten Kontroll- und Verwaltungsbefugnisse übertragen werden.

Aufbau und Aufgabe der Arbeiter- und Wirtschaftsräte sowie ihr Verhältnis zu anderen sozialen Selbstverwaltungkörpern zu regeln, ist ausschließlich Sache des Reichs.

Übergangs- und Schlußbestimmungen

Art. 166 [Wahlprüfungsgericht] Bis zur Errichtung des Reichsverwaltungsgerichts tritt an seine Stelle für die Bildung des Wahlprüfungsgerichts das Reichsgericht.

Art. 167 [Oberschlesien][9] Die Bestimmungen des Artikels 18 Abs. 3 bis 6 treten erst zwei Jahre nach Verkündung der Reichsverfassung in Kraft.

---

9 Durch Gesetz vom 27.11. 1920 (RGBl. S. 1987) wurden als Absätze 2 und 3 hinzugefügt:

„In der preußischen Provinz Oberschlesien findet innerhalb zweier Monate, nachdem die deutschen Behörden die Verwaltung des zur Zeit besetzten Gebiets wieder übernommen haben, eine Abstimmung nach Artikel 18 Abs. 4 Satz 1 und Absatz 5 darüber statt, ob ein Land Oberschlesien gebildet werden soll.

Wird die Frage bejaht, so ist das Land unverzüglich einzurichten, ohne daß es eines weiteren Reichsgesetzes bedarf. Dabei gelten folgende Bestimmungen:

1. Es ist eine Landesversammlung zu wählen, die binnen drei Monaten nach der amtlichen Feststellung des Abstimmungsergebnisses zur Einsetzung der Landesregierung und zur Beschlußfassung über die Landesverfassung einzuberufen ist. Der Reichspräsident erläßt die Wahlordnung nach den Grundsätzen des Reichswahlgesetzes und bestimmt den Wahltag.

2. Der Reichspräsident bestimmt im Benehmen mit der oberschlesischen Landesversammlung, wann das Land als eingerichtet gilt.

3. Die oberschlesische Staatsangehörigkeit erwerben:

a) die volljährigen Reichsangehörigen, die am Tage der Einrichtung des Landes Oberschlesien (Nr. 2) in seinem Gebiete Wohnsitz oder ständigen Aufenthalt haben, mit diesem Tage;

b) sonstige volljährige preußische Staatsangehörige, die im Gebiete der Provinz Oberschlesien geboren sind und innerhalb eines Jahres nach Einrichtung des Landes (Nr. 2) der Landesregierung erklären, daß sie die oberschlesische Staatsangehörigkeit erwerben wollen, am Tage des Einganges dieser Erklärung;

c) alle Reichsangehörigen, die durch Geburt, Legitimation oder Eheschließung der Staatsangehörigkeit einer der unter a und b bezeichneten Personen folgen."

Art. 168 [Abgabe der preußischen Stimmen] Bis zum Erlaß des im Artikel 63 vorgesehenen Landesgesetzes, aber höchstens auf die Dauer eines Jahres, können die sämtlichen preußischen Stimmen im Reichsrat von Mitgliedern der Regierung abgegeben werden.[10]

Art. 169 [Inkrafttreten des Art. 83] Der Zeitpunkt des Inkrafttretens der Bestimmung im Art. 83 Abs. 1 wird durch die Reichsregierung festgesetzt.

Für eine angemessene Übergangszeit kann die Erhebung und Verwaltung der Zölle und Verbrauchssteuern den Ländern auf ihren Wunsch belassen werden.

Art. 170 [Post- und Telegraphenverwaltung in Bayern und Württemberg] Die Post- und Telegraphenverwaltungen Bayerns und Württembergs gehen spätestens am 1. April 1921 auf das Reich über.

Soweit bis zum 1. Oktober 1920 noch keine Verständigung über die Bedingungen der Übernahme erzielt ist, entscheidet der Staatsgerichtshof.

Bis zur Übernahme bleiben die bisherigen Rechte und Pflichten Bayerns und Württembergs in Kraft. Der Post- und Telegraphenverkehr mit den Nachbarstaaten des Auslandes wird jedoch ausschließlich vom Reiche geregelt.

Art. 171 [Staatseisenbahnen, Wasserstraßen, Seezeichen] Die Staatseisenbahnen, Wasserstraßen und Seezeichen gehen spätestens am 1. April 1921 auf das Reich über.

Soweit bis zum 1. Oktober 1920 noch keine Verständigung über die Bedingungen der Übernahme erzielt ist, entscheidet der Staatsgerichtshof.

Art. 172 [Staatsgerichtshof] Bis zum Inkrafttreten des Reichsgesetzes über den Staatsgerichtshof übt seine Befugnisse ein Senat von sieben Mitgliedern aus, wovon der Reichstag vier und das Reichsgericht aus seiner Mitte drei wählt. Sein Verfahren regelt er selbst.

Art. 173 [Reichsgesetz gemäß Artikel 138] Bis zum Erlaß eines Reichsgesetzes gemäß Artikel 138 bleiben die bisherigen auf Gesetz, Vertrag oder besonderen Rechtstiteln beruhenden Staatsleistungen an die Religionsgesellschaften bestehen.

---

10 Neugefaßt durch Gesetz vom 6. 8. 1920 (RGBl. S. 1565), durch das die Worte „auf die Dauer eines Jahres“ durch die Worte „bis zum 1. Juli 1921“ ersetzt worden sind.

Art. 174 [Vorgesehenes Reichsgesetz nach Artikel 146 Abs. 2] Bis zum Erlaß des im Artikel 146 Abs. 2 vorgesehenen Reichsgesetzes bleibt es bei der bestehenden Rechtslage. Das Gesetz hat Gebiete des Reichs, in denen eine nach Bekenntnissen nicht getrennte Schule gesetzlich besteht, besonders zu berücksichtigen.

Art. 175 [Verdienste in den Kriegsjahren 1914 bis 1919] Die Bestimmung des Artikels 109 findet keine Anwendung auf Orden und Ehrenzeichen, die für Verdienste in den Kriegsjahren 1914 bis 1919 verliehen werden sollen.

Art. 176 [Vereidigung] Alle öffentlichen Beamten und Angehörigen der Wehrmacht sind auf diese Verfassung zu vereidigen. Das Nähere wird durch Verordnung des Reichspräsidenten bestimmt.

Art. 177 [Eidesleistung] Wo in den bestehenden Gesetzen die Eidesleistung unter Benutzung einer religiösen Eidesform vorgesehen ist, kann die Eidesleistung rechtswirksam auch in der Weise erfolgen, daß der Schwörende unter Weglassung der religiösen Eidesform erklärt: „ich schwöre". Im übrigen bleibt der in den Gesetzen vorgesehene Inhalt des Eides unberührt.

Art. 178 [Aufhebung der Verfassung von 1871] Die Verfassung des Deutschen Reichs vom 16. April 1871 und das Gesetz über die vorläufige Reichsgewalt vom 10. Februar 1919 sind aufgehoben.

Die übrigen Gesetze und Verordnungen des Reichs bleiben in Kraft, soweit ihnen diese Verfassung nicht entgegensteht. Die Bestimmungen des am 28. Juni 1919 in Versailles unterzeichneten Friedensvertrags werden durch die Verfassung nicht berührt.[11]

Anordnungen der Behörden, die auf Grund bisheriger Gesetze in rechtsgültiger Weise getroffen waren, behalten ihre Gültigkeit bis zur Aufhebung im Wege anderweiter Anordnung oder Gesetzgebung.

Art. 179 [Verweisung auf aufgehobene Vorschriften] Soweit in Gesetzen oder Verordnungen auf Vorschriften und Einrichtungen verwiesen ist, die durch diese Verfassung aufgehoben sind, treten an ihre Stelle die entsprechenden Vorschriften und Einrichtungen dieser Verfas-

---

11 Durch Gesetz vom 6. 8. 1920 (RGBl. S. 1566) wurde folgender Satz 3 hinzugefügt: „Mit Rücksicht auf die Verhandlungen bei dem Erwerbe der Insel Helgoland kann zugunsten ihrer einheimischen Bevölkerung eine von Artikel 17 Absatz 2 abweichende Regelung getroffen werden."

sung. Insbesondere treten an die Stelle der Nationalversammlung der Reichstag, an die Stelle des Staatenausschusses der Reichsrat, an die Stelle des auf Grund des Gesetzes über die vorläufige Reichsgewalt gewählten Reichspräsidenten der auf Grund dieser Verfassung gewählte Reichspräsident.[12]

Die nach den bisherigen Vorschriften dem Staatenausschuß zustehende Befugnis zum Erlaß von Verordnungen geht auf die Reichsregierung über; sie bedarf zum Erlaß der Verordnungen der Zustimmung des Reichsrats nach Maßgabe dieser Verfassung.

Art. 180 [Nationalversammlung als Reichstag] Bis zum Zusammentritt des ersten Reichstags gilt die Nationalversammlung als Reichstag. Bis zum Amtsantritt des ersten Reichspräsidenten wird sein Amt von dem auf Grund des Gesetzes über die vorläufige Reichsgewalt gewählten Reichspräsidenten geführt.

Art. 181 [Inkrafttreten der Verfassung] Das deutsche Volk hat durch seine Nationalversammlung diese Verfassung beschlossen und verabschiedet. Sie tritt mit dem Tage ihrer Verkündung in Kraft.

---

12 Durch Gesetz vom 27. 10. 1922 (RGBl. I S. 801) wurde Satz 2 wie folgt abgeändert: „Der von der Nationalversammlung gewählte Reichspräsident führt sein Amt bis zum 30. Juni 1925.“

5 Das Gesetz zur Behebung der Not von Volk und Reich (Ermächtigungsgesetz)

Vom 24. März 1933 (RGBl. S. 141)[1]

Der Reichstag hat das folgende Gesetz beschlossen, das mit Zustimmung des Reichsrats hiermit verkündet wird, nachdem festgestellt ist, daß die Erfordernisse verfassungsändernder Gesetzgebung erfüllt sind:

Art. 1 [Gesetzgebungsrecht der Reichsregierung] Reichsgesetze können außer in dem in der Reichsverfassung vorgesehenen Verfahren auch durch die Reichsregierung beschlossen werden. Dies gilt auch für die in den Artikeln 85 Abs. 2 und 87 der Reichsverfassung bezeichneten Gesetze.

Art. 2 [Abweichung von der Verfassung] Die von der Reichsregierung beschlossenen Reichsgesetze können von der Reichsverfassung abweichen, soweit sie nicht die Einrichtung des Reichstages und des Reichsrats als solche zum Gegenstand haben. Die Rechte des Reichspräsidenten bleiben unberührt.

Art. 3 [Ausfertigung, Verkündung, Inkrafttreten] Die von der Reichsregierung beschlossenen Reichsgesetze werden vom Reichskanzler ausgefertigt und im Reichsgesetzblatt verkündet. Sie treten, soweit sie nichts anderes bestimmen, mit dem auf die Verkündung folgenden Tage in Kraft. Die Artikel 68 bis 77 der Reichsverfassung finden auf die von der Reichsregierung beschlossenen Gesetze keine Anwendung.

Art. 4 [Staatsverträge] Verträge des Reichs mit fremden Staaten, die sich auf Gegenstände der Reichsgesetzgebung beziehen, bedürfen nicht

---

1 Der angeblich von den Kommunisten angestiftete Brand des Reichstagsgebäudes am 27. 2. 1933 lieferte der nationalsozialistischen Regierung den Vorwand, zunächst am 28. 2. 1933 durch die „Verordnung des Reichspräsidenten zum Schutz von Volk und Staat" (abgedruckt als Anhang zu diesem Gesetz) und am 24. 3. 1933 durch das hier abgedruckte Ermächtigungsgesetz sämtliche verfassungsmäßigen Bestimmungen für ungültig zu erklären und die rechtsstaatlichen Grundlagen außer Kraft zu setzen.

der Zustimmung der an der Gesetzgebung beteiligten Körperschaften. Die Reichsregierung erläßt die zur Durchführung dieser Verträge erforderlichen Vorschriften.

Art. 5 [Inkrafttreten] Dieses Gesetz tritt mit dem Tage seiner Verkündung in Kraft. Es tritt mit dem 1. April 1937 außer Kraft, es tritt ferner außer Kraft, wenn die gegenwärtige Reichsregierung durch eine andere abgelöst wird.

Anhang:

Verordnung des Reichspräsidenten zum Schutz von Volk und Staat (Reichstagsbrandverordnung)

Vom 28. Februar 1933 (RGBl. I S. 83)

Auf Grund des Artikels 48 Abs. 2 der Reichsverfassung wird zur Abwehr kommunistischer staatsgefährdender Gewaltakte folgendes verordnet:

§ 1 Die Artikel 114, 115, 117, 118, 123, 124 und 153 der Verfassung des Deutschen Reichs werden bis auf weiteres außer Kraft gesetzt. Es sind daher Beschränkungen der persönlichen Freiheit, des Rechts der freien Meinungsäußerung, einschließlich der Pressefreiheit, des Vereins- und Versammlungsrechts, Eingriffe in das Brief-, Post-, Telegraphen- und Fernsprechgeheimnis, Anordnungen von Haussuchungen und von Beschlagnahmen sowie Beschränkungen des Eigentums auch außerhalb der sonst hierfür bestimmten gesetzlichen Grenzen zulässig.

§ 2 Werden in einem Lande die zur Wiederherstellung der öffentlichen Sicherheit und Ordnung nötigen Maßnahmen nicht getroffen, so kann die Reichsregierung insoweit die Befugnisse der obersten Landesbehörde vorübergehend wahrnehmen.

§ 3 Die Behörden der Länder und Gemeinden (Gemeindeverbände) haben den auf Grund des § 2 erlassenen Anordnungen der Reichsregierung im Rahmen ihrer Zuständigkeit Folge zu leisten.

§ 4 Wer den von den obersten Landesbehörden oder den ihnen nachgeordneten Behörden zur Durchführung dieser Verordnung erlassenen Anordnungen oder den von der Reichsregierung gemäß § 2 erlassenen Anordnungen zuwiderhandelt oder wer zu solcher Zuwiderhandlung auffordert oder anreizt, wird, soweit nicht die Tat nach anderen Vorschriften mit einer schweren Strafe bedroht ist, mit Gefängnis nicht unter einem Monat oder mit Geldstrafe von 150 bis 15 000 Reichsmark bestraft.

Wer durch Zuwiderhandlung nach Abs. 1 eine gemeine Gefahr für Menschenleben herbeiführt, wird mit Zuchthaus, bei mildernden Umständen mit Gefängnis nicht unter sechs Monaten und, wenn die Zuwiderhandlung den Tod eines Menschen verursacht, mit dem Tode, bei mildernden Umständen mit Zuchthaus nicht unter zwei Jahren bestraft. Daneben kann auf Vermögenseinziehung erkannt werden.

Wer zu einer gemeinschaftlichen Zuwiderhandlung (Abs. 2) auffordert oder anreizt, wird mit Zuchthaus, bei mildernden Umständen mit Gefängnis nicht unter drei Monaten bestraft.

§ 5 Mit dem Tode sind die Verbrechen zu bestrafen, die das Strafgesetzbuch in den §§ 81 (Hochverrat), 229 (Giftbeibringung), 307 (Brandstiftung), 311 (Explosion), 312 (Überschwemmung), 315 Abs. 2 (Beschädigung von Eisenbahnanlagen), 324 (gemeingefährliche Vergiftung) mit lebenslangem Zuchthaus bedroht.

Mit dem Tode oder, soweit nicht bisher eine schwerere Strafe angedroht ist, mit lebenslangem Zuchthaus bis zu 15 Jahren wird bestraft:

1. Wer es unternimmt, den Reichspräsidenten oder ein Mitglied oder einen Kommissar der Reichsregierung oder einer Landesregierung zu töten, oder wer zu einer solchen Tötung auffordert, sich erbietet, ein solches Erbieten annimmt oder eine solche Tötung mit einem anderen verabredet;

2. wer in den Fällen des § 115 Abs. 2 des Strafgesetzbuchs (schwerer Aufruhr) oder des § 125 Abs. 2 des Strafgesetzbuchs (schwerer Landfriedensbruch) die Tat mit Waffen oder in bewußtem und gewolltem Zusammenwirken mit einem Bewaffneten begeht;

3. wer eine Freiheitsberaubung (§ 239 des Strafgesetzbuchs) in der Absicht begeht, sich des der Freiheit Beraubten als Geisel im politischen Kampfe zu bedienen.

§ 6 Diese Verordnung tritt mit dem Tage der Verkündung in Kraft.

6 Das Grundgesetz für die Bundesrepublik Deutschland

Vom 23. Mai 1949 (BGBl. S. 1)

Zuletzt geändert durch das Fünfunddreißigste Gesetz zur Änderung des Grundgesetzes vom 21. Dezember 1983 (BGBl. I S. 1481) und durch Artikel 4 des Einigungsvertragsgesetzes vom 31. August 1990 in Verbindung mit Artikel 1 des Gesetzes vom 23. September 1990 (BGBl. 1990 II S. 885, 890)

Der Parlamentarische Rat hat am 23. Mai 1949 in Bonn a. Rh. in öffentlicher Sitzung festgestellt, daß das am 8. Mai des Jahres 1949 vom Parlamentarischen Rat beschlossene Grundgesetz für die Bundesrepublik Deutschland in der Woche vom 16. bis 22. Mai 1949 durch die Volksvertretungen von mehr als zwei Dritteln der beteiligten deutschen Länder angenommen worden ist.

Auf Grund dieser Feststellung hat der Parlamentarische Rat, vertreten durch seine Präsidenten, das Grundgesetz ausgefertigt und verkündet.

Das Grundgesetz wird hiermit gemäß Artikel 145 Absatz 3 im Bundesgesetzblatt veröffentlicht:

Präambel[1]

Im Bewußtsein seiner Verantwortung vor Gott und den Menschen, von dem Willen beseelt, als gleichberechtigtes Glied in einem vereinten Europa dem Frieden der Welt zu dienen, hat sich das Deutsche Volk kraft seiner verfassungsgebenden Gewalt dieses Grundgesetz gegeben.

---

1 Neu gefaßt durch Art. 4 Nr. 1 des Einigungsvertrags, a. a. O.; die ursprüngliche Fassung lautete: „Im Bewußtsein seiner Verantwortung vor Gott und den Menschen, von dem Willen beseelt, seine nationale und staatliche Einheit zu wahren und als gleichberechtigtes Glied in einem vereinten Europa dem Frieden der Welt zu dienen, hat das Deutsche Volk in den Ländern Baden, Bayern, Bremen, Hamburg, Hessen, Niedersachsen, Nordrhein-Westfalen, Rheinland-Pfalz, Schleswig-Holstein, Württemberg-Baden und Württemberg-Hohenzollern, um dem staatlichen Leben für eine Übergangszeit eine neue Ordnung zu geben, kraft seiner verfassungsgebenden Gewalt dieses Grundgesetz der Bundesrepublik Deutschland beschlossen. Es hat auch für jene Deutsche gehandelt, denen mitzuwirken versagt war. Das gesamte deutsche Volk bleibt aufgefordert, in freier Selbstbestimmung die Einheit und Freiheit Deutschlands zu vollenden."

Die Deutschen in den Ländern Baden-Württemberg, Bayern, Berlin, Brandenburg, Bremen, Hamburg, Hessen, Mecklenburg-Vorpommern, Niedersachsen, Nordrhein-Westfalen, Rheinland-Pfalz, Saarland, Sachsen, Sachsen-Anhalt, Schleswig-Holstein und Thüringen haben in freier Selbstbestimmung die Einheit und Freiheit Deutschlands vollendet. Damit gilt dieses Grundgesetz für das gesamte Deutsche Volk.

I. Die Grundrechte

[Artikel 1–19]

Art. 1 [Menschenwürde und Menschenrechte] (1) Die Würde des Menschen ist unantastbar. Sie zu achten und zu schützen ist Verpflichtung aller staatlichen Gewalt.

(2) Das deutsche Volk bekennt sich darum zu unverletzlichen und unveräußerlichen Menschenrechten als Grundlage jeder menschlichen Gemeinschaft, des Friedens und der Gerechtigkeit in der Welt.

(3) Die nachfolgenden Grundrechte binden Gesetzgebung, vollziehende Gewalt und Rechtsprechung als unmittelbar geltendes Recht.

Art. 2 [Persönlichkeitsrechte] (1) Jeder hat das Recht auf die freie Entfaltung seiner Persönlichkeit, soweit er nicht die Rechte anderer verletzt und nicht gegen die verfassungsmäßige Ordnung oder das Sittengesetz verstößt.

(2) Jeder hat das Recht auf Leben und körperliche Unversehrtheit. Die Freiheit der Person ist unverletzlich. In diese Rechte darf nur auf Grund eines Gesetzes eingegriffen werden.

Art. 3 [Gleichheitsgrundsatz, Gleichberechtigung] (1) Alle Menschen sind vor dem Gesetz gleich.

(2) Männer und Frauen sind gleichberechtigt.

(3) Niemand darf wegen seines Geschlechtes, seiner Abstammung, seiner Rasse, seiner Sprache, seiner Heimat und Herkunft, seines Glaubens, seiner religiösen oder politischen Anschauungen benachteiligt oder bevorzugt werden.

Art. 4 [Glaubens- und Gewissensfreiheit, Kriegsdienstverweigerung] (1) Die Freiheit des Glaubens, des Gewissens und die Freiheit des religiösen und weltanschaulichen Bekenntnisses sind unverletzlich.

(2) Die ungestörte Religionsausübung wird gewährleistet.

(3) Niemand darf gegen sein Gewissen zum Kriegsdienst mit der Waffe gezwungen werden. Das Nähere regelt ein Bundesgesetz.

Art. 5 [Freie Meinungsäußerung, Pressefreiheit] (1) Jeder hat das Recht, seine Meinung in Wort, Schrift und Bild frei zu äußern und zu verbreiten und sich aus allgemein zugänglichen Quellen ungehindert zu unterrichten. Die Pressefreiheit und die Freiheit der Berichterstattung durch Rundfunk und Film werden gewährleistet. Eine Zensur findet nicht statt.

(2) Diese Rechte finden ihre Schranken in den Vorschriften der allgemeinen Gesetze, den gesetzlichen Bestimmungen zum Schutze der Jugend und in dem Recht der persönlichen Ehre.

(3) Kunst und Wissenschaft, Forschung und Lehre sind frei. Die Freiheit der Lehre entbindet nicht von der Treue zur Verfassung.

Art. 6 [Ehe und Familie, nichteheliche Kinder] (1) Ehe und Familie stehen unter dem besonderen Schutze der staatlichen Ordnung.

(2) Pflege und Erziehung der Kinder sind das natürliche Recht der Eltern und die zuvörderst ihnen obliegende Pflicht. Über ihre Betätigung wacht die staatliche Gemeinschaft.

(3) Gegen den Willen der Erziehungsberechtigten dürfen Kinder nur auf Grund eines Gesetzes von der Familie getrennt werden, wenn die Erziehungsberechtigten versagen oder wenn die Kinder aus anderen Gründen zu verwahrlosen drohen.

(4) Jede Mutter hat Anspruch auf den Schutz und die Fürsorge der Gemeinschaft.

(5) Den unehelichen Kindern sind durch die Gesetzgebung die gleichen Bedingungen für ihre leibliche und seelische Entwicklung und ihre Stellung in der Gesellschaft zu schaffen wie den ehelichen Kindern.[2]

Art. 7 [Schulwesen] (1) Das gesamte Schulwesen steht unter der Aufsicht des Staates.

(2) Die Erziehungsberechtigten haben das Recht, über die Teilnahme des Kindes am Religionsunterricht zu bestimmen.

(3) Der Religionsunterricht ist in den öffentlichen Schulen mit Ausnahme der bekenntnisfreien Schulen ordentliches Lehrfach.[3] Unbe-

---

2 Gesetz über die rechtliche Stellung der nichtehelichen Kinder vom 19. 8. 1969 (BGBl. I S. 1243).

3 Siehe aber Art. 141.

schadet des staatlichen Aufsichtsrechtes wird der Religionsunterricht in Übereinstimmung mit den Grundsätzen der Religionsgemeinschaften erteilt. Kein Lehrer darf gegen seinen Willen verpflichtet werden, Religionsunterricht zu erteilen.

(4) Das Recht zur Errichtung von privaten Schulen wird gewährleistet. Private Schulen als Ersatz für öffentliche Schulen bedürfen der Genehmigung des Staates und unterstehen den Landesgesetzen. Die Genehmigung ist zu erteilen, wenn die privaten Schulen in ihren Lehrzielen und Einrichtungen sowie in der wissenschaftlichen Ausbildung ihrer Lehrkräfte nicht hinter den öffentlichen Schulen zurückstehen und eine Sonderung der Schüler nach den Besitzverhältnissen der Eltern nicht gefördert wird. Die Genehmigung ist zu versagen, wenn die wirtschaftliche und rechtliche Stellung der Lehrkräfte nicht genügend gesichert ist.

(5) Eine private Volksschule ist nur zuzulassen, wenn die Unterrichtsverwaltung ein besonderes pädagogisches Interesse anerkennt oder, auf Antrag von Erziehungsberechtigten, wenn sie als Gemeinschaftsschule, als Bekenntnis- oder Weltanschauungsschule errichtet werden soll und eine öffentliche Volksschule dieser Art in der Gemeinde nicht besteht.

(6) Vorschulen bleiben aufgehoben.

Art. 8 [Versammlungsfreiheit] (1) Alle Deutschen haben das Recht, sich ohne Anmeldung oder Erlaubnis friedlich und ohne Waffen zu versammeln.

(2) Für Versammlungen unter freiem Himmel kann dieses Recht durch Gesetz oder auf Grund eines Gesetzes beschränkt werden.[4]

Art. 9 [Vereinigungen] (1) Alle Deutschen haben das Recht, Vereine und Gesellschaften zu bilden.

(2) Vereinigungen, deren Zwecke oder deren Tätigkeit den Strafgesetzen zuwiderlaufen oder sich gegen die verfassungsmäßige Ordnung oder gegen den Gedanken der Völkerverständigung richten, sind verboten.

(3) Das Recht, zur Wahrung und Förderung der Arbeits- und Wirtschaftsbedingungen Vereinigungen zu bilden, ist für jedermann und für alle Berufe gewährleistet. Abreden, die dieses Recht einschränken oder zu behindern suchen, sind nichtig, hierauf gerichtete Maßnahmen sind rechtswidrig. Maßnahmen nach den Artikeln 12a, 35 Abs. 2 und 3, Artikel 87a Abs. 4 und Artikel 91 dürfen sich nicht gegen Arbeitskämpfe

---

4 Gesetz über Versammlungen und Aufzüge i.d.F. vom 15. 11. 1978 (BGBl. I S. 1789).

richten, die zur Wahrung und Förderung der Arbeits- und Wirtschaftsbedingungen von Vereinigungen im Sinne des Satzes 1 geführt werden.

Art. 10 [Brief-, Post- und Fernmeldegeheimnis] (1) Das Briefgeheimnis sowie das Post- und Fernmeldegeheimnis sind unverletzlich.

(2) Beschränkungen dürfen nur auf Grund eines Gesetzes angeordnet werden. Dient die Beschränkung dem Schutze der freiheitlichen demokratischen Grundordnung oder des Bestandes oder der Sicherung des Bundes oder eines Landes, so kann das Gesetz bestimmen, daß sie dem Betroffenen nicht mitgeteilt wird und daß an die Stelle des Rechtsweges die Nachprüfung durch von der Volksvertretung bestellte Organe und Hilfsorgane tritt.

Art. 11 [Freizügigkeit] (1) Alle Deutschen genießen Freizügigkeit im ganzen Bundesgebiet.

(2) Dieses Recht darf nur durch Gesetz oder auf Grund eines Gesetzes und nur für die Fälle eingeschränkt werden, in denen eine ausreichende Lebensgrundlage nicht vorhanden ist und der Allgemeinheit daraus besondere Lasten entstehen würden oder in denen es zur Abwehr einer drohenden Gefahr für den Bestand oder die freiheitliche demokratische Grundordnung des Bundes oder eines Landes, zur Bekämpfung von Seuchengefahr, Naturkatastrophen oder besonders schweren Unglücksfällen, zum Schutze der Jugend vor Verwahrlosung oder um strafbaren Handlungen vorzubeugen, erforderlich ist.

Art. 12 [Freiheit der Berufswahl] (1) Alle Deutschen haben das Recht, Beruf, Arbeitsplatz und Ausbildungsstätte frei zu wählen. Die Berufsausübung kann durch Gesetz oder auf Grund eines Gesetzes geregelt werden.

(2) Niemand darf zu einer bestimmten Arbeit gezwungen werden, außer im Rahmen einer herkömmlichen allgemeinen, für alle gleichen öffentlichen Dienstleistungspflicht.

(3) Zwangsarbeit ist nur bei einer gerichtlich angeordneten Freiheitsentziehung zulässig.

Art. 12a [Dienstleistungspflicht] (1) Männer können vom vollendeten achtzehnten Lebensjahr an zum Dienst in den Streitkräften, im Bundesgrenzschutz oder in einem Zivilschutzverband verpflichtet werden.

(2) Wer aus Gewissensgründen den Kriegsdienst mit der Waffe verweigert, kann zu einem Ersatzdienst verpflichtet werden. Die Dauer des Ersatzdienstes darf die Dauer des Wehrdienstes nicht übersteigen.

Das Nähere regelt ein Gesetz, das die Freiheit der Gewissensentscheidung nicht beeinträchtigen darf und auch eine Möglichkeit des Ersatzdienstes vorsehen muß, die in keinem Zusammenhang mit den Verbänden der Streitkräfte und des Bundesgrenzschutzes steht.

(3) Wehrpflichtige, die nicht zu einem Dienst nach Absatz 1 oder 2 herangezogen sind, können im Verteidigungsfalle durch Gesetz oder auf Grund eines Gesetzes zu zivilen Dienstleistungen für Zwecke der Verteidigung einschließlich des Schutzes der Zivilbevölkerung in Arbeitsverhältnisse verpflichtet werden; Verpflichtungen in öffentlich-rechtliche Dienstverhältnisse sind nur zur Wahrnehmung polizeilicher Aufgaben oder solcher hoheitlichen Aufgaben der öffentlichen Verwaltung, die nur in einem öffentlich-rechtlichen Dienstverhältnis erfüllt werden können, zulässig. Arbeitsverhältnisse nach Satz 1 können bei den Streitkräften, im Bereich ihrer Versorgung sowie bei der öffentlichen Verwaltung begründet werden; Verpflichtungen in Arbeitsverhältnisse im Bereiche der Versorgung der Zivilbevölkerung sind nur zulässig, um ihren lebensnotwendigen Bedarf zu decken oder ihren Schutz sicherzustellen.

(4) Kann im Verteidigungsfalle der Bedarf an zivilen Dienstleistungen im zivilen Sanitäts- und Heilwesen sowie in der ortsfesten militärischen Lazarettorganisation nicht auf freiwilliger Grundlage gedeckt werden, so können Frauen vom vollendeten achtzehnten bis zum vollendeten fünfundfünfzigsten Lebensjahr durch Gesetz oder auf Grund eines Gesetzes zu derartigen Dienstleistungen herangezogen werden. Sie dürfen auf keinen Fall Dienst mit der Waffe leisten.

(5) Für die Zeit vor dem Verteidigungsfalle können Verpflichtungen nach Absatz 3 nur nach Maßgabe des Artikels 80a Abs. 1 begründet werden. Zur Vorbereitung auf Dienstleistungen nach Absatz 3, für die besondere Kenntnisse oder Fertigkeiten erforderlich sind, kann durch Gesetz oder auf Grund eines Gesetzes die Teilnahme an Ausbildungsveranstaltungen zur Pflicht gemacht werden. Satz 1 findet insoweit keine Anwendung.

(6) Kann im Verteidigungsfalle der Bedarf an Arbeitskräften für die in Absatz 3 Satz 2 genannten Bereiche auf freiwilliger Grundlage nicht gedeckt werden, so kann zur Sicherung dieses Bedarfs die Freiheit der Deutschen, die Ausübung eines Berufs oder den Arbeitsplatz aufzugeben, durch Gesetz oder auf Grund eines Gesetzes eingeschränkt werden. Vor Eintritt des Verteidigungsfalles gilt Absatz 5 Satz 1 entsprechend.

Art. 13 [Unverletzlichkeit der Wohnung] (1) Die Wohnung ist unverletzlich.

(2) Durchsuchungen dürfen nur durch den Richter, bei Gefahr im Verzuge auch durch die in den Gesetzen vorgesehenen anderen Organe angeordnet und nur in der dort vorgeschriebenen Form durchgeführt werden.

(3) Eingriffe und Beschränkungen dürfen im übrigen nur zur Abwehr einer gemeinen Gefahr oder einer Lebensgefahr für einzelne Personen, auf Grund eines Gesetzes auch zur Verhütung dringender Gefahren für die öffentliche Sicherheit und Ordnung, insbesondere zur Behebung der Raumnot, zur Bekämpfung von Seuchengefahr oder zum Schutze gefährdeter Jugendlicher vorgenommen werden.

Art. 14 [Eigentum und Erbrecht] (1) Das Eigentum und das Erbrecht werden gewährleistet. Inhalt und Schranken werden durch die Gesetze bestimmt.

(2) Eigentum verpflichtet. Sein Gebrauch soll zugleich dem Wohle der Allgemeinheit dienen.

(3) Eine Enteignung ist nur zum Wohle der Allgemeinheit zulässig. Sie darf nur durch Gesetz oder auf Grund eines Gesetzes erfolgen, das Art und Ausmaß der Entschädigung regelt. Die Entschädigung ist unter gerechter Abwägung der Interessen der Allgemeinheit und der Beteiligten zu bestimmen. Wegen der Höhe der Entschädigung steht im Streitfalle der Rechtsweg vor den ordentlichen Gerichten offen.

Art. 15 [Vergesellschaftung] Grund und Boden, Naturschätze und Produktionsmittel können zum Zwecke der Vergesellschaftung durch ein Gesetz, das Art und Ausmaß der Entschädigung regelt, in Gemeineigentum oder in andere Formen der Gemeinwirtschaft überführt werden. Für die Entschädigung gilt Art. 14 Absatz 3 Satz 3 und 4 entsprechend.

Art. 16 [Verlust der Staatsangehörigkeit, Auslieferung, Asylrecht] (1) Die deutsche Staatsangehörigkeit darf nicht entzogen werden. Der Verlust der Staatsangehörigkeit darf nur auf Grund eines Gesetzes und gegen den Willen des Betroffenen nur dann eintreten, wenn der Betroffene dadurch nicht staatenlos wird.

(2) Kein Deutscher darf an das Ausland ausgeliefert werden. Politisch Verfolgte genießen Asylrecht.[5]

---

5 Spätestens im Rahmen der Anpassung an europäisches Recht wird Art. 16 II 2 GG zu ändern bzw. zu ergänzen sein, ggf. durch Anfügen eines Gesetzesvorbehalts, der inhaltliche Konkretisierungen möglich macht.

Art. 17 [Petitionsrecht] Jedermann hat das Recht, sich einzeln oder in Gemeinschaft mit anderen schriftlich mit Bitten oder Beschwerden an die zuständigen Stellen und an die Volksvertretung zu wenden.

Art. 17a [Einschränkung von Grundrechten bei Soldaten etc.] (1) Gesetze über Wehrdienst und Ersatzdienst können bestimmen, daß für die Angehörigen der Streitkräfte und des Ersatzdienstes während der Zeit des Wehr- oder Ersatzdienstes das Grundrecht, seine Meinung in Wort, Schrift und Bild frei zu äußern und zu verbreiten (Artikel 5 Abs. 1 Satz 1 erster Halbsatz), das Grundrecht der Versammlungsfreiheit (Artikel 8) und das Petitionsrecht (Artikel 17), soweit es das Recht gewährt, Bitten oder Beschwerden in Gemeinschaft mit anderen vorzubringen, eingeschränkt werden.

(2) Gesetze, die der Verteidigung einschließlich des Schutzes der Zivilbevölkerung dienen, können bestimmen, daß die Grundrechte der Freizügigkeit (Artikel 11) und der Unverletzlichkeit der Wohnung (Artikel 13) eingeschränkt werden.

Art. 18 [Verwirkung von Grundrechten] Wer die Freiheit der Meinungsäußerung, insbesondere die Pressefreiheit (Artikel 5 Absatz 1), die Lehrfreiheit (Artikel 5 Absatz 3), die Versammlungsfreiheit (Artikel 8), die Vereinigungsfreiheit (Artikel 9), das Brief-, Post- und Fernmeldegeheimnis (Artikel 10), das Eigentum (Artikel 14) oder das Asylrecht (Artikel 16 Absatz 2) zum Kampfe gegen die freiheitliche demokratische Grundordnung mißbraucht, verwirkt diese Grundrechte. Die Verwirkung und ihr Ausmaß werden durch das Bundesverfassungsgericht ausgesprochen.[6]

---

6 Die Zuständigkeit des Bundesverfassungsgerichts ist in § 13 Nr. 1, die Zuständigkeit des Zweiten Senats ist in § 14 Abs. 2 und das Verfahren ist in den §§ 36 und 39 bis 41 des Gesetzes über das Bundesverfassungsgericht (BVerfGG) i.d.F. der Bek. vom 12. 12. 1985 (BGBl. I S. 2229) geregelt. Die wichtigsten Bestimmungen zum Verfahren lauten:

„**§ 36** Der Antrag auf Entscheidung gemäß Artikel 18 Satz 2 des Grundgesetzes kann vom Bundestag, von der Bundesregierung oder von einer Landesregierung gestellt werden.

§ 39 (1) Erweist sich der Antrag als begründet, so stellt das Bundesverfassungsgericht fest, welche Grundrechte der Antragsgegner verwirkt hat. Es kann die Verwirkung auf einen bestimmten Zeitraum, mindestens auf ein Jahr befristen. Es kann dem Antragsgegner auch nach Art und Dauer genau bezeichnete Einschränkungen auferlegen, soweit sie nicht andere als die verwirkten Grundrechte beeinträchtigen. Insoweit bedürfen die Verwaltungsbehörden zum Einschreiten gegen den Antragsgegner keiner weiteren gesetzlichen Grundlage.

Art. 19 [Einschränkung von Grundrechten, Rechtsschutzgarantie] (1) Soweit nach diesem Grundgesetz ein Grundrecht durch Gesetz oder auf Grund eines Gesetzes eingeschränkt werden kann, muß das Gesetz allgemein und nicht nur für den Einzelfall gelten. Außerdem muß das Gesetz das Grundrecht unter Angabe des Artikels nennen.

(2) In keinem Falle darf ein Grundrecht in seinem Wesensgehalt angetastet werden.

(3) Die Grundrechte gelten auch für inländische juristische Personen, soweit sie ihrem Wesen nach auf diese anwendbar sind.

(4) Wird jemand durch die öffentliche Gewalt in seinen Rechten verletzt, so steht ihm der Rechtsweg offen. Soweit eine andere Zuständigkeit nicht begründet ist, ist der ordentliche Rechtsweg gegeben. Artikel 10 Abs. 2 Satz 2 bleibt unberührt.

II. Der Bund und die Länder

[Artikel 20–37]

Art. 20 [Demokratischer Bundesstaat] (1) Die Bundesrepublik Deutschland ist ein demokratischer und sozialer Bundesstaat.

(2) Alle Staatsgewalt geht vom Volke aus. Sie wird vom Volke in Wahlen und Abstimmungen und durch besondere Organe der Gesetzgebung, der vollziehenden Gewalt und der Rechtsprechung ausgeübt.

(3) Die Gesetzgebung ist an die verfassungsmäßige Ordnung, die

---

(2) Das Bundesverfassungsgericht kann dem Antragsgegner auf die Dauer der Verwirkung der Grundrechte das Wahlrecht, die Wählbarkeit und die Fähigkeit zur Bekleidung öffentlicher Ämter aberkennen und bei juristischen Personen ihre Auflösung anordnen.

§ 40 Ist die Verwirkung zeitlich nicht befristet oder für einen längeren Zeitraum als ein Jahr ausgesprochen, so kann das Bundesverfassungsgericht, wenn seit dem Ausspruch der Verwirkung zwei Jahre verflossen sind, auf Antrag des früheren Antragstellers oder Antragsgegners die Verwirkung ganz oder teilweise aufheben oder die Dauer der Verwirkung abkürzen. Der Antrag kann wiederholt werden, wenn seit der letzten Entscheidung des Bundesverfassungsgerichts ein Jahr verstrichen ist.

§ 41 Hat das Bundesverfassungsgericht über einen Antrag sachlich entschieden, so kann er gegen denselben Antragsgegner nur wiederholt werden, wenn er auf neue Tatsachen gestützt wird.“

vollziehende Gewalt und die Rechtsprechung sind an Gesetz und Recht gebunden.

(4) Gegen jeden, der es unternimmt, diese Ordnung zu beseitigen, haben alle Deutschen das Recht zum Widerstand, wenn andere Abhilfe nicht möglich ist.

Art. 21 [Parteien] (1) Die Parteien wirken bei der politischen Willensbildung des Volkes mit. Ihre Gründung ist frei. Ihre innere Ordnung muß demokratischen Grundsätzen entsprechen. Sie müssen über die Herkunft und Verwendung ihrer Mittel sowie über ihr Vermögen öffentlich Rechenschaft geben.

(2) Parteien, die nach ihren Zielen oder nach dem Verhalten ihrer Anhänger darauf ausgehen, die freiheitliche demokratische Grundordnung zu beeinträchtigen oder zu beseitigen oder den Bestand der Bundesrepublik Deutschland zu gefährden, sind verfassungswidrig. Über die Frage der Verfassungswidrigkeit entscheidet das Bundesverfassungsgericht.[7]

(3) Das Nähere regeln die Bundesgesetze.

Art. 22 [Bundesflagge] Die Bundesflagge ist schwarz-rot-gold.

---

7 Die Zuständigkeit des Bundesverfassungsgerichts ist in § 13 Nr. 2, die Zuständigkeit des Zweiten Senats in § 14 Abs. 2 und das Verfahren ist in den §§ 43 bis 47 des Gesetzes über das Bundesverfassungsgericht (BVerfGG) i. d. F. der Bek. vom 12. 12. 1985 (BGBl. I S. 2223) geregelt. Die beiden wichtigsten Bestimmungen zum Verfahren lauten:

„**§ 43** (1) Der Antrag auf Entscheidung, ob eine Partei verfassungswidrig ist (Artikel 21 Abs. 2 des Grundgesetzes), kann von dem Bundestag, dem Bundesrat oder von der Bundesregierung gestellt werden.

(2) Eine Landesregierung kann den Antrag nur gegen eine Partei stellen, deren Organisation sich auf das Gebiet ihres Landes beschränkt.

§ 46 (1) Erweist sich der Antrag als begründet, so stellt das Bundesverfassungsgericht fest, daß die politische Partei verfassungswidrig ist.

(2) Die Feststellung kann auf einen rechtlich oder organisatorisch selbständigen Teil einer Partei beschränkt werden.

(3) Mit der Feststellung ist die Auflösung der Partei oder des selbständigen Teiles der Partei und das Verbot, eine Ersatzorganisation zu schaffen, zu verbinden. Das Bundesverfassungsgericht kann in diesem Fall außerdem die Einziehung des Vermögens der Partei oder des selbständigen Teiles der Partei zugunsten des Bundes oder des Landes zu gemeinnützigen Zwecken aussprechen."

Art. 23 [Geltungsbereich des Grundgesetzes, aufgehoben][8]

Art. 24 [Zwischenstaatliche Einrichtungen] (1) Der Bund kann durch Gesetz Hoheitsrechte auf zwischenstaatliche Einrichtungen übertragen.

(2) Der Bund kann sich zur Wahrung des Friedens einem System gegenseitiger kollektiver Sicherheit einordnen; er wird hierbei in die Beschränkungen seiner Hoheitsrechte einwilligen, die eine friedliche und dauerhafte Ordnung in Europa und zwischen den Völkern der Welt herbeiführen und sichern.

(3) Zur Regelung zwischenstaatlicher Streitigkeiten wird der Bund Vereinbarungen über eine allgemeine, umfassende, obligatorische, internationale Schiedsgerichtsbarkeit beitreten.

Art. 25 [Völkerrecht] Die allgemeinen Regeln des Völkerrechtes sind Bestandteil des Bundesrechtes. Sie gehen den Gesetzen vor und erzeugen Rechte und Pflichten unmittelbar für die Bewohner des Bundesgebietes.

Art. 26 [Kein Angriffskrieg] (1) Handlungen, die geeignet sind und in der Absicht vorgenommen werden, das friedliche Zusammenleben der Völker zu stören, insbesondere die Führung eines Angriffskrieges vorzubereiten, sind verfassungswidrig. Sie sind unter Strafe zu stellen.

(2) Zur Kriegsführung bestimmte Waffen dürfen nur mit Genehmigung der Bundesregierung hergestellt, befördert und in Verkehr gebracht werden. Das Nähere regelt ein Bundesgesetz.

Art. 27 [Handelsflotte] Alle deutschen Kauffahrteischiffe bilden eine einheitliche Handelsflotte.

Art. 28 [Verfassungsgemäße Ordnung der Länder; Gemeinden] (1) Die verfassungsmäßige Ordnung in den Ländern muß den Grundsätzen des republikanischen, demokratischen und sozialen Rechtsstaates im Sinne dieses Grundgesetzes entsprechen. In den Ländern, Kreisen und

---

8 Durch den Art. 4 Nr. 2 des Einigungsvertrags, a. a. O.; die ursprüngliche Fassung lautete: „Dieses Gesetz gilt zunächst im Gebiete der Länder Baden, Bayern, Bremen, Groß-Berlin, Hamburg, Hessen, Niedersachsen, Nordrhein-Westfalen, Rheinland-Pfalz, Schleswig-Holstein, Württemberg-Baden und Württemberg-Hohenzollern. In anderen Teilen Deutschlands ist es nach deren Beitritt in Kraft zu setzen."

Die Länder Baden, Württemberg-Baden und Württemberg-Hohenzollern wurden am 25. 4. 1952 zu dem Bundesland Baden-Württemberg vereinigt. Seit dem 1. 1. 1957 gehört das Saarland zum Geltungsbereich des Grundgesetzes.

Gemeinden muß das Volk eine Vertretung haben, die aus allgemeinen, unmittelbaren, freien, gleichen und geheimen Wahlen hervorgegangen ist. In Gemeinden kann an die Stelle einer gewählten Körperschaft die Gemeindeversammlung treten.

(2) Den Gemeinden muß das Recht gewährleistet sein, alle Angelegenheiten der örtlichen Gemeinschaft im Rahmen der Gesetze in eigener Verantwortung zu regeln. Auch die Gemeindeverbände haben im Rahmen ihres gesetzlichen Aufgabenbereiches nach Maßgabe der Gesetze das Recht der Selbstverwaltung.

(3) Der Bund gewährleistet, daß die verfassungsmäßige Ordnung der Länder den Grundrechten und den Bestimmungen der Absätze 1 und 2 entspricht.

Art. 29 [Neugliederung des Bundesgebietes][9] (1) Das Bundesgebiet kann neu gegliedert werden, um zu gewährleisten, daß die Länder nach Größe und Leistungsfähigkeit die ihnen obliegenden Aufgaben wirksam erfüllen können. Dabei sind die landsmannschaftliche Verbundenheit, die geschichtlichen und kulturellen Zusammenhänge, die wirtschaftliche Zweckmäßigkeit sowie die Erfordernisse der Raumordnung und der Landesplanung zu berücksichtigen.

(2) Maßnahmen zur Neugliederung des Bundesgebietes ergehen durch Bundesgesetz, das der Bestätigung durch Volksentscheid bedarf. Die betroffenen Länder sind zu hören.

(3) Der Volksentscheid findet in den Ländern statt, aus deren Gebieten oder Gebietsteilen ein neues oder neu umgrenztes Land gebildet werden soll (betroffene Länder). Abzustimmen ist über die Frage, ob die betroffenen Länder wie bisher bestehen bleiben sollen oder ob das neue oder neu umgrenzte Land gebildet werden soll. Der Volksentscheid für die Bildung eines neuen oder neu umgrenzten Landes kommt zustande, wenn in dessen künftigem Gebiet und insgesamt in den Gebieten oder Gebietsteilen eines betroffenen Landes, deren Landeszugehörigkeit im gleichen Sinne geändert werden soll, jeweils eine Mehrheit der Änderung zustimmt. Er kommt nicht zustande, wenn im Gebiet eines der betroffenen Länder eine Mehrheit die Änderung ablehnt; die Ablehnung ist jedoch unbeachtlich, wenn in einem Gebietsteil, dessen Zugehörigkeit zu dem betroffenen Land geändert werden soll, eine Mehrheit von zwei Dritteln der Änderung zustimmt, es sei denn, daß im Gesamtgebiet des betroffenen Landes eine Mehrheit von zwei Dritteln die Änderung ablehnt.

(4) Wird in einem zusammenhängenden, abgegrenzten Siedlungs- und

Wirtschaftsraum, dessen Teile in mehreren Ländern liegen und der mindestens eine Million Einwohner hat, von einem Zehntel der in ihm zum Bundestag Wahlberechtigten durch Volksbegehren gefordert, daß für diesen Raum eine einheitliche Landeszugehörigkeit herbeigeführt werde, so ist durch Bundesgesetz innerhalb von zwei Jahren entweder zu bestimmen, ob die Landeszugehörigkeit gemäß Absatz 2 geändert wird, oder daß in den betroffenen Ländern eine Volksbefragung stattfindet.

(5) Die Volksbefragung ist darauf gerichtet, festzustellen, ob eine in dem Gesetz vorzuschlagende Änderung der Landeszugehörigkeit Zustimmung findet. Das Gesetz kann verschiedene, jedoch nicht mehr als zwei Vorschläge der Volksbefragung vorlegen. Stimmt eine Mehrheit einer vorgeschlagenen Änderung der Landeszugehörigkeit zu, so ist durch Bundesgesetz innerhalb von zwei Jahren zu bestimmen, ob die Landeszugehörigkeit gemäß Absatz 2 geändert wird. Findet ein der Volksbefragung vorgelegter Vorschlag eine den Maßgaben des Absatzes 3 Satz 3 und 4 entsprechende Zustimmung, so ist innerhalb von zwei Jahren nach der Durchführung der Volksbefragung ein Bundesgesetz zur Bildung des vorgeschlagenen Landes zu erfassen, das der Bestätigung durch Volksentscheid nicht mehr bedarf.

(6)[9] Mehrheit im Volksentscheid und in der Volksbefragung ist die Mehrheit der abgegebenen Stimmen, wenn sie mindestens ein Viertel der zum Bundestag Wahlberechtigten umfaßt. Im übrigen wird das Nähere über Volksentscheid, Volksbegehren und Volksbefragung durch ein Bundesgesetz geregelt; dieses kann auch vorsehen, daß Volksbegehren innerhalb eines Zeitraumes von fünf Jahren nicht wiederholt werden können.

(7)[9] Sonstige Änderungen des Gebietsbestandes der Länder können durch Staatsverträge der beteiligten Länder oder durch Bundesgesetz mit Zustimmung des Bundesrates erfolgen, wenn das Gebiet, dessen Landeszugehörigkeit geändert werden soll, nicht mehr als 10 000 Einwohner hat. Das Nähere regelt ein Bundesgesetz, das der Zustimmung des Bundesrates und der Mehrheit der Mitglieder des Bundestages bedarf. Es muß die Anhörung der betroffenen Gemeinden und Kreise vorsehen.

---

9 Siehe das Gesetz über das Verfahren bei Volksentscheid, Volksbegehren und Volksbefragung nach Artikel 29 Abs. 6 des Grundgesetzes vom 30. 7. 1979 (BGBl. I S. 1317) und das Gesetz über das Verfahren bei sonstigen Änderungen des Gebietsbestandes der Länder nach Artikel 29 Abs. 7 des Grundgesetzes vom 30. 7. 1979 (BGBl. I S. 1325).

Art. 30 [Hoheitsrechte der Länder] Die Ausübung der staatlichen Befugnisse und die Erfüllung der staatlichen Aufgaben ist Sache der Länder, soweit dieses Grundgesetz keine andere Regelung trifft oder zuläßt.

Art. 31 [Vorrang des Bundesrechts] Bundesrecht bricht Landesrecht.

Art. 32 [Auswärtige Beziehungen] (1) Die Pflege der Beziehungen zu auswärtigen Staaten ist Sache des Bundes.

(2) Vor dem Abschluß eines Vertrages, der die besonderen Verhältnisse eines Landes berührt, ist das Land rechtzeitig zu hören.

(3) Soweit die Länder für die Gesetzgebung zuständig sind, können sie mit Zustimmung der Bundesregierung mit auswärtigen Staaten Verträge abschließen.

Art. 33 [Staatsbürgerliche Rechte und Pflichten; öffentlicher Dienst]

(1) Jeder Deutsche hat in jedem Lande die gleichen staatsbürgerlichen Rechte und Pflichten.

(2) Jeder Deutsche hat nach seiner Eignung, Befähigung und fachlichen Leistung gleichen Zugang zu jedem öffentlichen Amte.

(3) Der Genuß bürgerlicher und staatsbürgerlicher Rechte, die Zulassung zu öffentlichen Ämtern sowie die im öffentlichen Dienst erworbenen Rechte sind unabhängig von dem religiösen Bekenntnis. Niemandem darf aus seiner Zugehörigkeit oder Nichtzugehörigkeit zu einem Bekenntnisse oder einer Weltanschauung ein Nachteil erwachsen.

(4) Die Ausübung hoheitsrechtlicher Befugnisse ist als ständige Aufgabe in der Regel Angehörigen des öffentlichen Dienstes zu übertragen, die in einem öffentlich-rechtlichen Dienst- und Treueverhältnis stehen.

(5) Das Recht des öffentlichen Dienstes ist unter Berücksichtigung der hergebrachten Grundsätze des Berufsbeamtentums zu regeln.

Art. 34 [Amtspflichtverletzung] Verletzt jemand in Ausübung eines ihm anvertrauten öffentlichen Amtes die ihm einem Dritten gegenüber obliegende Amtspflicht, so trifft die Verantwortlichkeit grundsätzlich den Staat oder die Körperschaft, in deren Dienst er steht. Bei Vorsatz oder grober Fahrlässigkeit bleibt der Rückgriff vorbehalten. Für den Anspruch auf Schadenersatz und für den Rückgriff darf der ordentliche Rechtsweg nicht ausgeschlossen werden.

Art. 35 [Rechts- und Amtshilfe] (1) Alle Behörden des Bundes und der Länder leisten sich gegenseitig Rechts- und Amtshilfe.

(2) Zur Aufrechterhaltung oder Wiederherstellung der öffentlichen Sicherheit oder Ordnung kann ein Land in Fällen von besonderer Bedeutung Kräfte und Einrichtungen des Bundesgrenzschutzes zur Unterstützung seiner Polizei anfordern, wenn die Polizei ohne diese Unterstützung eine Aufgabe nicht oder nur unter erheblichen Schwierigkeiten erfüllen könnte. Zur Hilfe bei einer Naturkatastrophe oder bei einem besonders schweren Unglücksfall kann ein Land Polizeikräfte anderer Länder, Kräfte und Einrichtungen anderer Verwaltungen sowie des Bundesgrenzschutzes und der Streitkräfte anfordern.

(3) Gefährdet die Naturkatastrophe oder der Unglücksfall das Gebiet mehr als eines Landes, so kann die Bundesregierung, soweit es zur wirksamen Bekämpfung erforderlich ist, den Landesregierungen die Weisung erteilen, Polizeikräfte anderen Ländern zur Verfügung zu stellen, sowie Einheiten des Bundesgrenzschutzes und der Streitkräfte zur Unterstützung der Polizeikräfte einsetzen. Maßnahmen der Bundesregierung nach Satz 1 sind jederzeit auf Verlangen des Bundesrates, im übrigen unverzüglich nach Beseitigung der Gefahr aufzuheben.

Art. 36 [Bundesbeamte aus allen Ländern] (1) Bei den obersten Bundesbehörden sind Beamte aus allen Ländern in angemessenem Verhältnis zu verwenden. Die bei den übrigen Bundesbehörden beschäftigten Personen sollen in der Regel aus dem Lande genommen werden, in dem sie tätig sind.

(2) Die Wehrgesetze haben auch die Gliederung des Bundes in Länder und ihre besonderen landsmannschaftlichen Verhältnisse zu berücksichtigen.

Art. 37 [Bundeszwang] (1) Wenn ein Land die ihm nach dem Grundgesetz oder einem anderen Bundesgesetze obliegenden Bundespflichten nicht erfüllt, kann die Bundesregierung mit Zustimmung des Bundesrates die notwendigen Maßnahmen treffen, um das Land im Wege des Bundeszwanges zur Erfüllung seiner Pflichten anzuhalten.

(2) Zur Durchführung des Bundeszwanges hat die Bundesregierung oder ihr Beauftragter das Weisungsrecht gegenüber allen Ländern und ihren Behörden.

III. Der Bundestag
[Artikel 38–49]

Art. 38 [Wahl und Stellung der Abgeordneten] (1) Die Abgeordneten des Deutschen Bundestages werden in allgemeiner, unmittelbarer, freier, gleicher und geheimer Wahl gewählt. Sie sind Vertreter des ganzen Volkes, an Aufträge und Weisungen nicht gebunden und nur ihrem Gewissen unterworfen.

(2) Wahlberechtigt ist, wer das achtzehnte Lebensjahr vollendet hat; wählbar ist, wer das Alter erreicht hat, mit dem die Volljährigkeit eintritt.

(3) Das Nähere bestimmt ein Bundesgesetz.[10]

Art. 39 [Wahlperiode, Einberufung] (1) Der Bundestag wird auf vier Jahre gewählt. Seine Wahlperiode endet mit dem Zusammentritt eines neuen Bundestages. Die Neuwahl findet frühestens fünfundvierzig, spätestens siebenundvierzig Monate nach Beginn der Wahlperiode statt. Im Falle einer Auflösung des Bundestages findet die Neuwahl innerhalb von sechzig Tagen statt.

(2) Der Bundestag tritt spätestens am dreißigsten Tage nach der Wahl zusammen.

(3) Der Bundestag bestimmt den Schluß und den Wiederbeginn seiner Sitzungen. Der Präsident des Bundestags kann ihn früher einberufen. Er ist hierzu verpflichtet, wenn ein Drittel der Mitglieder, der Bundespräsident oder der Bundeskanzler es verlangen.

Art. 40 [Präsident, Geschäftsordnung] (1) Der Bundestag wählt seinen Präsidenten, dessen Stellvertreter und die Schriftführer. Er gibt sich eine Geschäftsordnung.[11]

(2) Der Präsident übt das Hausrecht und die Polizeigewalt im Gebäude des Bundestages aus. Ohne seine Genehmigung darf in den Räumen des Bundestages keine Durchsuchung oder Beschlagnahme stattfinden.

---

10 Siehe das Bundeswahlgesetz i.d.F. vom 1.9. 1975 (BGBl. I S. 2325) i.V.m. dem 10. Gesetz zur Änderung des Bundeswahlgesetzes vom 8. 10. 1990 (BGBl. I S. 2141).

11 Geschäftsordnung des Deutschen Bundestages i.d.F. vom 2.7. 1980 (BGBl. I S. 1237).

Art. 41 [Wahlprüfung] (1) Die Wahlprüfung ist Sache des Bundestages. Er entscheidet auch, ob ein Abgeordneter des Bundestages die Mitgliedschaft verloren hat.

(2) Gegen die Entscheidung des Bundestages ist die Beschwerde an das Bundesverfassungsgericht zulässig.

(3) Das Nähere regelt ein Bundesgesetz.

Art. 42 [Öffentlichkeit, Beschlußfassung] (1) Der Bundestag verhandelt öffentlich. Auf Antrag eines Zehntels seiner Mitglieder oder auf Antrag der Bundesregierung kann mit Zweidrittelmehrheit die Öffentlichkeit ausgeschlossen werden. Über den Antrag wird in nichtöffentlicher Sitzung entschieden.

(2) Zu einem Beschluß des Bundestages ist die Mehrheit der abgegebenen Stimmen erforderlich, soweit dieses Grundgesetz nichts anderes bestimmt. Für die vom Bundestage vorzunehmenden Wahlen kann die Geschäftsordnung Ausnahmen zulassen.

(3) Wahrheitsgetreue Berichte über die öffentlichen Sitzungen des Bundestages und seiner Ausschüsse bleiben von jeder Verantwortlichkeit frei.

Art. 43 [Anwesenheit von Mitgliedern des Bundesrates und der Bundesregierung] (1) Der Bundestag und seine Ausschüsse können die Anwesenheit jedes Mitgliedes der Bundesregierung verlangen.

(2) Die Mitglieder des Bundesrates und der Bundesregierung sowie ihre Beauftragten haben zu allen Sitzungen des Bundestages und seiner Ausschüsse Zutritt. Sie müssen jederzeit gehört werden.

Art. 44 [Untersuchungsausschüsse] (1) Der Bundestag hat das Recht, und auf Antrag eines Viertels seiner Mitglieder die Pflicht, einen Untersuchungsausschuß einzuetzen, der in öffentlicher Verhandlung die erforderlichen Beweise erhebt. Die Öffentlichkeit kann ausgeschlossen werden.

(2) Auf Beweiserhebungen finden die Vorschriften über den Strafprozeß sinngemäß Anwendung. Das Brief-, Post- und Fernmeldegeheimnis bleibt unberührt.

(3) Gerichte und Verwaltungsbehörden sind zu Rechts- und Amtshilfe verpflichtet.

(4) Die Beschlüsse der Untersuchungsausschüsse sind der richterlichen Erörterung entzogen. In der Würdigung und Beurteilung des der Untersuchung zugrunde liegenden Sachverhaltes sind die Gerichte frei.

Art. 45 [aufgehoben]

Art. 45a [Ausschüsse für auswärtige Angelegenheiten und für Verteidigung] (1) Der Bundestag bestellt einen Ausschuß für auswärtige Angelegenheiten und einen Ausschuß für Verteidigung.

(2) Der Ausschuß für Verteidigung hat auch die Rechte eines Untersuchungsausschusses. Auf Antrag eines Viertels seiner Mitglieder hat er die Pflicht, eine Angelegenheit zum Gegenstand seiner Untersuchung zu machen.

(3) Artikel 44 Abs. 1 findet auf dem Gebiet der Verteidigung keine Anwendung.

Art. 45b [Wehrbeauftragter des Bundestages][12] Zum Schutz der Grundrechte und als Hilfsorgan des Bundestages bei der Ausübung der parlamentarischen Kontrolle wird ein Wehrbeauftragter des Bundestages berufen. Das Nähere regelt ein Bundesgesetz.

Art. 45c [Petitionsausschuß] (1) Der Bundestag bestellt einen Petitionsausschuß, dem die Behandlung der nach Artikel 17 an den Bundestag gerichteten Bitten und Beschwerden obliegt.

(2) Die Befugnisse des Ausschusses zur Überprüfung von Beschwerden regelt ein Bundesgesetz.

Art. 46 [Indemnität und Immunität] (1) Ein Abgeordneter darf zu keiner Zeit wegen seiner Abstimmung oder wegen einer Äußerung, die er im Bundestag oder in einem seiner Ausschüsse getan hat, gerichtlich oder dienstlich verfolgt oder sonst außerhalb des Bundestages zur Verantwortung gezogen werden. Dies gilt nicht für verleumderische Beleidigungen.

(2) Wegen einer mit Strafe bedrohten Handlung darf ein Abgeordneter nur mit Genehmigung des Bundestages zur Verantwortung gezogen oder verhaftet werden, es sei denn, daß er bei Begehung der Tat oder im Laufe des folgenden Tages festgenommen wird.

(3) Die Genehmigung des Bundestages ist ferner bei jeder anderen Beschränkung der persönlichen Freiheit eines Abgeordneten oder zur Einleitung eines Verfahrens gegen einen Abgeordneten gemäß Artikel 18 erforderlich.

(4) Jedes Strafverfahren und jedes Verfahren gemäß Artikel 18 gegen einen Abgeordneten, jede Haft und jede sonstige Beschränkung seiner persönlichen Freiheit sind auf Verlangen des Bundestages auszusetzen.

---

12 Siehe das Wehrbeauftragtengesetz i.d.F. vom 16.6. 1982 (BGBl. I S. 677) und die Geschäftsordnung des Deutschen Bundestages i.d.F. vom 2.7. 1980 (BGBl. I S. 1237) Abschnitt X.

Art. 47 [Zeugnisverweigerungsrecht] Die Abgeordneten sind berechtigt, über Personen, die ihnen in ihrer Eigenschaft als Abgeordneter oder denen sie in dieser Eigenschaft Tatsachen anvertraut haben, sowie über diese Tatsachen selbst das Zeugnis zu verweigern. Soweit dieses Zeugnisverweigerungsrecht reicht, ist die Beschlagnahme von Schriftstücken unzulässig.

Art. 48 [Entschädigung der Abgeordneten, Urlaub etc.] (1) Wer sich um einen Sitz im Bundestag bewirbt, hat Anspruch auf den zur Vorbereitung seiner Wahl erforderlichen Urlaub.

(2) Niemand darf gehindert werden, das Amt eines Abgeordneten zu übernehmen und auszuüben. Eine Kündigung oder Entlassung aus diesem Grunde ist unzulässig.

(3) Die Abgeordneten haben Anspruch auf eine angemessene, ihre Unabhängigkeit sichernde Entschädigung. Sie haben das Recht der freien Benutzung aller staatlichen Verkehrsmittel. Das Nähere regelt ein Bundesgesetz.

Art. 49 [aufgehoben]

IV. Der Bundesrat
[Artikel 50–53]

Art. 50 [Aufgabe] Durch den Bundesrat wirken die Länder bei der Gesetzgebung und Verwaltung des Bundes mit.

Art. 51 [Zusammensetzung, Stimmen] (1) Der Bundesrat besteht aus Mitgliedern der Regierungen der Länder, die sie bestellen und abberufen. Sie können durch andere Mitglieder ihrer Regierungen vertreten werden.

(2) Jedes Land hat mindestens drei Stimmen, Länder mit mehr als zwei Millionen Einwohnern haben vier, Länder mit mehr als sechs Millionen Einwohnern fünf, Länder mit mehr als sieben Millionen Einwohnern sechs Stimmen.[13]

---

13 Absatz 2 neu gefaßt durch Art. 4 Nr. 3 des Einigungsvertrags, a. a. O.; die ursprüngliche Fassung lautete: „Jedes Land hat mindestens drei Stimmen, Länder mit mehr als zwei Millionen Einwohnern haben vier, Länder mit mehr als sechs Millionen Einwohnern fünf Stimmen."

(3) Jedes Land kann so viele Mitglieder entsenden, wie es Stimmen hat. Die Stimmen eines Landes können nur einheitlich und nur durch anwesende Mitglieder oder deren Vertreter abgegeben werden.

Art. 52 [Präsident, Einberufung, Beschlußfassung] (1) Der Bundesrat wählt seinen Präsidenten auf ein Jahr.

(2) Der Präsident beruft den Bundesrat ein. Er hat ihn einzuberufen, wenn die Vertreter von mindestens zwei Ländern oder die Bundesregierung es verlangen.

(3) Der Bundesrat faßt seine Beschlüsse mit mindestens der Mehrheit seiner Stimmen. Er gibt sich eine Geschäftsordnung.[14] Er verhandelt öffentlich. Die Öffentlichkeit kann ausgeschlossen werden.

(4) Den Ausschüssen des Bundesrates können andere Mitglieder oder Beauftragte der Regierungen der Länder angehören.

Art. 53 [Teilnahme der Bundesregierung; Recht auf Information] Die Mitglieder der Bundesregierung haben das Recht und auf Verlangen die Pflicht, an den Verhandlungen des Bundesrates und seiner Ausschüsse teilzunehmen. Sie müssen jederzeit gehört werden. Der Bundesrat ist von der Bundesregierung über die Führung der Geschäfte auf dem laufenden zu halten.

IVa. Gemeinsamer Ausschuß

Art. 53a [Zusammensetzung] (1) Der Gemeinsame Ausschuß besteht zu zwei Dritteln aus Abgeordneten des Bundestages, zu einem Drittel aus Mitgliedern des Bundesrates. Die Abgeordneten werden vom Bundestage entsprechend dem Stärkeverhältnis der Fraktionen bestimmt; sie dürfen nicht der Bundesregierung angehören. Jedes Land wird durch ein von ihm bestelltes Mitglied des Bundesrates vertreten; diese Mitglieder sind nicht an Weisungen gebunden. Die Bildung des Gemeinsamen Ausschusses und sein Verfahren werden durch eine Geschäftsordnung geregelt, die vom Bundestage zu beschließen ist und der Zustimmung des Bundesrates bedarf.

(2) Die Bundesregierung hat den Gemeinsamen Ausschuß über ihre

---

14 Geschäftsordnung des Bundesrates vom 1. 7. 1966 (BGBl. I S. 437).

Planungen für den Verteidigungsfall zu unterrichten. Die Rechte des Bundestages und seiner Ausschüsse nach Artikel 43 Abs. 1 bleiben unberührt.

V. Der Bundespräsident

[Artikel 54–61]

Art. 54 [Wahl durch die Bundesversammlung, Amtszeit] (1) Der Bundespräsident wird ohne Aussprache von der Bundesversammlung gewählt. Wählbar ist jeder Deutsche, der das Wahlrecht zum Bundestage besitzt und das vierzigste Lebensjahr vollendet hat.

(2) Das Amt des Bundespräsidenten dauert fünf Jahre. Anschließende Wiederwahl ist nur einmal zulässig.

(3) Die Bundesversammlung besteht aus den Mitgliedern des Bundestages und einer gleichen Anzahl von Mitgliedern, die von den Volksvertretungen der Länder nach den Grundsätzen der Verhältniswahl gewählt werden.

(4) Die Bundesversammlung tritt spätestens dreißig Tage vor Ablauf der Amtszeit des Bundespräsidenten, bei vorzeitiger Beendigung spätestens dreißig Tage nach diesem Zeitpunkt zusammen. Sie wird von dem Präsidenten des Bundestages einberufen.

(5) Nach Ablauf der Wahlperiode beginnt die Frist des Absatzes 4 Satz 1 mit dem ersten Zusammentritt des Bundestages.

(6) Gewählt ist, wer die Stimmen der Mehrheit der Mitglieder der Bundesversammlung erhält. Wird diese Mehrheit in zwei Wahlgängen von keinem Bewerber erreicht, so ist gewählt, wer in einem weiteren Wahlgang die meisten Stimmen auf sich vereinigt.

(7) Das Nähere regelt ein Bundesgesetz.[15]

Art. 55 [Unvereinbarkeit mit anderen Ämtern] (1) Der Bundespräsident darf weder der Regierung noch einer gesetzgebenden Körperschaft des Bundes oder eines Landes angehören.

(2) Der Bundespräsident darf kein anderes besoldetes Amt, kein

---

15 Gesetz über die Wahl des Bundespräsidenten durch die Bundesversammlung vom 25. 4. 1959 (BGBl. I S. 230).

Gewerbe und keinen Beruf ausüben und weder der Leitung noch dem Aufsichtsrate eines auf Erwerb gerichteten Unternehmens angehören.

Art. 56 [Eid] Der Bundespräsident leistet bei seinem Amtsantritt vor den versammelten Mitgliedern des Bundestages und des Bundesrates folgenden Eid:

„Ich schwöre, daß ich meine Kraft dem Wohle des deutschen Volkes widmen, seinen Nutzen mehren, Schaden von ihm wenden, das Grundgesetz und die Gesetze des Bundes wahren und verteidigen, meine Pflichten gewissenhaft erfüllen und Gerechtigkeit gegen jedermann üben werde. So wahr mir Gott helfe."

Der Eid kann auch ohne religiöse Beteuerung geleistet werden.

Art. 57 [Vertretung] Die Befugnisse des Bundespräsidenten werden im Falle seiner Verhinderung oder bei vorzeitiger Erledigung des Amtes durch den Präsidenten des Bundesrates wahrgenommen.

Art. 58 [Gegenzeichnung] Anordnungen und Verfügungen des Bundespräsidenten bedürfen zu ihrer Gültigkeit der Gegenzeichnung durch den Bundeskanzler oder durch den zuständigen Bundesminister. Dies gilt nicht für die Ernennung und Entlassung des Bundeskanzlers, die Auflösung des Bundestages gemäß Artikel 63 und das Ersuchen gemäß Artikel 69 Absatz 3.

Art. 59 [Völkerrechtliche Vertretung] (1) Der Bundespräsident vertritt den Bund völkerrechtlich. Er schließt im Namen des Bundes Verträge mit auswärtigen Staaten. Er beglaubigt und empfängt die Gesandten.

(2) Verträge, welche die politischen Beziehungen des Bundes regeln oder sich auf Gegenstände der Bundesgesetzgebung beziehen, bedürfen der Zustimmung oder der Mitwirkung der jeweils für die Bundesgesetzgebung zuständigen Körperschaften in der Form eines Bundesgesetzes. Für Verwaltungsabkommen gelten die Vorschriften über die Bundesverwaltung entsprechend.

Art. 59a [aufgehoben]

Art. 60 [Ernennung der Bundesbeamten und Soldaten; Begnadigungsrecht] (1) Der Bundespräsident ernennt und entläßt die Bundesrichter, die Bundesbeamten, die Offiziere und Unteroffiziere, soweit gesetzlich nichts anderes bestimmt ist.[16]

16 Art. 60 erhielt durch Gesetz vom 19. 3. 1956 (BGBl. I S. 111) obige Fassung.

(2) Er übt im Einzelfalle für den Bund das Begnadigungsrecht aus.

(3) Er kann diese Befugnisse auf andere Behörden übertragen.

(4) Die Absätze 2 bis 4 des Artikels 46 finden auf den Bundespräsidenten entsprechende Anwendung.

Art. 61 [Anklage vor dem Bundesverfassungsgericht] (1) Der Bundestag oder der Bundesrat können den Bundespräsidenten wegen vorsätzlicher Verletzung des Grundgesetzes oder eines anderen Bundesgesetzes vor dem Bundesverfassungsgericht anklagen. Der Antrag auf Erhebung der Anklage muß von mindestens einem Viertel der Mitglieder des Bundestages oder einem Viertel der Stimmen des Bundesrates gestellt werden. Der Beschluß auf Erhebung der Anklage bedarf der Mehrheit von zwei Dritteln der Mitglieder des Bundestages oder von zwei Dritteln der Stimmen des Bundesrates. Die Anklage wird von einem Beauftragten der anklagenden Körperschaft vertreten.

(2) Stellt das Bundesverfassungsgericht fest, daß der Bundespräsident einer vorsätzlichen Verletzung des Grundgesetzes oder eines anderen Bundesgesetzes schuldig ist, so kann es ihn des Amtes für verlustig erklären. Durch einstweilige Anordnung kann es nach der Erhebung der Anklage bestimmen, daß er an der Ausübung seines Amtes verhindert ist.

VI. Die Bundesregierung

[Artikel 62–69]

Art. 62 [Zusammensetzung] Die Bundesregierung besteht aus dem Bundeskanzler und aus den Bundesministern.

Art. 63 [Wahl des Bundeskanzlers] (1) Der Bundeskanzler wird auf Vorschlag des Bundespräsidenten vom Bundestage ohne Aussprache gewählt.

(2) Gewählt ist, wer die Stimmen der Mehrheit der Mitglieder des Bundestages auf sich vereinigt. Der Gewählte ist vom Bundespräsidenten zu ernennen.

(3) Wird der Vorgeschlagene nicht gewählt, so kann der Bundestag binnen vierzehn Tagen nach dem Wahlgange mit mehr als der Hälfte seiner Mitglieder einen Bundeskanzler wählen.

(4) Kommt eine Wahl innerhalb dieser Frist nicht zustande, so findet

unverzüglich ein neuer Wahlgang statt, in dem gewählt ist, wer die meisten Stimmen erhält. Vereinigt der Gewählte die Stimmen der Mehrheit der Mitglieder des Bundestages auf sich, so muß der Bundespräsident ihn binnen sieben Tagen nach der Wahl ernennen. Erreicht der Gewählte diese Mehrheit nicht, so hat der Bundespräsident binnen sieben Tagen entweder ihn zu ernennen oder den Bundestag aufzulösen.

Art. 64 [Ernennung und Entlassung der Bundesminister] (1) Die Bundesminister werden auf Vorschlag des Bundeskanzlers vom Bundespräsidenten ernannt und entlassen.

(2) Der Bundeskanzler und die Bundesminister leisten bei der Amtsübernahme vor dem Bundestage den in Artikel 56 vorgesehenen Eid.

Art. 65 [Richtlinien der Politik, Verantwortung] Der Bundeskanzler bestimmt die Richtlinien der Politik und trägt dafür die Verantwortung. Innerhalb dieser Richtlinien leitet jeder Bundesminister seinen Geschäftsbereich selbständig und unter eigener Verantwortung. Über Meinungsverschiedenheiten zwischen den Bundesministern entscheidet die Bundesregierung. Der Bundeskanzler leitet ihre Geschäfte nach einer von der Bundesregierung beschlossenen und vom Bundespräsidenten genehmigten Geschäftsordnung.

Art. 65a [Befehls- und Kommandogewalt über die Streitkräfte] (1) Der Bundesminister für Verteidigung hat Befehls- und Kommandogewalt über die Streitkräfte.

(2) [aufgehoben]

Art. 66 [Berufs- und Gewerbeverbot] Der Bundeskanzler und die Bundesminister dürfen kein anderes besoldetes Amt, kein Gewerbe und keinen Beruf ausüben und weder der Leitung noch ohne Zustimmung des Bundestages dem Aufsichtsrate eines auf Erwerb gerichteten Unternehmens angehören.

Art. 67 [Mißtrauensvotum][17] (1) Der Bundestag kann dem Bundeskanzler das Mißtrauen nur dadurch aussprechen, daß er mit der Mehrheit seiner Mitglieder einen Nachfolger wählt und den Bundespräsidenten ersucht, den Bundeskanzler zu entlassen. Der Bundespräsident muß dem Ersuchen entsprechen und den Gewählten ernennen.

(2) Zwischen dem Antrage und der Wahl müssen achtundvierzig Stunden liegen.

---

17 Geschäftsordnung des Deutschen Bundestages i.d.F. vom 2.7. 1980 (BGBl. I S. 1237) § 98.

Art. 68 [Vertrauensantrag, Auflösung des Bundestages][18] (1) Findet ein Antrag des Bundeskanzlers, ihm das Vertrauen auszusprechen, nicht die Zustimmung der Mehrheit der Mitglieder des Bundestages, so kann der Bundespräsident auf Vorschlag des Bundeskanzlers binnen einundzwanzig Tagen den Bundestag auflösen. Das Recht zur Auflösung erlischt, sobald der Bundestag mit der Mehrheit seiner Mitglieder einen anderen Bundeskanzler wählt.

(2) Zwischen dem Antrage und der Abstimmung müssen achtundvierzig Stunden liegen.

Art. 69 [Stellvertreter des Bundeskanzlers, Amtsende] (1) Der Bundeskanzler ernennt einen Bundesminister zu seinem Stellvertreter.

(2) Das Amt des Bundeskanzlers oder eines Bundesministers endigt in jedem Falle mit dem Zusammentritt eines neuen Bundestages, das Amt eines Bundesministers auch mit jeder anderen Erledigung des Amtes des Bundeskanzlers.

(3) Auf Ersuchen des Bundespräsidenten ist der Bundeskanzler, auf Ersuchen des Bundeskanzlers oder des Bundespräsidenten ein Bundesminister verpflichtet, die Geschäfte bis zur Ernennung seines Nachfolgers weiterzuführen.

VII. Die Gesetzgebung des Bundes

[Artikel 70–82]

Art. 70 [Zuständigkeitsabgrenzung zwischen Bund und Ländern]

(1) Die Länder haben das Recht der Gesetzgebung, soweit dieses Grundgesetz nicht dem Bunde Gesetzgebungsbefugnis verleiht.

(2) Die Abgrenzung der Zuständigkeit zwischen Bund und Ländern bemißt sich nach den Vorschriften dieses Grundgesetzes über die ausschließliche und die konkurrierende Gesetzgebung.

Art. 71 [Ausschließliche Gesetzgebung] Im Bereiche der ausschließlichen Gesetzgebung des Bundes haben die Länder die Befugnisse zur

---

18 Geschäftsordnung des Deutschen Bundestages i.d.F. vom 2.7. 1980 (BGBl. I S. 1237) § 103.

Gesetzgebung nur, wenn und soweit sie hierzu in einem Bundesgesetze audrücklich ermächtigt werden.

Art. 72 [Konkurrierende Gesetzgebung] (1) Im Bereiche der konkurrierenden Gesetzgebung haben die Länder die Befugnisse zur Gesetzgebung, solange und soweit der Bund von seinem Gesetzgebungsrecht keinen Gebrauch macht.

(2) Der Bund hat in diesem Bereiche das Gesetzgebungsrecht, soweit ein Bedürfnis nach bundesgesetzlicher Regelung besteht, weil

1. eine Angelegenheit durch die Gesetzgebung einzelner Länder nicht wirksam geregelt werden kann oder
2. die Regelung einer Angelegenheit durch ein Landesgesetz die Interessen anderer Länder oder der Gesamtheit beeinträchtigen könnte oder
3. die Wahrung der Rechts- oder Wirtschaftseinheit, insbesondere die Wahrung der Einheitlichkeit der Lebensverhältnisse über das Gebiet eines Landes hinaus sie erfordert.

Art. 73 [Gegenstände der ausschließlichen Gesetzgebung] Der Bund hat die ausschließliche Gesetzgebung über:

1. die auswärtigen Angelegenheiten sowie die Verteidigung einschließlich des Schutzes der Zivilbevölkerung[19];
2. die Staatsangehörigkeit im Bunde;
3. die Freizügigkeit, das Paßwesen, die Ein- und Auswanderung und die Auslieferung;
4. das Währungs-, Geld- und Münzwesen, Maße und Gewichte sowie die Zeitbestimmung;
5. die Einheit des Zoll- und Handelsgebietes, die Handels- und Schiffahrtsverträge, die Freizügigkeit des Warenverkehrs und den Waren- und Zahlungsverkehr mit dem Auslande einschließlich des Zoll- und Grenzschutzes;
6. die Bundeseisenbahnen und den Luftverkehr;
7. das Post- und Fernmeldewesen;
8. die Rechtsverhältnisse der im Dienste des Bundes und der bundesunmittelbaren Körperschaften des öffentlichen Rechts stehenden Personen;

---

19 Nr. 1 wurde in obige Fassung erweitert durch das Gesetz vom 26. 3. 1954 (BGBl. I S. 45); die Erweiterung ist nach der Entscheidung Nr. 29 der Alliierten Hohen Kommission vom 25. 3. 1954 erst gleichzeitig mit den Verträgen von Bonn und Paris, das heißt am 5. 5. 1955, in Kraft getreten.

9. den gewerblichen Rechtsschutz, das Urheberrecht und das Verlagsrecht;
10. die Zusammenarbeit des Bundes und der Länder
   a) in der Kriminalpolizei,
   b) zum Schutze der freiheitlichen demokratischen Grundordnung, des Bestandes und der Sicherheit des Bundes oder eines Landes (Verfassungsschutz) und
   c) zum Schutze gegen Bestrebungen im Bundesgebiet, die durch Anwendung von Gewalt oder darauf gerichtete Vorbereitungshandlungen auswärtige Belange der Bundesrepublik Deutschland gefährden, sowie die Einrichtung eines Bundeskriminalpolizeiamtes und die internationale Verbrechensbekämpfung;
11. die Statistik für Bundeszwecke.

Art. 74 [Gegenstände der konkurrierenden Gesetzgebung] Die konkurrierende Gesetzgebung erstreckt sich auf folgende Gebiete:

1. das bürgerliche Recht, das Strafrecht und den Strafvollzug, die Gerichtsverfassung, das gerichtliche Verfahren, die Rechtsanwaltschaft, das Notariat und die Rechtsberatung;
2. das Personenstandswesen;
3. das Vereins- und Versammlungsrecht;
4. das Aufenthalts- und Niederlassungsrecht der Ausländer;

4a. das Waffen- und das Sprengstoffrecht;

5. den Schutz deutschen Kulturgutes gegen Abwanderung in das Ausland;
6. die Angelegenheiten der Flüchtlinge und Vertriebenen;
7. die öffentliche Fürsorge;
8. die Staatsangehörigkeit in den Ländern;
9. die Kriegsschäden und die Wiedergutmachung;
10. die Versorgung der Kriegsbeschädigten und Kriegshinterbliebenen und die Fürsorge für die ehemaligen Kriegsgefangenen;

10a. die Kriegsgräber und Gräber anderer Opfer des Krieges und Opfer von Gewaltherrschaft;

11. das Recht der Wirtschaft (Bergbau, Industrie, Energiewirtschaft, Handwerk, Gewerbe, Handel, Bank- und Börsenwesen, privatrechtliches Versicherungswesen);

11a. die Erzeugung und Nutzung der Kernenergie zu friedlichen Zwecken, die Errichtung und den Betrieb von Anlagen, die diesen Zwecken dienen, den Schutz gegen Gefahren, die bei Freiwerden von Kernenergie oder durch ionisierende Strahlen entstehen, und die Beseitigung radioaktiver Stoffe;

12. das Arbeitsrecht einschließlich der Betriebsverfassung, des Arbeitsschutzes und der Arbeitsvermittlung sowie die Sozialversicherung einschließlich der Arbeitslosenversicherung;
13. die Regelung der Ausbildungsbeihilfen und die Förderung der wissenschaftlichen Forschung;
14. das Recht der Enteignung, soweit sie auf den Sachgebieten der Artikel 73 und 74 in Betracht kommt;
15. die Überführung von Grund und Boden, von Naturschätzen und Produktionsmitteln in Gemeineigentum oder in andere Formen der Gemeinwirtschaft;
16. die Verhütung des Mißbrauchs wirtschaftlicher Machtstellung;
17. die Förderung der land- und forstwirtschaftlichen Erzeugung, die Sicherung der Ernährung, die Ein- und Ausfuhr land- und forstwirtschaftlicher Erzeugnisse, die Hochsee- und Küstenfischerei und den Küstenschutz;
18. den Grundstücksverkehr, das Bodenrecht und das landwirtschaftliche Pachtwesen, das Wohnungswesen, das Siedlungs- und Heimstättenwesen;
19. die Maßnahmen gegen gemeingefährliche und übertragbare Krankheiten bei Menschen und Tieren, die Zulassung zu ärztlichen und anderen Heilberufen und zum Heilgewerbe, den Verkehr mit Arzneien, Heil- und Betäubungsmitteln und Giften;

19a. die wirtschaftliche Sicherung der Krankenhäuser und die Regelung der Krankenhauspflegesätze;

20. den Schutz beim Verkehr mit Lebens- und Genußmitteln, Bedarfsgegenständen, Futtermitteln und land- und forstwirtschaftlichem Saat- und Pflanzgut, den Schutz der Pflanzen gegen Krankheiten und Schädlinge sowie den Tierschutz;
21. die Hochsee- und Küstenschiffahrt sowie die Seezeichen, die Binnenschiffahrt, den Wetterdienst, die Seewasserstraßen und die dem allgemeinen Verkehr dienenden Binnenwasserstraßen;
22. den Straßenverkehr, das Kraftfahrwesen, den Bau und die Unterhaltung von Landstraßen für den Fernverkehr sowie die Erhebung und Verteilung von Gebühren für die Benutzung öffentlicher Straßen mit Fahrzeugen;
23. die Schienenbahnen, die nicht Bundeseisenbahnen sind, mit Ausnahme der Bergbahnen;
24. die Abfallbeseitigung, die Luftreinhaltung und die Lärmbekämpfung.

Art. 74a [Konkurrierende Gesetzgebung][20] (1) Die konkurrierende Gesetzgebung erstreckt sich ferner auf die Besoldung und Versorgung der Angehörigen des öffentlichen Dienstes, die in einem öffentlich-rechtlichen Dienst- und Treueverhältnis stehen, soweit dem Bund nicht nach Artikel 73 Nr. 8 die ausschließliche Gesetzgebung zusteht.

(2) Bundesgesetze nach Absatz 1 bedürfen der Zustimmung des Bundesrates.

(3) Der Zustimmung des Bundesrates bedürfen auch Bundesgesetze nach Artikel 73 Nr. 8, soweit sie andere Maßstäbe für den Aufbau oder die Bemessung der Besoldung und Versorgung einschließlich der Bewertung der Ämter oder anderer Mindest- oder Höchstbeträge vorsehen als Bundesgesetze nach Absatz 1.

(4) Die Absätze 1 und 2 gelten entsprechend für die Besoldung und Versorgung der Landesrichter. Für Gesetze nach Artikel 98 Abs. 1 gilt Absatz 3 entsprechend.

Art. 75 [Rahmenvorschriften] Der Bund hat das Recht, unter den Voraussetzungen des Artikels 72 Rahmenvorschriften zu erlassen über:

1. die Rechtsverhältnisse der im öffentlichen Dienste der Länder, Gemeinden und anderen Körperschaften des öffentlichen Rechtes stehenden Personen, soweit Artikel 74a nichts anderes bestimmt;

1a. die allgemeinen Grundsätze des Hochschulwesens;

2. die allgemeinen Rechtsverhältnisse der Presse und des Films;
3. das Jagdwesen, den Naturschutz und die Landschaftspflege;
4. die Bodenverteilung, die Raumordnung und den Wasserhaushalt;
5. das Melde- und Ausweiswesen.

Art. 76 [Gesetzesvorlagen] (1) Gesetzesvorlagen werden beim Bundestag durch die Bundesregierung, aus der Mitte des Bundestages oder durch den Bundesrat eingebracht.

(2) Vorlagen der Bundesregierung sind zunächst dem Bundesrate zuzuleiten. Der Bundesrat ist berechtigt, innerhalb von sechs Wochen zu diesen Vorlagen Stellung zu nehmen. Die Bundesregierung kann eine Vorlage, die sie bei der Zuleitung an den Bundesrat ausnahmsweise als besonders eilbedürftig bezeichnet hat, nach drei Wochen dem Bundestage zuleiten, auch wenn die Stellungnahme des Bundesrates noch nicht bei ihr eingegangen ist; sie hat die Stellungnahme des Bundesrates unverzüglich nach Eingang dem Bundestage nachzureichen.

---

20 Art. 74a neu eingefügt durch Gesetz vom 18. 3. 1971 (BGBl. I S. 206).

(3) Vorlagen des Bundesrates sind dem Bundestage durch die Bundesregierung innerhalb von drei Monaten zuzuleiten. Sie hat hierbei ihre Auffassung darzulegen.

Art. 77 [Verfahren der Gesetzgebung; Mitwirkung des Bundesrates] (1) Die Bundesgesetze werden vom Bundestag beschlossen. Sie sind nach ihrer Annahme durch den Präsidenten des Bundestages unverzüglich dem Bundesrate zuzuleiten.

(2) Der Bundesrat kann binnen drei Wochen nach Eingang des Gesetzesbeschlusses verlangen, daß ein aus Mitgliedern des Bundestages und des Bundesrates für die gemeinsame Beratung von Vorlagen gebildeter Ausschuß einberufen wird. Die Zusammensetzung und das Verfahren dieses Ausschusses regelt eine Geschäftsordnung, die vom Bundestag beschlossen wird und der Zustimmung des Bundesrates bedarf.[21] Die in diesen Ausschuß entsandten Mitglieder des Bundesrates sind nicht an Weisungen gebunden. Ist zu einem Gesetze die Zustimmung des Bundesrates erforderlich, so können auch der Bundestag und die Bundesregierung die Einberufung verlangen. Schlägt der Ausschuß eine Änderung des Gesetzesbeschlusses vor, so hat der Bundestag erneut Beschluß zu fassen.

(3) Soweit zu einem Gesetze die Zustimmung des Bundesrates nicht erforderlich ist, kann der Bundesrat, wenn das Verfahren nach Absatz 2 beendigt ist, gegen ein vom Bundestage beschlossenes Gesetz binnen zwei Wochen Einspruch einlegen. Die Einspruchsfrist beginnt im Falle des Absatzes 2 letzter Satz mit dem Eingange des vom Bundestage erneut gefaßten Beschlusses, in allen anderen Fällen mit dem Eingange der Mitteilung des Vorsitzenden des in Absatz 2 vorgesehenen Ausschusses, daß das Verfahren vor dem Ausschusse abgeschlossen ist.

(4) Wird der Einspruch mit der Mehrheit der Stimmen des Bundesrates beschlossen, so kann er durch Beschluß der Mehrheit der Mitglieder des Bundestages zurückgewiesen werden. Hat der Bundesrat den Einspruch mit einer Mehrheit von mindestens zwei Dritteln seiner Stimmen beschlossen, so bedarf die Zurückweisung durch den Bundestag einer Mehrheit von zwei Dritteln, mindestens der Mehrheit der Mitglieder des Bundestages.

---

21 Gemeinsame Geschäftsordnung des Bundestages und des Bundesrates für den Ausschuß nach Artikel 77 des Grundgesetzes (Vermittlungsausschuß) vom 19.4. 1951 (BGBl. II S. 103).

Art. 78 [Zustandekommen von Gesetzen] Ein vom Bundestag beschlossenes Gesetz kommt zustande, wenn der Bundesrat[22] zustimmt, den Antrag gemäß Artikel 77 Absatz 2 nicht stellt, innerhalb der Frist des Artikels 77 Absatz 3 keinen Einspruch einlegt oder ihn zurücknimmt oder wenn der Einspruch vom Bundestage überstimmt wird.

Art. 79 [Änderung des Grundgesetzes] (1) Das Grundgesetz kann nur durch ein Gesetz geändert werden, das den Wortlaut des Grundgesetzes ausdrücklich ändert oder ergänzt. Bei völkerrechtlichen Verträgen, die eine Friedensregelung, die Vorbereitung einer Friedensregelung oder den Abbau einer besatzungsrechtlichen Ordnung zum Gegenstand haben oder der Verteidigung der Bundesrepublik zu dienen bestimmt sind, genügt zur Klarstellung, daß die Bestimmungen des Grundgesetzes dem Abschluß und dem Inkraftsetzen der Verträge nicht entgegenstehen, eine Ergänzung des Wortlautes des Grundgesetzes, die sich auf diese Klarstellung beschränkt.

(2) Ein solches Gesetz bedarf der Zustimmung von zwei Dritteln der Mitglieder des Bundestages und zwei Dritteln der Stimmen des Bundesrates.

(3) Eine Änderung dieses Grundgesetzes, durch welche die Gliederung des Bundes in Länder, die grundsätzliche Mitwirkung der Länder bei der Gesetzgebung oder die in den Artikeln 1 und 20 niedergelegten Grundsätze berührt werden, ist unzulässig.

Art. 80 [Erlaß von Rechtsverordnungen, Zustimmung des Bundesrates] (1) Durch Gesetz können die Bundesregierung, ein Bundesminister oder die Landesregierungen ermächtigt werden, Rechtsverordnungen zu erlassen. Dabei müssen Inhalt, Zweck und Ausmaß der erteilten Ermächtigung im Gesetz bestimmt werden. Die Rechtsgrundlage ist in der Verordnung anzugeben. Ist durch Gesetz vorgesehen, daß eine Ermächtigung weiter übertragen werden kann, so bedarf es zur Übertragung der Ermächtigung einer Rechtsverordnung.

(2) Der Zustimmung des Bundesrates bedürfen, vorbehaltlich anderweitiger bundesgesetzlicher Regelung, Rechtsverordnungen der Bundesregierung oder eines Bundesministers über Grundsätze und Gebühren für die Benutzung der Einrichtungen der Bundeseisenbahnen und des Post- und Fernmeldewesens, über den Bau und Betrieb der Eisenbahnen, sowie Rechtsverordnungen auf Grund von Bundesgesetzen, die der Zustimmung des Bundesrates bedürfen oder die von den Ländern im Auftrage des Bundes oder als eigene Angelegenheit ausgeführt werden.

---

22 Geschäftsordnung des Bundesrates vom 10. 6. 1988 (BGBl. I S. 857) § 30.

Art. 80a [Spannungsfall] (1) Ist in diesem Grundgesetz oder in einem Bundesgesetz über die Verteidigung einschließlich des Schutzes der Zivilbevölkerung bestimmt, daß Rechtsvorschriften nur nach Maßgabe dieses Artikels angewandt werden dürfen, so ist die Anwendung außer im Verteidigungsfalle nur zulässig, wenn der Bundestag den Eintritt des Spannungsfalles festgestellt oder wenn er der Anwendung besonders zugestimmt hat. Die Feststellung des Spannungsfalles und die besondere Zustimmung in den Fällen des Artikels 12a Abs. 5 Satz 1 und Abs. 6 Satz 2 bedürfen einer Mehrheit von zwei Dritteln der abgegebenen Stimmen.

(2) Maßnahmen auf Grund von Rechtsvorschriften nach Absatz 1 sind aufzuheben, wenn der Bundestag es verlangt.

(3) Abweichend von Absatz 1 ist die Anwendung solcher Rechtsvorschriften auch auf der Grundlage und nach Maßgabe eines Beschlusses zulässig, der von einem internationalen Organ im Rahmen eines Bündnisvertrages mit Zustimmung der Bundesregierung gefaßt wird. Maßnahmen nach diesem Absatz sind aufzuheben, wenn der Bundestag es mit der Mehrheit seiner Mitglieder verlangt.

Art. 81 [Gesetzgebungsnotstand] (1) Wird im Falle des Artikels 68 der Bundestag nicht aufgelöst, so kann der Bundespräsident auf Antrag der Bundesregierung mit Zustimmung des Bundesrates für eine Gesetzesvorlage den Gesetzgebungsnotstand erklären, wenn der Bundestag sie ablehnt, obwohl die Bundesregierung sie als dringlich bezeichnet hat. Das gleiche gilt, wenn eine Gesetzesvorlage abgelehnt worden ist, obwohl der Bundeskanzler mit ihr den Antrag des Artikels 68 verbunden hatte.

(2) Lehnt der Bundestag die Gesetzesvorlage nach Erklärung des Gesetzgebungsnotstandes erneut ab oder nimmt er sie in einer für die Bundesregierung als unannehmbar bezeichneten Fassung an, so gilt das Gesetz als zustande gekommen, soweit der Bundesrat ihm zustimmt. Das gleiche gilt, wenn die Vorlage vom Bundestage nicht innerhalb von vier Wochen nach der erneuten Einbringung verabschiedet wird.

(3) Während der Amtszeit eines Bundeskanzlers kann auch jede andere vom Bundestag abgelehnte Gesetzesvorlage innerhalb einer Frist von sechs Monaten nach der ersten Erklärung des Gesetzgebungsnotstandes gemäß Absatz 1 und 2 verabschiedet werden. Nach Ablauf der Frist ist während der Amtszeit des gleichen Bundeskanzlers eine weitere Erklärung des Gesetzgebungsnotstandes unzulässig.

(4) Das Grundgesetz darf durch ein Gesetz, das nach Absatz 2 zustande kommt, weder geändert noch ganz oder teilweise außer Kraft oder außer Anwendung gesetzt werden.

Art. 82 [Ausfertigung, Verkündung und Inkrafttreten der Gesetze]
(1) Die nach den Vorschriften dieses Grundgesetzes zustande gekommenen Gesetze werden vom Bundespräsidenten nach Gegenzeichnung ausgefertigt und im Bundesgesetzblatte verkündet. Rechtsverordnungen werden von der Stelle, die sie erläßt, ausgefertigt und vorbehaltlich anderweitiger gesetzlicher Regelung im Bundesgesetzblatte verkündet.

(2) Jedes Gesetz und jede Rechtsverordnung soll den Tag des Inkrafttretens bestimmen. Fehlt eine solche Bestimmung, so treten sie mit dem vierzehnten Tage nach Ablauf des Tages in Kraft, an dem das Bundesgesetzblatt ausgegeben worden ist.

VIII. Die Ausführung der Bundesgesetze und die Bundesverwaltung

[Artikel 83–91]

Art. 83 [Grundgesetz der Länderexekutive] Die Länder führen die Bundesgesetze als eigene Angelegenheit aus, soweit dieses Grundgesetz nichts anderes bestimmt oder zuläßt.

Art. 84 [Landeseigene Verwaltung und Bundesaufsicht] (1) Führen die Länder die Bundesgesetze als eigene Angelegenheit aus, so regeln sie die Einrichtung der Behörden und das Verwaltungsverfahren, soweit nicht Bundesgesetze mit Zustimmung des Bundesrates etwas anderes bestimmen.

(2) Die Bundesregierung kann mit Zustimmung des Bundesrates allgemeine Verwaltungsvorschriften erlassen.

(3) Die Bundesregierung übt die Aufsicht darüber aus, daß die Länder die Bundesgesetze dem geltenden Rechte gemäß ausführen. Die Bundesregierung kann zu diesem Zwecke Beauftragte zu den obersten Landesbehörden entsenden, mit deren Zustimmung und, falls diese Zustimmung versagt wird, mit Zustimmung des Bundesrates auch zu den nachgeordneten Behörden.

(4) Werden Mängel, die die Bundesregierung bei der Ausführung der Bundesgesetze in den Ländern festgestellt hat, nicht beseitigt, so beschließt auf Antrag der Bundesregierung oder des Landes der Bundesrat, ob das Land das Recht verletzt hat. Gegen den Beschluß des Bundesrates kann das Bundesverfassungsgericht angerufen werden.

(5) Der Bundesregierung kann durch Bundesgesetz, das der Zustimmung des Bundesrates bedarf, zur Ausführung von Bundesgesetzen die Befugnis verliehen werden, für besondere Fälle Einzelweisungen zu erteilen. Sie sind, außer wenn die Bundesregierung den Fall für dringlich erachtet, an die obersten Landesbehörden zu richten.

Art. 85 [Auftragsverwaltung der Länder] (1) Führen die Länder die Bundesgesetze im Auftrage des Bundes aus, so bleibt die Einrichtung der Behörden Angelegenheit der Länder, soweit nicht Bundesgesetze mit Zustimmung des Bundesrates etwas anderes bestimmen.

(2) Die Bundesregierung kann mit Zustimmung des Bundesrates allgemeine Verwaltungsvorschriften erlassen. Sie kann die einheitliche Ausbildung der Beamten und Angestellten regeln. Die Leiter der Mittelbehörden sind mit ihrem Einvernehmen zu bestellen.

(3) Die Landesbehörden unterstehen den Weisungen der zuständigen obersten Bundesbehörden. Die Weisungen sind, außer wenn die Bundesregierung es für dringlich erachtet, an die obersten Landesbehörden zu richten. Der Vollzug der Weisung ist durch die obersten Landesbehörden sicherzustellen.

(4) Die Bundesaufsicht erstreckt sich auf Gesetzmäßigkeit und Zweckmäßigkeit der Ausführung. Die Bundesregierung kann zu diesem Zwecke Bericht und Vorlage der Akten verlangen und Beauftragte zu allen Behörden entsenden.

Art. 86 [Bundeseigene Verwaltung] Führt der Bund die Gesetze durch bundeseigene Verwaltung oder durch bundesunmittelbare Körperschaften oder Anstalten des öffentlichen Rechtes aus, so erläßt die Bundesregierung, soweit nicht das Gesetz Besonderes vorschreibt, die allgemeinen Verwaltungsvorschriften. Sie regelt, soweit das Gesetz nichts anderes bestimmt, die Einrichtung der Behörden.

Art. 87 [Gegenstände der bundeseigenen Verwaltung] (1) In bundeseigener Verwaltung mit eigenem Verwaltungsunterbau werden geführt der Auswärtige Dienst, die Bundesfinanzverwaltung, die Bundeseisenbahnen,[23] die Bundespost und nach Maßgabe des Artikels 89 die Verwaltung der Bundeswasserstraßen und der Schiffahrt. Durch Bundesgesetz können Bundesgrenzschutzbehörden, Zentralstellen für das

---

23 Die beschlossene Überführung der Bundeseisenbahnen (Deutsche Bundesbahn und Deutsche Reichsbahn) in privatrechtliche Organisationsformen (eine Kapitalgesellschaft für Transport und eine Kapitalgesellschaft für Fahrweg) unter einer „Staatsholding" („Bundeseisenbahnvermögen") bedarf einer Änderung bzw. Ergänzung des GG, vergleichbar der zu Art. 87d I 1 GG erfolgten (s. unten S. 248).

polizeiliche Auskunfts- und Nachrichtenwesen, für die Kriminalpolizei und zur Sammlung von Unterlagen für Zwecke des Verfassungsschutzes und des Schutzes gegen Bestrebungen im Bundesgebiet, die durch Anwendung von Gewalt oder darauf gerichtete Vorbereitungshandlungen auswärtige Belange der Bundesrepublik Deutschland gefährden, eingerichtet werden.

(2) Als bundesunmittelbare Körperschaften des öffentlichen Rechtes werden diejenigen sozialen Versicherungsträger geführt, deren Zuständigkeitsbereich sich über das Gebiet eines Landes hinaus erstreckt.

(3) Außerdem können für Angelegenheiten, für die dem Bunde die Gesetzgebung zusteht, selbständige Bundesoberbehörden und neue bundesunmittelbare Körperschaften und Anstalten des öffentlichen Rechtes durch Bundesgesetz errichtet werden. Erwachsen dem Bunde auf Gebieten, für die ihm die Gesetzgebung zusteht, neue Aufgaben, so können bei dringendem Bedarf bundeseigene Mittel- und Unterbehörden mit Zustimmung des Bundesrates und der Mehrheit der Mitglieder des Bundestages errichtet werden.

Art. 87a [Stärke und Organisation der Streitkräfte] (1) Der Bund stellt Streitkräfte zur Verteidigung auf. Ihre zahlenmäßige Stärke und die Grundzüge ihrer Organisation müssen sich aus dem Haushaltsplan ergeben.

(2) Außer zur Verteidigung dürfen die Streitkräfte nur eingesetzt werden, soweit dieses Grundgesetz es ausdrücklich zuläßt.[24]

(3) Die Streitkräfte haben im Verteidigungsfalle und im Spannungsfalle die Befugnis, zivile Objekte zu schützen und Aufgaben der Verkehrsregelung wahrzunehmen, soweit dies zur Erfüllung ihres Verteidigungsauftrages erforderlich ist. Außerdem kann den Streitkräften im Verteidigungsfalle und im Spannungsfalle der Schutz ziviler Objekte auch zur Unterstützung polizeilicher Maßnahmen übertragen werden; die Streitkräfte wirken dabei mit den zuständigen Behörden zusammen.

(4) Zur Abwehr einer drohenden Gefahr für den Bestand oder die freiheitliche demokratische Grundordnung des Bundes oder eines Landes kann die Bundesregierung, wenn die Voraussetzungen des Artikels 91 Abs. 2 vorliegen und die Polizeikräfte sowie der Bundesgrenz-

---

24 Der Einsatz der Bundeswehr im Rahmen friedenswahrender Aktivitäten der Vereinten Nationen oder europäischer Einrichtungen, wie z. B. WEU, EG oder KSZE (sog. Blauhelm-Einsätze), bedarf nach herrschender Ansicht einer Änderung bzw. Ergänzung des GG. Für eine Beteiligung an Kampfeinsätzen, wie z. B. beim Golfkrieg, gilt dies in verstärktem Maße.

schutz nicht ausreichen, Streitkräfte zur Unterstützung der Polizei und des Bundesgrenzschutzes beim Schutze von zivilen Objekten und bei der Bekämpfung organisierter und militärisch bewaffneter Aufständischer einsetzen. Der Einsatz von Streitkräften ist einzustellen, wenn der Bundestag oder der Bundesrat es verlangen.

Art. 87b [Bundeswehrverwaltung] (1) Die Bundeswehrverwaltung wird in bundeseigener Verwaltung mit eigenem Verwaltungsunterbau geführt. Sie dient den Aufgaben des Personalwesens und der unmittelbaren Deckung des Sachbedarfs der Streitkräfte. Aufgaben der Beschädigtenversorgung und des Bauwesens können der Bundeswehrverwaltung nur durch Bundesgesetz, das der Zustimmung des Bundesrates bedarf, übertragen werden. Der Zustimmung des Bundesrates bedürfen ferner Gesetze, soweit sie die Bundeswehrverwaltung zu Eingriffen in Rechte Dritter ermächtigen; das gilt nicht für Gesetze auf dem Gebiete des Personalwesens.

(2) Im übrigen können Bundesgesetze, die der Verteidigung einschließlich des Wehrersatzwesens und des Schutzes der Zivilbevölkerung[25] dienen, mit Zustimmung des Bundesrates bestimmen, daß sie ganz oder teilweise in bundeseigener Verwaltung mit eigenem Verwaltungsunterbau oder von den Ländern im Auftrage des Bundes ausgeführt werden. Werden solche Gesetze von den Ländern im Auftrage des Bundes ausgeführt, so können sie mit Zustimmung des Bundesrates bestimmen, daß die der Bundesregierung und den zuständigen obersten Bundesbehörden auf Grund des Artikels 85 zustehenden Befugnisse ganz oder teilweise Bundesoberbehörden übertragen werden; dabei kann bestimmt werden, daß diese Behörden beim Erlaß allgemeiner Verwaltungsvorschriften gemäß Artikel 85 Absatz 2 Satz 1 nicht der Zustimmung des Bundesrates bedürfen.

Art. 87c [Auftragsverwaltung bei Gesetzen über Kernenergie] Gesetze, die auf Grund des Artikels 74 Nr. 11a ergehen, können mit Zustimmung des Bundesrates bestimmen, daß sie von den Ländern im Auftrage des Bundes ausgeführt werden.

Art. 87d [Luftverkehrsverwaltung] (1) Die Luftverkehrsverwaltung wird in bundeseigener Verwaltung geführt. Über die öffentlich-rechtliche oder privat-rechtliche Organisationsform wird durch Bundesgesetz entschieden.[26]

---

25 Siehe das Gesetz über das Zivilschutzkorps vom 12. 8. 1965 (BGBl. I S. 782).

26 Die Einfügung des Satzes 2 in Art. 87d I GG wurde am 30. 4. 1992 vom Bundestag und am 5. 6. 1992 vom Bundesrat beschlossen. Die Ausfertigung und die Verkündigung im BGBl. I erfolgt im Juni 1992.

(2) Durch Bundesgesetz, das der Zustimmung des Bundesrates bedarf, können Aufgaben der Luftverkehrsverwaltung den Ländern als Auftragsverwaltung übertragen werden.

Art. 88 [Bundesbank] Der Bund errichtet eine Währungs- und Notenbank als Bundesbank.[27]

Art. 89 [Bundeswasserstraßen] (1) Der Bund ist Eigentümer der bisherigen Reichswasserstraßen.

(2) Der Bund verwaltet die Bundeswasserstraßen durch eigene Behörden. Er nimmt die über den Bereich eines Landes hinausgehenden staatlichen Aufgaben der Binnenschiffahrt und die Aufgaben der Seeschiffahrt wahr, die ihm durch Gesetz übertragen werden. Er kann die Verwaltung von Bundeswasserstraßen, soweit sie im Gebiet eines Landes liegen, diesem Lande auf Antrag als Auftragsverwaltung übertragen. Berührt eine Wasserstraße das Gebiet mehrerer Länder, so kann der Bund das Land beauftragen, für das die beteiligten Länder es beantragen.

(3) Bei der Verwaltung, dem Ausbau und dem Neubau von Wasserstraßen sind die Bedürfnisse der Landeskultur und der Wasserwirtschaft im Einvernehmen mit den Ländern zu wahren.

Art. 90 [Bundesstraßen] (1) Der Bund ist Eigentümer der bisherigen Reichsautobahnen und Reichsstraßen.

(2) Die Länder oder die nach Landesrecht zuständigen Selbstverwaltungskörperschaften verwalten die Bundesautobahnen und sonstigen Bundesstraßen des Fernverkehrs im Auftrage des Bundes.

(3) Auf Antrag eines Landes kann der Bund Bundesautobahnen und sonstige Bundesstraßen des Fernverkehrs, soweit sie im Gebiet dieses Landes liegen, in bundeseigene Verwaltung übernehmen.

Art. 91 [Notstand von Bund und Ländern] (1) Zur Abwehr einer drohenden Gefahr für den Bestand oder die freiheitliche demokratische Grundordnung des Bundes oder eines Landes kann ein Land Polizeikräfte anderer Länder sowie Kräfte und Einrichtungen anderer Verwaltungen und des Bundesgrenzschutzes anfordern.

(2) Ist das Land, in dem die Gefahr droht, nicht selbst zur Bekämpfung der Gefahr bereit oder in der Lage, so kann die Bundesregierung die Polizei in diesem Lande und die Polizeikräfte anderer Länder ihren Weisungen unterstellen sowie Einheiten des Bundesgrenzschutzes ein-

27 Gesetz über die Deutsche Bundesbank vom 26. 7. 1957 (BGBl. I S. 745).

setzen. Die Anordnung ist nach Beseitigung der Gefahr, im übrigen jederzeit auf Verlangen des Bundesrates aufzuheben. Erstreckt sich die Gefahr auf das Gebiet mehr als eines Landes, so kann die Bundesregierung, soweit es zur wirksamen Bekämpfung erforderlich ist, den Landesregierungen Weisungen erteilen; Satz 1 und Satz 2 bleiben unberührt.

VIIIa. Gemeinschaftsaufgaben

[Artikel 91a–91b]

Art. 91a [Mitwirkung des Bundes] (1) Der Bund wirkt auf folgenden Gebieten bei der Erfüllung von Aufgaben der Länder mit, wenn diese Aufgaben für die Gesamtheit bedeutsam sind und die Mitwirkung des Bundes zur Verbesserung der Lebensverhältnisse erforderlich ist (Gemeinschaftsaufgaben):

1. Ausbau und Neubau von Hochschulen einschließlich der Hochschulkliniken,
2. Verbesserung der regionalen Wirtschaftsstruktur,
3. Verbesserung der Agrarstruktur und des Küstenschutzes.

(2) Durch Bundesgesetz mit Zustimmung des Bundesrates werden die Gemeinschaftsaufgaben näher bestimmt. Das Gesetz soll allgemeine Grundsätze für ihre Erfüllung enthalten.

(3) Das Gesetz trifft Bestimmungen über das Verfahren und über Einrichtungen für eine gemeinsame Rahmenplanung. Die Aufnahme eines Vorhabens in die Rahmenplanung bedarf der Zustimmung des Landes, in dessen Gebiet es durchgeführt wird.

(4) Der Bund trägt in den Fällen des Absatzes 1 Nr. 1 und 2 die Hälfte der Ausgaben in jedem Land. In den Fällen des Absatzes 1 Nr. 3 trägt der Bund mindestens die Hälfte; die Beteiligung ist für alle Länder einheitlich festzusetzen. Das Nähere regelt das Gesetz. Die Bereitstellung der Mittel bleibt der Feststellung in den Haushaltsplänen des Bundes und der Länder vorbehalten.

(5) Bundesregierung und Bundesrat sind auf Verlangen über die Durchführung der Gemeinschaftsaufgaben zu unterrichten.

Art. 91b [Vereinbarungen bei Bildungsplanung und Forschung] Bund und Länder können auf Grund von Vereinbarungen bei der

Bildungsplanung und bei der Förderung von Einrichtungen und Vorhaben der wissenschaftlichen Forschung von überregionaler Bedeutung zusammenwirken. Die Aufteilung der Kosten wird in der Vereinbarung geregelt.

IX. Die Rechtsprechung

[Artikel 92–104]

Art. 92 [Ausübung der rechtsprechenden Gewalt] Die rechtsprechende Gewalt ist den Richtern anvertraut; sie wird durch das Bundesverfassungsgericht, durch die in diesem Grundgesetz vorgesehenen Bundesgerichte und durch die Gerichte der Länder ausgeübt.

Art. 93 [Zuständigkeit des Bundesverfassungsgerichts] (1) Das Bundesverfassungsgericht entscheidet:

1. über die Auslegung dieses Grundgesetzes aus Anlaß von Streitigkeiten über den Umfang der Rechte und Pflichten eines obersten Bundesorgans oder anderer Beteiligter, die durch dieses Grundgesetz oder in der Geschäftsordnung eines obersten Bundesorgans mit eigenen Rechten ausgestattet sind;
2. bei Meinungsverschiedenheiten oder Zweifeln über die förmliche und sachliche Vereinbarkeit von Bundesrecht oder Landesrecht mit diesem Grundgesetz oder die Vereinbarkeit von Landesrecht mit sonstigem Bundesrechte auf Antrag der Bundesregierung, einer Landesregierung oder eines Drittels der Mitglieder des Bundestages;
3. bei Meinungsverschiedenheiten über Rechte und Pflichten des Bundes und der Länder, insbesondere bei der Ausführung von Bundesrecht durch die Länder und bei der Ausübung der Bundesaufsicht;
4. in andern öffentlich-rechtlichen Streitigkeiten zwischen dem Bunde und den Ländern, zwischen verschiedenen Ländern oder innerhalb eines Landes, soweit nicht ein anderer Rechtsweg gegeben ist;

4a. über Verfassungsbeschwerden, die von jedermann mit der Behauptung erhoben werden können, durch die öffentliche Gewalt in einem seiner Grundrechte oder in einem seiner in Artikel 20

28 Vgl. die Verfassungsbeschwerde nach den §§ 90ff. des Gesetzes über das Bundesverfassungsgericht (BVerfGG) i.d.F. der Bek. vom 3.2. 1971 (BGBl. I S. 105).

„§ 90 (1) Jedermann kann mit der Behauptung, durch die öffentliche Gewalt in einem seiner Grundrechte oder in einem seiner in Artikel 20 Abs. 4, 33, 38, 101, 103 und 104 des Grundgesetzes enthaltenen Rechte verletzt zu sein, die Verfassungsbeschwerde zum Bundesverfassungsgericht erheben.

(2) Ist gegen die Verletzung der Rechtsweg zulässig, so kann die Verfassungsbeschwerde erst nach Erschöpfung des Rechtswegs erhoben werden. Das Bundesverfassungsgericht kann jedoch über eine vor Erschöpfung des Rechtswegs eingelegte Verfassungsbeschwerde sofort entscheiden, wenn sie von allgemeiner Bedeutung ist oder wenn dem Beschwerdeführer ein schwerer und unabwendbarer Nachteil entstünde, falls er zunächst auf den Rechtsweg verwiesen würde.

(3) Das Recht, eine Verfassungsbeschwerde an das Landesverfassungsgericht nach dem Recht der Landesverfassung zu erheben, bleibt unberührt.

§ 91 Gemeinden und Gemeindeverbände können die Verfassungsbeschwerde mit der Behauptung erheben, daß ein Gesetz des Bundes oder des Landes die Vorschrift des Artikels 28 des Grundgesetzes verletzt. Die Verfassungsbeschwerde zum Bundesverfassungsgericht ist ausgeschlossen, soweit eine Beschwerde wegen Verletzung des Rechtes auf Selbstverwaltung nach dem Rechte des Landes beim Landesverfassungsgericht erhoben werden kann.“

29 Vgl. Art. 18, 21 Abs. 2, 41 Abs. 2, 61, 98 Abs. 2 und 5, 99, 100 126.

30 Geregelt in § 31 BVerfGG:

„(1) Die Entscheidungen des Bundesverfassungsgerichts binden die Verfassungsorgane des Bundes und der Länder sowie alle Gerichte und Behörden.

(2) In den Fällen des § 13 Nr. 6, 11, 12 und 14 hat die Entscheidung des Bundesverfassungsgerichts Gesetzeskraft. Das gilt auch in den Fällen des § 13 Nr. 8a, wenn das Bundesverfassungsgericht ein Gesetz als mit dem Grundgesetz vereinbar oder unvereinbar oder für nichtig erklärt. Soweit ein Gesetz als mit dem Grundgesetz oder sonstigem Bundesrecht vereinbar oder unvereinbar oder für nichtig erklärt wird, ist die Entscheidungsformel durch den Bundesminister der Justiz im Bundesgesetzblatt zu veröffentlichen. Entsprechendes gilt für die Entscheidungsformel in den Fällen des § 13 Nr. 12 und 14.“

§ 13 Nr. 6, 11, 12 und 14 BVerfGG lautet:

„Das Bundesverfassungsgericht entscheidet in den vom Grundgesetz bestimmten Fällen, und zwar

6. bei Meinungsverschiedenheiten oder Zweifeln über die förmliche oder sachliche Vereinbarkeit von Bundesrecht oder Landesrecht mit dem Grundgesetz oder die Vereinbarkeit von Landesrecht mit sonstigem Bundesrecht auf Antrag der Bundesregierung, einer Landesregierung oder eines Drittels der Mitglieder des Bundestags (Artikel 93 Abs. 1 Nr. 2 des Grundgesetzes),

11. über die Vereinbarkeit eines Bundesgesetzes oder eines Landesgesetzes mit dem Grundgesetz oder die Vereinbarkeit eines Landgesetzes oder sonstigen Landesrechts mit einem Bundesgesetz auf Antrag eines Gerichts (Artikel 100 Abs. 1 des Grundgesetzes),

12. bei Zweifeln darüber, ob eine Regel des Völkerrechts Bestandteil des Bundesrechts ist und ob sie unmittelbar Rechte und Pflichten für den einzelnen erzeugt, auf Antrag des Gerichts (Artikel 100 Abs. 2 des Grundgesetzes),

14. bei Meinungsverschiedenheiten über das Fortgelten von Recht als Bundesrecht (Artikel 126 des Grundgesetzes).“

Abs. 4, 33, 38, 101, 103 und 104 enthaltenen Rechte verletzt zu sein[28];

4b. über Verfassungsbeschwerden von Gemeinden und Gemeindeverbänden wegen Verletzung des Rechts auf Selbstverwaltung nach Artikel 28 durch ein Gesetz, bei Landesgesetzen jedoch nur, soweit nicht Beschwerde beim Landesverfassungsgericht erhoben werden kann[28];

5. in den übrigen in diesem Grundgesetz vorgesehenen Fällen.[29]

(2) Das Bundesverfassungsgericht wird ferner in den ihm sonst durch Bundesgesetz zugewiesenen Fällen tätig.[29]

Art. 94 [Zusammensetzung des Bundesverfassungsgerichts] (1) Das Bundesverfassungsgericht besteht aus Bundesrichtern und anderen Mitgliedern. Die Mitglieder des Bundesverfassungsgerichts werden je zur Hälfte vom Bundestage und vom Bundesrate gewählt. Sie dürfen weder dem Bundestage, dem Bundesrate, der Bundesregierung noch entsprechenden Organen eines Landes angehören.

(2) Ein Bundesgesetz regelt seine Verfassung und das Verfahren und bestimmt, in welchen Fällen seine Entscheidungen Gesetzeskraft[30] haben. Es kann für Verfassungsbeschwerden die vorherige Erschöpfung des Rechtsweges zur Voraussetzung machen und ein besonderes Annahmeverfahren vorsehen.

Art. 95 [Oberste Bundesgerichte] (1) Für die Gebiete der ordentlichen, der Verwaltungs-, der Finanz-, der Arbeits- und der Sozialgerichtsbarkeit errichtet der Bund als oberste Gerichtshöfe den Bundesgerichtshof, das Bundesverwaltungsgericht, den Bundesfinanzhof, das Bundesarbeitsgericht und das Bundessozialgericht.

(2) Über die Berufung der Richter dieser Gerichte entscheidet der für das jeweilige Sachgebiet zuständige Bundesminister gemeinsam mit einem Richterwahlausschuß, der aus den für das jeweilige Sachgebiet zuständigen Ministern der Länder und einer gleichen Anzahl von Mitgliedern besteht, die vom Bundestage gewählt werden.

(3) Zur Wahrung der Einheitlichkeit der Rechtsprechung ist ein Gemeinsamer Senat der in Absatz 1 genannten Gerichte zu bilden. Das Nähere regelt ein Bundesgesetz.

Art. 96 [Bundesgerichte] (1) Der Bund kann für Angelegenheiten des gewerblichen Rechtsschutzes ein Bundesgericht errichten.

(2) Der Bund kann Wehrstrafgerichte für die Streitkräfte als Bundesgerichte errichten. Sie können die Strafgerichtsbarkeit nur im Verteidigungsfalle sowie über Angehörige der Streitkräfte ausüben, die in das

Ausland entsandt oder an Bord von Kriegsschiffen eingeschifft sind. Das Nähere regelt ein Bundesgesetz. Diese Gerichte gehören zum Geschäftsbereich des Bundesjustizministers. Ihre hauptamtlichen Richter müssen die Befähigung zum Richteramt haben.

(3) Oberster Gerichtshof für die in Absatz 1 und 2 genannten Gerichte ist der Bundesgerichtshof.

(4) Der Bund kann für Personen, die zu ihm in einem öffentlich-rechtlichen Dienstverhältnis stehen, Bundesgerichte zur Entscheidung in Disziplinarverfahren und Beschwerdeverfahren errichten.[31]

(5) Für Strafverfahren auf den Gebieten des Artikels 26 Abs. 1 und des Staatsschutzes kann ein Bundesgesetz mit Zustimmung des Bundesrates vorsehen, daß Gerichte der Länder Gerichtsbarkeit des Bundes ausüben.

Art. 97 [Unabhängige Richter] (1) Die Richter sind unabhängig und nur dem Gesetz unterworfen.

(2) Die hauptamtlich und planmäßig endgültig angestellten Richter können wider ihren Willen nur kraft richterlicher Entscheidung und nur aus Gründen und unter den Formen, welche die Gesetze bestimmen, vor Ablauf ihrer Amtszeit entlassen oder dauernd oder zeitweise ihres Amtes enthoben oder an eine andere Stelle oder in den Ruhestand versetzt werden. Die Gesetzgebung kann Altersgrenzen festsetzen, bei deren Erreichung auf Lebenszeit angestellte Richter in den Ruhstand treten. Bei Veränderung der Einrichtung der Gerichte oder ihrer Bezirke können Richter an ein anderes Gericht versetzt oder aus dem Amt entfernt werden, jedoch nur unter Belassung des vollen Gehalts.

Art. 98 [Rechtsstellung der Richter] (1) Die Rechtsstellung der Bundesrichter ist durch besonderes Bundesgesetz zu regeln.

(2) Wenn ein Bundesrichter im Amte oder außerhalb des Amtes gegen die Grundsätze des Grundgesetzes oder gegen die verfassungsmäßige Ordnung eines Landes verstößt, so kann das Bundesverfassungsgericht mit Zweidrittelmehrheit auf Antrag des Bundestages anordnen, daß der Richter in ein anderes Amt oder in den Ruhestand zu versetzen ist. Im Falle eines vorsätzlichen Verstoßes kann auf Entlassung erkannt werden.

(3) Die Rechtsstellung der Richter in den Ländern ist durch besondere Landesgesetze zu regeln. Der Bund kann Rahmenvorschriften erlassen, soweit Art. 74a Abs. 4 nichts anderes bestimmt.

(4) Die Länder können bestimmen, daß über die Anstellung der Richter in den Ländern der Landesjustizminister gemeinsam mit einem Richterwahlausschuß entscheidet.

---

31 Bundesdisziplinarordnung vom 20. 7. 1967 (BGBl. I S. 751).

(5) Die Länder können für Landesrichter eine Absatz 2 entsprechende Regelung treffen. Geltendes Landesverfassungsrecht bleibt unberührt. Die Entscheidung über eine Richteranklage steht dem Bundesverfassungsgericht zu.

Art. 99 [Landesstreitsachen an Bundesgerichte] Dem Bundesverfassungsgericht kann durch Landesgesetz die Entscheidung von Verfassungsstreitigkeiten innerhalb eines Landes, den in Artikel 95 Abs. 1 genannten obersten Gerichtshöfen für den letzten Rechtszug die Entscheidung in solchen Sachen zugewiesen werden, bei denen es sich um die Anwendung von Landesrecht handelt.

Art. 100 [Verfassungswidrigkeit von Gesetzen] (1) Hält ein Gericht ein Gesetz, auf dessen Gültigkeit es bei der Entscheidung ankommt, für verfassungswidrig, so ist das Verfahren auszusetzen und, wenn es sich um die Verletzung der Verfassung eines Landes handelt, die Entscheidung des für Verfassungsstreitigkeiten zuständigen Gerichts des Landes, wenn es sich um die Verletzung dieses Grundgesetzes handelt, die Entscheidung des Bundesverfassungsgerichtes einzuholen. Dies gilt auch, wenn es sich um die Verletzung dieses Grundgesetzes durch Landesrecht oder um die Unvereinbarkeit eines Landesgesetzes mit einem Bundesgesetz handelt.

(2) Ist in einem Rechtsstreite zweifelhaft, ob eine Regel des Völkerrechtes Bestandteil des Bundesrechtes ist[32] und ob sie unmittelbar Rechte und Pflichten für den einzelnen erzeugt (Artikel 25), so hat das Gericht die Entscheidung des Bundesverfassungsgerichtes einzuholen.

(3) Will das Verfassungsgericht eines Landes bei der Auslegung des Grundgesetzes von einer Entscheidung des Bundesverfassungsgerichtes oder des Verfassungsgerichtes eines anderen Landes abweichen, so hat das Verfassungsgericht die Entscheidung des Bundesverfassungsgerichtes einzuholen.

Art. 101 [Verbot von Ausnahmegerichten] (1) Ausnahmegerichte sind unzulässig. Niemand darf seinem gesetzlichen Richter entzogen werden.

---

32 „Eine Regel des Völkerrechts, nach der die inländische Gerichtsbarkeit für Klagen gegen einen ausländischen Staat in bezug auf seine nichthoheitliche Betätigung ausgeschlossen ist, ist nicht Bestandteil des Bundesrechts." Entscheidung des Bundesverfassungsgerichts vom 10. 7. 1963 (BGBl. I S. 463). Diese Entscheidung z. B. hat nach § 31 Abs. 2 Satz 1 des Gesetzes über das Bundesverfassungsgericht Gesetzeskraft.

(2) Gerichte für besondere Sachgebiete können nur durch Gesetz errichtet werden.

Art. 102 [Abschaffung der Todesstrafe] Die Todesstrafe ist abgeschafft.

Art. 103 [Anspruch auf rechtliches Gehör; Rechtsgarantien] (1) Vor Gericht hat jedermann Anspruch auf rechtliches Gehör.

(2) Eine Tat kann nur bestraft werden, wenn die Strafbarkeit gesetzlich bestimmt war, bevor die Tat begangen wurde.

(3) Niemand darf wegen derselben Tat auf Grund der allgemeinen Strafgesetze mehrmals bestraft werden.

Art. 104 [Freiheitsentziehung] (1) Die Freiheit der Person kann nur auf Grund eines förmlichen Gesetzes[33] und nur unter Beachtung der darin vorgeschriebenen Formen beschränkt werden. Festgehaltene Personen dürfen weder seelisch noch körperlich mißhandelt werden.

(2) Über die Zulässigkeit und Fortdauer einer Freiheitsentziehung hat nur der Richter zu entscheiden. Bei jeder nicht auf richterlicher Anordnung beruhenden Freiheitsentziehung ist unverzüglich eine richterliche Entscheidung herbeizuführen. Die Polizei darf aus eigener Machtvollkommenheit niemanden länger als bis zum Ende des Tages nach dem Ergreifen in eigenem Gewahrsam halten. Das Nähere ist gesetzlich zu regeln.

(3) Jeder wegen des Verdachtes einer strafbaren Handlung vorläufig Festgenommene ist spätestens am Tage nach der Festnahme dem Richter vorzuführen, der ihm die Gründe der Festnahme mitzuteilen, ihn zu vernehmen und ihm Gelegenheit zu Einwendungen zu geben hat. Der Richter hat unverzüglich entweder einen mit Gründen versehenen schriftlichen Haftbefehl zu erlassen oder die Freilassung anzuordnen.

(4) Von jeder richterlichen Entscheidung über die Anordnung oder Fortdauer einer Freiheitsentziehung ist unverzüglich ein Angehöriger des Festgehaltenen oder eine Person seines Vertrauens zu benachrichtigen.

---

33 Gesetz über das gerichtliche Verfahren bei Freiheitsentziehungen vom 29. 6. 1956 (BGBl. I S. 599).

X. Das Finanzwesen

[Artikel 104a–115]

Art. 104a [Ausgabenverteilung; Investitionshilfen des Bundes]

(1) Der Bund und die Länder tragen gesondert die Ausgaben, die sich aus der Wahrnehmung ihrer Aufgaben ergeben, soweit dieses Grundgesetz nichts anderes bestimmt.

(2) Handeln die Länder im Auftrage des Bundes, trägt der Bund die sich daraus ergebenden Ausgaben.

(3) Bundesgesetze, die Geldleistungen gewähren und von den Ländern ausgeführt werden, können bestimmen, daß die Geldleistungen ganz oder zum Teil vom Bund getragen werden. Bestimmt das Gesetz, daß der Bund die Hälfte der Ausgaben oder mehr trägt, wird es im Auftrage des Bundes durchgeführt. Bestimmt das Gesetz, daß die Länder ein Viertel der Ausgaben oder mehr tragen, so bedarf es der Zustimmung des Bundesrates.

(4) Der Bund kann den Ländern Finanzhilfen für besonders bedeutsame Investitionen der Länder und Gemeinden (Gemeindeverbände) gewähren, die zur Abwehr einer Störung des gesamtwirtschaftlichen Gleichgewichts oder zum Ausgleich unterschiedlicher Wirtschaftskraft im Bundesgebiet oder zur Förderung des wirtschaftlichen Wachstums erforderlich sind. Das Nähere, insbesondere die Arten der zu fördernden Investitionen, wird durch Bundesgesetz, das der Zustimmung des Bundesrates bedarf, oder auf Grund des Bundeshaushaltsgesetzes durch Verwaltungsvereinbarung geregelt.

(5) Der Bund und die Länder tragen die bei ihren Behörden entstehenden Verwaltungsausgaben und haften im Verhältnis zueinander für eine ordnungsmäßige Verwaltung. Das Nähere bestimmt ein Bundesgesetz, das der Zustimmung des Bundesrates bedarf.

Art. 105 [Abgrenzung der Gesetzgebungszuständigkeit] (1) Der Bund hat die ausschließliche Gesetzgebung über die Zölle und Finanzmonopole.

(2) Der Bund hat die konkurrierende Gesetzgebung über die übrigen Steuern, wenn ihm das Aufkommen dieser Steuern ganz oder zum Teil zusteht oder die Voraussetzungen des Artikels 72 Abs. 2 vorliegen.

(2a) Die Länder haben die Befugnis zur Gesetzgebung über die örtlichen Verbrauch- und Aufwandsteuern, solange und soweit sie nicht bundesgesetzlich geregelten Steuern gleichartig sind.

(3) Bundesgesetze über Steuern, deren Aufkommen den Ländern oder den Gemeinden (Gemeindeverbänden) ganz oder zum Teil zufließt, bedürfen der Zustimmung des Bundesrates.

Art. 106 [Verteilung des Ertrages der Steuern und der Finanzmonopole] (1) Der Ertrag der Finanzmonopole und das Aufkommen der folgenden Steuern stehen dem Bund zu:

1. die Zölle,
2. die Verbrauchsteuern, soweit sie nicht nach Absatz 2 den Ländern, nach Absatz 3 Bund und Ländern gemeinsam oder nach Absatz 6 den Gemeinden zustehen,
3. die Straßengüterverkehrsteuer,
4. die Kapitalverkehrsteuern, die Versicherungsteuern und die Wechselsteuer,
5. die einmaligen Vermögensabgaben und die zur Durchführung des Lastenausgleichs erhobenen Ausgleichsabgaben,
6. die Ergänzungsabgabe zur Einkommensteuer und zur Körperschaftsteuer,
7. Abgaben im Rahmen der Europäischen Gemeinschaften.

(2) Das Aufkommen der folgenden Steuern steht den Ländern zu.

1. die Vermögensteuer,
2. die Erbschaftsteuer,
3. die Kraftfahrzeugsteuer,
4. die Verkehrsteuern, soweit sie nicht nach Absatz 1 dem Bund oder nach Absatz 3 Bund und Ländern gemeinsam zustehen,
5. die Biersteuer,
6. die Abgabe von Spielbanken.

(3) Das Aufkommen der Einkommensteuer, der Körperschaftsteuer und der Umsatzsteuer steht dem Bund und den Ländern gemeinsam zu (Gemeinschaftsteuern), soweit das Aufkommen der Einkommensteuer nicht nach Absatz 5 den Gemeinden zugewiesen wird. Am Aufkommen der Einkommensteuer und der Körperschaftsteuer sind der Bund und die Länder je zur Hälfte beteiligt. Die Anteile von Bund und Ländern an der Umsatzsteuer werden durch Bundesgesetz, das der Zustimmung des Bundesrates bedarf, festgesetzt. Bei der Festsetzung ist von folgenden Grundsätzen auszugehen:

1. Im Rahmen der laufenden Einnahmen haben der Bund und die Länder gleichmäßig Anspruch auf Deckung ihrer notwendigen Aus-

gaben. Dabei ist der Umfang der Ausgaben unter Berücksichtigung einer mehrjährigen Finanzplanung zu ermitteln.

2. Die Deckungsbedürfnisse des Bundes und der Länder sind so aufeinander abzustimmen, daß ein billiger Ausgleich erzielt, eine Überbelastung der Steuerpflichtigen vermieden und die Einheitlichkeit der Lebensverhältnisse im Bundesgebiet gewahrt wird.

(4) Die Anteile von Bund und Ländern an der Umsatzsteuer sind neu festzusetzen, wenn sich das Verhältnis zwischen den Einnahmen und Ausgaben des Bundes und der Länder wesentlich anders entwickelt. Werden den Ländern durch Bundesgesetz zusätzliche Aufgaben auferlegt oder Einnahmen entzogen, so kann die Mehrbelastung durch Bundesgesetz, das der Zustimmung des Bundesrates bedarf, auch mit Finanzzuweisungen des Bundes ausgeglichen werden, wenn sie auf einen kurzen Zeitraum begrenzt ist. In dem Gesetz sind die Grundsätze für die Bemessung dieser Finanzzuweisungen und für ihre Verteilung auf die Länder zu bestimmen.

(5) Die Gemeinden erhalten einen Anteil an dem Aufkommen der Einkommensteuer, der von den Ländern an ihre Gemeinden auf der Grundlage der Einkommensteuerleistungen ihrer Einwohner weiterzuleiten ist. Das Nähere bestimmt ein Bundesgesetz, das der Zustimmung des Bundesrates bedarf. Es kann bestimmen, daß die Gemeinden Hebesätze für den Gemeindeanteil festsetzen.

(6) Das Aufkommen der Realsteuern steht den Gemeinden, das Aufkommen der örtlichen Verbrauch- und Aufwandsteuern steht den Gemeinden oder nach Maßgabe der Landesgesetzgebung den Gemeindeverbänden zu. Den Gemeinden ist das Recht einzuräumen, die Hebesätze der Realsteuern im Rahmen der Gesetze festzusetzen. Bestehen in einem Land keine Gemeinden, so steht das Aufkommen der Realsteuern und der örtlichen Verbrauch- und Aufwandsteuern dem Land zu. Bund und Länder können durch eine Umlage an dem Aufkommen der Gewerbesteuer beteiligt werden. Das Nähere über die Umlage bestimmt ein Bundesgesetz, das der Zustimmung des Bundesrates bedarf. Nach Maßgabe der Landesgesetzgebung können die Realsteuern und der Gemeindeanteil vom Aufkommen der Einkommensteuer als Bemessungsgrundlage für Umlagen zugrunde gelegt werden.

(7) Von dem Länderanteil am Gesamtaufkommen der Gemeinschaftsteuern fließt den Gemeinden und Gemeindeverbänden insgesamt ein von der Landesgesetzgebung zu bestimmender Hundertsatz zu. Im übrigen bestimmt die Landesgesetzgebung, ob und inwieweit das Aufkommen der Landessteuern den Gemeinden (Gemeindeverbänden) zufließt.

(8) Veranlaßt der Bund in einzelnen Ländern oder Gemeinden (Gemeindeverbänden) besondere Einrichtungen, die diesen Ländern oder Gemeinden (Gemeindeverbänden) unmittelbar Mehrausgaben oder Mindereinnahmen (Sonderbelastungen) verursachen, gewährt der Bund den erforderlichen Ausgleich, wenn und soweit den Ländern oder Gemeinden (Gemeindeverbänden) nicht zugemutet werden kann, die Sonderbelastungen zu tragen. Entschädigungsleistungen Dritter und finanzielle Vorteile, die diesen Ländern oder Gemeinden (Gemeindeverbänden) als Folge der Einrichtungen erwachsen, werden bei dem Ausgleich berücksichtigt.

(9) Als Einnahmen und Ausgaben der Länder im Sinne dieses Artikels gelten auch die Einnahmen und Ausgaben der Gemeinden (Gemeindeverbände).

Art. 107 [Finanzausgleich] (1) Das Aufkommen der Landessteuern und der Länderanteil am Aufkommen der Einkommensteuer und der Körperschaftsteuer stehen den einzelnen Ländern insoweit zu, als die Steuern von den Finanzbehörden in ihrem Gebiet vereinnahmt werden (örtliches Aufkommen). Durch Bundesgesetz, das der Zustimmung des Bundesrates bedarf, sind für die Körperschaftsteuer und die Lohnsteuer nähere Bestimmungen über die Abgrenzung sowie über Art und Umfang der Zerlegung des örtlichen Aufkommens zu treffen. Das Gesetz kann auch Bestimmungen über die Abgrenzung und Zerlegung des örtlichen Aufkommens anderer Steuern treffen. Der Länderanteil am Aufkommen der Umsatzsteuer steht den einzelnen Ländern nach Maßgabe ihrer Einwohnerzahl zu; für einen Teil, höchstens jedoch für ein Viertel dieses Länderanteils, können durch Bundesgesetz, das der Zustimmung des Bundesrates bedarf, Ergänzungsanteile für die Länder vorgesehen werden, deren Einnahmen aus den Landessteuern und aus der Einkommensteuer und der Körperschaftsteuer je Einwohner unter dem Durchschnitt der Länder liegen.

(2) Durch das Gesetz ist sicherzustellen, daß die unterschiedliche Finanzkraft der Länder angemessen ausgeglichen wird; hierbei sind die Finanzkraft und der Finanzbedarf der Gemeinden (Gemeindeverbände) zu berücksichtigen. Die Voraussetzungen für die Ausgleichsansprüche der ausgleichsberechtigten Länder und für die Ausgleichsverbindlichkeiten der ausgleichspflichtigen Länder sowie die Maßstäbe für die Höhe der Ausgleichsleistungen sind in dem Gesetz zu bestimmen. Es kann auch bestimmen, daß der Bund aus seinen Mitteln leistungsschwachen Ländern Zuweisungen zur ergänzenden Deckung ihres allgemeinen Finanzbedarfs (Ergänzungszuweisungen) gewährt.

Art. 108 [Finanzverwaltung] (1) Zölle, Finanzmonopole, die bundesgesetzlich geregelten Verbrauchsteuern einschließlich der Einfuhrumsatzsteuer und die Abgaben im Rahmen der Europäischen Gemeinschaften werden durch Bundesfinanzbehörden verwaltet. Der Aufbau dieser Behörden wird durch Bundesgesetz geregelt. Die Leiter der Mittelbehörden sind im Benehmen mit den Landesregierungen zu bestellen.

(2) Die übrigen Steuern werden durch Landesfinanzbehörden verwaltet. Der Aufbau dieser Behörden und die einheitliche Ausbildung der Beamten können durch Bundesgesetz mit Zustimmung des Bundesrates geregelt werden. Die Leiter der Mittelbehörden sind im Einvernehmen mit der Bundesregierung zu bestellen.

(3) Verwalten die Landesfinanzbehörden Steuern, die ganz oder zum Teil dem Bund zufließen, so werden sie im Auftrage des Bundes tätig. Artikel 85 Abs. 3 und 4 gilt mit der Maßgabe, daß an die Stelle der Bundesregierung der Bundesminister der Finanzen tritt.

(4) Durch Bundesgesetz, das der Zustimmung des Bundesrates bedarf, kann bei der Verwaltung von Steuern ein Zusammenwirken von Bundes- und Landesfinanzbehörden sowie für Steuern, die unter Absatz 1 fallen, die Verwaltung durch Landesfinanzbehörden und für andere Steuern die Verwaltung durch Bundesfinanzbehörden vorgesehen werden, wenn und soweit dadurch der Vollzug der Steuergesetze erheblich verbessert oder erleichtert wird. Für die den Gemeinden (Gemeindeverbänden) allein zufließenden Steuern kann die den Landesfinanzbehörden zustehende Verwaltung durch die Länder ganz oder zum Teil den Gemeinden (Gemeindeverbänden) übertragen werden.

(5) Das von den Bundesfinanzbehörden anzuwendende Verfahren wird durch Bundesgesetz geregelt. Das von den Landesfinanzbehörden und in den Fällen des Absatzes 4 Satz 2 von den Gemeinden (Gemeindeverbänden) anzuwendende Verfahren kann durch Bundesgesetz mit Zustimmung des Bundesrates geregelt werden.

(6) Die Finanzgerichtsbarkeit wird durch Bundesgesetz einheitlich geregelt.[34]

(7) Die Bundesregierung kann allgemeine Verwaltungsvorschriften erlassen, und zwar mit Zustimmung des Bundesrates, soweit die Verwaltung den Landesfinanzbehörden oder Gemeinden (Gemeindeverbänden) obliegt.

---

34 Finanzgerichtsordnung vom 6. 10. 1965 (BGBl. I S. 1477).

Art. 109 [Selbständige Haushalte] (1) Bund und Länder sind in ihrer Haushaltswirtschaft selbständig und voneinander unabhängig.

(2) Bund und Länder haben bei ihrer Haushaltswirtschaft den Erfordernissen des gesamtwirtschaftlichen Gleichgewichts Rechnung zu tragen.

(3) Durch Bundesgesetz, das der Zustimmung des Bundesrates bedarf, können für Bund und Länder gemeinsam geltende Grundsätze für das Haushaltsrecht, für eine konjunkturgerechte Haushaltswirtschaft und für eine mehrjährige Finanzplanung aufgestellt werden.

(4) Zur Abwehr einer Störung des gesamtwirtschaftlichen Gleichgewichts können durch Bundesgesetz, das der Zustimmung des Bundesrates bedarf, Vorschriften über

1. Höchstbeträge, Bedingungen und Zeitfolge der Aufnahme von Krediten durch Gebietskörperschaften und Zweckverbände und

2. eine Verpflichtung von Bund und Ländern, unverzinsliche Guthaben bei der Deutschen Bundesbank zu unterhalten (Konjunkturausgleichsrücklagen), erlassen werden. Ermächtigungen zum Erlaß von Rechtsverordnungen können nur der Bundesregierung erteilt werden. Die Rechtsverordnungen bedürfen der Zustimmung des Bundesrates. Sie sind aufzuheben, soweit der Bundestag es verlangt; das Nähere bestimmt das Bundesgesetz.

Art. 110 [Haushaltsplan] (1) Alle Einnahmen und Ausgaben des Bundes sind in den Haushaltsplan einzustellen; bei Bundesbetrieben und bei Sondervermögen brauchen nur die Zuführungen oder die Ablieferungen eingestellt zu werden. Der Haushaltsplan ist in Einnahme und Ausgabe auszugleichen.

(2) Der Haushaltsplan wird für ein oder mehrere Rechnungsjahre, nach Jahren getrennt, vor Beginn des ersten Rechnungsjahres durch das Haushaltsgesetz festgestellt. Für Teile des Haushaltsplanes kann vorgesehen werden, daß sie für unterschiedliche Zeiträume, nach Rechnungsjahren getrennt, gelten.

(3) Die Gesetzesvorlage nach Absatz 2 Satz 1 sowie Vorlagen zur Änderung des Haushaltsgesetzes und des Haushaltsplanes werden gleichzeitig mit der Zuleitung an den Bundesrat beim Bundestage eingebracht; der Bundesrat ist berechtigt, innerhalb von sechs Wochen, bei Änderungsvorlagen innerhalb von drei Wochen, zu den Vorlagen Stellung zu nehmen.

(4) In das Haushaltsgesetz dürfen nur Vorschriften aufgenommen werden, die sich auf die Einnahmen und die Ausgaben des Bundes und

auf den Zeitraum beziehen, für den das Haushaltsgesetz beschlossen wird. Das Haushaltsgesetz kann vorschreiben, daß die Vorschriften erst mit der Verkündung des nächsten Haushaltsgesetzes oder bei Ermächtigung nach Artikel 115 zu einem späteren Zeitpunkt außer Kraft treten.

Art. 111 [Ausgaben vor Feststellung des Haushaltsplans] (1) Ist bis zum Schluß eines Rechnungsjahres der Haushaltsplan für das folgende Jahr nicht durch Gesetz festgestellt, so ist bis zu seinem Inkrafttreten die Bundesregierung ermächtigt, alle Ausgaben zu leisten, die nötig sind,

a) um gesetzlich bestehende Einrichtungen zu erhalten und gesetzlich beschlossene Maßnahmen durchzuführen,
b) um die rechtlich begründeten Verpflichtungen des Bundes zu erfüllen,
c) um Bauten, Beschaffungen und sonstige Leistungen fortzusetzen oder Beihilfen für diese Zwecke weiter zu gewähren, sofern durch den Haushaltsplan eines Vorjahres bereits Beträge bewilligt worden sind.

(2) Soweit nicht auf besonderem Gesetze beruhende Einnahmen aus Steuern, Abgaben und sonstigen Quellen oder die Betriebsmittelrücklage die Ausgaben unter Absatz 1 decken, darf die Bundesregierung die zur Aufrechterhaltung der Wirtschaftsführung erforderlichen Mittel bis zur Höhe eines Viertels der Endsumme des abgelaufenen Haushaltsplans im Wege des Kredits flüssig machen.

Art. 112 [Haushaltüberschreitungen] Überplanmäßige und außerplanmäßige Ausgaben bedürfen der Zustimmung des Bundesministers der Finanzen. Sie darf nur im Falle eines unvorhergesehenen und unabweisbaren Bedürfnisses erteilt werden. Näheres kann durch Bundesgesetz bestimmt werden.

Art. 113 [Ausgabenerhöhungen und Einnahmeminderungen] (1) Gesetze, welche die von der Bundesregierung vorgeschlagenen Ausgaben des Haushaltsplanes erhöhen oder neue Ausgaben in sich schließen oder für die Zukunft mit sich bringen, bedürfen der Zustimmung der Bundesregierung. Das gleiche gilt für Gesetze, die Einnahmeminderungen in sich schließen oder für die Zukunft mit sich bringen. Die Bundesregierung kann verlangen, daß der Bundestag die Beschlußfassung über solche Gesetze aussetzt. In diesem Fall hat die Bundesregierung innerhalb von sechs Wochen dem Bundestage eine Stellungnahme zuzuleiten.

(2) Die Bundesregierung kann innerhalb von vier Wochen, nachdem der Bundestag das Gesetz beschlossen hat, verlangen, daß der Bundestag erneut Beschluß faßt.

(3) Ist das Gesetz nach Artikel 78 zustande gekommen, kann die Bundesregierung ihre Zustimmung nur innerhalb von sechs Wochen und nur dann versagen, wenn sie vorher das Verfahren nach Absatz 1 Satz 3 und 4 oder nach Absatz 2 eingeleitet hat. Nach Ablauf dieser Frist gilt die Zustimmung als erteilt.

Art. 114 [Rechnungslegung, Rechnungshof] (1) Der Bundesminister der Finanzen hat dem Bundestage und dem Bundesrate über alle Einnahmen und Ausgaben sowie über das Vermögen und die Schulden im Laufe des nächsten Rechnungsjahres zur Entlastung der Bundesregierung Rechnung zu legen.

(2) Der Bundesrechnungshof, dessen Mitglieder richterliche Unabhängigkeit besitzen, prüft die Rechnung sowie die Wirtschaftlichkeit und Ordnungsmäßigkeit der Haushalts- und Wirtschaftsführung. Er hat außer der Bundesregierung unmittelbar dem Bundestage und dem Bundesrate jährlich zu berichten. Im übrigen werden die Befugnisse des Bundesrechnungshofes durch Bundesgesetz geregelt.

Art. 115 [Kredite] (1) Die Aufnahme von Krediten sowie die Übernahme von Bürgschaften, Garantien oder sonstigen Gewährleistungen, die zu Ausgaben in künftigen Rechnungsjahren führen können, bedürfen einer der Höhe nach bestimmten oder bestimmbaren Ermächtigung durch Bundesgesetz. Die Einnahmen aus Krediten dürfen die Summe der im Haushaltsplan veranschlagten Ausgaben für Investitionen nicht überschreiten; Ausnahmen sind nur zulässig zur Abwehr einer Störung des gesamtwirtschaftlichen Gleichgewichts. Das Nähere wird durch Bundesgesetz geregelt.

(2) Für Sondervermögen des Bundes können durch Bundesgesetz Ausnahmen von Absatz 1 zugelassen werden.

Xa. Verteidigungsfall
[Artikel 115a–115l]

Art. 115a [Feststellung] (1) Die Feststellung, daß das Bundesgebiet mit Waffengewalt angegriffen wird oder ein solcher Angriff unmittelbar droht (Verteidigungsfall), trifft der Bundestag mit Zustimmung des Bundesrates. Die Feststellung erfolgt auf Antrag der Bundesregierung und bedarf einer Mehrheit von zwei Dritteln der abgegebenen Stimmen, mindestens der Mehrheit der Mitglieder des Bundestages.

(2) Erfordert die Lage unabweisbar ein sofortiges Handeln und stehen einem rechtzeitigen Zusammentritt des Bundestages unüberwindliche Hindernisse entgegen oder ist er nicht beschlußfähig, so trifft der Gemeinsame Ausschuß diese Feststellung mit einer Mehrheit von zwei Dritteln der abgegebenen Stimmen, mindestens der Mehrheit seiner Mitglieder.

(3) Die Feststellung wird vom Bundespräsidenten gemäß Artikel 82 im Bundesgesetzblatte verkündet. Ist dies nicht rechtzeitig möglich, so erfolgt die Verkündung in anderer Weise; sie ist im Bundesgesetzblatte nachzuholen, sobald die Umstände es zulassen.

(4) Wird das Bundesgebiet mit Waffengewalt angegriffen und sind die zuständigen Bundesorgane außerstande, sofort die Feststellung nach Absatz 1 Satz 1 zu treffen, so gilt diese Feststellung als getroffen und als zu dem Zeitpunkt verkündet, in dem der Angriff begonnen hat. Der Bundespräsident gibt diesen Zeitpunkt bekannt, sobald die Umstände es zulassen.

(5) Ist die Feststellung des Verteidigungsfalles verkündet und wird das Bundesgebiet mit Waffengewalt angegriffen, so kann der Bundespräsident völkerrechtliche Erklärungen über das Bestehen des Verteidigungsfalles mit Zustimmung des Bundestages abgeben. Unter den Voraussetzungen des Absatzes 2 tritt an die Stelle des Bundestages der Gemeinsame Ausschuß.

Art. 115b [Befehls- und Kommandogewalt] Mit der Verkündung des Verteidigungsfalles geht die Befehls- und Kommandogewalt über die Streitkräfte auf den Bundeskanzler über.

Art. 115c [Konkurrierende Gesetzgebung] (1) Der Bund hat für den Verteidigungsfall das Recht der konkurrierenden Gesetzgebung auch auf den Sachgebieten, die zur Gesetzgebungszuständigkeit der Länder gehören. Diese Gesetze bedürfen der Zustimmung des Bundesrates.

(2) Soweit es die Verhältnisse während des Verteidigungsfalles erfordern, kann durch Bundesgesetz für den Verteidigungsfall

1. bei Enteignungen abweichend von Artikel 14 Abs. 3 Satz 2 die Entschädigung vorläufig geregelt werden,

2. für Freiheitsentziehungen eine von Artikel 104 Abs. 2 Satz 3 und Abs. 3 Satz 1 abweichende Frist, höchstens jedoch eine solche von vier Tagen, für den Fall festgesetzt werden, daß ein Richter nicht innerhalb der für Normalzeiten geltenden Frist tätig werden konnte.

(3) Soweit es zur Abwehr eines gegenwärtigen oder unmittelbar drohenden Angriffs erforderlich ist, kann für den Verteidigungsfall durch Bundesgesetz mit Zustimmung des Bundesrates die Verwaltung und das Finanzwesen des Bundes und der Länder abweichend von den Abschnitten VII, VIIa und X geregelt werden, wobei die Lebensfähigkeit der Länder, Gemeinden und Gemeindeverbände, insbesondere auch in finanzieller Hinsicht, zu wahren ist.

(4) Bundesgesetze nach den Absätzen 1 und 2 Nr. 1 dürfen zur Vorbereitung ihres Vollzuges schon vor Eintritt des Verteidigungsfalles angewandt werden.

Art. 115d [Gesetzgebungsverfahren] (1) Für die Gesetzgebung gilt im Verteidigungsfalle abweichend von Artikel 76 Abs. 2, Artikel 77 Abs. 1 Satz 2 und Abs. 2 bis 4, Artikel 78 und Artikel 82 Abs. 1 die Regelung der Absätze 2 und 3.

(2) Gesetzesvorlagen der Bundesregierung, die sie als dringlich bezeichnet, sind gleichzeitig mit der Einbringung beim Bundestage dem Bundesrate zuzuleiten. Bundestag und Bundesrat beraten diese Vorlagen unverzüglich gemeinsam. Soweit zu einem Gesetze die Zustimmung des Bundesrates erforderlich ist, bedarf es zum Zustandekommen des Gesetzes der Zustimmung der Mehrheit seiner Stimmen. Das Nähere regelt eine Geschäftsordnung, die vom Bundestage beschlossen wird und der Zustimmung des Bundesrates bedarf.

(3) Für die Verkündung der Gesetze gilt Artikel 115a Abs. 3 Satz 2 entsprechend.

Art. 115e [Gemeinsamer Ausschuß] (1) Stellt der Gemeinsame Ausschuß im Verteidigungsfalle mit einer Mehrheit von zwei Dritteln der abgegebenen Stimmen, mindestens mit der Mehrheit seiner Mitglieder fest, daß dem rechtzeitigen Zusammentritt des Bundestages unüberwindliche Hindernisse entgegenstehen oder daß dieser nicht beschlußfähig ist, so hat der Gemeinsame Ausschuß die Stellung von Bundestag und Bundesrat und nimmt deren Rechte einheitlich wahr.

(2) Durch ein Gesetz des Gemeinsamen Ausschusses darf das Grundgesetz weder geändert noch ganz oder teilweise außer Kraft oder außer Anwendung gesetzt werden. Zum Erlaß vom Gesetzen nach Artikel 24 Abs. 1 und Artikel 29 ist der Gemeinsame Ausschuß nicht befugt.

Art. 115f [Kompetenz der Bundesregierung] (1) Die Bundesregierung kann im Verteidigungsfalle, soweit es die Verhältnisse erfordern,

1. den Bundesgrenzschutz im gesamten Bundesgebiet einsetzen;
2. außer der Bundesverwaltung auch den Landesregierungen und, wenn sie es für dringlich erachtet, den Landesbehörden Weisungen erteilen und diese Befugnis auf von ihr zu bestimmende Mitglieder der Landesregierungen übertragen.

(2) Bundestag, Bundesrat und der Gemeinsame Ausschuß sind unverzüglich von den nach Absatz 1 getroffenen Maßnahmen zu unterrichten.

Art. 115g [Unabhängigkeit des Bundesverfassungsgerichtes] Die verfassungsmäßige Stellung und die Erfüllung der verfassungsmäßigen Aufgaben des Bundesverfassungsgerichtes und seiner Richter dürfen nicht beeinträchtigt werden. Das Gesetz über das Bundesverfassungsgericht darf durch ein Gesetz des Gemeinsamen Ausschusses nur insoweit geändert werden, als dies auch nach Auffassung des Bundesverfassungsgerichtes zur Aufrechterhaltung der Funktionsfähigkeit des Gerichtes erforderlich ist. Bis zum Erlaß eines solchen Gesetzes kann das Bundesverfassungsgericht die zur Erhaltung der Arbeitsfähigkeit des Gerichts erforderlichen Maßnahmen treffen. Beschlüsse nach Satz 2 und Satz 3 faßt das Bundesverfassungsgericht mit der Mehrheit der anwesenden Richter.

Art. 115h [Wahlperioden und Amtszeiten] (1) Während des Verteidigungsfalles ablaufende Wahlperioden des Bundestages oder der Volksvertretungen der Länder enden sechs Monate nach Beendigung des Verteidigungsfalles. Die im Verteidigungsfalle ablaufende Amtszeit des Bundespräsidenten sowie bei vorzeitiger Erledigung seines Amtes die Wahrnehmung seiner Befugnisse durch den Präsidenten des Bundesrates enden neun Monate nach Beendigung des Verteidigungsfalles. Die im Verteidigungsfalle ablaufende Amtszeit eines Mitgliedes des Bundesverfassungsgerichtes endet sechs Monate nach Beendigung des Verteidigungsfalles.

(2) Wird eine Neuwahl des Bundeskanzlers durch den Gemeinsamen

Ausschuß erforderlich, so wählt dieser einen neuen Bundeskanzler mit der Mehrheit seiner Mitglieder; der Bundespräsident macht dem Gemeinsamen Ausschuß einen Vorschlag. Der Gemeinsame Ausschuß kann dem Bundeskanzler das Mißtrauen nur dadurch aussprechen, daß er mit der Mehrheit von zwei Dritteln seiner Mitglieder einen Nachfolger wählt.

(3) Für die Dauer des Verteidigungsfalles ist die Auflösung des Bundestages ausgeschlossen.

Art. 115i [Kompetenz der Landesregierungen] (1) Sind die zuständigen Bundesorgane außerstande, die notwendigen Maßnahmen zur Abwehr der Gefahr zu treffen, und erfordert die Lage unabweisbar ein sofortiges selbständiges Handeln in einzelnen Teilen des Bundesgebietes, so sind die Landesregierungen oder die von ihnen bestimmten Behörden oder Beauftragten befugt, für ihren Zuständigkeitsbereich Maßnahmen im Sinne des Artikels 115f Abs. 1 zu treffen.

(2) Maßnahmen nach Absatz 1 können durch die Bundesregierung, im Verhältnis zu Landesbehörden und nachgeordneten Bundesbehörden auch durch die Ministerpräsidenten der Länder, jederzeit aufgehoben werden.

Art. 115k [Gültigkeit von Gesetzen] (1) Für die Dauer ihrer Anwendbarkeit setzen Gesetze nach den Artikeln 115c, 115e und 115g und Rechtsverordnungen, die auf Grund solcher Gesetze ergehen, entgegenstehendes Recht außer Anwendung. Dies gilt nicht gegenüber früherem Recht, das auf Grund der Artikel 115c, 115e und 115g erlassen worden ist.

(2) Gesetze, die der Gemeinsame Ausschuß beschlossen hat, und Rechtsverordnungen, die auf Grund solcher Gesetze ergangen sind, treten spätestens sechs Monate nach Beendigung des Verteidigungsfalles außer Kraft.

(3) Gesetze, die von den Artikeln 91a, 91b, 104a, 106 und 107 abweichende Regelungen enthalten, gelten längstens bis zum Ende des zweiten Rechnungsjahres, das auf die Beendigung des Verteidigungsfalles folgt. Sie können nach Beendigung des Verteidigungsfalles durch Bundesgesetz mit Zustimmung des Bundesrates geändert werden, um zu der Regelung gemäß den Abschnitten VIIIa und X überzuleiten.

Art. 115l [Beendigung des Verteidigungsfalles] (1) Der Bundestag kann jederzeit mit Zustimmung des Bundesrates Gesetze des Gemeinsamen Ausschusses aufheben. Der Bundesrat kann verlangen, daß der Bundestag hierüber beschließt. Sonstige zur Abwehr der Gefahr getroffene Maßnahmen des Gemeinsamen Ausschusses oder der Bundesregierung sind aufzuheben, wenn der Bundestag und der Bundesrat es beschließen.

(2) Der Bundestag kann mit Zustimmung des Bundesrates jederzeit durch einen vom Bundespräsidenten zu verkündenden Beschluß den Verteidigungsfall für beendet erklären. Der Bundesrat kann verlangen, daß der Bundestag hierüber beschließt. Der Verteidigungsfall ist unverzüglich für beendet zu erklären, wenn die Voraussetzungen für seine Feststellung nicht mehr gegeben sind.

(3) Über den Friedensschluß wird durch Bundesgesetz entschieden.

XI. Übergangs- und Schlußbestimmungen

[Artikel 116–146]

Art. 116 [Deutscher im Sinne des Grundgesetzes, Wiedereinbürgerung] (1) Deutscher im Sinne dieses Grundgesetzes ist vorbehaltlich anderweitiger gesetzlicher Regelung, wer die deutsche Staatsangehörigkeit besitzt oder als Flüchtling oder Vertriebener deutscher Volkszugehörigkeit oder als dessen Ehegatte oder Abkömmling in dem Gebiete des Deutschen Reiches nach dem Stande vom 31. Dezember 1937 Aufnahme gefunden hat.

(2) Frühere deutsche Staatsangehörige, denen zwischen dem 30. Januar 1933 und dem 8. Mai 1945 die Staatsangehörigkeit aus politischen, rassischen oder religiösen Gründen entzogen worden ist, und ihre Abkömmlinge sind auf Antrag wieder einzubürgern. Sie gelten als nicht ausgebürgert, sofern sie nach dem 8. Mai 1945 ihren Wohnsitz in Deutschland genommen haben und nicht einen entgegengesetzten Willen zum Ausdruck gebracht haben.

Art. 117 [Übergangsregelung: Gleichberechtigung, Freizügigkeit] (1) Das dem Artikel 3 Absatz 2 entgegenstehende Recht bleibt bis zu seiner Anpassung an diese Bestimmung des Grundgesetzes in Kraft, jedoch nicht länger als bis zum 31. März 1953.

(2) Gesetze, die das Recht der Freizügigkeit mit Rücksicht auf die gegenwärtige Raumnot einschränken, bleiben bis zu ihrer Aufhebung durch Bundesgesetz in Kraft.

Art. 118 [Neugliederung südwestdeutscher Gebiete] Die Neugliederung in dem die Länder Baden, Württemberg-Baden und Württemberg-Hohenzollern umfassenden Gebiete kann abweichend von den Vorschriften des Artikels 29 durch Vereinbarung der beteiligten Länder erfolgen. Kommt eine Vereinbarung nicht zustande, so wird die Neugliederung durch Bundesgesetz geregelt, das eine Volksbefragung vorsehen muß.

Art. 119 [Flüchtlinge und Vertriebene] In Angelegenheiten der Flüchtlinge und Vertriebenen, insbesondere zu ihrer Verteilung auf die Länder, kann bis zu einer bundesgesetzlichen Regelung die Bundesregierung mit Zustimmung des Bundesrates Verordnungen mit Gesetzeskraft erlassen. Für besondere Fälle kann dabei die Bundesregierung ermächtigt werden, Einzelweisungen zu erteilen. Die Weisungen sind außer bei Gefahr im Verzuge an die obersten Landesbehörden zu richten.

Art. 120 [Kriegsfolgelasten, Sozialversicherung] (1) Der Bund trägt die Aufwendungen für Besatzungskosten und die sonstigen inneren und äußeren Kriegsfolgelasten nach näherer Bestimmung von Bundesgesetzen. Soweit diese Kriegsfolgelasten bis zum 1. Oktober 1969 durch Bundesgesetze geregelt worden sind, tragen Bund und Länder im Verhältnis zueinander die Aufwendungen nach Maßgabe dieser Bundesgesetze. Soweit Aufwendungen für Kriegsfolgelasten, die in Bundesgesetzen weder geregelt worden sind noch geregelt werden, bis zum 1. Oktober 1965 von den Ländern, Gemeinden (Gemeindeverbänden) oder sonstigen Aufgabenträgern, die Aufgaben von Ländern oder Gemeinden erfüllen, erbracht worden sind, ist der Bund zur Übernahme von Aufwendungen dieser Art auch nach diesem Zeitpunkt nicht verpflichtet. Der Bund trägt die Zuschüsse zu den Lasten der Sozialversicherung mit Einschluß der Arbeitslosenversicherung und der Arbeitslosenhilfe. Die durch diesen Absatz geregelte Verteilung der Kriegsfolgelasten auf Bund und Länder läßt die gesetzliche Regelung von Entschädigungsansprüchen für Kriegsfolgen unberührt.

(2) Die Einnahmen gehen auf den Bund zu demselben Zeitpunkt über, an dem der Bund die Aufgaben übernimmt.

Art. 120a [Lastenausgleich] (1) Die Gesetze, die der Durchführung des Lastenausgleichs dienen, können mit Zustimmung des Bundesrates bestimmen, daß sie auf dem Gebiete der Ausgleichsleistungen teils durch den Bund, teils im Auftrage des Bundes durch die Länder ausgeführt werden und daß die der Bundesregierung und den zuständigen obersten Bundesbehörden auf Grund des Artikels 85 insoweit zustehenden Befugnisse ganz oder teilweise dem Bundesausgleichsamt übertragen werden. Das Bundesausgleichsamt bedarf bei Ausübung dieser Befugnisse nicht der Zustimmung des Bundesrates; seine Weisungen sind, abgesehen von den Fällen der Dringlichkeit, an die obersten Landesbehörden (Landesausgleichsämter) zu richten.

(2) Artikel 87 Abs. 3 Satz 2 bleibt unberührt.

Art. 121 [Begriff „Mehrheit der Mitglieder"] Mehrheit der Mitglieder des Bundestages und der Bundesversammlung im Sinne dieses Grundgesetzes ist die Mehrheit ihrer gesetzlichen Mitgliederzahl.

Art. 122 [Alte Gesetzgebungskörperschaften] (1) Vom Zusammentritt des Bundestages an werden die Gesetze ausschließlich von den in diesem Grundgesetze anerkannten gesetzgebenden Gewalten beschlossen.

(2) Gesetzgebende und bei der Gesetzgebung beratend mitwirkende Körperschaften, deren Zuständigkeit nach Absatz 1 endet, sind mit diesem Zeitpunkt aufgelöst.

Art. 123 [Fortgeltung alten Rechts, Staatsverträge] (1) Recht aus der Zeit vor dem Zusammentritt des Bundestages gilt fort, soweit es dem Grundgesetz nicht widerspricht.

(2) Die vom Deutschen Reich abgeschlossenen Staatsverträge, die sich auf Gegenstände beziehen, für die nach diesem Grundgesetz die Landesgesetzgebung zuständig ist, bleiben, wenn sie nach allgemeinen Rechtsgrundsätzen gültig sind und fortgelten, unter Vorbehalt aller Rechte und Einwendungen der Beteiligten in Kraft, bis neue Staatsverträge durch die nach diesem Grundgesetze zuständigen Stellen abgeschlossen werden oder ihre Beendigung auf Grund der in ihnen enthaltenen Bestimmungen anderweitig erfolgt.

Art. 124 [Altes Recht bei ausschließlicher Gesetzgebung] Recht, das Gegenstände der ausschließlichen Gesetzgebung des Bundes betrifft, wird innerhalb seines Geltungsbereiches Bundesrecht.

Art. 125 [Altes Recht bei konkurrierender Gesetzgebung] Recht, das Gegenstände der konkurrierenden Gesetzgebung des Bundes betrifft, wird innerhalb seines Geltungsbereiches Bundesrecht,

1. soweit es innerhalb einer oder mehrerer Besatzungszonen einheitlich gilt,

2. soweit es sich um Recht handelt, durch das nach dem 8. Mai 1945 früheres Reichsrecht abgeändert worden ist.

Art. 126 [Streit über das Fortgelten] Meinungsverschiedenheiten über das Fortgelten von Recht als Bundesrecht entscheidet das Bundesverfassungsgericht.

Art. 127 [Recht der Verwaltung des Vereinigten Wirtschaftsgebietes] Die Bundesregierung kann mit Zustimmung der Regierungen der beteiligten Länder Recht der Verwaltung des Vereinigten Wirtschaftsgebietes, soweit es nach Artikel 124 oder 125 als Bundesrecht fortgilt, innerhalb eines Jahres nach Verkündung dieses Grundgesetzes in den Ländern Baden, Groß-Berlin, Rheinland-Pfalz und Württemberg-Hohenzollern in Kraft setzen.

Art. 128 [Fortbestehen von Weisungsrechten] Soweit fortgeltendes Recht Weisungsrechte im Sinne des Artikels 84 Absatz 5 vorsieht, bleiben sie bis zu einer anderweitigen gesetzlichen Regelung bestehen.

Art. 129 [Übergang von Ermächtigungen zu Rechtsverordnungen etc.] (1) Soweit in Rechtsvorschriften, die als Bundesrecht fortgelten, eine Ermächtigung zum Erlasse von Rechtsverordnungen oder allgemeinen Verwaltungsvorschriften sowie zur Vornahme von Verwaltungsakten enthalten ist, geht sie auf die nunmehr sachlich zuständigen Stellen über. In Zweifelsfällen entscheidet die Bundesregierung im Einvernehmen mit dem Bundesrate; die Entscheidung ist zu veröffentlichen.

(2) Soweit in Rechtsvorschriften, die als Landesrecht fortgelten, eine solche Ermächtigung enthalten ist, wird sie von den nach Landesrecht zuständigen Stellen ausgeübt.

(3) Soweit Rechtsvorschriften im Sinne der Absätze 1 und 2 zu ihrer Änderung oder Ergänzung oder zum Erlaß von Rechtsvorschriften an Stelle von Gesetzen ermächtigen, sind diese Ermächtigungen erloschen.

(4) Die Vorschriften der Absätze 1 und 2 gelten entsprechend, soweit in Rechtsvorschriften auf nicht mehr geltende Vorschriften oder nicht mehr bestehende Einrichtungen verwiesen ist.

Art. 130 [Überführung von Verwaltungen] (1) Verwaltungsorgane und sonstige der öffentlichen Verwaltung und Rechtspflege dienende Einrichtungen, die nicht auf Landesrecht oder Staatsverträgen zwischen Ländern beruhen, sowie die Betriebsvereinigung der südwestdeutschen Eisenbahnen und der Verwaltungsrat für das Post- und Fernmeldewesen für das französische Besatzungsgebiet unterstehen der Bundesregierung.

Diese regelt mit Zustimmung des Bundesrates die Überführung, Auflösung oder Abwicklung.

(2) Oberster Disziplinarvorgesetzter der Angehörigen dieser Verwaltungen und Einrichtungen ist der zuständige Bundesminister.

(3) Nicht landesunmittelbare und nicht auf Staatsverträgen zwischen den Ländern beruhende Körperschaften und Anstalten des öffentlichen Rechtes unterstehen der Aufsicht der zuständigen obersten Behörde.

Art. 131 [Rechtsverhältnisse früherer Angehöriger des öffentlichen Dienstes] Die Rechtsverhältnisse von Personen einschließlich der Flüchtlinge und Vertriebenen, die am 8. Mai 1945 im öffentlichen Dienste standen, aus anderen als beamten- oder tarifrechtlichen Gründen ausgeschieden sind und bisher nicht oder nicht ihrer früheren Stellung entsprechend verwendet werden, sind durch Bundesgesetz zu regeln.[35] Entsprechendes gilt für Personen einschließlich der Flüchtlinge und Vertriebenen, die am 8. Mai 1945 versorgungsberechtigt waren und aus anderen als beamten- oder tarifrechtlichen Gründen keine oder keine entsprechende Versorgung mehr erhalten. Bis zum Inkrafttreten des Bundesgesetzes können vorbehaltlich anderweitiger landesrechtlicher Regelung Rechtsansprüche geltend gemacht werden.

Art. 132 [Ungeeignete Beamte und Angestellte][36] (1) Beamte und Richter, die im Zeitpunkte des Inkrafttretens dieses Grundgesetzes auf Lebenszeit angestellt sind, können binnen sechs Monaten nach dem ersten Zusammentritt des Bundestages in den Ruhestand oder Wartestand oder in ein Amt mit niedrigerem Diensteinkommen versetzt werden, wenn ihnen die persönliche oder fachliche Eignung für ihr Amt fehlt. Auf Angestellte, die in einem unkündbaren Dienstverhältnis stehen, findet diese Vorschrift entsprechende Anwendung. Bei Angestellten, deren Dienstverhältnis kündbar ist, können über die tarifmäßige Regelung hinausgehende Kündigungsfristen innerhalb der gleichen Frist aufgehoben werden.

(2) Diese Bestimmung findet keine Anwendung auf Angehörige des öffentlichen Dienstes, die von den Vorschriften über die „Befreiung von Nationalsozialismus und Militarismus" nicht betroffen oder die anerkannte Verfolgte des Nationalsozialismus sind, sofern nicht ein wichtiger Grund in ihrer Person vorliegt.

---

35 Gesetz zur Regelung der Rechtsverhältnisse der unter Artikel 131 des Grundgesetzes fallenden Personen i. d. F. vom 13. 10. 1965 (BGBl. I S. 1685).

36 Durch Zeitablauf überholt.

(3) Den Betroffenen steht der Rechtsweg gemäß Artikel 19 Absatz 4 offen.

(4) Das Nähere bestimmt eine Verordnung der Bundesregierung, die der Zustimmung des Bundesrates bedarf.

Art. 133 [Rechtsnachfolger des Vereinigten Wirtschaftsgebiets] Der Bund tritt in die Rechte und Pflichten der Verwaltung des Vereinigten Wirtschaftsgebiets ein.

Art. 134 [Rechtsnachfolge in das Reichsvermögen] (1) Das Vermögen des Reiches wird grundsätzlich Bundesvermögen.

(2) Soweit es nach seiner ursprünglichen Zweckbestimmung überwiegend für Verwaltungsaufgaben bestimmt war, die nach diesem Grundgesetze nicht Verwaltungsaufgaben des Bundes sind, ist es unentgeltlich auf die nunmehr zuständigen Aufgabenträger und, soweit es nach seiner gegenwärtigen, nicht nur vorübergehenden Benutzung Verwaltungsaufgaben dient, die nach diesem Grundgesetze nunmehr von den Ländern zu erfüllen sind, auf die Länder zu übertragen. Der Bund kann auch sonstiges Vermögen den Ländern übertragen.

(3) Vermögen, das dem Reich von den Ländern und Gemeinden (Gemeindeverbänden) unentgeltlich zur Verfügung gestellt wurde, wird wiederum Vermögen der Länder und Gemeinden (Gemeindeverbände), soweit es nicht der Bund für Verwaltungsaufgaben benötigt.

(4) Das Nähere regelt ein Bundesgesetz, das der Zustimmung des Bundesrates bedarf.

Art. 135 [Vermögensnachfolge bei Änderung der Landeszugehörigkeit] (1) Hat sich nach dem 8. Mai 1945 bis zum Inkrafttreten dieses Grundgesetzes die Landeszugehörigkeit eines Gebietes geändert, so steht in diesem Gebiete das Vermögen des Landes, dem das Gebiet angehört hat, dem Lande zu, dem es jetzt angehört.

(2) Das Vermögen nicht mehr bestehender Länder und nicht mehr bestehender anderer Körperschaften und Anstalten des öffentlichen Rechtes geht, soweit es nach seiner ursprünglichen Zweckbestimmung überwiegend für Verwaltungsaufgaben bestimmt war oder nach seiner gegenwärtigen, nicht nur vorübergehenden Benutzung überwiegend Verwaltungsaufgaben dient, auf das Land oder die Körperschaft oder Anstalt des öffentlichen Rechtes über, die nunmehr diese Aufgaben erfüllen.

(3) Grundvermögen nicht mehr bestehender Länder geht einschließ-

lich des Zubehörs, soweit es nicht bereits zu Vermögen im Sinne des Absatzes 1 gehört, auf das Land über, in dessen Gebiet es gelegen ist.

(4) Sofern ein überwiegendes Interesse des Bundes oder das besondere Interesse eines Gebietes es erfordert, kann durch Bundesgesetz eine von den Absätzen 1 bis 3 abweichende Regelung getroffen werden.

(5) Im übrigen wird die Rechtsnachfolge und die Auseinandersetzung, soweit sie nicht bis zum 1. Januar 1952 durch Vereinbarung zwischen den beteiligten Ländern oder Körperschaften oder Anstalten des öffentlichen Rechtes erfolgt, durch Bundesgesetz geregelt, das der Zustimmung des Bundesrates bedarf.

(6) Beteiligungen des ehemaligen Landes Preußen an Unternehmen des privaten Rechts gehen auf den Bund über. Das Nähere regelt ein Bundesgesetz, das auch Abweichendes bestimmen kann.

(7) Soweit über Vermögen, das einem Lande oder einer Körperschaft oder Anstalt des öffentlichen Rechtes nach den Absätzen 1 bis 3 zufallen würde, von dem danach Berechtigten durch ein Landesgesetz, auf Grund eines Landesgesetzes oder in anderer Weise bei Inkrafttreten des Grundgesetzes verfügt worden war, gilt der Vermögensübergang als vor der Verfügung erfolgt.

Art. 135a [Keine oder begrenzte Erfüllung bestimmter Verbindlichkeiten][37] (1) Durch die in Artikel 134 Abs. 4 und Artikel 135 Abs. 5 vorbehaltene Gesetzgebung des Bundes kann auch bestimmt werden, daß nicht oder nicht in voller Höhe zu erfüllen sind

1. Verbindlichkeiten des Reiches sowie Verbindlichkeiten des ehemaligen Landes Preußen und sonstiger nicht mehr bestehender Körperschaften und Anstalten des öffentlichen Rechts,

2. Verbindlichkeiten des Bundes oder anderer Körperschaften und Anstalten des öffentlichen Rechts, welche mit dem Übergang von Vermögenswerten nach Artikel 89, 90, 134 und 135 im Zusammenhang stehen, und Verbindlichkeiten dieser Rechtsträger, die auf Maßnahmen der in Nummer 1 bezeichneten Rechtsträger beruhen,

3. Verbindlichkeiten der Länder und Gemeinden (Gemeindeverbände), die aus Maßnahmen entstanden sind, welche diese Rechtsträger vor dem 1. August 1945 zur Durchführung von Anordnungen der Besatzungsmächte oder zur Beseitigung eines kriegsbedingten Notstandes im Rahmen dem Reich obliegender oder vom Reich übertragener Verwaltungsaufgaben getroffen haben.

---

37 Geändert durch Art. 4 Nr. 4 Abs. 1 des Einigungsvertrags, a. a. O.

(2) Absatz 1 findet entsprechende Anwendung auf Verbindlichkeiten der Deutschen Demokratischen Republik oder ihrer Rechtsträger sowie auf Verbindlichkeiten des Bundes oder anderer Körperschaften und Anstalten des öffentlichen Rechts, die mit dem Übergang von Vermögenswerten der Deutschen Demokratischen Republik auf Bund, Länder und Gemeinden im Zusammenhang stehen, und auf Verbindlichkeiten, die auf Maßnahmen der Deutschen Demokratischen Republik oder ihrer Rechtsträger beruhen.[38]

Art. 136 [Erster Zusammentritt des Bundesrates] (1) Der Bundesrat tritt erstmalig am Tage des ersten Zusammentrittes des Bundestages zusammen.

(2) Bis zur Wahl des ersten Bundespräsidenten werden dessen Befugnisse von dem Präsidenten des Bundesrates ausgeübt. Das Recht der Auflösung des Bundestages steht ihm nicht zu.

Art. 137 [Wählbarkeit von Angehörigen des öffentlichen Dienstes] (1) Die Wählbarkeit von Beamten, Angestellten des öffentlichen Dienstes, Berufssoldaten, freiwilligen Soldaten auf Zeit und Richtern im Bund, in den Ländern und den Gemeinden kann gesetzlich beschränkt werden.

(2) Für die Wahl des ersten Bundestages, der ersten Bundesversammlung und des ersten Bundespräsidenten der Bundesrepublik gilt das vom Parlamentarischen Rat zu beschließende Wahlgesetz.

(3) Die dem Bundesverfassungsgerichte gemäß Artikel 41 Absatz 2 zustehende Befugnis wird bis zu seiner Errichtung von dem Deutschen Obergericht für das Vereinigte Wirtschaftsgebiet wahrgenommen, das nach Maßgabe seiner Verfahrensordnung entscheidet.

Art. 138 [Notariat] Änderungen der Einrichtungen des jetzt bestehenden Notariats in den Ländern Baden, Bayern, Württemberg-Baden und Württemberg-Hohenzollern bedürfen der Zustimmung der Regierungen dieser Länder.

Art. 139 [Entnazifizierungsgesetz] Die zur „Befreiung des deutschen Volkes vom Nationalsozialismus und Militarismus" erlassenen Rechtsvorschriften werden von den Bestimmungen dieses Grundgesetzes nicht berührt.

---

38 Neu eingefügt durch Art. 4 Nr. 4 Abs. 2 des Einigungsvertrags, a. a. O.

Art. 140 [Religion und Religionsgesellschaften] Die Bestimmungen der Artikel 136, 137, 138, 139 und 141 der deutschen Verfassung vom 11. August 1919[39] sind Bestandteile dieses Grundgesetzes.

Art. 141 [„Bremer Klausel"] Artikel 7 Absatz 3 Satz 1 findet keine Anwendung in einem Lande, in dem am 1. Januar 1949 eine andere landesrechtliche Regelung bestand.

Art. 142 [Grundrechte in Landesverfassungen] Ungeachtet der Vorschrift des Artikels 31 bleiben Bestimmungen der Landesverfassungen auch insoweit in Kraft, als sie in Übereinstimmung mit den Artikeln 1 bis 18 dieses Grundgesetzes Grundrechte gewährleisten.

Art. 142a [aufgehoben]

Art. 143 [Übergangsbestimmungen für Abweichungen von Recht der ehemaligen DDR vom Grundgesetz][40] (1) Recht in dem in Artikel 3 des Einigungsvertrags genannten Gebiet kann längstens bis zum 31. Dezember 1992 von Bestimmungen dieses Grundgesetzes abweichen, soweit und solange infolge der unterschiedlichen Verhältnisse die völlige Anpassung an die grundgesetzliche Ordnung noch nicht erreicht werden kann. Abweichungen dürfen nicht gegen Artikel 19 Abs. 2 verstoßen und müssen mit den in Artikel 79 Abs. 3 genannten Grundsätzen vereinbar sein.

(2) Abweichungen von den Abschnitten II, VIII, VIIIa, IX, X und XI sind längstens bis zum 31. Dezember 1995 zulässig.

(3) Unabhängig von Absatz 1 und 2 haben Artikel 41 des Einigungsvertrags und Regelungen zu seiner Durchführung auch insoweit Bestand, als sie vorsehen, daß Eingriffe in das Eigentum auf dem in Artikel 3 dieses Vertrags genannten Gebiet nicht mehr rückgängig gemacht werden.

Art. 144 [Ratifizierung des Grundgesetzes] (1) Dieses Grundgesetz bedarf der Annahme durch die Volksvertretungen in zwei Dritteln der deutschen Länder, in denen es zunächst gelten soll.

(2) Soweit die Anwendung dieses Grundgesetzes in einem der in Artikel 23 aufgeführten Länder oder in einem Teile eines dieser Länder Beschränkungen unterliegt, hat das Land oder der Teil des Landes das Recht, gemäß Artikel 38 Vertreter in den Bundestag und gemäß Artikel 50 Vertreter in den Bundesrat zu entsenden.

---

39 Abgedruckt unter Nr. 4.

40 Neu eingefügt durch Art. 4 Nr. 5 des Einigungsvertrags, a.a.O.

Art. 145 [Ausfertigung, Verkündung und Inkrafttreten des Grundgesetzes] (1) Der Parlamentarische Rat stellt in öffentlicher Sitzung unter Mitwirkung der Abgeordneten Groß-Berlins die Annahme dieses Grundgesetzes fest, fertigt es aus und verkündet es.

(2) Dieses Grundgesetz tritt mit Ablauf des Tages der Verkündung in Kraft.[41]

(3) Es ist im Bundesgesetzblatte zu veröffentlichen.

Art. 146 [Geltungsdauer] Dieses Grundgesetz, das nach Vollendung der Einheit und Freiheit Deutschlands für das gesamte deutsche Volk gilt, verliert seine Gültigkeit an dem Tage, an dem eine Verfassung in Kraft tritt, die von dem deutschen Volke in freier Entscheidung beschlossen worden ist.[42]

41 Das Grundgesetz wurde am 23. 5. 1949 verkündet.

42 Neu gefaßt durch Art. 4 Nr. 6 des Einigungsvertrags, a. a. O.; die ursprüngliche Fassung lautete: „Dieses Grundgesetz verliert seine Gültigkeit an dem Tage, an dem eine Verfassung in Kraft tritt, die von dem deutschen Volke in freier Entscheidung beschlossen worden ist."

Anhang:

A. Vertrag zwischen der Bundesrepublik Deutschland und der Deutschen Demokratischen Republik über die Herstellung der Einheit Deutschlands (Einigungsvertrag)

Vom 31. 8. 1990 (BGBl. 1990 II S. 885)
[Auszug]

Kapitel I
Wirkung des Beitritts

Artikel 1
Länder

(1) Mit dem Wirksamwerden des Beitritts der Deutschen Demokratischen Republik zur Bundesrepublik Deutschland gemäß Artikel 23 des Grundgesetzes am 3. Oktober 1990 werden die Länder Brandenburg, Mecklenburg-Vorpommern, Sachsen, Sachsen-Anhalt und Thüringen Länder der Bundesrepublik Deutschland. Für die Bildung und die Grenzen dieser Länder untereinander sind die Bestimmungen des Verfassungsgesetzes zur Bildung von Ländern in der Deutschen Demokratischen Republik vom 22. Juli 1990 – Ländereinführungsgesetz – (GBl. I Nr. 51 S. 955) gemäß Anlage II maßgebend.

(2) Die 23 Bezirke von Berlin bilden das Land Berlin.

...

Kapitel II
Grundgesetz

Artikel 3
Inkrafttreten des Grundgesetzes

Mit dem Wirksamwerden des Beitritts tritt das Grundgesetz für die Bundesrepublik Deutschland in der im Bundesgesetzblatt Teil III, Gliederungsnummer 100–1, veröffentlichten bereinigten Fassung, zuletzt geändert durch Gesetz vom 21. Dezember 1983 (BGBl. I S. 1481), in den Ländern Brandenburg, Mecklenburg-Vorpommern, Sachsen, Sachsen-Anhalt und Thüringen sowie in dem Teil des Landes Berlin, in dem es bisher nicht galt, mit den sich aus Artikel 4 ergebenden Änderungen in Kraft, soweit in diesem Vertrag nichts anderes bestimmt ist.

Artikel 4
Beitrittsbedingte Änderungen des Grundgesetzes

Das Grundgesetz für die Bundesrepublik Deutschland wird wie folgt geändert:

1. Die Präambel wird wie folgt gefaßt:

„Im Bewußtsein seiner Verantwortung vor Gott und den Menschen, von dem Willen beseelt, als gleichberechtigtes Glied in einem vereinten Europa dem Frieden der Welt zu dienen, hat sich das Deutsche Volk kraft seiner verfassungsgebenden Gewalt dieses Grundgesetz gegeben.
Die Deutschen in den Ländern Baden-Württemberg, Bayern, Berlin, Brandenburg, Bremen, Hamburg, Hessen, Mecklenburg-Vorpommern, Niedersachsen, Nordrhein-Westfalen, Rheinland-Pfalz, Saarland, Sachsen, Sachsen-Anhalt, Schleswig-Holstein und Thüringen haben in freier Selbstbestimmung die Einheit und Freiheit Deutschlands vollendet. Damit gilt dieses Grundgesetz für das gesamte Deutsche Volk."

2. Artikel 23 wird aufgehoben.

3. Artikel 51 Abs. 2 des Grundgesetzes wird wie folgt gefaßt:
„(2) Jedes Land hat mindestens drei Stimmen, Länder mit mehr als zwei Millionen Einwohnern haben vier, Länder mit mehr als sechs Millionen Einwohnern fünf, Länder mit mehr als sieben Millionen Einwohnern sechs Stimmen."

4. Der bisherige Wortlaut des Artikels 135a wird Absatz 1.
Nach Absatz 1 wird folgender Absatz angefügt:
„(2) Absatz 1 findet entsprechende Anwendung auf Verbindlichkeiten der Deutschen Demokratischen Republik oder ihrer Rechtsträger sowie auf Verbindlichkeiten des Bundes oder anderer Körperschaften und Anstalten des öffentlichen Rechts, die mit dem Übergang von Vermögenswerten der Deutschen Demokratischen Republik auf Bund, Länder und Gemeinden im Zusammenhang stehen, und auf Verbindlichkeiten, die auf Maßnahmen der Deutschen Demokratischen Republik oder ihrer Rechtsträger beruhen."

5. In das Grundgesetz wird folgender neuer Artikel 143 eingefügt:
„Artikel 143
(1) Recht in dem in Artikel 3 des Einigungsvertrags genannten Gebiet kann längstens bis zum 31. Dezember 1992 von Bestimmungen dieses Grundgesetzes abweichen, soweit und solange infolge der unterschiedlichen Verhältnisse die völlige Anpassung an die grundgesetzliche Ordnung noch nicht erreicht werden kann. Abweichungen dürfen nicht gegen Artikel 19 Abs. 2 verstoßen und müssen mit den in Artikel 79 Abs. 3 genannten Grundsätzen vereinbar sein.
(2) Abweichungen von den Abschnitten II, VIII, VIIIa, IX, X und XI sind längstens bis zum 31. Oktober 1995 zulässig.
(3) Unabhängig von Absatz 1 und 2 haben Artikel 41 des Einigungsvertrags und Regelungen zu seiner Durchführung auch insoweit Bestand, als sie vorsehen, daß Eingriffe in das Eigentum auf dem in Artikel 3 dieses Vertrags genannten Gebiet nicht mehr rückgängig gemacht werden."

6. Artikel 146 wird wie folgt gefaßt:
„Artikel 146
Dieses Grundgesetz, das nach Vollendung der Einheit und Freiheit Deutschlands für das gesamte deutsche Volk gilt, verliert seine Gültigkeit an dem Tage, an dem eine Verfassung in Kraft tritt, die von dem deutschen Volke in freier Entscheidung beschlossen worden ist."

Artikel 5
Künftige Verfassungsänderungen

Die Regierungen der beiden Vertragsparteien empfehlen den gesetzgebenden Körperschaften des vereinten Deutschland, sich innerhalb von zwei Jahren mit den im Zusammenhang mit der deutschen Einigung aufgeworfenen Fragen zur Änderung oder Ergänzung des Grundgesetzes zu befassen, insbesondere

– in bezug auf das Verhältnis zwischen Bund und Ländern entsprechend dem Gemeinsamen Beschluß der Ministerpräsidenten vom 5. Juli 1990,

– in bezug auf die Möglichkeit einer Neugliederung für den Raum Berlin/Brandenburg abweichend von den Vorschriften des Artikels 29 des Grundgesetzes durch Vereinbarung der beteiligten Länder,

– mit den Überlegungen zur Aufnahme von Staatszielbestimmungen in das Grundgesetz sowie

– mit der Frage der Anwendung des Artikels 146 des Grundgesetzes und in deren Rahmen einer Volksabstimmung.

Artikel 6
Ausnahmebestimmung

Artikel 131 des Grundgesetzes wird in dem in Artikel 3 genannten Gebiet vorerst nicht in Kraft gesetzt.

Artikel 7
Finanzverfassung

(1) Die Finanzverfassung der Bundesrepublik Deutschland wird auf das in Artikel 3 genannte Gebiet erstreckt, soweit in diesem Vertrag nichts anderes bestimmt ist.

...

Kapitel VII
Arbeit, Soziales, Familie, Frauen, Gesundheitswesen und Umweltschutz

Artikel 31
Familie und Frauen

(1) Es ist Aufgabe des gesamtdeutschen Gesetzgebers, die Gesetzgebung zur Gleichberechtigung zwischen Männern und Frauen weiterzuentwickeln.

(2) Es ist Aufgabe des gesamtdeutschen Gesetzgebers, angesichts unterschiedlicher rechtlicher und institutioneller Ausgangssituationen bei der Erwerbstätigkeit von Müttern und Vätern die Rechtslage unter dem Gesichtspunkt der Vereinbarkeit von Familie und Beruf zu gestalten.

(3) Um die Weiterführung der Einrichtungen zur Tagesbetreuung von Kindern in dem in Artikel 3 genannten Gebiet zu gewährleisten, beteiligt sich der Bund für eine Übergangszeit bis zum 30. Juni 1991 an den Kosten dieser Einrichtungen.

(4) Es ist Aufgabe des gesamtdeutschen Gesetzgebers, spätestens bis zum 31. Dezember 1992 eine Regelung zu treffen, die den Schutz vorgeburtlichen Lebens und die verfassungskonforme Bewältigung von Konfliktsituationen schwangerer Frauen vor allem durch rechtlich gesicherte Ansprüche für Frauen, insbesondere auf Beratung und soziale Hilfen besser gewährleistet, als dies in beiden Teilen Deutschlands derzeit der Fall ist. Zur Verwirklichung dieser Ziele wird in dem in Artikel 3 genannten Gebiet mit finanzieller Hilfe des Bundes unverzüglich ein flächendeckendes Netz von Beratungsstellen verschiedener Träger aufgebaut. Die Beratungsstellen sind personell und finanziell so auszustatten, daß sie ihrer Aufgabe gerecht werden können, schwangere Frauen zu beraten und ihnen notwendige Hilfen – auch über den Zeitpunkt der Geburt hinaus – zu leisten. Kommt eine Regelung in der in Satz 1 genannten Frist nicht zustande, gilt das materielle Recht in dem in Artikel 3 genannten Gebiet weiter.

B. Vertrag über die abschließende Regelung in bezug auf Deutschland (Zwei-Plus-Vier-Vertrag)

Vom 12. 9. 1990 (BGBl. 1990 II S. 1317)
[Auszug]

Die Bundesrepublik Deutschland, die Deutsche Demokratische Republik, die Französische Republik, das Vereinigte Königreich Großbritannien und Nordirland, die Union der Sozialistischen Sowjetrepubliken und die Vereinigten Staaten von Amerika
SIND wie folgt ÜBEREINGEKOMMEN:

Artikel 1

(1) Das vereinte Deutschland wird die Gebiete der Bundesrepublik Deutschland, der Deutschen Demokratischen Republik und ganz Berlins umfassen. Seine Außengrenzen werden die Grenzen der Deutschen Demokratischen Republik und der Bundesrepublik Deutschland sein und werden am Tage des Inkrafttretens dieses Vertrages endgültig sein. Die Bestätigung des endgültigen Charakters der Grenzen des vereinten Deutschland ist ein wesentlicher Bestandteil der Friedensordnung in Europa.

(2) Das vereinte Deutschland und die Republik Polen bestätigen die zwischen ihnen bestehende Grenze in einem völkerrechtlich verbindlichen Vertrag.

(3) Das vereinte Deutschland hat keinerlei Gebietsansprüche gegen andere Staaten und wird solche auch in Zukunft nicht erheben.

(4) Die Regierungen der Bundesrepublik Deutschland und der Deutschen Demokratischen Republik werden sicherstellen, daß die Verfassung des vereinten Deutschland keinerlei Bestimmungen enthalten wird, die mit diesen Prinzipien unvereinbar sind. Dies gilt dementsprechend für die Bestimmungen, die in der Präambel und in den Artikeln 23 Satz 2 und 146 des Grundgesetzes für die Bundesrepublik Deutschland niedergelegt sind.

(5) Die Regierungen der Französischen Republik, des Vereinigten Königreichs Großbritannien und Nordirland, der Union der Sozialistischen Sowjetrepubliken und der Vereinigten Staaten von Amerika nehmen die entsprechenden Verpflichtungen und Erklärungen der Bundesrepublik Deutschland und der Deutschen Demokratischen Republik förmlich entgegen und erklären, daß mit deren Verwirklichung der endgültige Charakter der Grenzen des vereinten Deutschland bestätigt wird.

...

Artikel 10

ZU URKUND DESSEN haben die unterzeichneten, hierzu gehörig Bevollmächtigten diesen Vertrag unterschrieben.

GESCHEHEN zu Moskau am 12. September 1990

Für die Bundesrepublik Deutschland
Hans-Dietrich Genscher

Für die Deutsche Demokratische Republik
Lothar de Maizière

Für die Französische Republik
Roland Dumas

Für das Vereinigte Königreich Großbritannien
und Nordirland
Douglas Hurd

Für die Union der Sozialistischen Sowjetrepubliken
Eduard Schewardnadse

Für die Vereinigten Staaten von Amerika
James Baker

7 Die Verfassung der Deutschen Demokratischen Republik (1949)

Vom 7. Oktober 1949 (GBl. I S. 5)

Von dem Willen erfüllt, die Freiheit und die Rechte des Menschen zu verbürgen, das Gemeinschafts- und Wirtschaftsleben in sozialer Gerechtigkeit zu gestalten, dem gesellschaftlichen Fortschritt zu dienen, die Freundschaft mit allen Völkern zu fördern und den Frieden zu sichern, hat sich das deutsche Volk diese Verfassung gegeben.

A. Grundlagen der Staatsgewalt

Art. 1 [Republik und Länder] (1) Deutschland ist eine unteilbare demokratische Republik; sie baut sich auf den deutschen Ländern auf.

(2) Die Republik entscheidet alle Angelegenheiten, die für den Bestand und die Entwicklung des deutschen Volkes in seiner Gesamtheit wesentlich sind; alle übrigen Angelegenheiten werden von den Ländern selbständig entschieden.

(3) Die Entscheidungen der Republik werden grundsätzlich von den Ländern ausgeführt.

(4) Es gibt nur eine deutsche Staatsangehörigkeit.

Art. 2 [Farben, Hauptstadt] (1) Die Farben der Deutschen Demokratischen Republik sind Schwarz-Rot-Gold.

(2) Die Hauptstadt der Republik ist Berlin.

Art. 3 [Volkssouveränität, Mitwirkung der Bürger] (1) Alle Staatsgewalt geht vom Volke aus.

(2) Jeder Bürger hat das Recht und die Pflicht zur Mitgestaltung in seiner Gemeinde, seinem Kreis, seinem Lande und in der Deutschen Demokratischen Republik.

(3) Das Mitbestimmungsrecht der Bürger wird wahrgenommen durch:

Teilnahme an Volksbegehren und Volksentscheiden;

Ausübung des aktiven und passiven Wahlrechts;

Übernahme öffentlicher Ämter in Verwaltung und Rechtsprechung.

(4) Jeder Bürger hat das Recht, Eingaben an die Volksvertretung zu richten.

(5) Die Staatsgewalt muß dem Wohl des Volkes, der Freiheit, dem Frieden und dem demokratischen Fortschritt dienen.

(6) Die im öffentlichen Dienst Tätigen sind Diener der Gesamtheit und nicht einer Partei. Ihre Tätigkeit wird von der Volksvertretung überwacht.

Art. 4 [Verfassungsmäßigkeit staatlicher Maßnahmen] (1) Alle Maßnahmen der Staatsgewalt müssen den Grundsätzen entsprechen, die in der Verfassung zum Inhalt der Staatsgewalt erklärt sind. Über die Verfassungsmäßigkeit der Maßnahmen entscheidet die Volksvertretung gemäß Artikel 66 dieser Verfassung. Gegen Maßnahmen, die den Beschlüssen der Volksvertretung widersprechen, hat jedermann das Recht und die Pflicht zum Widerstand.

(2) Jeder Bürger ist verpflichtet, im Sinne der Verfassung zu handeln und sie gegen ihre Feinde zu verteidigen.

Art. 5 [Völkerrecht][1] (1) Die allgemein anerkannten Regeln des Völkerrechts binden die Staatsgewalt und jeden Bürger.

(2) Die Aufrechterhaltung und Wahrung freundschaftlicher Beziehungen zu allen Völkern ist die Pflicht der Staatsgewalt.

(3) Kein Bürger darf an kriegerischen Handlungen teilnehmen, die der Unterdrückung eines Volkes dienen.

---

1 Ergänzt durch das Gesetz zur Ergänzung der Verfassung vom 26. 9. 1955 (GBl. I S. 653) durch folgenden Absatz 4:
„Der Dienst zum Schutze des Vaterlandes und der Errungenschaften der Werktätigen ist eine ehrenvolle nationale Pflicht der Bürger der Deutschen Demokratischen Republik."

B. Inhalt und Grenzen der Staatsgewalt

I. Rechte des Bürgers

Art. 6 [Gleichheitsgrundsatz, Boykotthetze] (1) Alle Bürger sind vor dem Gesetz gleichberechtigt.

(2) Boykotthetze gegen demokratische Einrichtungen und Organisationen, Mordhetze gegen demokratische Politiker, Bekundung von Glaubens-, Rassen-, Völkerhaß, militärische Propaganda sowie Kriegshetze und alle sonstigen Handlungen, die sich gegen die Gleichberechtigung richten, sind Verbrechen im Sinne der Strafgesetzbuches. Ausübung demokratischer Rechte im Sinne der Verfassung ist keine Boykotthetze.

(3) Wer wegen Begehung dieser Verbrechen bestraft ist, kann weder im öffentlichen Dienst noch in leitenden Stellen im wirtschaftlichen und kulturellen Leben tätig sein. Er verliert das Recht, zu wählen und gewählt zu werden.

Art. 7 [Gleichberechtigung] (1) Mann und Frau sind gleichberechtigt.

(2) Alle Gesetze und Bestimmungen, die der Gleichberechtigung der Frau entgegenstehen, sind aufgehoben.

Art. 8 [Persönliche Freiheit, Freizügigkeit] (1) Persönliche Freiheit, Unverletzlichkeit der Wohnung, Postgeheimnis und das Recht, sich an einem beliebigen Ort niederzulassen, sind gewährleistet. Die Staatsgewalt kann diese Freiheiten nur auf Grund der für alle Bürger geltenden Gesetze einschränken oder entziehen.

Art. 9 [Meinungs- und Versammlungsfreiheit] (1) Alle Bürger haben das Recht, innerhalb der Schranken der für alle geltenden Gesetze ihre Meinung frei und öffentlich zu äußern und sich zu diesem Zweck friedlich und unbewaffnet zu versammeln. Diese Freiheit wird durch kein Dienst- oder Arbeitsverhältnis beschränkt; niemand darf benachteiligt werden, wenn er von diesem Recht Gebrauch macht.

(2) Eine Pressezensur findet nicht statt.

Art. 10 [Auslieferung, Auswanderung] (1) Kein Bürger darf einer auswärtigen Macht ausgeliefert werden.

(2) Fremde Staatsbürger werden weder ausgeliefert noch ausgewiesen,

wenn sie wegen ihres Kampfes für die in dieser Verfassung niedergelegten Grundsätze im Ausland verfolgt werden.

(3) Jeder Bürger ist berechtigt, auszuwandern. Dieses Recht kann nur durch Gesetz der Republik beschränkt werden.

Art. 11 [Fremdsprachige Volksteile] (1) Die fremdsprachigen Volksteile der Republik sind durch Gesetzgebung und Verwaltung in ihrer freien volkstümlichen Entwicklung zu fördern; sie dürfen insbesondere am Gebrauch ihrer Muttersprache im Unterricht, in der inneren Verwaltung und in der Rechtspflege nicht gehindert werden.

Art. 12 [Vereinigungsfreiheit] (1) Alle Bürger haben das Recht, zu Zwecken, die den Strafgesetzen nicht zuwiderlaufen, Vereine oder Gesellschaften zu bilden.

Art. 13 [Wahlvorschläge von Vereinigungen] (1) Vereinigungen, die die demokratische Gestaltung des öffentlichen Lebens auf der Grundlage dieser Verfassung satzungsgemäß erstreben und deren Organe durch ihre Mitglieder bestimmt werden, sind berechtigt, Wahlvorschläge für die Volksvertretungen der Gemeinden, Kreise und Länder einzureichen.

(2) Wahlvorschläge für die Volkskammer dürfen nur die Vereinigungen aufstellen, die nach ihrer Satzung die demokratische Gestaltung des staatlichen und gesellschaftlichen Lebens der gesamten Republik erstreben und deren Organisation das ganze Staatsgebiet umfaßt.

Art. 14 [Gewerkschaften, Streikrecht] (1) Das Recht, Vereinigungen zur Förderung der Lohn- und Arbeitsbedingungen anzugehören, ist für jedermann gewährleistet. Alle Abreden und Maßnahmen, welche diese Freiheit einschränken oder zu behindern suchen, sind rechtswidrig und verboten.

(2) Das Streikrecht der Gewerkschaften ist gewährleistet.

Art. 15 [Recht auf Arbeit] (1) Die Arbeitskraft wird vom Staat geschützt.

(2) Das Recht auf Arbeit wird verbürgt. Der Staat sichert durch Wirtschaftslenkung jedem Bürger Arbeit und Lebensunterhalt. Soweit dem Bürger angemessene Arbeitsgelegenheit nicht nachgewiesen werden kann, wird für seinen notwendigen Unterhalt gesorgt.

Art. 16 [Urlaubs- und Versorgungsanspruch] (1) Jeder Arbeitende hat ein Recht auf Erholung, auf jährlichen Urlaub gegen Entgelt, auf Versorgung bei Krankheit und im Alter.

(2) Der Sonntag, die Feiertage und der 1. Mai sind Tage der Arbeitsruhe und stehen unter dem Schutz der Gesetze.

(3) Der Erhaltung der Gesundheit und Arbeitsfähigkeit der arbeitenden Bevölkerung, dem Schutze der Mutterschaft und der Vorsorge gegen die wirtschaftlichen Folgen von Alter, Invalidität, Arbeitslosigkeit und sonstigen Wechselfällen des Lebens dient ein einheitliches, umfassendes Sozialversicherungswesen auf der Grundlage der Selbstverwaltung der Versicherten.

Art. 17 [Mitbestimmung] (1) Die Regelung der Produktion sowie der Lohn- und Arbeitsbedingungen in den Betrieben erfolgt unter maßgeblicher Mitbestimmung der Arbeiter und Angestellten.

(2) Die Arbeiter und Angestellten nehmen diese Rechte durch Gewerkschaften und Betriebsräte wahr.

Art. 18 [Arbeitsschutz, Arbeitsbedingungen] (1) Die Republik schafft unter maßgeblicher Mitbestimmung der Werktätigen ein einheitliches Arbeitsrecht, eine einheitliche Arbeitsgerichtsbarkeit und einen einheitlichen Arbeitsschutz.

(2) Die Arbeitsbedingungen müssen so beschaffen sein, daß die Gesundheit, die kulturellen Ansprüche und das Familienleben der Werktätigen gesichert sind.

(3) Das Arbeitsentgelt muß der Leistung entsprechen und ein menschenwürdiges Dasein für den Arbeitenden und seine unterhaltungsberechtigten Angehörigen gewährleisten.

(4) Mann und Frau, Erwachsener und Jugendlicher haben bei gleicher Arbeit das Recht auf gleichen Lohn.

(5) Die Frau genießt besonderen Schutz im Arbeitsverhältnis. Durch Gesetz der Republik werden Einrichtungen geschaffen, die es gewährleisten, daß die Frau ihre Aufgabe als Bürgerin und Schaffende mit ihren Pflichten als Frau und Mutter vereinbaren kann.

(6) Die Jugend wird gegen Ausbeutung geschützt und vor sittlicher, körperlicher und geistiger Verwahrlosung bewahrt. Kinderarbeit ist verboten.

II. Wirtschaftsordnung

Art. 19 [Grundsätze] (1) Die Ordnung des Wirtschaftslebens muß den Grundsätzen sozialer Gerechtigkeit entsprechen; sie muß allen ein menschenwürdiges Dasein sichern.

(2) Die Wirtschaft hat dem Wohle des ganzen Volkes und der Deckung seines Bedarfes zu dienen; sie hat jedermann einen seiner Leistung entsprechenden Anteil an dem Ergebnis der Produktion zu sichern.

(3) Im Rahmen dieser Aufgaben und Ziele ist die wirtschaftliche Freiheit des einzelnen gewährleistet.

Art. 20 [Unterstützung der Privatinitiative] (1) Bauern, Handel- und Gewerbetreibende sind in der Entfaltung ihrer privaten Initiative zu unterstützen. Die genossenschaftliche Selbsthilfe ist auszubauen.

Art. 21 [Öffentlicher Wirtschaftsplan] (1) Zur Sicherung der Lebensgrundlagen und zur Steigerung des Wohlstandes seiner Bürger stellt der Staat durch die gesetzgebenden Organe, unter unmittelbarer Mitwirkung seiner Bürger, den öffentlichen Wirtschaftsplan auf. Die Überwachung seiner Durchführung ist Aufgabe der Volksvertretungen.

Art. 22 [Eigentum, Erbrecht] (1) Das Eigentum wird von der Verfassung gewährleistet. Sein Inhalt und seine Schranken ergeben sich aus den Gesetzen und den sozialen Pflichten gegenüber der Gemeinschaft.

(2) Das Erbrecht wird nach Maßgabe des bürgerlichen Rechts gewährleistet. Der Anteil des Staates am Erbe wird durch Gesetze bestimmt.

(3) Die geistige Arbeit, das Recht der Urheber, der Erfinder und der Künstler genießen den Schutz, die Förderung und die Fürsorge der Republik.

Art. 23 [Enteignung] (1) Beschränkungen des Eigentums und Enteignungen können nur zum Wohle der Allgemeinheit und auf gesetzlicher Grundlage vorgenommen werden. Sie erfolgen gegen angemessene Entschädigung, soweit das Gesetz nichts anderes bestimmt. Wegen der Höhe der Entschädigung ist im Streitfall der Rechtsweg bei den ordentlichen Gerichten offenzuhalten, soweit ein Gesetz nichts anderes bestimmt.

Art. 24 [Entschädigungslose Enteignung, Bodenreform] (1) Eigentum verpflichtet. Sein Gebrauch darf dem Gemeinwohl nicht zuwiderlaufen.

(2) Der Mißbrauch des Eigentums durch Begründung wirtschaftlicher Machtstellung zum Schaden des Gemeinwohls hat die entschädigungslose Enteignung und Überführung in das Eigentum des Volkes zur Folge.

(3) Die Betriebe der Kriegsverbrecher und aktiven Nationalsozialisten sind enteignet und gehen in Volkseigentum über. Das gleiche gilt für

private Unternehmungen, die sich in den Dienst einer Kriegspolitik stellen.

(4) Alle privaten Monopolorganisationen wie Kartelle, Syndikate, Konzerne, Trusts und ähnliche auf Gewinnsteigerung durch Produktions-, Preis- und Absatzregelung gerichtete private Organisationen sind aufgehoben und verboten.

(5) Der private Großgrundbesitz, der mehr als 100 Hektar umfaßt, ist aufgelöst und wird ohne Entschädigung aufgeteilt.

(6) Nach Durchführung dieser Bodenreform wird den Bauern das Privateigentum an ihrem Boden gewährleistet.

Art. 25 [Bergbau, Eisen- und Stahlerzeugung, Energiewirtschaft]

(1) Alle Bodenschätze, alle wirtschaftlich nutzbaren Naturkräfte sowie die zu ihrer Nutzbarmachung bestimmten Betriebe des Bergbaues, der Eisen- und Stahlerzeugung und der Energiewirtschaft sind in Volkseigentum zu überführen.

(2) Bis dahin untersteht ihre Nutzung der Aufsicht der Länder und, soweit gesamtdeutsche Interessen in Frage kommen, der Aufsicht der Republik.

Art. 26 [Nutzung des Bodens] (1) Die Verteilung und Nutzung des Bodens wird überwacht und jeder Mißbrauch verhütet. Die Wertsteigerung des Bodens, die ohne Arbeits- und Kapitalaufwendung für das Grundstück entsteht, ist für die Gesamtheit nutzbar zu machen.

(2) Jedem Bürger und jeder Familie ist eine gesunde und ihren Bedürfnissen entsprechende Wohnung zu sichern. Opfer des Faschismus, Schwer-Körperbehinderte, Kriegsgeschädigte und Umsiedler sind dabei bevorzugt zu berücksichtigen.

(3) Die Erhaltung und Förderung der Ertragssicherheit der Landwirtschaft wird auch durch Landschaftsgestaltung und Landschaftspflege gewährleistet.

Art. 27 [Sozialisierung, Zusammenschluß von Unternehmungen] (1) Private wirtschaftliche Unternehmungen, die für die Vergesellschaftung geeignet sind, können durch Gesetz nach den für die Enteignung geltenden Bestimmungen in Grundeigentum überführt werden.

(2) Auf Grund eines Gesetzes kann der Republik, den Ländern, den Kreisen oder Gemeinden durch Beteiligung an der Verwaltung oder in anderer Weise ein bestimmender Einfluß auf Unternehmungen oder Verbände gesichert werden.

(3) Durch Gesetz können wirtschaftliche Unternehmungen und Verbände auf der Grundlage der Selbstverwaltung zusammengeschlossen werden, um die Mitwirkung aller schaffenden Volksteile zu sichern, Arbeiter und Unternehmer an der Verwaltung zu beteiligen und Erzeugung, Herstellung, Verteilung, Verwendung, Preisgestaltung sowie Ein- und Ausfuhr der Wirtschaftsgüter nach gemeinwirtschaftlichen Grundsätzen zu regeln.

(4) Die Konsum-, Erwerbs- und Wirtschaftsgenossenschaften sowie die landwirtschaftlichen Genossenschaften und deren Vereinigungen sind unter Berücksichtigung ihrer Verfassung und Eigenart in die Gemeinwirtschaft einzugliedern.

Art. 28 [Verfügung über Volkseigentum] (1) Die Veräußerung und Belastung von Grundbesitz, Produktionsstätten und Beteiligungen, die sich im Eigentum des Volkes befinden, bedürfen der Zustimmung der für ihren Rechtsträger zuständigen Volksvertretung. Diese Zustimmung kann nur mit zwei Dritteln der gesetzl. Mitgliederzahl erteilt werden.

Art. 29 [Besteuerung] (1) Das Vermögen und das Einkommen werden progressiv nach sozialen Gesichtspunkten unter besonderer Berücksichtigung der familiären Lasten besteuert.

(2) Bei der Besteuerung ist auf erarbeitetes Vermögen und Einkommen besonders Rücksicht zu nehmen.

III. Familie und Mutterschaft

Art. 30 [Ehe und Familie] (1) Ehe und Familie bilden die Grundlage des Gemeinschaftslebens. Sie stehen unter dem Schutz des Staates.

(2) Gesetze und Bestimmungen, die die Gleichberechtigung von Mann und Frau in der Familie beeinträchtigen, sind aufgehoben.

Art. 31 [Erziehung der Kinder] (1) Die Erziehung der Kinder zu geistig und körperlich tüchtigen Menschen im Geiste der Demokratie ist das natürliche Recht der Eltern und deren oberste Pflicht gegenüber der Gesellschaft.

Art. 32 [Mutterschutz] (1) Die Frau hat während der Mutterschaft Anspruch auf besonderen Schutz und Fürsorge des Staates.

(2) Die Republik erläßt ein Mutterschutzgesetz. Einrichtungen zum Schutz für Mutter und Kind sind zu schaffen.

Art. 33 [Uneheliche Kinder] (1) Außereheliche Geburt darf weder dem Kinde noch seinen Eltern zum Nachteil gereichen.

(2) Entgegenstehende Gesetze und Bestimmungen sind aufgehoben.

IV. Erziehung und Bildung

Art. 34 [Freiheit von Kunst und Wissenschaft] (1) Die Kunst, die Wissenschaft und ihre Lehre sind frei.

(2) Der Staat nimmt an ihrer Pflege teil und gewährt ihnen Schutz, insbesondere gegen den Mißbrauch für Zwecke, die den Bestimmungen und dem Geist der Verfassung widersprechen.

Art. 35 [Recht auf Bildung, Berufsfreiheit] (1) Jeder Bürger hat das gleiche Recht auf Bildung und auf freie Wahl seines Berufes.

(2) Die Bildung der Jugend sowie die geistige und fachliche Weiterbildung der Bürger werden auf allen Gebieten des staatlichen und gesellschaftlichen Lebens durch die öffentlichen Einrichtungen gesichert.

Art. 36 [Schulwesen] (1) Die Einrichtung des öffentlichen Schulwesens und die Durchführung des Schulunterrichts obliegen den Ländern. Die Republik erläßt hierzu einheitliche gesetzliche Grundbestimmungen. Die Republik kann selbst öffentliche Schuleinrichtungen schaffen.

(2) Für die Ausbildung der Lehrer erläßt die Republik einheitliche Bestimmungen. Die Ausbildung erfolgt an Universitäten oder an ihnen gleichgestellten Hochschulen.

Art. 37 [Aufgabe der Schule] (1) Die Schule erzieht die Jugend im Geiste der Verfassung zu selbständig denkenden, verantwortungsbewußt handelnden Menschen, die fähig und bereit sind, sich in das Leben der Gemeinschaft einzuordnen.

(2) Als Mittlerin der Kultur hat die Schule die Aufgabe, die Jugend im Geiste des friedlichen und freundschaftlichen Zusammenlebens der Völker und einer echten Demokratie zu wahrer Humanität zu erziehen.

(3) Die Eltern wirken bei der Schulerziehung ihrer Kinder durch Elternbeiräte mit.

Art. 38 [Schulpflicht] (1) Allgemeine Schulpflicht besteht bis zum vollendeten 18. Lebensjahr. Nach Beendigung der für alle Kinder obligatorischen Grundschule erfolgt die Weiterbildung in der Berufsschule oder Fachschule, in der Oberschule und anderen öffentlichen

Bildungseinrichtungen. Der Besuch der Berufsschule ist Pflicht aller Jugendlichen bis zum vollendeten 18. Lebensjahre, wenn sie keine andere Schule besuchen. Privatschulen als Ersatz für öffentliche Schulen sind unzulässig.

(2) Die Berufs- und Fachschulen dienen der allgemeinen und beruflichen Weiterbildung.

(3) Die Oberschule bereitet für die Hochschule vor. Der Weg zur Hochschule führt jedoch nicht nur über die Oberschule, sondern auch über andere öffentliche Bildungsanstalten, die zu diesem Zweck auszubauen oder zu schaffen sind.

(4) Allen Bürgern ist durch Vorstudienanstalten der Besuch der Hochschule zu ermöglichen.

(5) Den Angehörigen aller Schichten des Volkes wird die Möglichkeit gegeben, ohne Unterbrechung ihrer Berufstätigkeit Kenntnisse in Volkshochschulen zu erwerben.

Art. 39 [Gleiche Bildungschancen] (1) Jedem Kind muß die Möglichkeit zur allseitigen Entfaltung seiner körperlichen, geistigen und sittlichen Kräfte gegeben werden. Der Bildungsgang der Jugend darf nicht abhängig sein von der sozialen und wirtschaftlichen Lage des Elternhauses. Vielmehr ist Kindern, die durch soziale Verhältnisse benachteiligt sind, besondere Aufmerksamkeit zuzuwenden. Der Besuch der Fachschule, der Oberschule und der Hochschule ist Begabten aus allen Schichten des Volkes zu ermöglichen.

(2) Es besteht Schulgeldfreiheit. Die Lernmittel an den Pflichtschulen sind unentgeltlich. Der Besuch der Fachschule, Oberschule und Hochschule wird im Bedarfsfalle durch Unterhaltsbeihilfen und andere Maßnahmen gefördert.

Art. 40 [Religionsunterricht] (1) Der Religionsunterricht ist Angelegenheit der Religionsgemeinschaften. Die Ausübung des Rechtes wird gewährleistet.

V. Religion und Religionsgemeinschaften

Art. 41 [Glaubens- und Gewissensfreiheit] (1) Jeder Bürger genießt volle Glaubens- und Gewissensfreiheit. Die ungestörte Religionsausübung steht unter dem Schutz der Republik.

(2) Einrichtungen von Religionsgemeinschaften, religiöse Handlun-

gen und der Religionsunterricht dürfen nicht für verfassungswidrige oder parteipolitische Zwecke mißbraucht werden. Jedoch bleibt das Recht der Religionsgemeinschaften, zu den Lebensfragen des Volkes von ihrem Standpunkt aus Stellung zu nehmen, unbestritten.

Art. 42 [Religion und private oder staatsbürgerliche Rechte]

(1) Private oder staatsbürgerliche Rechte und Pflichten werden durch die Religionsausübung weder bedingt noch beschränkt.

(2) Die Ausübung privater oder staatsbürgerlicher Rechte oder die Zulassung zum öffentlichen Dienst sind unabhängig von dem religiösen Bekenntnis.

(3) Niemand ist verpflichtet, seine religiöse Überzeugung zu offenbaren. Die Verwaltungsorgane haben nur insoweit das Recht, nach der Zugehörigkeit zu einer Religionsgemeinschaft zu fragen, als davon Rechte oder Pflichten abhängen oder eine gesetzlich angeordnete statistische Erhebung dies erfordert.

(4) Niemand darf zu einer kirchlichen Handlung oder Feierlichkeit oder zur Teilnahme an religiösen Übungen oder zur Benutzung einer religiösen Eidesformel gezwungen werden.

Art. 43 [Religionsgemeinschaften] (1) Es besteht keine Staatskirche. Die Freiheit der Vereinigung zu Religionsgemeinschaften wird gewährleistet.

(2) Jede Religionsgemeinschaft ordnet und verwaltet ihre Angelegenheiten selbständig nach Maßgabe der für alle geltenden Gesetze.

(3) Die Religionsgemeinschaften bleiben Körperschaften des öffentlichen Rechtes, soweit sie es bisher waren. Andere Religionsgemeinschaften erhalten auf ihren Antrag gleiche Rechte, wenn sie durch ihre Verfassung und die Zahl ihrer Mitglieder die Gewähr der Dauer bieten. Schließen sich mehrere derartige öffentlich-rechtliche Religionsgemeinschaften zu einem Verbande zusammen, so ist auch dieser Verband öffentlich-rechtliche Körperschaft.

(4) Die öffentlich-rechtlichen Religionsgemeinschaften sind berechtigt, von ihren Mitgliedern Steuern auf Grund der staatlichen Steuerlisten nach Maßgabe der allgemeinen Bestimmungen zu erheben.

(5) den Religionsgemeinschaften werden Vereinigungen gleichgestellt, die sich die gemeinschaftliche Pflege einer Weltanschauung zur Aufgabe machen.

Art. 44 [Erteilung von Religionsunterricht] (1) Das Recht der Kirche auf Erteilung von Religionsunterricht in den Räumen der Schule ist gewährleistet. Der Religionsunterricht wird von den durch die Kirche ausgewählten Kräften erteilt. Niemand darf gezwungen oder gehindert werden, Religionsunterricht zu erteilen. Über die Teilnahme am Religionsunterricht bestimmen die Erziehungsberechtigten.

Art. 45 [Öffentliche Leistungen, Eigentum] (1) Die auf Gesetz, Vertrag oder besonderen Rechtstiteln beruhenden öffentlichen Leistungen an die Religionsgemeinschaften werden durch Gesetz abgelöst.

(2) Das Eigentum sowie andere Rechte der Religionsgemeinschaften und religiösen Vereine an ihren für Kultus-, Unterrichts- und Wohltätigkeitszwecke bestimmten Anstalten, Stiftungen und sonstigen Vermögen werden gewährleistet.

Art. 46 [Seelsorge in Anstalten] (1) Soweit das Bedürfnis nach Gottesdienst und Seelsorge in Krankenhäusern, Strafanstalten oder anderen öffentlichen Anstalten besteht, sind die Religionsgesellschaften zur Vornahme religiöser Handlungen zugelassen. Niemand darf zur Teilnahme an solchen Handlungen gezwungen werden.

Art. 47 [Austritt] (1) Wer aus einer Religionsgemeinschaft öffentlichen Rechtes mit bürgerlicher Wirkung austreten will, hat den Austritt bei Gericht zu erklären oder als Einzelerklärung in öffentlich beglaubigter Form einzureichen.

Art. 48 [Religionsmündigkeit] (1) Die Entscheidung über die Zugehörigkeit von Kindern zu einer Religionsgesellschaft steht bis zu deren vollendetem vierzehnten Lebensjahr den Erziehungsberechtigten zu. Von da ab entscheidet das Kind selbst über seine Zugehörigkeit zu einer Religions- oder Weltanschauungsgemeinschaft.

VI. Wirksamkeit der Grundrechte

Art. 49 [Schranken für Grundrechtsbeschränkungen] (1) Soweit diese Verfassung die Beschränkung eines der vorstehenden Grundrechte durch Gesetz zuläßt oder die nähere Ausgestaltung einem Gesetz vorbehält, muß das Grundrecht als solches unangetastet bleiben.

C. Aufbau der Staatsgewalt

I. Volksvertretung der Republik

Art. 50 [Vorrang der Volkskammer] (1) Höchstes Organ der Republik ist die Volkskammer.

Art. 51 [Wahl und Stellung der Abgeordneten] (1) Die Volkskammer besteht aus den Abgeordneten des deutschen Volkes.

(2) Die Abgeordneten werden in allgemeiner, gleicher, unmittelbarer und geheimer Wahl nach den Grundsätzen des Verhältniswahlrechtes auf die Dauer von vier Jahren gewählt.

(3) Die Abgeordneten sind Vertreter des ganzen Volkes. Sie sind nur ihrem Gewissen unterworfen und an Aufträge nicht gebunden.

Art. 52 [Wahlberechtigung, Wählbarkeit] (1) Wahlberechtigt sind alle Bürger, die das 18. Lebensjahr vollendet haben.

(2) Wählbar ist jeder Bürger, der das 21. Lebensjahr vollendet hat.

(3) Die Volkskammer besteht aus 400 Abgeordneten. Das Nähere bestimmt ein Wahlgesetz.

Art. 53 [Wahlvorschläge] (1) Wahlvorschläge zur Volkskammer können nur von solchen Vereinigungen eingereicht werden, die den Voraussetzungen des Artikels 13 Abs. 2 entsprechen.

(2) Näheres wird durch ein Gesetz der Republik bestimmt.

Art. 54 [Wahlfreiheit, Wahlgeheimnis] (1) Die Wahl findet an einem Sonntag oder gesetzlichen Feiertag statt. Wahlfreiheit und Wahlgeheimnis werden gewährleistet.

Art. 55 [Einberufung der Volkskammer][2] (1) Die Volkskammer tritt spätetens am 30. Tage nach der Wahl zusammen, falls sie nicht vom bisherigen Präsidium früher einberufen wird.

(2) Der Präsident muß die Volkskammer einberufen, wenn die Regierung oder mindestens ein Fünftel der Abgeordneten der Volkskammer es verlangen.

---

2 Absatz 1 wurde nach dem Wort „zusammen" gestrichen durch das Gesetz über die Bildung des Staatsrates vom 12. 9. 1960 (GBl. I S. 505).

Art. 56 [Neuwahl, Auflösung] (1) Spätestens am 60. Tage nach Ablauf der Wahlperiode oder am 45. Tage nach Auflösung der Volkskammer muß deren Neuwahl stattfinden.

(2) Vor Ablauf der Wahlperiode findet eine Auflösung der Volkskammer, abgesehen von dem Fall des Artikels 95 Abs. 6, nur durch eigenen Beschluß oder Volksentscheid statt.

(3) Die Auflösung der Volkskammer durch eigenen Beschluß bedarf der Zustimmung von mehr als der Hälfte der gesetzlichen Zahl der Abgeordneten.

Art. 57 [Präsidium, Geschäftsordnung] (1) Die Volkskammer wählt bei ihrem ersten Zusammentritt das Präsidium und gibt sich eine Geschäftsordnung.

(2) In dem Präsidium ist jede Fraktion vertreten, soweit sie mindestens 40 Mitglieder hat.

(3) Das Präsidium besteht aus dem Präsidenten, seinen Stellvertretern und den Beisitzern.

(4) Der Präsident führt die Geschäfte des Präsidiums und leitet die Verhandlungen der Volkskammer. Er übt das Hausrecht in der Volkskammer aus.

Art. 58 [Beschlüsse des Präsidiums][3] (1) Die Beschlüsse des Präsidiums werden mit Stimmenmehrheit gefaßt.

(2) Das Präsidium ist beschlußfähig, wenn mindestens die Hälfte seiner Mitglieder anwesend ist.

(3) Auf Beschluß des Präsidiums beruft der geschäftsführende Präsident die Volkskammer ein; er beraumt den Termin für Neuwahlen an.

(4) Das Präsidium führt seine Geschäfte fort bis zum Zusammentritt der neuen Volkskammer.

Art. 59 [Wahlprüfung] (1) Die Volkskammer prüft das Recht der Mitgliedschaft und entscheidet über die Gültigkeit der Wahlen.

Art. 60 [Ständige Ausschüsse] (1) Die Volkskammer bestellt für die Zeit, in der sie nicht versammelt ist, und nach Beendigung einer Wahlperiode oder nach der Auflösung der Volkskammer drei ständige Ausschüsse zur Wahrnehmung ihrer Aufgaben, und zwar:

einen Ausschuß für allgemeine Angelegenheiten,
einen Ausschuß für Wirtschafts- und Finanzfragen,

---

3 Absatz 3 wurde nach dem Wort „ein" gestrichen durch Gesetz vom 12. 9. 1960, a. a. O.

einen Ausschuß für auswärtige Angelegenheiten.

(2) Diese Ausschüsse haben die Rechte von Untersuchungsausschüssen.

Art. 61 [Beschlußfassung] (1) Die Volkskammer faßt ihre Beschlüsse mit Stimmenmehrheit, soweit nicht in dieser Verfassung etwas anderes bestimmt ist.

(2) Sie ist beschlußfähig, wenn mehr als die Hälfte ihrer Mitglieder anwesend ist.

Art. 62 [Öffentliche Sitzungen] (1) Die Verhandlungen der Volkskammer und ihrer Ausschüsse sind öffentlich. Ein Ausschluß der Öffentlichkeit findet in der Volkskammer auf Verlangen von zwei Dritteln der anwesenden Abgeordneten statt; in den Ausschüssen ist die Mehrheit der Mitglieder notwendig.

(2) Für wahrheitsgetreue Berichte über öffentliche Sitzungen der Volkskammer oder ihrer Ausschüsse kann niemand zur Verantwortung gezogen werden.

Art. 63 [Zuständigkeit] (1) Zur Zuständigkeit der Volkskammer gehören:

die Bestimmung der Grundsätze der Regierungspolitik und ihrer Durchführung;

die Bestätigung, Überwachung und Abberufung der Regierung;

die Bestimmung der Grundsätze der Verwaltung und die Überwachung der gesamten Tätigkeit des Staates;

das Recht zur Gesetzgebung, soweit nicht ein Volksentscheid stattfindet;

die Beschlußfassung über den Staatshaushalt, den Wirtschaftsplan, Anleihen und Staatskredite der Republik und die Zustimmung zu Staatsverträgen; der Erlaß von Amnestien;

die Wahl des Präsidenten[4] der Republik gemeinsam mit der Länderkammer[5];

die Wahl der Mitglieder des Obersten Gerichtshofes der Republik und des Obersten Staatsanwaltes der Republik sowie deren Abberufung.

Art. 64 [Anhörung von Regierungsvertretern] (1) Die Volkskammer und jeder ihrer Ausschüsse können die Anwesenheit des Minister-

4 Das Wort „Präsidenten" wurde durch das Wort „Staatsrates" mit Gesetz vom 12. 9. 1960, a. a. O., ersetzt.

5 Die Worte „gemeinsam mit der Länderkammer" wurden gestrichen durch das Gesetz über die Auflösung der Länderkammer vom 8. 12. 1958 (GBl. I S. 867).

präsidenten, jedes Ministers, ihrer ständigen Vertreter und der Leiter der Verwaltungen der Republik zum Zwecke der Erteilung von Auskünften verlangen. Die Mitglieder der Regierung und die von ihnen bestellten Beauftragten haben zu den Sitzungen der Volkskammer und ihrer Ausschüsse jederzeit Zutritt.

(2) Auf ihr Verlangen müssen die Regierungsvertreter während der Beratung auch außerhalb der Tagesordnung gehört werden.

(3) Sie unterstehen der Ordnungsgewalt des Präsidenten.

Art. 65 [Untersuchungsausschüsse] (1) Zur Überwachung der Tätigkeit der Staatsorgane hat die Volkskammer das Recht und auf Antrag von einem Fünftel der gesetzlichen Zahl der Abgeordneten die Pflicht, Untersuchungsausschüsse einzusetzen. Diese Ausschüsse erheben die Beweise, die sie oder die Antragsteller für erforderlich halten. Sie können zu diesem Zweck Beauftragte entsenden.

(2) Die Gerichte und die Verwaltungen sind verpflichtet, dem Ersuchen dieser Ausschüsse oder ihrer Beauftragten um Beweiserhebungen Folge zu leisten und ihre Akten auf Verlangen zur Einsichtnahme vorzulegen.

(3) Für die Beweiserhebungen der Untersuchungsausschüsse finden die Vorschriften der Strafprozeßordnung entsprechende Anwendung.

Art. 66 [Verfassungsausschuß] (1) Die Volkskammer bildet für die Dauer der Wahlperiode einen Verfassungsausschuß, in dem alle Fraktionen entsprechend ihrer Stärke vertreten sind. Dem Verfassungsausschuß gehören ferner drei Mitglieder des Obersten Gerichtshofes der Republik sowie drei deutsche Staatsrechtslehrer an, die nicht Mitglieder der Volkskammer sein dürfen.

(2) Die Mitglieder des Verfassungsausschusses werden von der Volkskammer gewählt.

(3) Der Verfassungsausschuß prüft die Verfassungsmäßigkeit von Gesetzen der Republik.

(4) Zweifel an der Verfassungsmäßigkeit von Gesetzen der Republik können nur von mindestens einem Drittel der Mitglieder der Volkskammer, von deren Präsidium, von dem Präsidenten[6] der Republik, von der Regierung der Republik, sowie von der Länderkammer[7] geltend gemacht werden.

---

6 Das Wort „Präsidenten“ wurde durch das Wort „Staatsrat“ mit Gesetz vom 12. 9. 1960, a. a. O., ersetzt.

7 Die Worte „sowie von der Länderkammer“ wurden gestrichen durch Gesetz vom 8. 12. 1958, a. a. O.

(5) Verfassungsstreitigkeiten zwischen der Republik und den Ländern sowie die Vereinbarkeit von Landesgesetzen mit den Gesetzen der Republik prüft der Verfassungsausschuß unter Hinzuziehung von drei gewählten Vertretern der Länderkammer.[8]

(6) Über das Gutachten des Verfassungsausschusses entscheidet die Volkskammer. Ihre Entscheidung ist für jedermann verbindlich.

(7) Die Volkskammer beschließt auch über den Vollzug ihrer Entscheidung.

(8) Die Feststellung der Verfassungswidrigkeit von Regierungs- und Verwaltungsmaßnahmen ist Aufgabe der Volkskammer in Durchführung der ihr übertragenen Verwaltungskontrolle.

Art. 67 [Indemnität, Immunität] (1) Kein Abgeordneter der Volkskammer darf zu irgendeiner Zeit wegen seiner Abstimmung oder wegen der in Ausübung seiner Abgeordnetentätigkeit getanen Äußerungen gerichtlich oder dienstlich verfolgt oder sonst außerhalb der Versammlung zur Verantwortung gezogen werden. Dies gilt nicht für Verleumdungen im Sinne des Strafgesetzbuches, wenn sie als solche von einem Untersuchungsausschuß der Volkskammer festgestellt worden sind.

(2) Beschränkungen der persönlichen Freiheit, Hausdurchsuchungen, Beschlagnahmungen oder Strafverfolgungen sind gegen Abgeordnete nur mit Einwilligung der Volkskammer zulässig.

(3) Jedes Strafverfahren gegen einen Abgeordneten der Volkskammer und jede Haft oder sonstige Beschränkung seiner persönlichen Freiheit wird auf Verlangen des Hauses, dem der Abgeordnete angehört, für die Dauer der Sitzungsperiode aufgehoben.

(4) Die Abgeordneten der Volkskammer sind berechtigt, über Personen, die ihnen in ihrer Eigenschaft als Abgeordnete Tatsachen anvertrauen oder denen sie in Ausübung ihres Abgeordnetenberufes solche Tatsachen anvertraut haben, sowie über diese Tatsachen selbst die Aussage zu verweigern. Auch wegen der Beschlagnahme von Schriftstücken stehen sie den Personen gleich, die ein gesetzliches Zeugnisverweigerungsrecht haben.

(5) Eine Untersuchung oder Beschlagnahme darf in den Räumen der Volkskammer nur mit Zustimmung des Präsidiums vorgenommen werden.

---

8 Absatz 5 nach dem Wort „Verfassungsausschuß" wurde gestrichen durch Gesetz vom 8. 12. 1958, a. a. O.

Art. 68 [Urlaub für Wahlen, Gehaltsweiterzahlung] (1) Abgeordnete der Volkskammer bedürfen zur Ausübung ihrer Tätigkeit keines Urlaubs.

(2) Bewerbern um einen Sitz in der Volkskammer ist der zur Vorbereitung der Wahl erforderliche Urlaub zu gewähren.

(3) Gehalt und Lohn sind weiterzuzahlen.

Art. 69 [Aufwandsentschädigung] (1) Die Abgeordneten der Volkskammer erhalten eine steuerfreie Aufwandsentschädigung.

(2) Ein Verzicht auf die Aufwandsentschädigung ist unzulässig.

(3) Der Anspruch auf Aufwandsentschädigung ist nicht übertragbar und nicht pfändbar.

Art. 70 [Freie Benutzung der Verkehrsmittel] (1) Die Abgeordneten der Volkskammer haben das Recht zur freien Fahrt auf allen öffentlichen Verkehrsmitteln.

II. Vertretung der Länder[9]

Art. 71 [Länderkammer] (1) Zur Vertretung der deutschen Länder wird eine Länderkammer gebildet. In der Länderkammer hat jedes Land für je 500 000 Einwohner einen Abgeordneten. Jedes Land hat mindestens einen Abgeordneten.

Art. 72 [Wahl der Abgeordneten, Willensbildung] (1) Die Abgeordneten der Länderkammer werden von den Landtagen im Verhältnis der Stärke der Fraktionen auf die Dauer der Wahlperiode des Landtages gewählt. Die Abgeordneten der Länderkammer sollen in der Regel Mitglieder des Landtages sein.

(2) Die Landtage stellen den Willen des Landes zu den in der Länderkammer zu erörternden Angelegenheiten fest. Die Bestimmungen der Länderverfassungen über die Gewissensfreiheit der Abgeordneten bleiben hierdurch unberührt.

Art. 73 [Präsidium, Geschäftsordnung] (1) Die Länderkammer wählt ihr Präsidium und gibt sich eine Geschäftsordnung. Das Präsidium besteht aus dem Präsidenten, seinen Stellvertretern und den Beisitzern.

---

9 Abschnitt II (Art. 71–80) wurde aufgehoben durch Gesetz vom 8. 12. 1958, a. a. O.

Art. 74 [Einberufung] (1) Die Länderkammer wird von dem Präsidenten einberufen, sobald dies zur Erledigung ihrer Aufgaben erforderlich ist.

(2) Die Länderkammer wird fernerhin einberufen, wenn ein Fünftel ihrer Mitglieder es verlangt.

Art. 75 [Öffentliche Sitzungen] (1) Die Sitzungen der Länderkammer sind öffentlich. Nach Maßgabe der Geschäftsordnung kann die Öffentlichkeit für einzelne Beratungsgegenstände ausgeschlossen werden.

Art. 76 [Abstimmung] (1) Bei der Abstimmung in der Länderkammer entscheidet die einfache Stimmenmehrheit, soweit nicht diese Verfassung andere Bestimmungen enthält.

Art. 77 [Ausschüsse] (1) Die Länderkammer kann die erforderlichen Ausschüsse nach Maßgabe der Geschäftsordnung bilden.

Art. 78 [Einbringen von Gesetzesvorlagen, Einspruchsrecht]

(1) Die Länderkammer hat das Recht, Gesetzesvorlagen bei der Volkskammer einzubringen. Sie hat ein Einspruchsrecht bei der Gesetzgebung nach Maßgabe des Artikels 84 der Verfassung.

Art. 79 [Anhörung von Regierungsvertretern und Abgeordneten] (1) Die Mitglieder der Regierung der Republik und der Landesregierungen haben das Recht und auf Verlangen der Länderkammer die Pflicht, an den Verhandlungen der Länderkammer und ihrer Ausschüsse teilzunehmen. Sie müssen auf ihr Verlangen zu dem zur Verhandlung stehenden Gegenstand jederzeit gehört werden.

(2) Die Volkskammer kann bei besonderem Anlaß Abgeordnete aus ihrer Mitte beauftragen, die Meinung der Volkskammer in der Länderkammer darzulegen; das gleiche Recht steht der Länderkammer zur Darlegung ihrer Meinung in der Volkskammer zu. Die Länderkammer kann gegebenenfalls Mitglieder der Landesregierungen beauftragen, den Standpunkt ihrer Regierung in der Volkskammer darzulegen.

Art. 80 [Indemnität, Immunität] (1) Die Artikel 67ff. dieser Verfassung über die Rechte der Abgeordneten der Volkskammer gelten entsprechend für die Abgeordneten der Länderkammer.

III. Gesetzgebung

Art. 81 [Gesetzesbeschlüsse] (1) Die Gesetze werden von der Volkskammer oder unmittelbar vom Volke durch Volksentscheid beschlossen.

Art. 82 [Gesetzesinitiative] (1) Die Gesetzesvorlagen werden von der Regierung, von der Länderkammer[10] oder aus der Mitte der Volkskammer eingebracht. Über die Gesetzentwürfe finden mindestens zwei Lesungen statt.

Art. 83 [Verfassungsänderung] (1) Die Verfassung kann im Wege der Gesetzgebung geändert werden.

(2) Beschlüsse der Volkskammer auf Abänderung der Verfassung kommen nur zustande, wenn zwei Drittel der Abgeordneten anwesend sind und wenn wenigstens zwei Drittel der anwesenden Abgeordneten zustimmen.

(3) Soll durch Volksentscheid eine Verfassungsänderung beschlossen werden, so ist die Zustimmung der Mehrheit der Stimmberechtigten erforderlich.

Art. 84 [Einspruch der Länderkammer][11] (1) Gegen Gesetzesbeschlüsse der Volkskammer steht der Länderkammer ein Einspruchsrecht zu. Der Einspruch muß innerhalb von zwei Wochen nach der Schlußabstimmung in der Volkskammer eingebracht und spätestens innerhalb zweier weiterer Wochen mit Gründen versehen werden. Anderenfalls wird angenommen, daß die Länderkammer von ihrem Einspruchsrecht keinen Gebrauch macht.

(2) Der Einspruch wird hinfällig, wenn die Volkskammer ihren Beschluß nach erneuter Beratung aufrechterhält.

(3) Wurde der Einspruch der Länderkammer mit einer Mehrheit von zwei Dritteln der abstimmenden Abgeordneten beschlossen, so wird er nur dann hinfällig, wenn die Volkskammer ihren Beschluß mit einer Mehrheit von zwei Dritteln der abstimmenden Abgeordneten aufrechterhält.

(4) Richtet sich der Einspruch der Länderkammer gegen einen

---

10 Die Worte „von der Länderkammer" wurden gestrichen durch Gesetz vom 8.12. 1958, a.a.O.

11 Art. 84 wurde aufgehoben durch Gesetz vom 8.12. 1958, a.a.O.

verfassungsändernden Gesetzesbeschluß der Volkskammer, so bedarf die Beschlußfassung über den Einspruch in der Länderkammer bei Anwesenheit von mindestens zwei Dritteln der Abgeordneten einer Mehrheit von zwei Dritteln der Abstimmenden.

(5) Der Einspruch wird hinfällig, wenn die Volkskammer ihren Beschluß mit der für Verfassungsänderungen vorgeschriebenen Mehrheit ihrer Abgeordneten aufrechterhält.

Art. 85 [Ausfertigung, Verkündung, Inkrafttreten] (1) Der Präsident der Volkskammer hat die verfassungsmäßig zustande gekommenen Gesetze innerhalb eines Monats auszufertigen. Sie werden vom Präsidenten[12] der Republik unverzüglich im Gesetzblatt der Republik verkündet.

(2) Die Ausfertigung und Verkündung findet nicht statt, wenn innerhalb Monatsfrist die Verfassungswidrigkeit des Gesetzes gemäß Artikel 66 festgestellt worden ist.

(3) Gesetze treten, soweit sie nichts anderes bestimmen, am 14. Tage nach der Verkündung in Kraft.

Art. 86 [Aussetzung der Ausfertigung] (1) Die Ausfertigung und Verkündung eines Gesetzes ist um zwei Monate auszusetzen, wenn es ein Drittel der Abgeordneten der Volkskammer verlangt.

(2) Das Gesetz ist nach Ablauf dieser Frist auszufertigen und zu verkünden, falls nicht ein Volksbegehren auf Volksentscheid gegen den Erlaß des Gesetzes durchgeführt ist.

(3) Gesetze, die die Mehrheit der Mitglieder der Volkskammer für dringlich erklärt, müssen ungeachtet dieses Verlangens ausgefertigt und verkündet werden.

Art. 87 [Volksentscheid, Volksbegehren] (1) Ein Gesetz, dessen Verkündung auf Antrag von mindestens einem Drittel der Abgeordneten der Volkskammer ausgesetzt ist, ist dem Volksentscheid zu unterbreiten, wenn ein Zwanzigstel der Stimmberechtigten es beantragt.

(2) Ein Volksentscheid ist ferner herbeizuführen, wenn ein Zehntel der Stimmberechtigten oder wenn anerkannte Parteien oder Massenorganisationen, die glaubhaft machen, daß sie ein Fünftel der Stimmberechtigten vertreten, es beantragen (Volksbegehren).

(3) Dem Volksbegehren ist ein Gesetzentwurf zugrunde zu legen. Er

---

12 Das Wort „Präsidenten" wurde durch das Wort „Staatsrat" mit Gesetz vom 12. 9. 1960, a. a. O., ersetzt.

ist von der Regierung unter Darlegung ihrer Stellungnahme der Volkskammer zu unterbreiten.

(4) Der Volksentscheid findet nur statt, wenn das begehrte Gesetz nicht in der Volkskammer in einer Fassung angenommen wird, mit der die Antragsteller oder ihre Vertretungen einverstanden sind.

(5) Über den Haushaltsplan, über die Abgabengesetze und die Besoldungsordnungen findet kein Volksentscheid statt.

(6) Das dem Volksentscheid unterbreitete Gesetz ist angenommen, wenn die Mehrheit der Abstimmenden zugestimmt hat.

(7) Das Verfahren beim Volksbegehren und Volksentscheid regelt ein besonderes Gesetz.

Art. 88 [Haushaltsplan, Wirtschaftsplan, Staatsverträge] (1) Der Haushaltsplan und der Wirtschaftsplan werden durch Gesetz beschlossen.

(2) Amnestien bedürfen eines Gesetzes.

(3) Staatsverträge, die sich auf Gegenstände der Gesetzgebung beziehen, sind wie Gesetze zu verkünden.

Art. 89 [Keine richterliche Prüfung der Verfassungsmäßigkeit]

(1) Ordnungsgemäß verkündete Gesetze sind von den Richtern auf ihre Verfassungsmäßigkeit nicht zu prüfen.

(2) Nach Einleitung des in Artikel 66 vorgesehenen Prüfungsverfahrens sind bis zu dessen Erledigung anhängige gerichtliche Verfahren auszusetzen.

Art. 90 [Verwaltungsvorschriften] (1) Die zur Ausführung der Gesetze der Republik erforderlichen allgemeinen Verwaltungsvorschriften werden, soweit die Gesetze nichts anderes bestimmen, von der Regierung der Republik erlassen.

IV. Regierung der Republik

Art. 91 [Zusammensetzung] (1) Die Regierung der Republik besteht aus dem Ministerpräsidenten und den Ministern.

Art. 92 [Regierungsbildung] (1) Die stärkste Fraktion der Volkskammer benennt den Ministerpräsidenten; er bildet die Regierung. Alle Fraktionen, soweit sie mindestens 40 Mitglieder haben, sind im Verhältnis ihrer Stärke durch Minister oder Staatssekretäre vertreten. Staatssekretäre nehmen mit beratender Stimme an den Sitzungen der Regierung teil.

(2) Schließt sich eine Fraktion aus, so findet die Regierungsbildung ohne sie statt.

(3) Die Minister sollen Abgeordnete der Volkskammer sein.

(4) Die Volkskammer bestätigt die Regierung und billigt das von ihr vorgelegte Programm.

Art. 93 [Eid] (1) Die Mitglieder der Regierung werden bei ihrem Amtsantritt vom Präsidenten[13] der Republik eidlich verpflichtet, ihre Geschäfte unparteiisch zum Wohle des Volkes und getreu der Verfassung und den Gesetzen zu führen.

Art. 94 [Verantwortlichkeit] (1) Die Regierung sowie jedes ihrer Mitglieder bedürfen zur Geschäftsführung des Vertrauens der Volkskammer.

Art. 95 [Mißtrauensantrag] (1) Die Tätigkeit der Regierung in ihrer Gesamtheit endet mit der Annahme eines Mißtrauensantrages durch die Volkskammer.

(2) Der Mißtrauensantrag kommt nur zur Abstimmung, wenn gleichzeitig mit ihm der neue Ministerpräsident und die von ihm zu befolgenden Grundsätze der Politik vorgeschlagen werden. Über den Mißtrauensantrag und diese Vorschläge wird in ein und derselben Abstimmungshandlung entschieden.

(3) Der Beschluß auf Entziehung des Vertrauens ist nur wirksam, wenn ihm mindestens die Hälfte der gesetzlichen Mitgliederzahl der Abgeordneten zustimmt.

(4) Der Antrag auf Herbeiführung eines solchen Beschlusses muß von mindestens einem Viertel der Mitglieder der Volkskammer unterzeichnet sein. Über den Antrag darf frühestens am zweiten Tage nach seiner Verhandlung abgestimmt werden. Der Antrag muß innerhalb einer Woche nach seiner Einbringung erledigt werden.

(5) Tritt die neue Regierung ihr Amt nicht innerhalb von 21 Tagen nach Annahme des Mißtrauensantrages an, so wird der Mißtrauensantrag unwirksam.

(6) Wird der neuen Regierung das Mißtrauen ausgesprochen, so gilt die Volkskammer als aufgelöst.

---

13 Das Wort „Präsidenten" wurde durch die Worte „Vorsitzenden des Staatsrates" mit Gesetz vom 12. 9. 1960, a. a. O., ersetzt.

(7) Bis zum Amtsantritt einer neuen Regierung werden die Geschäfte von der bisherigen Regierung weitergeführt.

Art. 96 [Rücktritt von Regierungsmitgliedern] (1) Ein Regierungsmitglied, dem durch Beschluß der Volkskammer das Vertrauen entzogen wird, muß zurücktreten. Die Geschäfte sind bis zum Amtsantritt des Nachfolgers fortzuführen, sofern nicht die Volkskammer etwas anderes beschließt.

(2) Die Bestimmungen des Artikels 95 Abs. 3 finden entsprechende Anwendung.

(3) Jedes Regierungsmitglied kann jederzeit den Rücktritt erklären. Sein Geschäftsbereich wird bis zur Bestellung des Nachfolgers von seinem Stellvertreter wahrgenommen, es sei denn, daß die Volkskammer etwas anderes beschließt.

Art. 97 [Vorsitz, Geschäftsordnung] (1) Der Ministerpräsident führt den Vorsitz in der Regierung und leitet ihre Geschäfte nach einer Geschäftsordnung, die von der Regierung zu beschließen und der Volkskammer mitzuteilen ist.

Art. 98 [Richtlinienkompetenz] (1) Der Ministerpräsident bestimmt die Richtlinien der Regierungspolitik nach Maßgabe der von der Volkskammer aufgestellten Grundsätze. Er ist dafür der Volkskammer verantwortlich.

(2) Innerhalb dieser Richtlinien leitet jeder Minister den ihm anvertrauten Geschäftszweig selbständig unter eigener Verantwortung gegenüber der Volkskammer.

Art. 99 [Gegenstand von Beratung und Beschlußfassung] (1) Die Minister haben der Regierung alle Gesetzentwürfe, ferner Angelegenheiten, für welche die Verfassung oder das Gesetz es vorschreiben, sowie Meinungsverschiedenheiten über Fragen, die den Geschäftsbereich mehrerer Minister berühren, zur Beratung und Beschlußfassung zu unterbreiten.

Art. 100 [Beschlußfassung] (1) Die Regierung faßt ihre Beschlüsse mit Stimmenmehrheit. Bei Stimmengleichheit entscheidet die Stimme des Vorsitzenden.

V. Präsident der Republik[14]

Art. 101 [Wahl] (1) Der Präsident der Republik wird in gemeinsamer Sitzung von Volkskammer und Länderkammer[15] auf die Dauer von vier Jahren gewählt. Die gemeinsame Sitzung wird vom Präsidenten der Volkskammer einberufen und geleitet.

(2) Wählbar ist jeder Bürger nach Vollendung des 35. Lebensjahres.

Art. 102 [Eid] (1) Der Präsident der Republik leistet bei seinem Amtsantritt in gemeinsamer Sitzung der Volkskammer und der Länderkammer[15] folgenden Eid:

„Ich schwöre, daß ich meine Kraft dem Wohle des deutschen Volkes widmen, die Verfassung und die Gesetze der Republik wahren, meine Pflichten gewissenhaft erfüllen und Gerechtigkeit gegen jedermann üben werde."

---

14 Abschnitt V (Art. 101–108) wurde aufgehoben durch Gesetz vom 12. 9. 1960, a. a. O., und ersetzt durch:

„V. Staatsrat der Republik

Art. 101 [Wahl] Der Staatsrat der Republik wird von der Volkskammer auf die Dauer von vier Jahren gewählt.

Nach Ablauf der Wahlperiode setzt der Staatsrat seine Tätigkeit bis zur Wahl des neuen Staatsrates durch die Volkskammer fort.

Art. 102 [Zusammensetzung] Der Staatsrat der Republik besteht aus dem Vorsitzenden, sechs Stellvertretern, 16 Mitgliedern und dem Sekretär.

Der Vorsitzende leitet die Arbeit des Staatsrates.

Art. 103 [Eid] Der Vorsitzende, die Stellvertreter des Vorsitzenden, die Mitglieder und der Sekretär des Staatsrates der Republik leisten bei ihrem Amtsantritt der Volkskammer folgenden Eid:

‚Ich schwöre, daß ich meine Kraft dem Wohle des deutschen Volkes widmen, die Verfassung und die Gesetze der Deutschen Demokratischen Republik wahren, meine Pflichten gewissenhaft erfüllen und Gerechtigkeit gegen jedermann üben werde.'

Art. 104 [Verantwortlichkeit] Der Staatsrat der Republik ist der Volkskammer rechenschaftspflichtig.

Der Staatsrat der Republik verkündet die Gesetze der Republik.

Die Unterzeichnung erfolgt durch den Vorsitzenden des Staatsrates.

Art. 105 [Verpflichtung der Regierungsmitglieder] Der Vorsitzende des Staatsrates der Republik verpflichtet die Regierungsmitglieder bei ihrem Amtsantritt.

Art. 106 [Zuständigkeit] Der Staatsrat der Republik

schreibt die Wahlen zur Volkskammer aus und beruft die erste Tagung der Volkskammer nach der Neuwahl ein;

kann eine allgemeine Volksbefragung vornehmen;

ratifiziert und kündigt internationale Verträge der Deutschen Demokratischen Republik;

Art. 103 [Abberufung] (1) Der Präsident der Republik kann durch gemeinsamen Beschluß der Volkskammer und Länderkammer[15] abberufen werden. Der Beschluß bedarf einer Mehrheit von zwei Dritteln der gesetzlichen Zahl der Abgeordneten.

Art. 104 [Verkündung von Gesetzen, Verpflichtung der Regierungsmitglieder] (1) Der Präsident der Republik verkündet die Gesetze der Republik.

(2) Er verpflichtet die Regierungsmitglieder bei ihrem Amtsantritt.

Art. 105 [Völkerrechtliche Verfügungsmacht] (1) Der Präsident der Republik vertritt die Republik völkerrechtlich.

(2) Er schließt im Namen der Republik Staatsverträge mit auswärtigen Mächten ab und unterzeichnet sie.

(3) Er beglaubigt und empfängt die Botschafter und Gesandten.

Art. 106 [Erfordernis der Gegenzeichnung] (1) Alle Anordnungen und Verfügungen des Präsidenten der Republik bedürfen zu ihrer

---

ernennt die bevollmächtigten Vertreter der Deutschen Demokratischen Republik in anderen Staaten und beruft sie ab;
nimmt Beglaubigungs- und Abberufungsschreiben der bei ihm akkreditierten diplomatischen Vertreter anderer Staaten entgegen;
gibt allgemein verbindliche Auslegungen der Gesetze;
erläßt Beschlüsse mit Gesetzeskraft;
faßt grundsätzliche Beschlüsse zu Fragen der Verteidigung und Sicherheit des Landes;
bestätigt grundsätzliche Anordnungen des Nationalen Verteidigungsrates der Deutschen Demokratischen Republik;
beruft die Mitglieder des Nationalen Verteidigungsrates der Deutschen Demokratischen Republik;
legt die militärischen Dienstgrade, diplomatischen Ränge und andere spezielle Titel fest;
verleiht Orden und andere hohe Auszeichnungen und Ehrentitel;
übt das Begnadigungsrecht aus.

Art. 107 [Vertretung] Der Staatsrat der Republik wird nach außen von seinem Vorsitzenden oder dessen Stellvertreter vertreten.

Der Vorsitzende des Staatsrates vertritt die Republik völkerrechtlich.

Art. 108 [Abberufung] Der Vorsitzende, die Stellvertreter des Vorsitzenden, die Mitglieder und der Sekretär des Staatsrates der Republik können durch Beschluß der Volkskammer abberufen werden. Der Beschluß bedarf einer Mehrheit von zwei Dritteln der gesetzlichen Zahl der Abgeordneten."

15 Vor der völligen Ersetzung des ganzen Abschnitts V (Art. 1–108; siehe Fußnote 14) waren durch Gesetz vom 8. 12. 1958, a. a. O., ersetzt worden in Art. 101 Absatz 1 Satz 1 die Worte „in gemeinsamer Sitzung von Volkskammer und Länderkammer" durch die Worte „von der Volkskammer" und gestrichen worden in Art. 101 Absatz 1 Satz 1 das Wort „gemeinsame", in Art. 102 die Worte „in gemeinsamer Sitzung" und „Länderkammer" sowie in Art. 103 die Worte „gemeinsamen Beschluß" und „Länderkammer".

Gültigkeit der Gegenzeichnung durch den Ministerpräsidenten oder den zuständigen Minister.

Art. 107 [Begnadigungsrecht] (1) Der Präsident übt für die Republik das Begnadigungsrecht aus, wobei er von einem Ausschuß der Volkskammer beraten wird.

Art. 108 [Vertretung] (1) Der Präsident der Republik wird im Falle seiner Verhinderung zunächst durch den Präsidenten der Volkskammer vertreten. Dauert die Behinderung des Präsidenten der Republik voraussichtlich längere Zeit, so ist die Vertretung durch Gesetz zu regeln.

(2) Das gleiche gilt für den Fall einer vorzeitigen Erledigung der Präsidentschaft bis zur Neuwahl des Präsidenten.

VI. Republik und Länder[16]

Art. 109 [Volksvertretungen der Länder] (1) Jedes Land muß eine Verfassung haben, die mit den Grundsätzen der Verfassung der Republik übereinstimmt. Der Landtag ist die höchste und allgemeine Volksvertretung des Landes.

(2) Die Volksvertretung muß in allgemeiner, gleicher, unmittelbarer und geheimer Wahl von allen wahlberechtigten Bürgern nach den im Wahlgesetz für die Republik niedergelegten Grundsätzen des Verhältniswahlrechts gewählt werden.

Art. 110 [Gebietsänderung] (1) Die Änderung des Gebiets von Ländern und die Neubildung von Ländern innerhalb der Republik erfolgt durch verfassungsänderndes Gesetz der Republik.

(2) Stimmen die unmittelbar beteiligten Länder zu, so bedarf es nur eines einfachen Gesetzes.

(3) Ein einfaches Gesetz genügt ferner, wenn eines der beteiligten Länder nicht zustimmt, die Gebietsänderung oder die Neubildung aber durch Abstimmung der Bevölkerung der betreffenden Gebiete gefordert wird.

---

16 Die Länder der DDR wurden bereits durch das Gesetz über die weitere Demokratisierung des Aufbaus und der Arbeitsweise der staatlichen Organe in den Ländern der Deutschen Demokratischen Republik vom 23. 7. 1952 (GBl. S. 613) faktisch abgeschafft, das Gebiet der DDR wurde statt dessen in Bezirke eingeteilt. Obwohl damit wesentliche Teile der Verfassung aufgehoben wurden, geschah dies ohne Einhaltung des für Verfassungsänderungen vorgesehenen Verfahrens (vgl. oben Art. 83).

Art. 111 [Gesetzgebungskompetenz] (1) Die Republik kann auf allen Sachgebieten einheitliche Gesetze erlassen. Sie soll sich jedoch bei ihrer Gesetzgebung auf die Aufstellung von Grundsätzen beschränken, soweit hierdurch dem Bedürfnis einheitlicher Regelung Genüge geschieht.

(2) Soweit die Republik von ihrem Recht zur Gesetzgebung keinen Gebrauch macht, haben die Länder das Recht der Gesetzgebung.

Art. 112 [Ausschließliche Gesetzgebung][17] (1) Die Republik hat das Recht der ausschließlichen Gesetzgebung über:
die auswärtigen Beziehungen;
den Außenhandel;
das Zollwesen,
sowie die Einheit des Zoll- und Handelsgebiets und
die Freizügigkeit des Warenverkehrs;
die Staatsangehörigkeit, die Freizügigkeit, die Ein- und Auswanderung,
die Auslieferung und das Paß- und Fremdenrecht;
das Personenstandsrecht;
das bürgerliche Recht, das Strafrecht, die Gerichtsverfassung und
das Gerichtsverfahren;
das Arbeitsrecht;
den Verkehr;
das Post-, Fernmelde- und Rundfunkwesen;
das Film- und Pressewesen;
das Währungs- und Münzwesen, Maß-, Gewichts- und Eichwesen;
die Sozialversicherung;
die Kriegsschäden- und Besatzungskosten und die Wiedergutmachungsleistungen.

Art. 113 [Finanz- und Steuerwesen] (1) Bei der Gesetzgebung auf dem Gebiete des Finanz- und Steuerwesens muß die wirtschaftliche Lebensfähigkeit der Länder, der Kreise und Gemeinden gewährleistet sein.

Art. 114 [Gesamtdeutsches Recht und Recht der Länder] (1) Gesamtdeutsches Recht geht dem Recht der Länder vor.

---

17 Art. 112 ergänzt durch Gesetz vom 26. 9. 1955, a. a. O., durch folgenden Absatz 2: „Der Republik obliegt die Gesetzgebung über den militärischen Schutz der Heimat und über den Schutz der Zivilbevölkerung.“

Art. 115 [Ausführung durch Länderorgane] (1) Die Gesetze der Republik werden grundsätzlich durch die Organe der Länder ausgeführt, soweit nicht in dieser Verfassung oder in den Gesetzen etwas anderes bestimmt ist. Soweit ein Bedürfnis dazu besteht, errichtet die Republik durch Gesetz eigene Verwaltungen.

Art. 116 [Aufsicht, Anweisungen] (1) Die Regierung der Republik übt die Aufsicht in den Angelegenheiten aus, in denen der Republik das Recht der Gesetzgebung zusteht.

(2) Soweit die Gesetze der Republik nicht von den Verwaltungen der Republik ausgeführt werden, kann die Regierung der Republik allgemeine Anweisungen erlassen. Sie ist ermächtigt, zur Überwachung der Ausführung dieser Gesetze und Anweisungen Beauftragte zu den ausführenden Verwaltungen zu entsenden. Für die Rechte dieser Beauftragten gilt Artikel 65 entsprechend.

(3) Die Landesregierungen sind verpflichtet, auf Ersuchen der Republik Mängel, die bei der Ausführung der Gesetze der Republik hervorgetreten sind, zu beseitigen.

(4) Hieraus entstehende Streitigkeiten werden in dem unter Artikel 66 Abs. 5 vorgeschriebenen Verfahren geprüft und entschieden.

VII. Verwaltung der Republik

Art. 117 [Auswärtige Beziehungen] (1) Die Pflege der auswärtigen Beziehungen ist ausschließlich Sache der Republik.

(2) In Angelegenheiten, deren Regelung der Landesgesetzgebung zusteht, können die Länder mit auswärtigen Staaten Verträge schließen; die Verträge bedürfen der Zustimmung der Volkskammer.

(3) Vereinbarungen mit fremden Staaten über Veränderungen der Grenzen der Republik werden nach Zustimmung des beteiligten Landes durch die Republik abgeschlossen. Die Grenzveränderungen dürfen nur auf Grund eines Gesetzes der Republik erfolgen, soweit es sich nicht um bloße Berichtigung der Grenzen unbewohnter Gebietsteile handelt.

Art. 118 [Einheitliches Zollgebiet] (1) Deutschland bildet ein einheitliches Zoll- und Handelsgebiet, umgeben von einer gemeinschaftlichen Zollgrenze.

(2) Fremde Staatsgebiete oder Gebietsteile können durch Staatsverträge oder Übereinkommen dem deutschen Zollgebiet angeschlossen

werden. Aus dem deutschen Zollgebiet können durch Gesetz Teile ausgeschlossen werden.

(3) Alle Waren, die sich im freien Verkehr im deutschen Zollgebiet befinden, dürfen innerhalb des Zollgebietes über die Grenzen der deutschen Länder und Gemeinden sowie der gemäß Absatz 2 angeschlossenen fremden Staatsgebiete oder Gebietsteile frei ein- und durchgeführt werden.

Art. 119 [Zölle und Steuern] (1) Die Zölle und die durch Gesetz der Republik geregelten Steuern werden durch die Republik verwaltet.

(2) Die Abgabenhoheit steht grundsätzlich der Republik zu.

(3) Die Republik soll Abgaben nur insoweit erheben, als es zur Deckung ihres eigenen Bedarfs erforderlich ist.

(4) Die Republik errichtet eine eigene Abgabenverwaltung. Dabei sind Einrichtungen vorzusehen, die den Ländern die Wahrung besonderer Landesinteressen auf den Gebieten der Landwirtschaft, des Handels, des Gewerbes und der Industrie ermöglichen.

(5) Soweit es die einheitliche und gleichmäßige Durchführung der Abgabengesetze der Republik erfordert, trifft die Republik durch Gesetz Vorschriften über die Einrichtung der Abgabenverwaltung der Länder, über die Einrichtung und Befugnisse der mit der Beaufsichtigung der Ausführung der Abgabengesetze der Republik betrauten Behörden, über die Abrechnung mit den Ländern und die Vergütung der Verwaltungskosten bei Ausführung der Abgabengesetze der Republik.

Art. 120 [Besteuerungsgrundsätze] (1) Abgaben und Steuern dürfen nur auf Grund gesetzlicher Regelung erhoben werden.

(2) Vermögens-, Einkommen- und Verbrauchssteuern sind in einem angemessenen Verhältnis zueinander zu halten und nach sozialen Gesichtspunkten zu staffeln.

(3) Durch eine starke Staffelung der Erbschaftssteuer soll die Bildung volksschädlicher Vermögenshäufung verhindert werden.

Art. 121 [Haushaltsplan] Die Einnahmen und Ausgaben der Republik müssen für jedes Rechnungsjahr veranschlagt und in den Haushaltsplan eingestellt werden. Der Haushaltsplan wird vor Beginn des Rechnungsjahres durch ein Gesetz festgestellt.

Art. 122 [Rechnungsprüfung] (1) Über die Einnahmen der Republik und ihre Verwendung legt der Finanzminister der Volkskammer zur Entlastung der Regierung Rechnung ab. Die Rechnungsprüfung wird durch Gesetz der Republik geregelt.

Art. 123 [Kredite] (1) Im Wege des Kredits dürfen Geldmittel nur bei außerordentlichem Bedarf beschafft werden. Eine solche Beschaffung sowie die Übernahme einer Sicherheitsleistung zu Lasten der Republik dürfen nur auf Grund eines Gesetzes der Republik erfolgen.

Art. 124 [Post, Rundfunk, Eisenbahn usw.] (1) Das Post-, Fernmelde- und Rundfunkwesen sowie das Eisenbahnwesen werden von der Republik verwaltet.

(2) Die bisherigen Reichsautobahnen und Reichsstraßen sowie alle dem Fernverkehr dienenden Straßen stehen in der Verwaltung der Republik. Entsprechendes gilt für Wasserstraßen.

Art. 125 [Schiffahrt] (1) Die Ordnung der Handelsschiffahrt und die Regelung des Seeverkehrs und der Seezeichen sind Aufgabe der Verwaltung der Republik.

VIII. Rechtspflege

Art. 126 [Gerichte] (1) Die ordentliche Gerichtsbarkeit wird durch den Obersten Gerichtshof der Republik und durch die Gerichte der Länder ausgeübt.

Art. 127 [Unabhängigkeit der Richter] (1) Die Richter sind in ihrer Rechtsprechung unabhängig und nur der Verfassung und dem Gesetz unterworfen.

Art. 128 [Persönlichkeit des Richters] (1) Richter kann nur sein, wer nach seiner Persönlichkeit und Tätigkeit die Gewähr dafür bietet, daß er sein Amt gemäß den Grundsätzen der Verfassung ausübt.

Art. 129 [Erlangung der Befähigung] (1) Die Republik trägt durch den Ausbau der juristischen Bildungsstätten dafür Sorge, daß Angehörige aller Schichten des Volkes die Möglichkeit haben, die Befähigung zur Ausübung des Berufes als Richter, Rechtsanwalt und Staatsanwalt zu erlangen.

Art. 130 [Laienrichter] (1) An der Rechtsprechung sind Laienrichter im weitesten Umfange zu beteiligen.

(2) Die Laienrichter werden auf Vorschlag der demokratischen Parteien und Organisationen durch die zuständigen Volksvertretungen gewählt.

Art. 131 [Wahl und Ernennung der Richter] (1) Die Richter des Obersten Gerichtshofes und der Oberste Staatsanwalt der Republik werden auf Vorschlag der Regierung der Republik durch die Volkskammer gewählt.

(2) Die Richter der Obersten Gerichte und die Obersten Staatsanwälte der Länder werden auf Vorschlag der Landesregierungen von den Landtagen gewählt.

(3) Die übrigen Richter werden von den Landesregierungen ernannt.

Art. 132 [Abberufung der Richter] (1) Die Richter des Obersten Gerichtshofes und der Oberste Staatsanwalt der Republik können von der Volkskammer abberufen werden, wenn sie gegen die Verfassung und die Gesetze verstoßen oder ihre Pflichten als Richter oder als Staatsanwalt gröblich verletzen.

(2) Die Abberufung erfolgt nach Einholung des Gutachtens eines bei der Volkskammer zu bildenden Justizausschusses.

(3) Der Justizausschuß besteht aus dem Vorsitzenden des Rechtsausschusses der Volkskammer, aus drei Mitgliedern der Volkskammer, zwei Mitgliedern des Obersten Gerichtshofes und einem Mitglied der Obersten Staatsanwaltschaft. Den Vorsitz führt der Vorsitzende des Rechtsausschusses. Die übrigen Ausschußmitglieder werden von der Volkskammer für die Dauer der Wahlperiode gewählt. Die dem Justizausschuß angehörenden Mitglieder des Obersten Gerichtshofes und der Obersten Staatsanwaltschaft dürfen nicht Mitglieder der Volkskammer sein.

(4) Die durch die Landtage gewählten und durch die Landesregierungen ernannten Richter können von den betreffenden Landtagen abberufen werden. Die Abberufung erfolgt nach Einholung eines Gutachtens des bei dem betreffenden Landtag zu bildenden Justizausschusses. Der Justizausschuß besteht aus dem Vorsitzenden des Rechtsausschusses des Landtages, aus drei Mitgliedern des Landtages, zwei Mitgliedern des Obersten Gerichts und einem Mitglied der Obersten Staatsanwaltschaft des Landes. Den Vorsitz führt der Vorsitzende des Rechtsausschusses. Die übrigen Ausschußmitglieder werden von dem betreffenden Landtag für die Dauer der Wahlperiode gewählt. Die dem Justizausschuß angehörenden Mitglieder des Obersten Gerichts und der Obersten Staatsanwaltschaft dürfen nicht Mitglieder des Landtages sein.

(5) Die von den Landesregierungen ernannten Richter können unter den gleichen Voraussetzungen von den Landesregierungen abberufen werden, jedoch nur mit Genehmigung des Justizausschusses des betreffenden Landtages.

Art. 133 [Öffentliche Verhandlungen] (1) Die Verhandlungen vor den Gerichten sind öffentlich.

(2) Bei Gefährdung der öffentlichen Sicherheit und Ordnung oder der Sittlichkeit kann die Öffentlichkeit durch Gerichtsbeschluß ausgeschlossen werden.

Art. 134 [Gesetzlicher Richter, keine Ausnahmegerichte] Kein Bürger darf seinen gesetzlichen Richtern entzogen werden. Ausnahmegerichte sind unstatthaft. Gerichte für besondere Sachgebiete können vom Gesetzgeber nur errichtet werden, wenn sie für im voraus und allgemein bezeichnete Personengruppen oder Streitgegenstände zuständig sein sollen.

Art. 135 [Nulla poena sine lege] (1) Strafen dürfen nur verhängt werden, wenn sie zur Zeit der Tat gesetzlich angedroht sind.

(2) Kein Strafgesetz hat rückwirkende Kraft.

(3) Ausgenommen sind Maßnahmen und die Anwendung von Bestimmungen, die zur Überwindung des Nazismus, des Faschismus und des Militarismus getroffen werden oder die zur Ahndung von Verbrechen gegen die Menschlichkeit notwendig sind.

Art. 136 [Festnahmen, Durchsuchungen usw.] (1) Bei vorläufigen Festnahmen, Hausdurchsuchungen sowie Beschlagnahmen im Ermittlungsverfahren ist die richterliche Bestätigung unverzüglich einzuholen.

(2) Über die Zulässigkeit und Fortdauer einer Freiheitsentziehung hat nur der Richter zu entscheiden. Verhaftete sind spätestens am Tage nach dem Ergreifen dem Richter vorzuführen. Wird von ihm die Untersuchungshaft angeordnet, so hat er in regelmäßigen Abständen zu prüfen, ob ihre Fortdauer gerechtfertigt ist.

(3) Der Grund der Verhaftung ist dem Festgenommenen bei der ersten richterlichen Vernehmung zu eröffnen und auf seinen Wunsch einer von ihm benannten Person innerhalb weiterer 24 Stunden mitzuteilen.

Art. 137 [Strafvollzug] (1) Der Strafvollzug beruht auf dem Gedanken der Erziehung der Besserungsfähigen durch gemeinsame produktive Arbeit.

Art. 138 [Verwaltungsgerichte] (1) Dem Schutz der Bürger gegen rechtswidrige Maßnahmen der Verwaltung dienen die Kontrolle durch die Volksvertretungen und die Verwaltungsgerichtsbarkeit.

(2) Aufbau und Zuständigkeit der Verwaltungsgerichte werden durch Gesetz geregelt.

(3) Für die Mitglieder der Verwaltungsgerichte gelten die Grundsätze über die Wahl und Abberufung der Richter der ordentlichen Gerichtsbarkeit entsprechend.

IX. Selbstverwaltung

Art. 139 [Selbstverwaltung der Gemeinden] (1) Gemeinden und Gemeindeverbände haben das Recht der Selbstverwaltung innerhalb der Gesetze der Republik und der Länder.

(2) Zu den Selbstverwaltungsaufgaben gehören die Entscheidung und Durchführung aller öffentlichen Angelegenheiten, die das wirtschaftliche, soziale und kulturelle Leben der Gemeinde oder des Gemeindeverbandes betreffen. Jede Aufgabe ist vom untersten dazu geeigneten Verband zu erfüllen.

Art. 140 [Vertretungskörperschaften] (1) Die Gemeinden und Gemeindeverbände haben Vertretungen, die nach demokratischen Grundsätzen gebildet werden.

(2) Zu ihrer Unterstützung werden Ausschüsse gebildet, in denen Vertreter der demokratischen Parteien und Organisationen verantwortlich mitarbeiten.

(3) Wahlrecht und Wahlverfahren richten sich nach den für die Wahl zur Volkskammer und zu den Landtagen geltenden Bestimmungen.

(4) Jedoch kann durch Landesgesetz die Wahlberechtigung von der Dauer des Aufenthalts in der Gemeinde bis zu einem halben Jahr abhängig gemacht werden.

Art. 141 [Verantwortlichkeit der Ausführungsorgane] (1) Die gewählten ausführenden Organe der Gemeinden und der Gemeindeverbände bedürfen zu ihrer Amtsführung des Vertrauens der Vertretungskörperschaften.

Art. 142 [Aufsicht] (1) Die Aufsicht über die Selbstverwaltung der Gemeinden und der Gemeindeverbände beschränkt sich auf die Gesetzmäßigkeit der Verwaltung und die Wahrung demokratischer Verwaltungsgrundsätze.

Art. 143 [Übertragung von Aufgaben] (1) Den Gemeinden und Gemeindeverbänden können von der Republik und den Ländern Aufgaben und die Durchführung von Gesetzen übertragen werden.

X. Übergangs- und Schlußbestimmungen

Art. 144 [Unmittelbare Geltung der Verfassung] (1) Alle Bestimmungen dieser Verfassung sind unmittelbar geltendes Recht. Entgegenstehende Bestimmungen sind aufgehoben. Die an ihre Stelle tretenden, zur Durchführung der Verfassung erforderlichen Bestimmungen werden gleichzeitig mit der Verfassung in Kraft gesetzt. Weitergeltende Gesetze sind im Sinne dieser Verfassung auszulegen.

(2) Die verfassungsmäßigen Freiheiten und Rechte können nicht den Bestimmungen entgegengehalten werden, die ergangen sind und noch ergehen werden, um den Nationalsozialismus und Militarismus zu überwinden und das von ihnen verschuldete Unrecht wiedergutzumachen.

Die vorstehende, vom Deutschen Volksrat unter Beteiligung des gesamten Deutschen Volkes erarbeitete und am 19. März 1949 beschlossene, vom Dritten Deutschen Volkskongreß am 30. Mai 1949 bestätigte und durch Gesetz der Provisorischen Volkskammer vom 7. Oktober 1949 in Kraft gesetzte Verfassung der Deutschen Demokratischen Republik wird hiermit verkündet.

Berlin, den 7. Oktober 1949

8 Die Verfassung der Deutschen Demokratischen Republik (1974)

Vom 6. April 1968 in der Fassung des Gesetzes zur Ergänzung und Änderung der Verfassung der Deutschen Demokratischen Republik

Vom 7. Oktober 1974 (GBl. I S. 432)[1]

In Fortsetzung der revolutionären Traditionen der deutschen Arbeiterklasse und gestützt auf die Befreiung vom Faschismus hat das Volk der Deutschen Demokratischen Republik in Übereinstimmung mit den Prozessen der geschichtlichen Entwicklung unserer Epoche sein Recht auf sozial-ökonomische, staatliche und nationale Selbstbestimmung verwirklicht und gestaltet die entwickelte sozialistische Gesellschaft.

---

1 Textstellen der Neufassung von 1974, die Abweichungen von oder Zusätze zu der ursprünglichen Fassung von 1968 enthalten, sind durch *Kursiv-Drucktypen* kenntlich gemacht. Soweit im übrigen Textstellen der ursprünglichen Fassung in der Neufassung nicht mehr erscheinen, sind sie, insofern es zum Verständnis der eingetretenen Änderungen notwendig ist, in einem gesonderten Auszug der ursprünglichen Fassung von 1968 als Anhang zur derzeit geltenden Fassung abgedruckt (S. 357 ff.). Nicht notwendig für dieses Verständnis erschien dabei die Berücksichtigung

a) bloßer Umnumerierungen von Artikeln oder Absätzen entweder ohne jegliche Textänderung oder mit Änderungen von lediglich redaktionell-sprachlicher Bedeutung:

Art. i. d. F. 1974 =	Art. i. d. F. 1968	Art. i. d. F. 1974 =	Art. i. d. F. 1968
8 II	8 I 2	79 I	80 IV 1
14 I	14 III	79 III u. IV	80 II u. III
17 III	17 IV	80 I 1	78 I 2
62 IV	62 II	80 I 2	80 VI 2
65 II	65 III 1	80 I 3	80 VI 1
65 III–V	65 IV–VI	80 II	80 V 1
67 IV	67 III	80 III	80 IV 2 u. V 2
71	75	80 IV	80 VIII
74 II	77	104	106
75	76	105	107
76 I 3	80 VII	106	108

b) der durchgehenden Änderung des Begriffspaares „Planung und Leitung“ (1968) in „Leitung und Planung“ (1974) in den Artikeln 2 II, 9 III 1, 21 II, 24 III, 41 I, 44 III 1 und 46 II, mit der betont werden soll, daß „Leitung“ deutlich einen Vorrang vor „Planung“ einzunehmen hat, und

c) von Art. 54, Art. 67 II und Art. 80 II, in denen der Verlängerung der Wahlperiode der Volkskammer von 4 auf nunmehr 5 Jahre Rechnung getragen wird.

Erfüllt von dem Willen, seine Geschicke frei zu bestimmen, unbeirrt auch weiter den Weg des Sozialismus und Kommunismus, des Friedens, der Demokratie und Völkerfreundschaft zu gehen, hat sich das Volk der Deutschen Demokratischen Republik diese sozialistische Verfassung gegeben.

Abschnitt I. Grundlagen der sozialistischen Gesellschafts- und Staatsordnung

Kapitel 1. Politische Grundlagen

Art. 1 [Sozialistischer Staat, Hauptstadt, Flagge, Wappen] Die Deutsche Demokratische Republik ist ein sozialistischer Staat *der Arbeiter und Bauern.* Sie ist die politische Organisation der Werktätigen in Stadt und Land unter Führung der Arbeiterklasse und ihrer marxistisch-leninistischen Partei.

Die Hauptstadt der Deutschen Demokratischen Republik ist Berlin.

Die Staatsflagge der Deutschen Demokratischen Republik besteht aus den Farben Schwarz-Rot-Gold und trägt auf beiden Seiten in der Mitte das Staatswappen der Deutschen Demokratischen Republik.

Das Staatswappen der Deutschen Demokratischen Republik besteht aus Hammer und Zirkel, umgeben von einem Ährenkranz, der im unteren Teil von einem schwarzrotgoldenen Band umschlungen ist.

Art. 2 [Souveränität der Werktätigen, sozialistische Grundsätze]

(1) Alle politische Macht in der Deutschen Demokratischen Republik wird von den Werktätigen in Stadt und Land ausgeübt. Der Mensch steht im Mittelpunkt aller Bemühungen der sozialistischen Gesellschaft und ihres Staates. *Die weitere Erhöhung des materiellen und kulturellen Lebensniveaus des Volkes auf der Grundlage eines hohen Entwicklungstempos der sozialistischen Produktion, der Erhöhung der Effektivität, des wissenschaftlich-technischen Fortschritts und des Wachstums der Arbeitsproduktivität ist die entscheidende Aufgabe der entwickelten sozialistischen Gesellschaft.*

(2) Das feste Bündnis der Arbeiterklasse mit der Klasse der Genossenschaftsbauern, den Angehörigen der Intelligenz und den anderen Schichten des Volkes, das sozialistische Eigentum an Produktionsmitteln, die *Leitung* und *Planung* der gesellschaftlichen Entwicklung nach den fortgeschrittensten Erkenntnissen der Wissenschaft bilden unantastbare Grundlagen der sozialistischen Gesellschaftsordnung

(3) Die Ausbeutung des Menschen durch den Menschen ist für immer beseitigt. Was des Volkes Hände schaffen, ist des Volkes eigen. Das sozialistische Prinzip „Jeder nach seinen Fähigkeiten, jedem nach seiner Leistung" wird verwirklicht.

Art. 3 [Nationale Front] (1) Das Bündnis aller Kräfte des Volkes findet in der Nationalen Front *der Deutschen Demokratischen Republik* seinen organisierten Ausdruck.

(2) In der Nationalen Front *der Deutschen Demokratischen Republik* vereinigen die Parteien und Massenorganisationen alle Kräfte des Volkes zum gemeinsamen Handeln für die Entwicklung der sozialistischen Gesellschaft. Dadurch verwirklichen sie das Zusammenleben aller Bürger in der sozialistischen Gemeinschaft nach dem Grundsatz, daß jeder Verantwortung für das Ganze trägt.

Art. 4 [Staatsziel] Alle Macht dient dem Wohle des Volkes. Sie sichert sein friedliches Leben, schützt die sozialistische Gesellschaft und gewährleistet die *sozialistische Lebensweise der Bürger,* die freie Entwicklung des Menschen, wahrt seine Würde und garantiert die in dieser Verfassung verbürgten Rechte.

Art. 5 [Volksvertretungen] (1) Die Bürger der Deutschen Demokratischen Republik üben ihre politische Macht durch demokratisch gewählte Volksvertretungen aus.

(2) Die Volksvertretungen sind die Grundlage des Systems der Staatsorgane und stützen sich in ihrer Tätigkeit auf die aktive Mitgestaltung der Bürger an der Vorbereitung, Durchführung und Kontrolle ihrer Entscheidungen.

(3) Zu keiner Zeit und unter keinen Umständen können andere als die verfassungsmäßig vorgesehenen Organe staatliche Macht ausüben.

Art. 6 [Sozialistischer Internationalismus, unwiderrufliche Bindung an die UdSSR] (1) Die Deutsche Demokratische Republik hat getreu den Interessen des Volkes und den internationalen Verpflichtungen auf ihrem Gebiet den deutschen Militarismus und Nazismus ausgerottet. Sie betreibt eine dem Sozialismus und dem Frieden, der Völkerverständigung und der Sicherheit dienende Außenpolitik.

(2) Die Deutsche Demokratische Republik ist für immer und unwiderruflich mit der Union der Sozialistischen Sowjetrepubliken verbündet. Das enge und brüderliche Bündnis mit ihr garantiert dem Volk der Deutschen Demokratischen Republik das weitere Voranschreiten auf dem Weg des Sozialismus und des Friedens.

Die Deutsche Demokratische Republik ist untrennbarer Bestandteil der sozialistischen Staatengemeinschaft. Sie trägt getreu den Prinzipien des sozialistischen Internationalismus zu ihrer Stärkung bei, pflegt und entwickelt die Freundschaft, die allseitige Zusammenarbeit und den gegenseitigen Bestand mit allen Staaten der sozialistischen Gemeinschaft.

(3) Die Deutsche Demokratische Republik unterstützt die Staaten und Völker, die gegen den Imperialismus und sein Kolonialregime, für nationale Freiheit und Unabhängigkeit kämpfen, in ihrem Ringen um gesellschaftlichen Fortschritt. Die Deutsche Demokratische Republik tritt für die Verwirklichung der Prinzipien der friedlichen Koexistenz von Staaten unterschiedlicher Gesellschaftsordnung ein und pflegt auf der Grundlage der Gleichberechtigung und gegenseitiger Achtung die Zusammenarbeit mit allen Staaten.

(4) Die Deutsche Demokratische Republik setzt sich für Sicherheit und Zusammenarbeit in Europa, für eine stabile Friedensordnung in der Welt und für die allgemeine Abrüstung ein.

(5) Militaristische und revanchistische Propaganda in jeder Form, Kriegshetze und Bekundung von Glaubens-, Rassen- und Völkerhaß werden als Verbrechen geahndet.

Art. 7 [Landesverteidigung] (1) Die Staatsorgane gewährleisten die *territoriale Integrität der Deutschen Demokratischen Republik und die Unverletzlichkeit ihrer Staatsgrenzen* einschließlich *ihres* Luftraumes und *ihrer* Territorialgewässer sowie den Schutz und die Nutzung *ihres* Festlandsockels.

(2) Die Deutsche Demokratische Republik organisiert die Landesverteidigung sowie den Schutz der sozialistischen Ordnung und des friedlichen Lebens der Bürger. Die Nationale Volksarmee und die anderen Organe der Landesverteidigung schützen die sozialistischen Errungenschaften des Volkes gegen alle Angriffe von außen. Die Nationale Volksarmee pflegt im Interesse der Wahrung des Friedens und der Sicherung des sozialistischen Staates enge Waffenbrüderschaft mit den Armeen der Sowjetunion und anderer sozialistischer Staaten.

Art. 8 [Völkerrecht] (1) Die allgemein anerkannten, dem Frieden und der friedlichen Zusammenarbeit der Völker dienenden Regeln des Völkerrechts sind für die Staatsmacht und jeden Bürger verbindlich.

(2) Die Deutsche Demokratische Republik wird niemals einen Eroberungskrieg unternehmen oder ihre Streitkräfte gegen die Freiheit eines anderen Volkes einsetzen.

Kapitel 2. Ökonomische Grundlagen, Wissenschaft, Bildung und Kultur

Art. 9 [Volkswirtschaft, ökonomische Gesetze des Sozialismus]

(1) Die Volkswirtschaft der Deutschen Demokratischen Republik beruht auf dem sozialistischen Eigentum an den Produktionsmitteln. Sie entwickelt sich gemäß den ökonomischen Gesetzen des Sozialismus auf der Grundlage der sozialistischen Produktionsverhältnisse *und der zielstrebigen Verwirklichung der sozialistischen ökonomischen Integration.*

(2) Die Volkswirtschaft der Deutschen Demokratischen Republik dient der Stärkung der sozialistischen Ordnung, der ständig besseren Befriedigung der materiellen und kulturellen Bedürfnisse der Bürger, der Entfaltung ihrer Persönlichkeit und ihrer sozialistischen gesellschaftlichen Beziehungen.

(3) In der Deutschen Demokratischen Republik gilt der Grundsatz der *Leitung* und *Planung* der Volkswirtschaft sowie aller anderen gesellschaftlichen Bereiche. Die Volkswirtschaft der Deutschen Demokratischen Republik ist sozialistische Planwirtschaft. *Die zentrale staatliche Leitung und Planung der Grundfragen der gesellschaftlichen Entwicklung ist mit der Eigenverantwortung der örtlichen Staatsorgane und Betriebe sowie der Initiative der Werktätigen verbunden.*

(4) Die Festlegung des Währungs- und Finanzsystems ist Sache des sozialistischen Staates. Abgaben und Steuern werden auf der Grundlage von Gesetzen erhoben.

(5) Die Außenwirtschaft einschließlich des Außenhandels und der Valutawirtschaft ist staatliches Monopol.

Art. 10 [Arten sozialistischen Eigentums] (1) Das sozialistische Eigentum besteht

als gesamtgesellschaftliches Volkseigentum,

als genossenschaftliches Gemeineigentum werktätiger Kollektive sowie als Eigentum gesellschaftlicher Organisationen der Bürger.

(2) Das sozialistische Eigentum zu schützen und zu mehren ist Pflicht des sozialistischen Staates und seiner Bürger.

Art. 11 [Persönliches Eigentum, Erbrecht] (1) Das persönliche Eigentum der Bürger und das Erbrecht sind gewährleistet.

Das persönliche Eigentum dient der Befriedigung der materiellen und kulturellen Bedürfnisse der Bürger.

(2) Die Rechte von Urhebern und Erfindern genießen den Schutz des sozialistischen Staates.

(3) Der Gebrauch des Eigentums sowie von Urheber- und Erfinderrechten darf den Interessen der Gesellschaft nicht zuwiderlaufen.

Art. 12 [Volkseigentum] (1) Die Bodenschätze, die Bergwerke, Kraftwerke, Talsperren und großen Gewässer, die Naturreichtümer des Festlandsockels, Industriebetriebe, Banken und Versicherungseinrichtungen, die volkseigenen Güter, die Verkehrswege, die Transportmittel der Eisenbahn, der Seeschiffahrt sowie der Luftfahrt, die Post- und Fernmeldeanlagen sind Volkseigentum. Privateigentum daran ist unzulässig.

(2) Der sozialistische Staat gewährleistet die Nutzung des Volkseigentums mit dem Ziel des höchsten Ergebnisses für die Gesellschaft. Dem dienen die sozialistische Planwirtschaft und das sozialistische Wirtschaftsrecht. Die Nutzung und Bewirtschaftung des Volkseigentums erfolgt grundsätzlich durch die volkseigenen Betriebe und staatlichen Einrichtungen. Seine Nutzung und Bewirtschaftung kann der Staat durch Verträge genossenschaftlichen oder gesellschaftlichen Organisationen und Vereinigungen übertragen. Eine solche Übertragung hat den Interessen der Allgemeinheit und der Mehrung des gesellschaftlichen Reichtums zu dienen.

Art. 13 [Genossenschaftliches Eigentum] Die Geräte, Maschinen, Anlagen, Bauten der landwirtschaftlichen, handwerklichen und sonstigen sozialistischen Genossenschaften sowie die Tierbestände der landwirtschaftlichen Produktionsgenossenschaften und das aus genossenschaftlicher Nutzung des Bodens sowie genossenschaftlicher Produktionsmittel erzielte Ergebnis sind genossenschaftliches Eigentum.

Art. 14 [Grenzen der Privatwirtschaft] (1) Privatrechtliche Vereinigungen zur Begründung wirtschaftlicher Macht sind nicht gestattet.

(2) Die auf überwiegend persönlicher Arbeit beruhenden kleinen Handwerks- und anderen Gewerbebetriebe sind auf gesetzlicher

Grundlage tätig. In der Wahrnehmung ihrer Verantwortung für die sozialistische Gesellschaft werden sie vom Staat gefördert.

Art. 15 [Nutzung des Bodens, Schutz der Natur] (1) Der Boden der Deutschen Demokratischen Republik gehört zu ihren kostbarsten Naturreichtümern. Er muß geschützt und rationell genutzt werden. Land- und forstwirtschaftlich genutzter Boden darf nur mit Zustimmung der verantwortlichen staatlichen Organe seiner Zweckbestimmung entzogen werden.

(2) Im Interesse des Wohlergehens der Bürger sorgen Staat und Gesellschaft für den Schutz der Natur. Die Reinhaltung der Gewässer und der Luft sowie der Schutz der Pflanzen- und Tierwelt und der landschaftlichen Schönheiten der Heimat sind durch die zuständigen Organe zu gewährleisten und sind darüber hinaus auch Sache jedes Bürgers.

Art. 16 [Enteignung, Entschädigung] Enteignungen sind nur für gemeinnützige Zwecke auf gesetzlicher Grundlage und gegen angemessene Entschädigung zulässig. Sie dürfen nur erfolgen, wenn auf andere Weise der angestrebte gemeinnützige Zweck nicht erreicht werden kann.

Art. 17 [Wissenschaft und Forschung, Bildungssystem] *(1) Die Deutsche Demokratische Republik fördert Wissenschaft, Forschung und Bildung mit dem Ziel, die Gesellschaft und das Leben der Bürger zu schützen und zu bereichern. Dem dient die Vereinigung der wissenschaftlich-technischen Revolution mit den Vorzügen des Sozialismus.*

(2) Mit dem einheitlichen sozialistischen Bildungssystem sichert die Deutsche Demokratische Republik allen Bürgern eine den ständig steigenden gesellschaftlichen Erfordernissen entsprechende hohe Bildung. Sie befähigt die Bürger, die sozialistische Gesellschaft zu gestalten und an der Entwicklung der sozialistischen Demokratie schöpferisch mitzuwirken.

(3) Jeder gegen den Frieden, die Völkerverständigung, gegen das Leben und die Würde des Menschen gerichtete Mißbrauch der Wissenschaft ist verboten.

Art. 18 [Sozialistische Nationalkultur, Förderung der Künste, Sport] (1) Die sozialistische Nationalkultur gehört zu den Grundlagen der sozialistischen Gesellschaft. Die Deutsche Demokratische Republik fördert und schützt die sozialistische Kultur, die dem Frieden, dem Humanismus und der Entwicklung der sozialistischen *Gesellschaft* dient. Sie bekämpft die imperialistische Unkultur, die der psychologischen Kriegführung und der Herabwürdigung des Menschen dient. Die sozialistische Gesellschaft fördert das kulturvolle Leben der Werktätigen, pflegt alle humanistischen Werte des nationalen Kulturerbes und der Weltkultur und entwickelt die sozialistische Nationalkultur als Sache des ganzen Volkes.

(2) Die Förderung der Künste, der künstlerischen Interessen und Fähigkeiten aller Werktätigen und die Verbreitung künstlerischer Werke und Leistungen sind Obliegenheiten des Staates und aller gesellschaftlichen Kräfte. Das künstlerische Schaffen beruht auf einer engen Verbindung der Kulturschaffenden mit dem Leben des Volkes.

(3) Körperkultur, Sport und Touristik als Elemente der sozialistischen Kultur dienen der allseitigen körperlichen und geistigen Entwicklung der Bürger.

Abschnitt II. Bürger und Gemeinschaften in der sozialistischen Gesellschaft

Kapitel 1. Grundrechte und Grundpflichten der Bürger

Art. 19 [Sozialistische Gesetzlichkeit, Würde und Freiheit der Persönlichkeit, Staatsbürgerschaft] (1) Die Deutsche Demokratische Republik garantiert allen Bürgern die Ausübung ihrer Rechte und ihre Mitwirkung an der Leitung der gesellschaftlichen Entwicklung. Sie gewährleistet die sozialistische Gesetzlichkeit und Rechtssicherheit.

(2) Achtung und Schutz der Würde und Freiheit der Persönlichkeit sind Gebot für alle staatlichen Organe, alle gesellschaftlichen Kräfte und jeden einzelnen Bürger.

(3) Frei von Ausbeutung, Unterdrückung und wirtschaftlicher Abhängigkeit hat jeder Bürger gleiche Rechte und vielfältige Möglichkeiten, seine Fähigkeiten in vollem Umfange zu entwickeln und seine Kräfte aus freiem Entschluß zum Wohle der Gesellschaft und zu seinem eigenen Nutzen in der sozialistischen Gemeinschaft ungehindert zu entfalten. So verwirklicht er Freiheit und Würde seiner Persönlichkeit. Die Beziehungen der Bürger werden durch gegenseitige Achtung und Hilfe, durch die Grundsätze sozialistischer Moral geprägt.

(4) Die Bedingungen für den Erwerb und den Verlust der Staatsbürgerschaft der Deutschen Demokratischen Republik werden durch Gesetz bestimmt.

Art. 20 [Grundsatz der Gleichheit] (1) Jeder Bürger der Deutschen Demokratischen Republik hat unabhängig von seiner Nationalität, seiner Rasse, seinem weltanschaulichen oder religiösen Bekenntnis, seiner sozialen Herkunft und Stellung die gleichen Rechte und Pflichten. Gewissens- und Glaubensfreiheit sind gewährleistet. Alle Bürger sind vor dem Gesetz gleich.

(2) Mann und Frau sind gleichberechtigt und haben die gleiche Rechtsstellung in allen Bereichen des gesellschaftlichen, staatlichen und persönlichen Lebens. Die Förderung der Frau, besonders in der beruflichen Qualifizierung, ist eine gesellschaftliche und staatliche Aufgabe.

(3) Die Jugend wird in ihrer gesellschaftlichen und beruflichen Entwicklung besonders gefördert. Sie hat alle Möglichkeiten, an der Entwicklung der sozialistischen Gesellschaftsordnung verantwortungsbewußt teilzunehmen.

Art. 21 [Recht zur Mitgestaltung] (1) Jeder Bürger der Deutschen Demokratischen Republik hat das Recht, das politische, wirtschaftliche, soziale und kulturelle Leben der sozialistischen Gemeinschaft und des sozialistischen Staates umfassend mitzugestalten. Es gilt der Grundsatz „Arbeite mit, plane mit, regiere mit!"

(2) Das Recht auf Mitbestimmung und Mitgestaltung ist dadurch gewährleistet, daß die Bürger

alle Machtorgane demokratisch wählen, an ihrer Tätigkeit und an der *Leitung, Planung* und Gestaltung des gesellschaftlichen Lebens mitwirken;

Rechenschaft von den Volksvertretungen, ihren Abgeordneten, den Leitern staatlicher und wirtschaftlicher Organe über ihre Tätigkeit fordern können;

mit der Autorität ihrer gesellschaftlichen Organisationen ihrem Wollen und ihren Forderungen Ausdruck geben;

sich mit ihren Anliegen und Vorschlägen an die gesellschaftlichen, staatlichen und wirtschaftl. Organe und Einrichtungen wenden können;

in Volksabstimmungen ihren Willen bekunden.

(3) Die Verwirklichung dieses Rechts der Mitbestimmung und Mitgestaltung ist zugleich eine hohe moralische Verpflichtung für jeden Bürger.

Die Ausübung gesellschaftlicher oder staatlicher Funktionen findet die Anerkennung und Unterstützung der Gesellschaft und des Staates.

Art. 22 [Aktives und passives Wahlrecht] (1) Jeder Bürger der Deutschen Demokratischen Republik, der am Wahltage das 18. Lebensjahr vollendet hat, ist wahlberechtigt.

(2) Jeder Bürger kann in die *Volkskammer und in* die örtlichen Volksvertretungen gewählt werden, wenn er am Wahltage das 18. Lebensjahr vollendet hat.

(3) Die Leitung der Wahlen durch demokratisch gebildete Wahlkommissionen, die Volksaussprache über die Grundfragen der Politik und die Aufstellung und Prüfung der Kandidaten durch die Wähler sind unverzichtbare sozialistische Wahlprinzipien.

Art. 23 [Wehrpflicht, Asylrecht] (1) Der Schutz des Friedens und des sozialistischen Vaterlandes und seiner Errungenschaften ist Recht und Ehrenpflicht der Bürger der Deutschen Demokratischen Republik. Jeder Bürger ist zum Dienst und zu Leistungen für die Verteidigung der Deutschen Demokratischen Republik entsprechend den Gesetzen verpflichtet.

(2) Kein Bürger darf an kriegerischen Handlungen und ihrer Vorbereitung teilnehmen, die der Unterdrückung eines Volkes dienen.

(3) Die Deutsche Demokratische Republik kann Bürgern anderer Staaten oder Staatenlosen Asyl gewähren, wenn sie wegen politischer, wissenschaftlicher oder kultureller Tätigkeit zur Verteidigung des Friedens, der Demokratie, der Interessen des werktätigen Volkes oder wegen ihrer Teilnahme am sozialen und nationalen Befreiungskampf verfolgt werden.

Art. 24 [Recht und Arbeit] (1) Jeder Bürger der Deutschen Demokratischen Republik hat das Recht auf Arbeit. Er hat das Recht auf einen Arbeitsplatz und dessen freie Wahl entsprechend den gesellschaftlichen Erfordernissen und der persönlichen Qualifikation. Er hat das Recht auf Lohn nach Qualität und Quantität der Arbeit. Mann und Frau, Erwachsene und Jugendliche haben das Recht auf gleichen Lohn bei gleicher Arbeitsleistung.

(2) Gesellschaftlich nützliche Tätigkeit ist eine ehrenvolle Pflicht für jeden arbeitsfähigen Bürger. Das Recht auf Arbeit und die Pflicht zur Arbeit bilden eine Einheit.

(3) Das Recht auf Arbeit wird gewährleistet

durch das sozialistische Eigentum an den Produktionsmitteln;

durch die sozialistische *Leitung* und *Planung* des gesellschaftlichen Reproduktionsprozesses;

durch das stetige und planmäßige Wachstum der sozialistischen Produktivkräfte und der Arbeitsproduktivität;
durch die konsequente Durchführung der wissenschaftlich-technischen Revolution;
durch ständige Bildung und Weiterbildung der Bürger und
durch das einheitliche sozialistische Arbeitsrecht.

Art. 25 [Recht auf Bildung, Grundsätze des Bildungswesens]

(1) Jeder Bürger der Deutschen Demokratischen Republik hat das gleiche Recht auf Bildung. Die Bildungsstätten stehen jedermann offen. Das einheitliche sozialistische Bildungssystem gewährleistet jedem Bürger eine kontinuierliche sozialistische Erziehung, Bildung und Weiterbildung.

(2) Die Deutsche Demokratische Republik sichert das Voranschreiten des Volkes zur sozialistischen Gemeinschaft allseitig gebildeter und harmonisch entwickelter Menschen, die vom Geist des sozialistischen Patriotismus und Internationalismus durchdrungen sind und über eine hohe Allgemeinbildung und Spezialbildung verfügen.

(3) Alle Bürger haben das Recht auf Teilnahme am kulturellen Leben. Es erlangt unter den Bedingungen der wissenschaftlich-technischen Revolution und der Erhöhung der geistigen Anforderungen wachsende Bedeutung. Zur vollständigen Ausprägung der sozialistischen Persönlichkeit und zur wachsenden Befriedigung der kulturellen Interessen und Bedürfnisse wird die Teilnahme der Bürger am kulturellen Leben, an der Körperkultur und am Sport durch den Staat und die Gesellschaft gefördert.

(4) In der Deutschen Demokratischen Republik besteht allgemeine zehnjährige Oberschulpflicht, die durch den Besuch der zehnklassigen allgemeinbildenden Oberschule zu erfüllen ist. In bestimmten Fällen kann die Oberschulbildung in den Einrichtungen der Berufsausbildung oder der Aus- und Weiterbildung der Werktätigen beendet werden. Alle Jugendlichen haben das Recht und die Pflicht, einen Beruf zu erlernen.

(5) Für Kinder und Erwachsene mit psychischen und physischen Schädigungen bestehen Sonderschul- und -ausbildungseinrichtungen.

(6) Die Lösung dieser Aufgaben wird durch den Staat und alle gesellschaftlichen Kräfte in gemeinsamer Bildungs- und Erziehungsarbeit gesichert.

Art. 26 [Schulwesen, Ausbildungsförderung] (1) Der Staat sichert die Möglichkeit des Übergangs zur nächsthöheren Bildungsstufe bis zu den höchsten Bildungsstätten, den Universitäten und Hochschulen, entsprechend dem Leistungsprinzip, den gesellschaftlichen Erfordernissen und unter Berücksichtigung der sozialen Struktur der Bevölkerung.

(2) Es besteht Schulgeldfreiheit. Ausbildungsbeihilfen und Lernmittelfreiheit werden nach sozialen Gesichtspunkten gewährt.

(3) Direktstudenten an den Universitäten, Hoch- und Fachschulen sind von Studiengebühren befreit.

Stipendien und Studienbeihilfen werden nach sozialen Gesichtspunkten und nach Leistung gewährt.

Art. 27 [Meinungsfreiheit] (1) Jeder Bürger der Deutschen Demokratischen Republik hat das Recht, den Grundsätzen dieser Verfassung gemäß seine Meinung frei und öffentlich zu äußern. Dieses Recht wird durch kein Dienst- oder Arbeitsverhältnis beschränkt. Niemand darf benachteiligt werden, wenn er von diesem Recht Gebrauch macht.

(2) Die Freiheit der Presse, des Rundfunks und des Fernsehens ist gewährleistet.

Art. 28 [Versammlungsfreiheit] (1) Alle Bürger haben das Recht, sich im Rahmen der Grundsätze und Ziele der Verfassung friedlich zu versammeln.

(2) Die Nutzung der materiellen Voraussetzungen zur unbehinderten Ausübung dieses Rechts, der Versammlungsgebäude, Straßen und Kundgebungsplätze, Druckereien und Nachrichtenmittel wird gewährleistet.

Art. 29 [Vereinigungsfreiheit] Die Bürger der Deutschen Demokratischen Republik haben das Recht auf Vereinigung, um durch gemeinsames Handeln in politischen Parteien, gesellschaftlichen Organisationen, Vereinigungen und Kollektiven ihre Interessen in Übereinstimmung mit den Grundsätzen und Zielen der Verfassung zu verwirklichen.

Art. 30 [Persönliche Freiheitsrechte] (1) Die Persönlichkeit und Freiheit jedes Bürgers der Deutschen Demokratischen Republik sind unantastbar.

(2) Einschränkungen sind nur im Zusammenhang mit strafbaren Handlungen oder einer Heilbehandlung zulässig und müssen gesetzlich begründet sein. Dabei dürfen die Rechte solcher Bürger nur insoweit eingeschränkt werden, als dies gesetzlich zulässig und unumgänglich ist.

(3) Zum Schutze seiner Freiheit und der Unantastbarkeit seiner Persönlichkeit hat jeder Bürger den Anspruch auf die Hilfe der staatlichen und gesellschaftlichen Organe.

Art. 31 [Post- und Fernmeldegeheimnis] (1) Post- und Fernmeldegeheimnis sind unverletzbar.

(2) Sie dürfen nur auf gesetzlicher Grundlage eingeschränkt werden, wenn es die Sicherheit des sozialistischen Staates oder eine strafrechtliche Verfolgung erfordern.

Art. 32 [Recht auf Freizügigkeit] Jeder Bürger der Deutschen Demokratischen Republik hat im Rahmen der Gesetze das Recht auf Freizügigkeit innerhalb des Staatsgebietes der Deutschen Demokratischen Republik.

Art. 33 [Rechtsschutz im Ausland, Auslieferungsverbot] (1) Jeder Bürger der Deutschen Demokratischen Republik hat bei Aufenthalt außerhalb der Deutschen Demokratischen Republik Anspruch auf Rechtsschutz durch die Organe der Deutschen Demokratischen Republik.

(2) Kein Bürger der Deutschen Demokratischen Republik darf einer auswärtigen Macht ausgeliefert werden.

Art. 34 [Recht auf Freizeit und Erholung] (1) Jeder Bürger der Deutschen Demokratischen Republik hat das Recht auf Freizeit und Erholung.

(2) Das Recht auf Freizeit und Erholung wird gewährleistet

durch die gesetzliche Begrenzung der täglichen und wöchentlichen Arbeitszeit,

durch einen vollbezahlten Jahresurlaub und

durch den planmäßigen Ausbau des Netzes volkseigener und anderer gesellschaftlicher Erholungs- und Urlaubszentren.

Art. 35 [Schutz von Gesundheit und Arbeitskraft] (1) Jeder Bürger der Deutschen Demokratischen Republik hat das Recht auf Schutz seiner Gesundheit und seiner Arbeitskraft.

(2) Dieses Recht wird durch die planmäßige Verbesserung der Arbeits- und Lebensbedingungen, die Pflege der Volksgesundheit, eine umfassende Sozialpolitik, die Förderung der Körperkultur, des Schul- und Volkssports und der Touristik gewährleistet.

(3) Auf der Grundlage eines sozialen Versicherungssystems werden bei Krankheit und Unfällen materielle Sicherheit, unentgeltliche ärztliche Hilfe, Arzneimittel und andere medizinische Sachleistungen gewährt.

Art. 36 [Recht auf soziale Sicherheit] (1) Jeder Bürger der Deutschen Demokratischen Republik hat das Recht auf Fürsorge der Gesellschaft im Alter und bei Invalidität.

(2) Dieses Recht wird durch eine steigende materielle, soziale und kulturelle Versorgung und Betreuung alter und arbeitsunfähiger Bürger gewährleistet.

Art. 37 [Recht auf Wohnung, Unverletzlichkeit der Wohnung]

(1) Jeder Bürger der Deutschen Demokratischen Republik hat das Recht auf Wohnraum für sich und seine Familie entsprechend den volkswirtschaftlichen Möglichkeiten und örtlichen Bedingungen. Der Staat ist verpflichtet, dieses Recht durch die Förderung des Wohnungsbaus, die Werterhaltung vorhandenen Wohnraumes und die öffentliche Kontrolle über die gerechte Verteilung des Wohnraums zu verwirklichen.

(2) Es besteht Rechtsschutz bei Kündigungen.

(3) Jeder Bürger hat das Recht auf Unverletzbarkeit seiner Wohnung.

Art. 38 [Ehe und Familie, Mutterschutz, Elternrecht] (1) Ehe, Familie und Mutterschaft stehen unter dem besonderen Schutz des Staates.

Jeder Bürger der Deutschen Demokratischen Republik hat das Recht auf Achtung, Schutz und Förderung seiner Ehe und Familie.

(2) Dieses Recht wird durch die Gleichberechtigung von Mann und Frau in Ehe und Familie, durch die gesellschaftliche und staatliche Unterstützung der Bürger bei der Festigung und Entwicklung ihrer Ehe und Familie gewährleistet. Kinderreichen Familien, alleinstehenden Müttern und Vätern gilt die Fürsorge und Unterstützung des sozialistischen Staates durch besondere Maßnahmen.

(3) Mutter und Kind genießen den besonderen Schutz des sozialistischen Staates. Schwangerschaftsurlaub, spezielle medizinische Betreuung, materielle und finanzielle Unterstützung bei Geburten und Kindergeld werden gewährt.

(4) Es ist das Recht und die vornehmste Pflicht der Eltern, ihre Kinder zu gesunden und lebensfrohen, tüchtigen und allseitig gebildeten Menschen, zu staatsbewußten Bürgern zu erziehen. Die Eltern haben Anspruch auf ein enges und vertrauensvolles Zusammenwirken mit den gesellschaftlichen und staatlichen Erziehungs- und Bildungseinrichtungen.

Art. 39 [Religionsfreiheit, Stellung der Kirchen] (1) Jeder Bürger der Deutschen Demokratischen Republik hat das Recht, sich zu einem religiösen Glauben zu bekennen und religiöse Handlungen auszuüben.

(2) Die Kirchen und anderen Religionsgemeinschaften ordnen ihre Angelegenheiten und üben ihre Tätigkeit aus in Übereinstimmung mit der Verfassung und den gesetzlichen Bestimmungen der Deutschen Demokratischen Republik. Näheres kann durch Vereinbarungen geregelt werden.

Art. 40 [Minderheitenrechte der Sorben] Bürger der Deutschen Demokratischen Republik sorbischer Nationalität haben das Recht zur Pflege ihrer Muttersprache und Kultur. Die Ausübung dieses Rechts wird vom Staat gefördert.

Kapitel 2. Betriebe, Städte und Gemeinden in der sozialistischen Gesellschaft

Art. 41 [Eigenverantwortliche Gemeinschaften] Die sozialistischen Betriebe, Städte, Gemeinden und Gemeindeverbände sind im Rahmen der zentralen staatlichen *Leitung* und *Planung* eigenverantwortliche Gemeinschaften, in denen die Bürger arbeiten und ihre gesellschaftlichen Verhältnisse gestalten. Sie sichern die Wahrnehmung der Grundrechte der Bürger, die wirksame Verbindung der persönlichen mit den gesellschaftlichen Interessen sowie ein vielfältiges gesellschaftlich-politisches und kulturell-geistiges Leben. Sie stehen unter dem Schutz der Verfassung. Eingriffe in ihre Rechte können nur auf der Grundlage von Gesetzen erfolgen.

Art. 42 [Betriebsverfassung] (1) Im Betrieb, dessen Tätigkeit die Grundlage für die Schaffung und Mehrung des gesellschaftlichen Reichtums ist, wirken die Werktätigen unmittelbar und mit Hilfe ihrer gewählten Organe an der Leitung mit. Näheres regeln Gesetze oder Statuten.

(2) Zur Erhöhung der gesellschaftlichen Produktivität können von den staatlichen Organen, den Betrieben und Genossenschaften Vereinigungen und Gesellschaften gebildet sowie andere Formen der kooperativen Zusammenarbeit entwickelt werden.

Art. 43 [Gemeinden und Gemeindeverbände, gewählte Organe]
(1) Die Städte, Gemeinden und Gemeindeverbände der Deutschen Demokratischen Republik gestalten die notwendigen Bedingungen für eine ständige bessere Befriedigung der materiellen, sozialen, kulturellen und sonstigen gemeinsamen Bedürfnisse der Bürger. Zur Lösung dieser

Aufgaben arbeiten sie mit den Betrieben und Genossenschaften ihres Gebietes zusammen. Alle Bürger nehmen daran durch die Ausübung ihrer politischen Rechte teil.

(2) Die Verantwortung für die Verwirklichung der gesellschaftlichen Funktion der Städte und Gemeinden obliegt den von den Bürgern gewählten Volksvertretungen. Sie entscheiden eigenverantwortlich auf der Grundlage der Gesetze über ihre Angelegenheiten. Sie tragen die Verantwortung für die rationelle Nutzung aller Werte des Volksvermögens, über die sie verfügen.

Kapitel 3. Die Gewerkschaften und ihre Rechte

Art. 44 [Freie, unabhängige Gewerkschaften] (1) Die freien Gewerkschaften, vereinigt im Freien Deutschen Gewerkschaftsbund, sind die umfassende Klassenorganisation der Arbeiterklasse. Sie nehmen die Interessen der Arbeiter, Angestellten und Angehörigen der Intelligenz durch umfassende Mitbestimmung in Staat, Wirtschaft und Gesellschaft wahr.

(2) Die Gewerkschaften sind unabhängig. Niemand darf sie in ihrer Tätigkeit einschränken oder behindern.

(3) Die Gewerkschaften nehmen durch die Tätigkeit ihrer Organisationen und Organe, durch ihre Vertreter in den gewählten staatlichen Machtorganen und durch ihre Vorschläge an die staatlichen und wirtschaftlichen Organe maßgeblich teil

an der Gestaltung der sozialistischen Gesellschaft,

an der *Leitung* und *Planung* der Volkswirtschaft,

an der Verwirklichung der wissenschaftlich-technischen Revolution,

an der Entwicklung der Arbeits- und Lebensbedingungen, des Gesundheits- und Arbeitsschutzes, der Arbeitskultur, des kulturellen und sportlichen Lebens der Werktätigen.

Die Gewerkschaften arbeiten in den Betrieben und Institutionen an der Ausarbeitung der Pläne mit. Sie *leiten* die Ständigen Produktionsberatungen.

Art. 45 [Tarifpartner, Recht der Gesetzesinitiative] (1) Die Gewerkschaften haben das Recht, über alle die Arbeits- und Lebensbedingungen der Werktätigen betreffenden Fragen mit staatlichen Organen, mit

Betriebsleitungen und anderen wirtschaftlichen Organen Vereinbarungen abzuschließen.

(2) Die Gewerkschaften nehmen aktiven Anteil an der Gestaltung der sozialistischen Rechtsordnung. Sie besitzen das Recht der Gesetzesinitiative sowie der gesellschaftlichen Kontrolle über die Wahrung der gesetzlich garantierten Rechte der Werktätigen.

(3) Die Gewerkschaften leiten die Sozialversicherung der Arbeiter und Angestellten auf der Grundlage der Selbstverwaltung der Versicherten. Sie nehmen an der umfassenden materiellen und finanziellen Versorgung und Betreuung der Bürger bei Krankheit, Arbeitsunfall, Invalidität und im Alter teil.

(4) Alle Staatsorgane und Wirtschaftsleiter sind verpflichtet, für eine enge und vertrauensvolle Zusammenarbeit mit den Gewerkschaften Sorge zu tragen.

Kapitel 4. Die sozialistischen Produktionsgenossenschaften und ihre Rechte

Art. 46 [Landwirtschaftliche Produktionsgenossenschaften] (1) Die landwirtschaftlichen Produktionsgenossenschaften sind die freiwilligen Vereinigungen der Bauern zur gemeinsamen sozialistischen Produktion, zur ständig besseren Befriedigung ihrer materiellen und kulturellen Bedürfnisse und zur Versorgung des Volkes und der Volkswirtschaft. Sie gestalten auf der Grundlage der Gesetze eigenverantwortlich ihre Arbeits- und Lebensbedingungen.

(2) Durch ihre Organisationen und ihre Vertreter in den Staatsorganen nehmen die landwirtschaftlichen Produktionsgenossenschaften aktiv an der staatlichen *Leitung* und *Planung* der gesellschaftlichen Entwicklung teil.

(3) Der Staat hilft den landwirtschaftlichen Produktionsgenossenschaften, die sozialistische Großproduktion auf der Grundlage fortgeschrittener Wissenschaft und Technik zu entwickeln.

(4) Für die sozialistischen Produktionsgenossenschaften der Fischer, der Gärtner und der Handwerker gelten die gleichen Grundsätze.

Abschnitt III.
Aufbau und System der staatlichen Leitung

Art. 47 [Grundsatz des demokratischen Zentralismus] (1) Der Aufbau und die Tätigkeit der staatlichen Organe werden durch die in dieser Verfassung festgelegten Ziele und Aufgaben der Staatsmacht bestimmt.

(2) Die Souveränität des werktätigen Volkes, verwirklicht auf der Grundlage des demokratischen Zentralismus, ist das tragende Prinzip des Staatsaufbaus.

Kapitel 1. Die Volkskammer

Art. 48 [Vorrang der Volkskammer] (1) Die Volkskammer ist das oberste staatliche Machtorgan der Deutschen Demokratischen Republik. Sie entscheidet in ihren Plenarsitzungen über die Grundfragen der Staatspolitik.

(2) Die Volkskammer ist das einzige verfassungs- und gesetzgebende Organ in der Deutschen Demokratischen Republik. Niemand kann ihre Rechte einschränken.

Die Volkskammer verwirklicht in ihrer Tätigkeit den Grundsatz der Einheit von Beschlußfassung und Durchführung.

Art. 49 [Beschlußfassung] (1) Die Volkskammer bestimmt durch Gesetze und Beschlüsse endgültig und für jedermann verbindlich die Ziele der Entwicklung der Deutschen Demokratischen Republik.

(2) Die Volkskammer legt die Hauptregeln für das Zusammenwirken der Bürger, Gemeinschaften und Staatsorgane sowie deren Aufgaben bei der Durchführung der staatlichen Pläne der gesellschaftlichen Entwicklung fest.

(3) Die Volkskammer gewährleistet die Verwirklichung ihrer Gesetze und Beschlüsse. Sie bestimmt die Grundsätze der Tätigkeit des Staatsrates, des Ministerrates, des Nationalen Verteidigungsrates, des Obersten Gerichts und des Generalstaatsanwalts.

Art. 50 [Wahlbefugnisse] Die Volkskammer wählt den Vorsitzenden und die Mitglieder des Staatsrates, den Vorsitzenden und die Mitglieder des Ministerrates, den Vorsitzenden des Nationalen Verteidigungsrates, den Präsidenten und die Richter des Obersten Gerichts und den Generalstaatsanwalt. Sie können jederzeit von der Volkskammer abberufen werden.

Art. 51 [Völkerrechtliche Verträge] Die Volkskammer bestätigt Staatsverträge der Deutschen Demokratischen Republik und andere völkerrechtliche Verträge, soweit durch sie Gesetze der Volkskammer geändert werden. Sie entscheidet über die Kündigung dieser Verträge.

Art. 52 [Verteidigungszustand] Die Volkskammer beschließt über den Verteidigungszustand der Deutschen Demokratischen Republik. Im Dringlichkeitsfalle ist der Staatsrat berechtigt, den Verteidigungszustand zu beschließen. Der Vorsitzende des Staatsrates verkündet den Verteidigungszustand.

Art. 53 [Volksabstimmungen] Die Volkskammer kann die Durchführung von Volksabstimmungen beschließen.

Art. 54 [Zusammensetzung, Wahlperiode, Wahlgrundsätze] Die Volkskammer besteht aus 500 Abgeordneten, die vom Volke auf die Dauer von *5 Jahren* in freier, allgemeiner, gleicher und geheimer Wahl gewählt werden.

Art. 55 [Präsidium] (1) Die Volkskammer wählt für die Dauer der Wahlperiode ein Präsidium.

Das Präsidium besteht aus dem Präsidenten der Volkskammer, einem Stellvertreter des Präsidenten und weiteren Mitgliedern.

(2) Das Präsidium leitet die Arbeit der Volkskammer gemäß ihrer Geschäftsordnung.

Art. 56 [Stellung der Abgeordneten] (1) Die Abgeordneten der Volkskammer erfüllen ihre verantwortungsvollen Aufgaben im Interesse und zum Wohle des gesamten Volkes.

(2) Die Abgeordneten fördern die Mitwirkung der Bürger an der Vorbereitung und Verwirklichung der Gesetze in Zusammenarbeit mit den Ausschüssen der Nationalen Front *der Deutschen Demokratischen Republik,* den gesellschaftlichen Organisationen und den staatlichen Organen.

(3) Die Abgeordneten halten enge Verbindung zu ihren Wählern. Sie sind verpflichtet, deren Vorschläge, Hinweise und Kritiken zu beachten und für eine gewissenhafte Behandlung Sorge zu tragen.

(4) Die Abgeordneten erläutern den Bürgern die Politik des sozialistischen Staates.

Art. 57 [Pflichten der Abgeordneten, Abberufbarkeit] (1) Die Abgeordneten der Volkskammer sind verpflichtet, regelmäßig Sprechstunden und Aussprachen durchzuführen sowie den Wählern über ihre Tätigkeit Rechenschaft zu legen.

(2) Ein Abgeordneter, der seine Pflichten gröblich verletzt, kann von den Wählern gemäß dem gesetzlich festgelegten Verfahren abberufen werden.

Art. 58 [Beratung örtlicher Volksvertretungen] Die Abgeordneten der Volkskammer haben das Recht, an den Tagungen der örtlichen Volksvertretungen mit beratender Stimme teilzunehmen.

Art. 59 [Anfragen an die Regierung] Jeder Abgeordnete der Volkskammer hat das Recht, Anfragen an den Ministerrat und jedes seiner Mitglieder zu richten.

Art. 60 [Allgemeine Rechte der Abgeordneten] (1) Alle staatlichen und wirtschaftlichen Organe sind verpflichtet, die Abgeordneten bei der Wahrnehmung ihrer Aufgaben zu unterstützen.

(2) Die Abgeordneten der Volkskammer besitzen die Rechte der Immunität. Beschränkungen der persönlichen Freiheit, Hausdurchsuchungen, Beschlagnahmen oder Strafverfolgungen sind gegen Abgeordnete der Volkskammer nur mit Zustimmung der Volkskammer oder in der Zeit zwischen ihren Tagungen mit Zustimmung des Staatsrates zulässig. Die Entscheidung des Staatsrates bedarf der Bestätigung durch die Volkskammer.

Die Abgeordneten der Volkskammer sind berechtigt, über Personen, die ihnen in ihrer Eigenschaft als Abgeordnete Tatsachen anvertrauen oder denen sie in Ausübung ihrer Abgeordnetentätigkeit solche Tatsachen anvertraut haben, sowie über diese Tatsachen selbst die Aussage zu verweigern.

(3) Den Abgeordneten dürfen aus ihrer Abgeordnetentätigkeit keinerlei berufliche oder sonstige persönliche Nachteile entstehen. Sie sind von ihrer beruflichen Tätigkeit freigestellt, soweit die Wahrnehmung ihrer Aufgaben als Abgeordnete es erfordert. Gehälter und Löhne sind weiterzuzahlen.

Art. 61 [Ausschüsse] (1) Die Volkskammer bildet aus ihrer Mitte Ausschüsse. Ihnen obliegt in enger Zusammenarbeit mit den Wählern die Beratung von Gesetzentwürfen und die ständige Kontrolle der Durchführung der Gesetze.

(2) Die Ausschüsse können die Anwesenheit der zuständigen Minister

und Leiter anderer staatlicher Organe in ihren Beratungen zum Zwecke der Erteilung von Auskünften verlangen. Alle Staatsorgane sind verpflichtet, den Ausschüssen die erforderlichen Informationen zu erteilen.

(3) Die Ausschüsse haben das Recht, Fachleute zur ständigen oder zeitweiligen Mitarbeit heranzuziehen.

Art. 62 [Zusammentreten, Öffentlichkeit] (1) Die Volkskammer tritt spätestens am 30. Tage nach ihrer Wahl zusammen. Ihre erste Tagung wird vom Staatsrat einberufen.

(2) Die weiteren Tagungen der Volkskammer werden vom Präsidium der Volkskammer einberufen.

(3) Das Präsidium der Volkskammer ist verpflichtet, die Volkskammer einzuberufen, wenn die Volkskammer darüber Beschluß gefaßt hat oder mindestens ein Drittel der Abgeordneten es verlangt.

(4) Die Tagungen der Volkskammer sind öffentlich. Auf Antrag von mindestens zwei Dritteln der anwesenden Abgeordneten kann die Öffentlichkeit ausgeschlossen werden.

Art. 63 [Beschlußfähigkeit, Beschlußfassung, Verfassungsänderung] (1) Die Volkskammer ist beschlußfähig, wenn mehr als die Hälfte der Abgeordneten anwesend ist.

(2) Die Volkskammer faßt ihre Beschlüsse mit Stimmenmehrheit. Verfassungsändernde Gesetze sind beschlossen, wenn mindestens zwei Drittel der gewählten Abgeordneten zustimmen.

Art. 64 [Auflösung] (1) Vor Ablauf der Wahlperiode findet eine Auflösung der Volkskammer nur durch eigenen Beschluß statt.

(2) Ein solcher Beschluß bedarf der Zustimmung von mindestens zwei Dritteln der gewählten Abgeordneten.

(3) Spätestens am 60. Tage nach Ablauf der Wahlperiode oder am 45. Tage nach Auflösung der Volkskammer muß deren Neuwahl stattfinden.

Art. 65 [Gesetzesinitiative, Gesetzgebungsverfahren] (1) Das Recht zur Einbringung von Gesetzesvorlagen haben die Abgeordneten der in der Volkskammer vertretenen Parteien und Massenorganisationen, die Ausschüsse der Volkskammer, der Staatsrat, der Ministerrat und der Freie Deutsche Gewerkschaftsbund.

(2) Die Ausschüsse der Volkskammer beraten die Gesetzesvorlagen und legen ihre Auffassung dem Plenum der Volkskammer vor.

(3) Entwürfe grundlegender Gesetze werden vor ihrer Verabschiedung der Bevölkerung zur Erörterung unterbreitet. Die Ergebnisse der

Volksdiskussion sind bei der endgültigen Fassung auszuwerten.

(4) Die von der Volkskammer verabschiedeten Gesetze werden vom Vorsitzenden des Staatsrates innerhalb eines Monats im Gesetzblatt verkündet.

(5) Gesetze treten am 14. Tage nach ihrer Verkündung in Kraft, soweit sie nichts anderes bestimmen.

Kapitel 2. Der Staatsrat

Art. 66 [Aufgaben, völkerrechtliche Vertretungsmacht] (1) *Der Staatsrat nimmt als Organ der Volkskammer die Aufgaben wahr, die ihm durch die Verfassung sowie die Gesetze und Beschlüsse der Volkskammer übertragen sind.* Er ist der Volkskammer für seine Tätigkeit verantwortlich. *Zur Durchführung der ihm übertragenen Aufgaben faßt er Beschlüsse.*

(2) Der *Staatsrat* vertritt die Deutsche Demokratische Republik völkerrechtlich. *Er ratifiziert und kündigt Staatsverträge und andere völkerrechtliche Verträge, für die die Ratifizierung vorgesehen ist.*

Art. 67 [Zusammensetzung, Wahl] (1) Der Staatsrat besteht aus dem Vorsitzenden, seinen Stellvertretern, den Mitgliedern und dem Sekretär.

(2) Der Vorsitzende, die Stellvertreter des Vorsitzenden, die Mitglieder und der Sekretär des Staatsrates werden von der Volkskammer auf ihrer ersten Tagung nach der Neuwahl auf die Dauer von 5 Jahren gewählt.

(3) Der Vorschlag für die Wahl des Vorsitzenden des Staatsrates wird von der stärksten Fraktion der Volkskammer unterbreitet.

(4) Nach Ablauf der Wahlperiode der Volkskammer setzt der Staatsrat seine Tätigkeit bis zur Wahl des neuen Staatsrates durch die Volkskammer fort.

Art. 68 [Eid] Der Vorsitzende, die Stellvertreter des Vorsitzenden, die Mitglieder und der Sekretär des Staatsrates leisten bei ihrem Amtsantritt der Volkskammer folgenden Eid:

„Ich schwöre, daß ich meine Kraft dem Wohle des Volkes der Deutschen Demokratischen Republik widmen, ihre Verfassung und die Gesetze wahren, meine Pflichten gewissenhaft erfüllen und Gerechtigkeit gegenüber jedermann üben werde."

Art. 69 [Vorsitzender, Stellvertretung] Der Vorsitzende leitet die Arbeit des Staatsrates. *Im Falle seiner Verhinderung nimmt ein beauftragter Stellvertreter des Vorsitzenden des Staatsrates diese Aufgabe wahr.*

Art. 70 [Unterstützung der örtlichen Volksvertretungen] *Im Auftrage der Volkskammer unterstützt der Staatsrat die örtlichen Volksvertretungen als Organe der einheitlichen sozialistischen Staatsmacht, fördert deren demokratische Aktivität bei der Gestaltung der entwickelten sozialistischen Gesellschaft und nimmt Einfluß auf die Wahrung sowie die ständige Festigung der sozialistischen Gesetzlichkeit in der Tätigkeit der örtlichen Volksvertretungen.*

Art. 71 [Diplomatische Vertretung, protokollarische Festlegungen] (1) Der Vorsitzende des Staatsrates ernennt die bevollmächtigten Vertreter der Deutschen Demokratischen Republik in anderen Staaten und beruft sie ab. Er nimmt Beglaubigungs- und Abberufungsschreiben der bei ihm akkreditierten Vertreter anderer Staaten entgegen.

(2) Der Staatsrat legt die militärischen Dienstgrade, die diplomatischen Ränge und andere spezielle Titel fest.

Art. 72 [Ausschreibung von Wahlen] Der Staatsrat schreibt die Wahlen zur Volkskammer und zu den anderen Volksvertretungen aus.

Art. 73 [Beschlüsse zu Sicherheitsfragen, Nationaler Verteidigungsrat] (1) Der Staatsrat faßt grundsätzliche Beschlüsse zu Fragen der Verteidigung und Sicherheit des Landes. Er organisiert die Landesverteidigung mit Hilfe des Nationalen Verteidigungsrates.

(2) Der Staatsrat beruft die Mitglieder des Nationalen Verteidigungsrates. Der Nationale Verteidigungsrat ist der Volkskammer und dem Staatsrat für seine Tätigkeit verantwortlich.

Art. 74 [Aufsicht über Rechtspflegeorgane, Begnadigungsrecht]
(1) Der Staatsrat nimmt im Auftrage der Volkskammer die ständige Aufsicht über die Verfassungsmäßigkeit und Gesetzlichkeit der Tätigkeit des Obersten Gerichts und des Generalstaatsanwalts wahr.

(2) Der Staatsrat übt das Amnestie- und Begnadigungsrecht aus.

Art. 75 [Orden, Auszeichnungen, Ehrentitel] Der Staatsrat stiftet staatliche Orden, Auszeichnungen und Ehrentitel, die von seinem Vorsitzenden verliehen werden.

Kapitel 3. Der Ministerrat

Art. 76 [Stellung, Aufgaben] (1) Der Ministerrat *ist als Organ der Volkskammer die Regierung der Deutschen Demokratischen Republik. Er leitet* im Auftrage der Volkskammer *die einheitliche Durchführung der Staatspolitik und* organisiert die Erfüllung der politischen, ökonomischen, kulturellen und sozialen sowie der ihm übertragenen Verteidigungsaufgaben. Für seine Tätigkeit ist er der Volkskammer verantwortlich und rechenschaftspflichtig.

(2) Der Ministerrat leitet die Volkswirtschaft und die anderen gesellschaftlichen Bereiche. Er sichert die planmäßige proportionale Entwicklung der Volkswirtschaft, die harmonisch abgestimmte Gestaltung der gesellschaftlichen Bereiche und Territorien sowie die Verwirklichung der sozialistischen ökonomischen Integration.

(3) Der Ministerrat leitet die Durchführung der Außenpolitik der Deutschen Demokratischen Republik entsprechend den Grundsätzen dieser Verfassung. Er vertieft die allseitige Zusammenarbeit mit der Union der Sozialistischen Sowjetrepubliken und den anderen sozialistischen Staaten und gewährleistet den aktiven Beitrag der Deutschen Demokratischen Republik zur Stärkung der sozialistischen Staatengemeinschaft.

(4) Der Ministerrat entscheidet *entsprechend seiner Zuständigkeit* über den Abschluß und die Kündigung völkerrechtlicher Verträge. *Er bereitet Staatsverträge vor.*

Art. 77 [Entscheidungshilfe für die Volkskammer] *Der Ministerrat arbeitet die zu lösenden Aufgaben der staatlichen Innen- und Außenpolitik aus und unterbreitet der Volkskammer Entwürfe von Gesetzen und Beschlüssen.*

Art. 78 [Leitung, Koordination und Kontrolle der Verwaltung, Verordnungsrecht, Beschlüsse] (1) Der Ministerrat leitet, koordiniert und kontrolliert die Tätigkeit der Ministerien, der anderen zentralen Staatsorgane und der Räte der Bezirke. *Er fördert die Anwendung wissenschaftlicher Leitungsmethoden und die Einbeziehung der Werktätigen in die Verwirklichung der Politik des sozialistischen Staates. Er gewährleistet, daß die ihm unterstellten staatlichen Organe, die wirtschaftsleitenden Organe, Kombinate, Betriebe und Einrichtungen ihre Tätigkeit auf der Grundlage der Gesetze und anderen Rechtsvorschriften ausüben.*

(2) Im Rahmen der Gesetze und Beschlüsse der Volkskammer erläßt der Ministerrat Verordnungen und faßt Beschlüsse.

Art. 79 [Zusammensetzung, Wahl, Eid] (1) Der Ministerrat besteht aus dem Vorsitzenden *des Ministerrates,* den Stellvertretern des Vorsitzenden und den Ministern.

(2) Der Vorsitzende des Ministerrates wird *von der stärksten Fraktion* der Volkskammer vorgeschlagen und von der Volkskammer mit der Bildung des Ministerrates beauftragt.

(3) Der Vorsitzende und die Mitglieder des Ministerrates werden nach der Neuwahl der Volkskammer von ihr auf die Dauer von *5 Jahren* gewählt.

(4) Der Vorsitzende und die Mitglieder des Ministerrates werden vom Vorsitzenden des Staatsrates auf die Verfassung vereidigt.

Art. 80 [Kollektiv arbeitendes Organ, Präsidium] (1) Der Ministerrat ist ein kollektiv arbeitendes Organ. Für die Tätigkeit des Ministerrates tragen alle seine Mitglieder die Verantwortung. Jeder Minister leitet verantwortlich das ihm übertragene Aufgabengebiet.

(2) Der Ministerrat bildet aus seiner Mitte das Präsidium des Ministerrates.

(3) Der Vorsitzende des Ministerrates leitet den Ministerrat und das Präsidium.

(4) Nach Ablauf der Wahlperiode der Volkskammer setzt der Ministerrat seine Tätigkeit bis zur Wahl des neuen Ministerrates durch die Volkskammer fort.

Kapitel 4. Die örtlichen Volksvertretungen und ihre Organe

Art. 81 [Stellung, Aufgaben] (1) Die örtlichen Volksvertretungen sind die von den wahlberechtigten Bürgern gewählten Organe der Staatsmacht in den Bezirken, Kreisen, Städten, Stadtbezirken, Gemeinden und Gemeindeverbänden.

(2) Die örtlichen Volksvertretungen entscheiden auf der Grundlage der Gesetze in eigener Verantwortung über alle Angelegenheiten, die ihr Gebiet und seine Bürger betreffen. Sie organisieren die Mitwirkung der Bürger an der Gestaltung des politischen, wirtschaftlichen, kulturellen und sozialen Lebens und arbeiten mit den gesellschaftlichen Organisationen der Werktätigen zusammen.

(3) Die Tätigkeit der örtlichen Volksvertretungen ist darauf gerichtet, das sozialistische Eigentum zu mehren und zu schützen, die Arbeits- und Lebensbedingungen der Bürger ständig zu verbessern und das gesellschaftliche und kulturelle Leben der Bürger und ihrer Gemeinschaften zu fördern,

das sozialistische Staats- und Rechtsbewußtsein der Bürger zu heben und die öffentliche Ordnung zu sichern, die sozialistische Gesetzlichkeit zu festigen und die Rechte der Bürger zu wahren.

Art. 82 [Rechtsetzungsbefugnis, Finanzen] (1) Die örtlichen Volksvertretungen fassen Beschlüsse, die für ihre Organe und Einrichtungen sowie für die Volksvertretungen, Gemeinschaften und Bürger ihres Gebietes verbindlich sind. Diese Beschlüsse sind zu veröffentlichen.

(2) Die örtlichen Volksvertretungen haben eigene Einnahmen und verfügen über ihre Verwendung.

Art. 83 [Räte, Kommissionen] (1) Zur Wahrnehmung ihrer Verantwortung wählt jede örtliche Volksvertretung ihren Rat und Kommissionen. Die Mitglieder des Rates sollen nach Möglichkeit Abgeordnete sein. In die Kommissionen können auch Mitglieder berufen werden, die nicht Abgeordnete sind.

(2) Der Rat sichert die Entfaltung der Tätigkeit der Volksvertretung und organisiert die Leitung der gesellschaftlichen Entwicklung in deren Verantwortungsbereich. Er ist der Volksvertretung für seine gesamte Tätigkeit verantwortlich und dem übergeordneten Rat rechenschaftspflichtig. Der Rat ist ein kollektiv arbeitendes Organ.

(3) Die Kommissionen organisieren die sachkundige Mitwirkung der Bürger bei der Vorbereitung und Durchführung der Beschlüsse der Volksvertretung. Sie kontrollieren die Durchführung der Gesetze *und anderen Rechtsvorschriften sowie* der Beschlüsse der Volksvertretung durch den Rat und dessen Fachorgane.

Art. 84 [Überörtliche Verbände] Die örtlichen Volksvertretungen können zur gemeinsamen Wahrnehmung ihrer Aufgaben Verbände bilden.

Art. 85 [Gesetzliche Festlegung der Aufgaben und Befugnisse] Die Aufgaben und Befugnisse der örtlichen Volksvertretungen, ihrer Abgeordneten, Kommissionen und ihrer Räte in den Bezirken, Kreisen, Städten, Stadtbezirken, Gemeinden und Gemeindeverbänden werden durch Gesetz festgelegt.

Abschnitt IV. Sozialistische Gesetzlichkeit und Rechtspflege

Art. 86 [Garantie der Verfassungsmäßigkeit] Die sozialistische Gesellschaft, die politische Macht des werktätigen Volkes, ihre Staats- und Rechtsordnung sind die grundlegende Garantie für die Einhaltung und die Verwirklichung der Verfassung im Geiste der Gerechtigkeit, Gleichheit, Brüderlichkeit und Menschlichkeit.

Art. 87 [Gewährleistung der Gesetzlichkeit] Gesellschaft und Staat gewährleisten die Gesetzlichkeit durch die Einbeziehung der Bürger und ihrer Gemeinschaften in die Rechtspflege und in die gesellschaftliche und staatliche Kontrolle über die Einhaltung des sozialistischen Rechts.

Art. 88 [Rechenschaftspflicht leitender Funktionäre] Die Verantwortlichkeit aller leitenden Mitarbeiter in Staat und Wirtschaft gegenüber den Bürgern ist durch ein System der Rechenschaftspflicht gewährleistet.

Art. 89 [Veröffentlichung, Verfassungsmäßigkeit] (1) Gesetze und andere allgemeinverbindliche Rechtsvorschriften der Deutschen Demokratischen Republik werden im Gesetzblatt und anderweitig veröffentlicht.

(2) Rechtsvorschriften der örtlichen Volksvertretungen und ihrer Organe werden in geeigneter Form veröffentlicht.

(3) Rechtsvorschriften dürfen der Verfassung nicht widersprechen. Über Zweifel an der Verfassungsmäßigkeit von Rechtsvorschriften entscheidet *die Volkskammer.*

Art. 90 [Funktion der Rechtspflege, Teilnahme der Bürger] (1) Die Rechtspflege dient der Durchführung der sozialistischen Gesetzlichkeit, dem Schutz und der Entwicklung der Deutschen Demokratischen Republik und ihrer Staats- und Gesellschaftsordnung. Sie schützt die Freiheit, das friedliche Leben, die Rechte und die Würde der Menschen.

(2) Die Bekämpfung und Verhütung von Straftaten und anderen Rechtsverletzungen sind gemeinsames Anliegen der sozialistischen Gesellschaft, ihres Staates und aller Bürger.

(3) Die Teilnahme der Bürger an der Rechtspflege ist gewährleistet. Sie wird im einzelnen durch Gesetz bestimmt.

Art. 91 [Völkerstrafrecht] Die allgemein anerkannten Normen des Völkerrechts über die Bestrafung von Verbrechen gegen den Frieden, gegen die Menschlichkeit und von Kriegsverbrechen sind unmittelbar geltendes Recht. Verbrechen dieser Art unterliegen nicht der Verjährung.

Art. 92 [Organe der Rechtsprechung] Die Rechtsprechung wird in der Deutschen Demokratischen Republik durch das Oberste Gericht, die Bezirksgerichte, die Kreisgerichte und die gesellschaftlichen Gerichte im Rahmen der ihnen durch Gesetz übertragenen Aufgaben ausgeübt. In Militärstrafsachen üben das Oberste Gericht, die Militärobergerichte und die Militärgerichte die Rechtsprechung aus.

Art. 93 [Oberstes Gericht] (1) Das Oberste Gericht ist das höchste Organ der Rechtsprechung.

(2) Das Oberste Gericht leitet die Rechtsprechung der Gerichte auf der Grundlage der Verfassung, der Gesetze und anderen Rechtsvorschriften der Deutschen Demokratischen Republik. Es sichert die einheitliche Rechtsanwendung durch alle Gerichte.

(3) Das Oberste Gericht ist der Volkskammer und zwischen ihren Tagungen dem Staatsrat verantwortlich.

Art. 94 [Richter] (1) Richter kann nur sein, wer dem Volk und seinem sozialistischen Staat treu ergeben ist und über ein hohes Maß an Lebenserfahrung, an menschlicher Reife und Charakterfestigkeit verfügt.

(2) Die demokratische Wahl aller Richter, Schöffen und Mitglieder gesellschaftlicher Gerichte gewährleistet, daß die Rechtsprechung von Frauen und Männern aller Klassen und Schichten des Volkes ausgeübt wird.

Art. 95 [Wahl und Abberufung von Richtern und Schöffen] Alle Richter, Schöffen und Mitglieder der gesellschaftlichen Gerichte werden durch die Volksvertretungen oder unmittelbar durch die Bürger gewählt. Sie erstatten ihren Wählern Bericht über ihre Arbeit. Sie können von ihren Wählern abberufen werden, wenn sie gegen die Verfassung oder die Gesetze verstoßen oder sonst ihre Pflichten gröblich verletzen.

Art. 96 [Unabhängigkeit] (1) Die Richter, Schöffen und Mitglieder der gesellschaftlichen Gerichte sind in ihrer Rechtsprechung unabhängig. Sie sind nur an die Verfassung, die Gesetze und anderen Rechtsvorschriften der Deutschen Demokratischen Republik gebunden.

(2) Die Schöffen üben die Funktion eines Richters in vollem Umfang und mit gleichem Stimmrecht wie die Berufsrichter aus.

Art. 97 [Staatsanwaltschaft] Zur Sicherung der sozialistischen Gesellschafts- und Staatsordnung und der Rechte der Bürger wacht die Staatsanwaltschaft auf der Grundlage der Gesetze und anderen Rechtsvorschriften der Deutschen Demokratischen Republik über die strikte Einhaltung der sozialistischen Gesetzlichkeit. Sie schützt die Bürger vor Gesetzesverletzungen. Die Staatsanwaltschaft leitet den Kampf gegen Straftaten und sichert, daß die Personen, die Verbrechen oder Vergehen begangen haben, vor Gericht zur Verantwortung gezogen werden.

Art. 98 [Generalstaatsanwalt] (1) Die Staatsanwaltschaft wird vom Generalstaatsanwalt geleitet.

(2) Dem Generalstaatsanwalt unterstehen die Staatsanwälte der Bezirke und Kreise sowie die Militärstaatsanwälte.

(3) Die Staatsanwälte werden vom Generalstaatsanwalt berufen und abberufen, sie sind ihm verantwortlich und an seine Weisungen gebunden.

(4) Der Generalstaatsanwalt ist der Volkskammer und zwischen ihren Tagungen dem Staatsrat verantwortlich.

Art. 99 [Grundsätze des Strafverfahrens] (1) Die strafrechtliche Verantwortlichkeit wird durch die Gesetze der Deutschen Demokratischen Republik bestimmt.

(2) Eine Tat zieht strafrechtliche Verantwortlichkeit nur nach sich, wenn diese zur Zeit der Begehung der Tat gesetzlich festgelegt ist, wenn der Täter schuldhaft gehandelt hat und die Schuld zweifelsfrei nachgewiesen ist. Strafgesetze haben keine rückwirkende Kraft.

(3) Eine strafrechtliche Verfolgung ist nur in Übereinstimmung mit den Strafgesetzen möglich.

(4) Die Rechte des Bürgers dürfen im Zusammenhang mit einem Strafverfahren nur insoweit eingeschränkt werden, wie dies gesetzlich zulässig und unumgänglich ist.

Art. 100 [Untersuchungshaft] (1) Über die Zulässigkeit von Untersuchungshaft hat nur der Richter zu entscheiden. Verhaftete sind spätestens am Tage nach ihrer Verhaftung dem Richter vorzuführen.

(2) Der Richter oder der Staatsanwalt haben im Rahmen ihrer Verantwortung jederzeit zu prüfen, ob die Voraussetzungen der Untersuchungshaft noch vorliegen.

(3) Der Staatsanwalt hat nächste Angehörige des Verhafteten inner-

halb von 24 Stunden nach der ersten richterlichen Vernehmung zu benachrichtigen.

Ausnahmen sind nur zulässig, wenn durch die Benachrichtigung der Zweck der Untersuchung gefährdet wird. In diesen Fällen erfolgt die Benachrichtigung nach Wegfall der Gefährdungsgründe.

Art. 101 [Gesetzlicher Richter, Ausnahmegerichte] (1) Niemand darf seinem gesetzlichen Richter entzogen werden.

(2) Ausnahmegerichte sind unstatthaft.

Art. 102 [Rechtliches Gehör, Verteidigung] (1) Jeder Bürger hat das Recht, vor Gericht gehört zu werden.

(2) Das Recht auf Verteidigung wird während des gesamten Strafverfahrens gewährleistet.

Art. 103 [Eingaberecht] (1) Jeder Bürger kann sich mit Eingaben (Vorschlägen, Hinweisen, Anliegen oder Beschwerden) an die Volksvertretungen, ihre Abgeordneten oder die staatlichen und wirtschaftlichen Organe wenden. Dieses Recht steht auch den gesellschaftlichen Organisationen und den Gemeinschaften der Bürger zu. Ihnen darf aus der Wahrnehmung dieses Rechts kein Nachteil entstehen.

(2) Die für die Entscheidung verantwortlichen Organe sind verpflichtet, die Eingaben der Bürger oder der Gemeinschaften innerhalb der gesetzlich vorgeschriebenen Frist zu bearbeiten und den Antragstellern das Ergebnis mitzuteilen.

(3) Das Verfahren der Bearbeitung der Eingaben wird durch das Gesetz bestimmt.

Art. 104 [Staatshaftung] (1) Für Schäden, die einem Bürger oder seinem persönlichen Eigentum durch ungesetzliche Maßnahmen von Mitarbeitern der Staatsorgane zugefügt werden, haftet das staatliche Organ, dessen Mitarbeiter den Schaden verursacht hat.

(2) Voraussetzungen und Verfahren der Staatshaftung werden durch Gesetz geregelt.

Abschnitt V. Schlußbestimmungen

Art. 105 [Unmittelbare Geltung der Verfassung] Die Verfassung ist unmittelbar geltendes Recht.

Art. 106 [Keine verfassungsdurchbrechenden Gesetze] Die Verfassung kann nur von der Volkskammer der Deutschen Demokratischen Republik durch Gesetz geändert werden, das den Wortlaut der Verfassung ausdrücklich ändert oder ergänzt.

Anhang:

A. Die Verfassung der Deutschen Demokratischen Republik (1968)

Vom 6. April 1968 (GBl. I S. 199)
[Auszug][1]

Getragen von der Verantwortung, *der ganzen deutschen Nation* den Weg in eine Zukunft des Friedens und des Sozialismus zu weisen,

in Ansehung der geschichtlichen Tatsache, daß der Imperialismus unter Führung der USA im Einvernehmen mit Kreisen des westdeutschen Monopolkapitals Deutschland gespalten hat, um Westdeutschland zu einer Basis des Imperialismus und des Kampfes gegen den Sozialismus aufzubauen, was *den Lebensinteressen der Nation* widerspricht,

hat sich das Volk der Deutschen Demokratischen Republik, fest gegründet auf den Errungenschaften der antifaschistisch-demokratischen und der sozialistischen Umwälzung der gesellschaftlichen Ordnung,

einig in seinen werktätigen Klassen und Schichten das Werk der Verfassung vom 7. Oktober 1949 in ihrem Geiste weiterführend,

und von dem Willen erfüllt, den Weg des Friedens, der sozialen Gerechtigkeit, der Demokratie, des Sozialismus und der Völkerfreundschaft in freier Entscheidung unbeirrt weiterzugehen,

diese sozialistische Verfassung gegeben.

---

1 Im folgenden Auszug werden nur die Teile der ursprünglichen Fassung von 1968 abgedruckt, die in der Neufassung von 1974 nicht mehr enthalten sind. Die Ausnahmen von dieser Regel, in Anmerkung 1 auf S. 326 unter a bis c aufgeführt, sind dabei zu beachten. Die Textstellen, deren Beachtung für das politische Verständnis der Veränderungen des Jahres 1974 besonders erscheinen, werden durch *Kursiv-Drucktypen* herausgehoben.

Abschnitt I. Grundlagen der sozialistischen Gesellschafts- und Staatsordnung

Kapitel 1. Politische Grundlagen

Art. 1 [Sozialistischer Staat deutscher Nation] Die Deutsche Demokratische Republik ist ein sozialistischer Staat *deutscher Nation.* Sie ist die politische Organisation der Werktätigen in Stadt und Land, die gemeinsam unter Führung der Arbeiterklasse und ihrer marxistisch-leninistischen Partei den Sozialismus verwirklichen.

Art. 2 [Souveränität der Werktätigen, sozialistische Grundsätze] (1)...

Das gesellschaftliche System des Sozialismus wird ständig vervollkommnet.

...

(4) Die Übereinstimmung der politischen, materiellen und kulturellen Interessen der Werktätigen und ihrer Kollektive mit den gesellschaftlichen Erfordernissen ist die wichtigste Triebkraft der sozialistischen Gesellschaft.

Art. 3 [Nationale Front] (1) Das Bündnis aller Kräfte des Volkes findet in der Nationalen Front *des demokratischen Deutschland* seinen organisierten Ausdruck.

(2) In der Nationalen Front *des demokratischen Deutschland* vereinigen die Parteien und Massenorganisationen alle Kräfte des Volkes zum gemeinsamen Handeln für die Entwicklung der sozialistischen Gesellschaft...

Art. 4 [Staatsziel] Alle Macht dient dem Wohle des Volkes. Sie sichert sein friedliches Leben, schützt die sozialistische Gesellschaft und *gewährleistet die planmäßige Steigerung des Lebensstandards,* die freie Entwicklung des Menschen, wahrt seine Würde und garantiert die in dieser Verfassung verbürgten Rechte.

...

Art. 6 [Sozialistischer Internationalismus] (1) Die Deutsche Demokratische Republik hat getreu den Interessen des *deutschen Volkes* und der internationalen Verpflichtung *aller Deutschen* auf ihrem Gebiet den deutschen Militarismus und Nazismus ausgerottet und betreibt eine dem Frieden und dem Sozialismus, der Völkerverständigung und der Sicherheit dienende Außenpolitik.

(2) Die Deutsche Demokratische Republik pflegt und entwickelt entsprechend den Prinzipien des sozialistischen Internationalismus die allseitige Zusammenarbeit und Freundschaft mit der Union der Sozialistischen Sowjetrepubliken und den anderen sozialistischen Staaten.

(3) Die Deutsche Demokratische Republik unterstützt die Bestrebungen der Völker nach Freiheit und Unabhängigkeit und pflegt auf der Grundlage der Gleichberechtigung und gegenseitigen Achtung die Zusammenarbeit mit allen Staaten.

(4) Die Deutsche Demokratische Republik erstrebt ein System der kollektiven Sicherheit in Europa und eine stabile Friedensordnung in der Welt. Sie setzt sich für die allgemeine Abrüstung ein.

...

Art. 7 [Landesverteidigung] (1) Die Staatsorgane gewährleisten die Unantastbarkeit des Staatsgebietes der Deutschen Demokratischen Republik einschließlich des Luftraums und der Territorialgewässer sowie den Schutz und die Nutzung des Festlandsockels.

...

Art. 8 [Völkerrecht, innerdeutsche Beziehungen, Wiedervereinigung] (1)...

(2) Die Herstellung und Pflege normaler Beziehungen und die Zusammenarbeit der beiden deutschen Staaten auf der Grundlage der Gleichberechtigung sind nationales Anliegen der Deutschen Demokratischen Republik. *Die Deutsche Demokratische Republik und ihre Bürger erstreben darüber hinaus die Überwindung der vom Imperialismus der deutschen Nation aufgezwungenen Spaltung Deutschlands, die schrittweise Annäherung der beiden deutschen Staaten bis zu ihrer Vereinigung auf der Grundlage der Demokratie und des Sozialismus.*

Kapitel 2. Ökonomische Grundlagen Wissenschaft, Bildung und Kultur

Art. 9 [Volkswirtschaft, ökonomische Grundsätze des Sozialismus] (1)... Die sozialistischen Produktionsverhältnisse entstanden als Ergebnis des Kampfes gegen das monopolkapitalistische Wirtschaftssystem, dessen aggressive und abenteuerliche Politik der deutschen Nation bisher nur Unglück gebracht hat. Durch die Entmachtung der Monopole und Großgrundbesitzer, durch die Abschaffung der kapitalistischen Profitwirtschaft wurde die Quelle der Kriegspolitik und der Ausbeutung des Menschen durch den Menschen beseitigt.

Das sozialistische Eigentum hat sich bewährt.

...

(3)... Das ökonomische System des Sozialismus verbindet die zentrale staatliche *Planung und Leitung* der Grundfragen der gesellschaftlichen Entwicklung mit der Eigenverantwortung der sozialistischen Warenproduzenten und der örtlichen Staatsorgane.

...

Art. 12 [Volkseigentum] (1) Die Bodenschätze, die Bergwerke, Kraftwerke, Talsperren und großen Gewässer, die Naturreichtümer des Festlandsockels, *größere* Industriebetriebe, Banken und Versicherungseinrichtungen, die volkseigenen Güter, die Verkehrswege, die Transportmittel der Eisenbahn, der Seeschiffahrt sowie der Luftfahrt, die Post- und Fernmeldeanlagen sind Volkseigentum. Privateigentum daran ist unzulässig.

...

Art. 14 [Grenzen der Privatwirtschaft] (1) Die Nutzung und der Betrieb privater Wirtschaftsunternehmen und -einrichtungen zu Erwerbszwecken müssen gesellschaftliche Bedürfnisse befriedigen, der Erhöhung des Volkswohlstandes und der Mehrung des gesellschaftlichen Reichtums dienen.

(2) Das enge Zusammenwirken von sozialistischen mit privaten Wirtschaftsunternehmen und -einrichtungen wird vom Staat gefördert. In Übereinstimmung mit den gesellschaftlichen Erfordernissen können private Betriebe auf Antrag staatliche Beteiligung aufnehmen.

(3) Privatwirtschaftliche Vereinigungen zur Begründung wirtschaftlicher Macht sind nicht gestattet.

...

Art. 17 [Wissenschaft und Forschung, Bildungssystem] (1) Wissenschaft und Forschung sowie die Anwendung ihrer Erkenntnisse sind wesentliche Grundlagen der sozialistischen Gesellschaft und werden durch den Staat allseitig gefördert.

...

(3) Die Deutsche Demokratische Republik fördert Wissenschaft und Bildung mit dem Ziel, die Gesellschaft und das Leben der Bürger zu schützen und zu bereichern, die wissenschaftlich-technische Revolution zu meistern sowie den ständigen Fortschritt der sozialistischen Gesellschaft zu gewährleisten.

...

Art. 18 [Sozialistische Nationalkultur] (1) Die sozialistische Nationalkultur gehört zu den Grundlagen der sozialistischen Gesellschaft. Die Deutsche Demokratische Republik fördert und schützt die sozialistische Kultur, die dem Frieden, dem Humanismus und der Entwicklung der *sozialistischen Menschengemeinschaft* dient...

...

Abschnitt II. Bürger und Gemeinschaften in der sozialistischen Gesellschaft

Kapitel 1. Grundrechte und Grundpflichten der Bürger

...

Art. 22 [Aktives und passives Wahlrecht] (1)...

(2) Jeder Bürger kann in die örtlichen Volksvertretungen gewählt werden, wenn er am Wahltage das 18. Lebensjahr vollendet hat. Er kann in die Volkskammer gewählt werden, wenn er am Wahltage das 21. Lebensjahr vollendet hat.

...

Kapitel 2. Betriebe, Städte und Gemeinden in der sozialistischen Gesellschaft

...

Kapitel 3. Die Gewerkschaften und ihre Rechte

Art. 44 [Freie, unabhängige Gewerkschaften] (1)...

...

(3)... Die Gewerkschaften arbeiten in den Betrieben und Institutionen an der Ausarbeitung der Pläne mit und sind in den Gesellschaftlichen Räten der Vereinigungen Volkseigener Betriebe und in den Produktionskomitees der Betriebe und Kombinate vertreten. Sie *organisieren* die Ständigen Produktionsberatungen.

...

Kapitel 4. Die sozialistischen Produktionsgenossenschaften und ihre Rechte

...

Abschnitt III. Aufbau und System der staatlichen Leitung

...

Kapitel 1. Die Volkskammer

...

Art. 55 [Präsidium] (1)...

(2) Dem Präsidium obliegt die Tagungsleitung der Plenarsitzungen. Weitere Aufgaben regelt die Geschäftsordnung der Volkskammer.

Art. 56 [Förderung der Mitwirkung der Bürger] (1)...

(2) Die Abgeordneten fördern die Mitwirkung der Bürger an der Vorbereitung und Verwirklichung der Gesetze in Zusammenarbeit mit den Ausschüssen der Nationalen Front *des demokratischen Deutschland*, den gesellschaftlichen Organisationen und den staatlichen Organen.

...

Art. 65 [Gesetzgebungsverfahren] (1)...

(2) In Vorbereitung der Tagungen der Volkskammer behandelt der Staatsrat Gesetzesvorlagen und prüft deren Verfassungsmäßigkeit.

(3) Die Ausschüsse der Volkskammer... werden in ihrer Tätigkeit vom Staatsrat unterstützt.

...

Kapitel 2. Der Staatsrat

Art. 66 [Aufgaben, völkerrechtliche Vertretungsmacht] (1) Der Staatsrat erfüllt als Organ der Volkskammer zwischen den Tagungen der Volkskammer alle grundsätzlichen Aufgaben, die sich aus den Gesetzen und Beschlüssen der Volkskammer ergeben...

(2) *Der Vorsitzende* des Staatsrates vertritt die Deutsche Demokratische Republik völkerrechtlich. Der Staatsrat entscheidet über den Abschluß der Staatsverträge der Deutschen Demokratischen Republik. Sie werden vom Vorsitzenden des Staatsrates ratifiziert. Der Staatsrat kündigt Staatsverträge.

...

Art. 70 [Einberufung der Volkskammer] *(1) Der Staatsrat behandelt Vorlagen an die Volkskammer und veranlaßt ihre Beratung in den Ausschüssen der Volkskammer.*

(2) Auf Beschluß der Volkskammer oder aus eigener Initiative beruft der Staatsrat die Tagungen der Volkskammer ein.

(3) Der Staatsrat ist verpflichtet, die Volkskammer jederzeit einzuberufen, wenn mindestens ein Drittel der Abgeordneten es verlangt.

Art. 71 [Zuständigkeit] *(1) Der Staatsrat regelt die grundsätzlichen Aufgaben, die sich aus den Gesetzen und Beschlüssen der Volkskammer* *ergeben, durch Erlasse. Sie werden der Volkskammer zur Bestätigung vorgelegt.*

(2) Erlasse und Beschlüsse des Staatsrates sind rechtsverbindlich.

(3) Der Staatsrat legt die Verfassung und die Gesetze verbindlich aus, soweit dies nicht durch die Volkskammer selbst erfolgt.

...

Kapitel 3. Der Ministerrat[2]

Art. 78 [Aufgaben] (1) Der Ministerrat organisiert im Auftrage der Volkskammer die Erfüllung der politischen, ökonomischen, kulturellen und sozialen sowie die ihm übertragenen Verteidigungsaufgaben des sozialistischen Staates. ...

(2) Der Ministerrat arbeitet wissenschaftlich begründete Prognosen aus, organisiert die Gestaltung des ökonomischen Systems des Sozialismus und leitet die planmäßige Entwicklung der Volkswirtschaft.

Art. 79 [Kontrollorgan] (1) Der Ministerrat arbeitet auf der Grundlage der Gesetze und Beschlüsse der Volkskammer *sowie der Erlasse und Beschlüsse des Staatsrates.* Er erläßt im Rahmen der Gesetze und Erlasse Verordnungen und faßt Beschlüsse.

(2) Der Ministerrat leitet, koordiniert und kontrolliert die Tätigkeit der Ministerien, der anderen zentralen Staatsorgane und der Räte der Bezirke entsprechend den Erkenntnissen der Organisationswissenschaft.

(3) Der Ministerrat entscheidet über den Abschluß und die Kündigung völkerrechtlicher Verträge, die in seinem Namen abgeschlossen werden.

Art. 80 [Zusammensetzung, Verantwortlichkeit] (1) Der Vorsitzende des Ministerrats wird *vom Vorsitzenden des Staatsrates* der Volkskammer vorgeschlagen und von ihr mit der Bildung des Ministerrates beauftragt.

...

2 Durch das Gesetz über den Ministerrat der Deutschen Demokratischen Republik vom 16. 10. 1972 (GBl. I S. 253) wurden bereits umfangreiche Kompetenzverschiebungen zu Lasten des Staatsrats und zugunsten des Ministerrats herbeigeführt, die materiell einen erheblichen Eingriff in die Substanz der DDRV 1968 darstellten. Erst zwei Jahre später wurde der neuen Lage bei der Neufassung auch im Text der DDRV 1974 in den Art. 76 bis 80 Rechnung getragen.

Kapitel 4. Die örtlichen Volksvertretungen und ihre Organe

...

Art. 83 [Räte, Kommissionen] (1)...

...

(3) Die Kommissionen... kontrollieren die Durchführung der Gesetze, Erlasse, Verordnungen und der Beschlüsse der Volksvertretung durch den Rat und dessen Fachorgane.

...

Abschnitt IV. Sozialistische Gesetzlichkeit und Rechtspflege

...

Art. 89 [Veröffentlichung, Verfassungsmäßigkeit] (1)...

...

(3)... Über Zweifel an der Verfassungsmäßigkeit von Rechtsvorschriften des Ministerrats und anderer staatlicher Organe *entscheidet der Staatsrat.*

...

Art. 104 [Beschwerderecht] (1) Für Beschwerden gegen Entscheidungen zentraler Organe des Ministerrates ist der Ministerrat zuständig.

(2) Für Beschwerden gegen Leitungsentscheidungen des Ministerrates, des Obersten Gerichts oder des Generalstaatsanwalts ist der Staatsrat zuständig.

Art. 105 [Beschwerdeausschüsse] (1) Für Beschwerden gegen Entscheidungen örtlicher Staatsorgane ist der Leiter des Organs zuständig, welches die angefochtene Entscheidung getroffen hat. Ändert der Leiter die Entscheidung nicht, ist der Beschwerdeführer berechtigt, sich an den Beschwerdeausschuß der zuständigen Volksvertretung zu wenden.

(2) Die Aufgaben und Rechte der Beschwerdeausschüsse werden durch Erlaß geregelt.

...

Abschnitt V. Schlußbestimmungen

...

Die durch Volksentscheid am sechsten April neunzehnhundertachtundsechzig beschlossene Verfassung der Deutschen Demokratischen Republik wird hiermit verkündet.

B. Gesetze und Beschlüsse zur Änderung bzw. Ergänzung der Verfassung der DDR

Aus der Zeit von der „Wende“
im Herbst 1989 bis zum Beitritt am 3.10.1990
[z.T. Auszüge]

1. Gesetz zur Änderung der Verfassung der Deutschen Demokratischen Republik

Vom 1. Dezember 1989 (GBl. I S. 265)

Im Artikel 1 Abs. 1 der Verfassung wird der zweite Halbsatz im 2. Satz „unter Führung der Arbeiterklasse und ihrer marxistisch-leninistischen Partei“ gestrichen.

2. Beschluß der Volkskammer über die Gewährleistung der Meinungs-, Informations- und Medienfreiheit

Vom 5. Februar 1990 (GBl. I. S. 39)

Zur allseitigen Durchsetzung der in der Verfassung vor allem in den Artikeln 27 Abs. 1 und 2; 28 Abs. 2; 30 Abs. 1, aber auch in Artikel 6 Abs. 5 festgelegten Grundrechte und -pflichten sowie zur Durchsetzung von Verpflichtungen der DDR aus internationalen Abkommen und Erklärungen zu den Grundrechten der Meinungs-, Informations- und Medienfreiheit sind sofortige Maßnahmen erforderlich. Die DDR fördert einen freien Informationsaustausch und eine breite internationale

Zusammenarbeit im Bereich von Information und Kommunikation in Übereinstimmung mit den Zielen und Grundsätzen des Völkerrechts, insbesondere der Konvention über zivile und politische Rechte von 1966, der KSZE-Schlußakte von 1975 und der UNESCO-Massenmediendeklaration von 1978.

Zu diesem Zweck faßt die Volkskammer folgenden Beschluß, der bis zum Erlaß von gesetzlichen Regelungen zu den Medien gilt:

1. Alle Bürgerinnen und Bürger haben das Recht auf freie Meinungsäußerung. Dieses Recht schließt die Freiheit ein, sich um Informationen und Ideen aller Art, ungeachtet der Grenzen mündlich, schriftlich oder gedruckt, in Form von Kunstwerken oder durch jedes andere Mittel seiner Wahl zu bemühen, diese zu empfangen und mitzuteilen.

2. Es ist verboten, die Medien für Kriegshetze, Aufruf zur Gewalt, die Bekundung von Glaubens-, Rassen- und Völkerhaß sowie für militärische, faschistische, revanchistische und andere antihumanistische Propaganda zu mißbrauchen. Ebenso verboten sind Veröffentlichungen, die geeignet sind, die Würde des Menschen zu verletzen oder den Schutz der Jugendlichen und Kinder zu gefährden.

3. Aus der Wahrnahme seiner verfassungsmäßig garantierten Rechte auf freie und öffentliche Meinungsäußerung dürfen niemandem Nachteile erwachsen.

4. Die Bürgerinnen und Bürger der DDR haben das Recht auf wahrhaftige, vielfältige und ausgewogene Information durch die Massenmedien. Das Recht auf Gegendarstellung bei Tatsachenbehauptungen ist in demselben Medium zu gewährleisten.

5. Jegliche Zensur der Medien der DDR ist untersagt.

6. Die Medien haben alle Veröffentlichungen verantwortungsbewußt und sorgfältig auf Wahrheit, Inhalt und Herkunft zu prüfen. Sie haben die Würde und die Persönlichkeitsrechte der Bürgerinnen und Bürger zu respektieren.

7. Die öffentlichkeitswirksamen Mitarbeiter in den Medien sind persönlich für ihre Arbeit verantwortlich. Die Mitarbeiter der Medien haben das Recht, die Ausarbeitung eines Materials zu verweigern, wenn Themenstellung und Auftrag ihren persönlichen Überzeugungen widersprechen. Sie sind nicht verpflichtet, öffentlich Ansichten zu vertreten, die ihrer persönlichen Meinung zuwiderlaufen. Mitarbeiter der Medien

haben das Recht, im Zusammenhang mit ihrer beruflichen Tätigkeit im Rahmen dieses Beschlusses alle ihnen notwendig erscheinenden Informationen einzuholen. Sie sind nicht verpflichtet, die Quellen ihrer Informationen offenzulegen. Ausnahmen sind nur durch gerichtliche Entscheidung zulässig. Die Bestimmungen des Urheberrechts sind strikt zu beachten.

8. Alle staatlichen Organe, Betriebe, Genossenschaften sowie politischen Parteien und gesellschaftlichen Organisationen sind verpflichtet, den Medien alle Auskünfte zu erteilen, die für die Erfüllung ihrer öffentlichen Aufgaben und eine wahrheitsgetreue Information erforderlich sind. Sie unterstützen die Medien durch Informationsdienste und Beauftragte für Öffentlichkeitsarbeit. Einschränkungen der Informationspflicht sind nur durch Gesetz zulässig.

9. Alle staatlichen Organe, politischen Parteien und sonstigen gesellschaftlichen Organisationen und Gruppen, die Kirchen und Religionsgemeinschaften sowie die sozialen und ethnischen Minderheiten haben das Recht auf angemessene Darstellung in den Medien. Die Massenmedien verleihen dem Meinungspluralismus ungehindert öffentlichen Ausdruck. Das Recht zur Herausgabe von Zeitungen, Zeitschriften und anderen Publikationen durch natürliche und juristische Personen der DDR ist zu gewährleisten. Der Ministerrat wird beauftragt, bis 8. Februar 1990 für diesen Zweck im Interesse der Chancengleichheit einen öffentlich kontrollierten gesellschaftlichen Fonds für Druck- und Papierkapazitäten zu schaffen.

Die Lizenzierung im Bereich der Druckmedien ist aufgehoben; es erfolgt lediglich eine Registrierung. Die Volkskammer beauftragt den Ministerrat, in Übereinstimmung mit dem Runden Tisch die Möglichkeiten für die Herausgabe einer unabhängigen überregionalen Tageszeitung umgehend zu schaffen.

10. Die Deutsche Post (Postzeitungsvertrieb) ist verpflichtet, ab 500 Exemplare den Vertrieb von inländischen Presseerzeugnissen auf vertraglicher Grundlage zu übernehmen. Der Eigenvertrieb durch den Herausgeber ist zulässig.

11. Rundfunk, Fernsehen und ADN sind unabhängige öffentliche Einrichtungen, die nicht der Regierung unterstehen. Sie sind Volkseigentum. Bis zur Umgestaltung von Rundfunk und Fernsehen in öffentlich-rechtliche Anstalten und des ADN in eine öffentlich kontrollierte Nachrichtenagentur mit ebenfalls rechtlich verändertem Status garantiert

der Staat ihre Finanzierung. Die Lizenzpflicht der Programmanbieter im Bereich von Film, Fernsehen und Rundfunk ist aufgehoben; es erfolgt lediglich eine Registrierung. Zur Sicherung der Eigenständigkeit der Medien unseres Landes bedarf jede Eigentumsbeteiligung an Medien der DDR durch Ausländer der Genehmigung des Medienkontrollrates.

12. Zur Sicherung der Durchführung dieses Beschlusses bildet die Volkskammer auf Vorschlag des Runden Tisches einen Medienkontrollrat. Die am Runden Tisch mit Stimmrecht vertretenen Parteien und Vereinigungen sowie die nicht am Runden Tisch vertretenen Fraktionen der Volkskammer benennen je einen Vertreter für den Medienkontrollrat. Gleichfalls entsenden die Kirchen drei sowie die Jüdischen Gemeinden einen Vertreter.

Der Medienkontrollrat wählt aus seiner Mitte den Vorsitzenden und gibt sich seine Geschäftsordnung. Die Konstituierung erfolgt bis zum 12.2. 1990.

Die Regierung sichert die Arbeitsfähigkeit des Medienkontrollrates bis zur Inkraftsetzung einer umfassenden Mediengesetzgebung. Insbesondere die Generalintendanten von Rundfunk und Fernsehen sowie der Generaldirektor von ADN sind dem Medienkontrollrat berichtspflichtig.

Die Generalintendanten des Rundfunks und des Fernsehens und der Generaldirektor von ADN werden vom Ministerpräsidenten berufen und vom Medienkontrollrat bestätigt.

13. Die Medien geben sich Statuten, die ihre Programmatik und Struktur regeln. Die demokratische Mitbestimmung der journalistischen und künstlerischen Mitarbeiter bei der Erarbeitung und Durchsetzung der Statuten ist zu sichern. Beim Rundfunk, dem Fernsehen und dem ADN sind gesellschaftliche Räte zu bilden, den anderen Medien wird die Bildung von Räten empfohlen.

14. Der Ministerrat wird beauftragt, eine gesetzliche Regelung für die Produktenwerbung vorzubereiten, die der neuen Volkskammer vorzulegen ist. Der Entwurf des Gesetzes ist öffentlich zu diskutieren. Bis zum Erlaß dieses Gesetzes ist eine Produktenwerbung in den elektronischen Medien nur auf der Grundlage von vom Medienkontrollrat bestätigten Konzeptionen gestattet.

15. Durch die unter Leitung des Ministers der Justiz gebildete Kommission sind Vorschläge für eine Mediengesetzgebung zu erarbeiten. Der Kommission gehören kompetente Vertreter aller Parteien und gesell-

schaftlichen Gruppen der Kirchen sowie Wissenschaftler, Journalisten und Vertreter der entsprechenden Verbände an. Der Gesetzentwurf ist der Öffentlichkeit zur Diskussion zu unterbreiten und danach der Volkskammer zur Beratung und Beschlußfassung vorzulegen. Die Beschlußfassung zur Mediengesetzgebung erfolgt erst nach Verabschiedung der neuen Verfassung. Bis dahin bleibt dieser Beschluß in Kraft.

16. Der Ministerrat wird beauftragt, die bisher geltenden Rechtsvorschriften auf ihre Vereinbarkeit mit diesem Beschluß zu überprüfen und gegebenenfalls ihre Anpassung bzw. Aufhebung zu veranlassen.

17. Der Beschluß tritt mit seiner Veröffentlichung in Kraft.

3. Gesetz zur Änderung und Ergänzung der Verfassung der Deutschen Demokratischen Republik

Vom 12. Januar 1990 (GBl. I S. 15)

In Übereinstimmung mit Artikel 63 und Artikel 106 der Verfassung der Deutschen Demokratischen Republik beschließt die Volkskammer folgende Änderung und Ergänzung der Verfassung:

§1

Im Artikel 12 Abs. 1 wird der letzte Satz gestrichen und durch folgenden Satz ersetzt:

„Abweichungen hiervon sind auf der Grundlage der Gesetze zulässig."

§2

Es wird folgender Artikel 14a eingefügt:

„Artikel 14a

(1) Die Gründung von Unternehmen mit ausländischer Beteiligung durch Kombinate, Betriebe, Einrichtungen, Genossenschaften sowie

Handwerker, Gewerbetreibende und andere Bürger ist auf der Grundlage der Gesetze und anderen Rechtsvorschriften zulässig.

(2) Die Mitbestimmung der Werktätigen an der Leitung der Unternehmen mit ausländischer Beteiligung wird gewährleistet."

§ 3

Dieses Gesetz tritt mit seiner Veröffentlichung in Kraft.

4. Gesetz zur Änderung und Ergänzung der Verfassung der Deutschen Demokratischen Republik

Vom 20. Februar 1990 (GBl. I S. 59)

In Übereinstimmung mit Artikel 63 und Artikel 106 der Verfassung der Deutschen Demokratischen Republik beschließt die Volkskammer folgende Änderungen und Ergänzungen der Verfassung:

§ 1

Der Artikel 3 wird aufgehoben.

§ 2

(1) Der Artikel 22 Absatz 3 wird wie folgt verändert:

„(3) Wahlen werden unter öffentlicher Kontrolle durchgeführt und durch demokratisch gebildete Wahlkommissionen geleitet."

(2) Der Artikel 22 wird durch Absatz 4 und Absatz 5 ergänzt:

„(4) In der Deutschen Demokratischen Republik wohnhafte ausländische Bürger und Staatenlose haben Wahlrecht zu den Kreistagen, Stadtverordnetenversammlungen, Stadtbezirksversammlungen und Gemeindevertretungen.

(5) Das Nähere regeln die Wahlgesetze."

§ 3

Der Artikel 54 wird wie folgt verändert:

„Die Volkskammer besteht aus 400 Abgeordneten, die vom Volke auf die Dauer von 4 Jahren in freier, allgemeiner, gleicher, direkter und geheimer Wahl gewählt werden."

§ 4

Dieses Gesetz tritt am 20. Februar 1990 in Kraft.

5. Gesetz zur Änderung der Verfassung der Deutschen Demokratischen Republik

Vom 20. Februar 1990 (GBl. I S. 60)

In Übereinstimmung mit Artikel 63 und Artikel 106 der Verfassung der Deutschen Demokratischen Republik beschließt die Volkskammer folgende Änderung der Verfassung:

§ 1

Artikel 23 Abs. 1 erhält folgende Fassung:

„(1) Jeder Bürger ist zum Dienst und zu Leistungen für die Verteidigung der Deutschen Demokratischen Republik oder zu einem Zivildienst entsprechend den Rechtsvorschriften verpflichtet."

§ 2

Dieses Gesetz tritt mit seiner Veröffentlichung in Kraft.

6. Gesetz zur Änderung der Verfassung der Deutschen Demokratischen Republik

Vom 6. März 1990 (GBl. I. S. 109)

In Übereinstimmung mit Artikel 63 und Artikel 106 der Verfassung der Deutschen Demokratischen Republik beschließt die Volkskammer folgende Änderung der Verfassung:

§ 1

Der Artikel 44 wird wie folgt geändert:

„(1) Die Gewerkschaften sind überparteiliche und unabhängige Vereinigungen von Werktätigen, die bereit und fähig sind, deren Interessen zu vertreten und Forderungen in einem Arbeitskampf geltend zu machen.

(2) Niemand darf die Gewerkschaften in ihrer rechtmäßigen Tätigkeit einschränken oder behindern.

(3) Das Streikrecht der Gewerkschaften ist gewährleistet. Der Schadenersatz ist bei Arbeitskämpfen ausgeschlossen. Jegliche Form der Aussperrung ist verboten.“

§ 2

Der Artikel 45, Absatz 2, Satz 1 wird wie folgt verändert:

„Die Gewerkschaften nehmen aktiven Anteil an der Gestaltung der Rechtsordnung.“

§ 3

Dieses Gesetz tritt mit seiner Veröffentlichung in Kraft.

7. Gesetz zur Änderung und Ergänzung der Verfassung der Deutschen Demokratischen Republik

Vom 5. April 1990 (GBl. I. S. 221)

In Übereinstimmung mit Artikel 63 und Artikel 106 der Verfassung der Deutschen Demokratischen Republik beschließt die Volkskammer folgende Änderungen und Ergänzungen der Verfassung:

§ 1

Die Präambel wird aufgehoben.

§ 2

Artikel 55 Abs. 1 Satz 2 wird wie folgt verändert:

„Das Präsidium besteht aus dem Präsidenten, seinen Stellvertretern und weiteren Mitgliedern."

§ 3

Artikel 67 Abs. 2 wird gestrichen.

§ 4

Es wird folgender Artikel 75a eingefügt:

„Bis zur Verabschiedung eines Gesetzes über die Stellung, die Aufgaben und die Befugnisse des Präsidenten der Republik und bis zu seiner Wahl nimmt das Präsidium der Volkskammer der DDR die Befugnisse des Staatsrates und der Präsident der Volkskammer die Befugnisse des Vorsitzenden des Staatsrates der Deutschen Demokratischen Republik wahr."

§ 5

Artikel 79 Abs. 3 erhält folgende Fassung:

„(3) Der Vorsitzende und die Mitglieder des Ministerrates werden nach der Neuwahl der Volkskammer von ihr für die Dauer der Legislaturperiode gewählt.“

§ 6

Dieses Gesetz tritt am 5. April 1990 in Kraft.

8. Gesetz zur Änderung und Ergänzung der Verfassung der Deutschen Demokratischen Republik

Vom 12. April 1990 (GBl. I S. 229)

In Übereinstimmung mit Artikel 63 und Artikel 106 der Verfassung der Deutschen Demokratischen Republik beschließt die Volkskammer folgende Änderungen und Ergänzungen der Verfassung:

§ 1

Artikel 79 Abs. 4 der Verfassung wird wie folgt gefaßt:

„(4) Der Vorsitzende des Ministerrates und die Mitglieder des Ministerrates leisten bei ihrem Amtsantritt vor der Volkskammer folgenden Eid:

‚Ich schwöre, daß ich meine Kraft dem Wohle des Volkes widmen, Recht und Gesetze der Deutschen Demokratischen Republik wahren, meine Pflichten gewissenhaft erfüllen und Gerechtigkeit gegen jedermann üben werde. So wahr mir Gott helfe!‘

Der Eid kann auch ohne religiöse Beteuerung geleistet werden.“

§ 2

Dieses Gesetz tritt am 12. April 1990 in Kraft.

9. Gesetz über die Selbstverwaltung der Gemeinden und Landkreise in der DDR (Kommunalverfassung)

Vom 17. Mai 1990 (GBl. I. S. 255)
[Auszug]

...

§ 101

Das Gesetz über die Selbstverwaltung der Gemeinden und Landkreise in der DDR (Kommunalverfassung) gilt als ein verfassungsänderndes Gesetz gemäß Artikel 63 und 106 der Verfassung der Deutschen Demokratischen Republik. Die Artikel 41, 43 sowie 81 bis 85 der Verfassung werden aufgehoben.

...

§ 103

Inkrafttreten

Dieses Gesetz tritt am 17. Mai 1990 in Kraft.

10. Gesetz zur Änderung und Ergänzung der Verfassung der Deutschen Demokratischen Republik (Verfassungsgrundsätze)

Vom 17. Juni 1990 (GBl. I S. 299)

In der Erkenntnis, daß in der Deutschen Demokratischen Republik im Herbst 1989 eine friedliche und demokratische Revolution stattgefunden hat, und in der Erwartung einer baldigen Herstellung der staatlichen Einheit Deutschlands wird für eine Übergangszeit die Verfassung der Deutschen Demokratischen Republik um folgende Verfassungsgrundsätze ergänzt. Entgegenstehende Verfassungsgrundsätze besitzen keine Rechtsgültigkeit mehr.

Artikel 1
Freiheitliche Grundordnung

(1) Die Deutsche Demokratische Republik ist ein freiheitlicher, demokratischer, föderativer, sozialer und ökologisch orientierter Rechtsstaat. Hinsichtlich der föderativen Ordnung gilt dies nach Maßgabe einer besonderen Ergänzung der Verfassung und noch zu erlassender gesetzlicher Vorschriften. Der Staat gewährleistet die kommunale Selbstverwaltung.

(2) Vorschriften der Verfassung und sonstige Rechtsvorschriften sind entsprechend diesem Verfassungsgesetz anzuwenden. Bestimmungen in Rechtsvorschriften, die den einzelnen oder Organe der staatlichen Gewalt auf die sozialistische Staats- und Rechtsordnung, auf das Prinzip des demokratischen Zentralismus, auf die sozialistische Gesetzlichkeit, das sozialistische Rechtsbewußtsein oder die Anschauungen einzelner Bevölkerungsgruppen oder Parteien verpflichten, sind aufgehoben.

(3) Das zuständige Gericht kann zur Überprüfung der Verfassungsmäßigkeit der Gesetze und anderer Rechtsakte angerufen werden. Näheres regelt ein Gesetz.

Artikel 2
Eigentum

Privateigentum einschließlich des Erwerbs von Eigentum und eigentumsgleichen Rechten an Grund und Boden sowie an Produktionsmitteln wird gewährleistet. Dadurch wird die gesetzliche Zulassung besonderer Eigentumsformen für die Beteiligung der öffentlichen Hand oder anderer Rechtsträger im Wirtschaftsverkehr sowie eine rechtsstaatliche Überprüfung der bestehenden Eigentumsverhältnisse nicht berührt. Sein Gebrauch soll zugleich dem Wohl der Allgemeinheit und dem Schutz der natürlichen Lebensgrundlagen dienen.

Artikel 3
Wirtschaftliche Handlungsfreiheit

(1) Jede natürliche und juristische Person hat das Recht, im Rahmen der Gesetze mit anderen Verträge zu schließen und sich insbesondere wirtschaftlich zu betätigen.

(2) Die Außenwirtschaft einschließlich des Außenhandels und der Valutawirtschaft darf gesetzlich geregelt, aber nicht staatlich oder anderweitig monopolisiert werden.

Artikel 4
Tarifvertragsparteien

(1) Jedermann hat das Recht, zur Wahrung und Förderung, insbesondere zur Regelung der Arbeits- und Wirtschaftsbedingungen Vereinigungen zu bilden, ihnen beizutreten, aus solchen Vereinigungen auszutreten und ihnen fernzubleiben.

(2) Tariffähige Gewerkschaften und Arbeitgeberverbände müssen frei gebildet, auf überbetrieblicher Grundlage organisiert und unabhängig sein sowie das Arbeitskampfrecht und das geltende Tarifrecht als verbindlich anerkennen.

Artikel 5
Unabhängige Rechtsprechung

(1) Wird jemand durch die öffentliche Gewalt in seinen Rechten verletzt, so steht ihm der Rechtsweg offen.

(2) Die Richter sind unabhängig und nur der Verfassung nach Maßgabe dieses Verfassungsgesetzes und dem Gesetz unterworfen. Sie unterliegen insoweit keiner Aufsicht staatlicher oder gesellschaftlicher Organe. Eine Leitung der Rechtsprechung unterer Gerichte durch obere Gerichte ist nicht zulässig.

Artikel 6
Schutz der Umwelt

Der Schutz der natürlichen Umwelt ist Pflicht des Staates und aller Bürger. Er ist durch Gesetze zu gewährleisten.

Artikel 7
Schutz der Arbeit

Die Arbeitskraft wird vom Staat geschützt. Der Staat fördert das Recht des einzelnen, durch Arbeit ein menschenwürdiges Leben in sozialer Gerechtigkeit und wirtschaftlicher Freiheit zu führen, und schafft die dazu notwendigen Rahmenbedingungen.

Artikel 8
Hoheitsrechte

Die Deutsche Demokratische Republik kann durch Verfassungsgesetz Hoheitsrechte auf zwischenstaatliche Einrichtungen und Einrichtungen der Bundesrepublik Deutschland übertragen oder in die Beschränkung von Hoheitsrechten einwilligen.

Artikel 9
Neufassung

Artikel 106 der DDR-Verfassung wird wie folgt gefaßt:

„Artikel 106

Die Verfassung kann nur von der Volkskammer der Deutschen Demokratischen Republik durch Gesetz geändert werden, das ausdrücklich als ‚Verfassungsgesetz' bezeichnet ist. Staatsverträge der Deutschen Demokratischen Republik und andere völkerrechtliche Verträge sind, soweit durch sie Verfassungsgegenstände berührt werden, durch ein ausdrücklich als ‚Verfassungsgesetz' bezeichnetes Gesetz zu bestätigen, das der Zustimmung von zwei Drittel aller Mitglieder der Volkskammer bedarf."

Artikel 10
Schlußbestimmung

Dieses Verfassungsgesetz tritt am 17. Juni 1990 in Kraft und behält seine Gültigkeit bis zur Inkraftsetzung eines Grundgesetzes.

11. Gesetz zum Vertrag über die Schaffung einer Währungs-, Wirtschafts- und Sozialunion zwischen der Deutschen Demokratischen Republik und der Bundesrepublik Deutschland vom 18. Mai 1990 (Verfassungsgesetz)

Vom 21. Juni 1990 (GBl. I S. 331)

§ 1

Die Volkskammer bestätigt den am 18. Mai 1990 in Bonn unterzeichneten Vertrag über die Schaffung einer Währungs-, Wirtschafts- und Sozialunion zwischen der Deutschen Demokratischen Republik und der Bundesrepublik Deutschland, einschließlich des Gemeinsamen Protokolls sowie der Anlagen I bis IX. Der Vertrag, das Gemeinsame Protokoll und die Anlagen I bis IX werden nachstehend veröffentlicht.

§2

Der Tag, an dem der Vertrag gemäß seinem Artikel 38 in Kraft tritt, ist im Gesetzblatt der Deutschen Demokratischen Republik bekanntzumachen.

§3

Dieses Gesetz tritt mit seiner Verkündung in Kraft.

12. Verfassungsgesetz zur Änderung und Ergänzung des Gerichtsverfassungsgesetzes

Vom 5. Juli 1990 (GBl. I S. 634)
[Auszug]

§1

Die Verfassung der Deutschen Demokratischen Republik wird wie folgt geändert:
1. Im Artikel 49 Absatz 3 werden die Worte „... des Obersten Gerichts und des Generalstaatsanwalts." ersatzlos gestrichen.
2. Im Artikel 50 werden die Worte „... den Präsidenten und die Richter des Obersten Gerichts und den Generalstaatsanwalt." ersatzlos gestrichen.
3. Der Artikel 74 Absatz 1 wird aufgehoben.
4. Im Artikel 92 wird der letzte Satz ersatzlos gestrichen.
5. Der Artikel 93 Abs. 2 und 3 werden aufgehoben.
6. Der Artikel 94 erhält folgende Fassung:
„Die Rechtsprechung wird durch Berufsrichter und durch ehrenamtliche Richter ausgeübt. Richter kann nur sein, wer von seiner Persönlichkeit her die Gewähr dafür bietet, daß er sein Amt entsprechend den Grundsätzen der Verfassung ausübt. Es ist zu gewährleisten, daß die

Rechtsprechung von Frauen und Männern aller Schichten des Volkes ausgeübt wird."

7. Der Artikel 95 erhält folgende Fassung:

„(1) Die Berufsrichter werden berufen.

(2) Die ehrenamtlichen Richter werden gewählt oder berufen.

(3) Die Stellung, Berufung und Wahl der Richter bestimmt das Richtergesetz."

8. Der Artikel 96 erhält folgende Fassung:

„(1) Richter und ehrenamtliche Richter sind in ihrer Rechtsprechung unabhängig. Sie sind nur an die Verfassung, die Gesetze und das Recht gebunden.

(2) Die ehrenamtlichen Richter üben die Rechtsprechung mit gleichem Stimmrecht wie die Berufsrichter aus."

...

§ 4

Dieses Gesetz tritt am 15. Juli 1990 in Kraft.

13. Verfassungsgesetz zur Änderung und Ergänzung des Gesetzes über die Staatsanwaltschaft der Deutschen Demokratischen Republik

Vom 5. Juli 1990 (GBl. I S. 635)
[Auszug]

§ 1

Die Artikel 97 und 98 der Verfassung der Deutschen Demokratischen Republik werden aufgehoben.

...

§ 3

Dieses Gesetz tritt am 15. Juli 1990 in Kraft.

14. Verfassungsgesetz zur Bildung von Ländern in der Deutschen Demokratischen Republik (Ländereinführungsgesetz)

Vom 22. Juli 1990 (GBl. I S. 955)
[Auszug]

Territoriale Gliederung

§1

(1) Mit Wirkung vom 14. Oktober 1990 werden in der DDR folgende Länder gebildet:
- Mecklenburg-Vorpommern
  durch Zusammenlegung der Bezirksterritorien Neubrandenburg, Rostock und Schwerin,
  ohne die Kreise Perleberg, Prenzlau und Templin;
- Brandenburg
  durch Zusammenlegung der Bezirksterritorien Cottbus, Frankfurt/Oder und Potsdam,
  ohne die Kreise Hoyerswerda, Jessen und Weißwasser,
  zuzüglich der Kreise Perleberg, Prenzlau und Templin;
- Sachsen-Anhalt
  durch Zusammenlegung der Bezirksterritorien Halle und Magdeburg,
  ohne den Kreis Artern,
  zuzüglich des Kreises Jessen;
- Sachsen
  durch Zusammenlegung der Bezirksterritorien Dresden, Karl-Marx-Stadt/Chemnitz und Leipzig,
  ohne die Kreise Altenburg und Schmölln,
  zuzüglich der Kreise Hoyerswerda und Weißwasser;
- Thüringen
  durch Zusammenlegung der Bezirksterritorien Erfurt, Gera und Suhl,
  zuzüglich der Kreise Altenburg, Artern und Schmölln.

(2) Berlin, Hauptstadt der DDR, erhält Landesbefugnisse, die von der Stadtverordnetenversammlung und vom Magistrat wahrgenommen werden.

§2

(1) Das Staatsgebiet der DDR ist unteilbar. Maßnahmen zur Neugliederung der Länderstruktur der DDR bedürfen eines Gesetzes der Republik. Die betroffenen Länder sind zu hören.

(2) Änderungen von Grenzen der Länder der DDR, die im Ergebnis von Bürgerbefragungen in Gemeinden und Städten begehrt werden und von der Gemeindevertretung bzw. Stadtverordnetenversammlung beschlossen wurden, bedürfen eines Staatsvertrages zwischen den beteiligten Ländern.

(3) Wollen Gemeinden oder Städte nach der Länderbildung in das Land zurückkehren, dem sie am 23. Juli 1952 angehörten, ist ihrem in Bürgerbefragungen bekundeten und durch die Volksvertretungen bestätigten Willen stattzugeben, sofern dadurch keine Ex- bzw. Enklaven entstehen.

Grundsätzliche Bestimmungen

§3

(1) Die Deutsche Demokratische Republik ist ein Bundesstaat, in dem die Gewaltenteilung garantiert ist. Die Gesetzgebung ist an die verfassungsmäßige Ordnung, die vollziehende Gewalt und die Rechtsprechung an Gesetz und Recht gebunden.

(2) Die verfassungsmäßige Ordnung in den Ländern muß den Grundsätzen des republikanischen, freiheitlichen, demokratischen, sozialen und ökologisch orientierten Rechtsstaates entsprechen. In den Ländern, Kreisen und Gemeinden muß das Volk eine Vertretung haben, die aus allgemeinen, unmittelbaren, freien, gleichen und geheimen Wahlen hervorgegangen ist.

(3) Den Gemeinden muß das Recht gewährleistet sein, alle Angelegenheiten der örtlichen Gemeinschaft im Rahmen der Gesetze in eigener Verantwortung zu regeln. Auch die Kreise haben im Rahmen ihres gesetzlichen Aufgabenbereiches nach Maßgabe der Gesetze das Recht der Selbstverwaltung.

(4) Die Republik gewährleistet, daß die verfassungsmäßige Ordnung der Länder den Bestimmungen der Absätze 2 und 3 entspricht.

§ 4

Die Ausübung der staatlichen Befugnisse und die Erfüllung der staatlichen Aufgaben ist Sache der Länder, soweit dieses Gesetz keine andere Regelung trifft oder zuläßt.

§ 5

Das Recht der Republik bricht Landesrecht.

Gesetzgebung der Republik und der Länder

§ 6

Die Länder haben das Recht der Gesetzgebung, soweit dieses Gesetz nicht der Republik Gesetzgebungsbefugnisse verleiht.

§ 7

Die Republik hat die ausschließliche Gesetzgebung über:
1. die auswärtigen Angelegenheiten sowie die Abrüstung und die Verteidigung des Schutzes der Zivilbevölkerung,
2. die Staatsangehörigkeit in der Republik,
3. die Freizügigkeit des Paßwesens, die Ein- und Auswanderung und die Auslieferung,
4. das Währungs-, Geld- und Münzwesen, die Maße und Gewichte sowie die Zeitbestimmung,
5. die Einheit des Zoll- und Handelsgebietes, die Handels- und Schiffahrtsverträge, die Freizügigkeit des Warenverkehrs und den Waren- und Zahlungsverkehr mit dem Ausland einschließlich des Zoll- und Grenzschutzes,
6. die Staatseisenbahn und den Luftverkehr,
7. das Post- und Fernmeldewesen,
8. die Rechtsverhältnisse der im Dienste der Republik und der republiksunmittelbaren Körperschaften des öffentlichen Rechtes stehenden Personen,
9. den gewerblichen Rechtsschutz, das Urheberrecht und das Verlagsrecht,
10. die Zusammenarbeit der Republik und der Länder in der Kriminal-

polizei sowie die Einrichtung eines Kriminalpolizeiamtes der Republik und die internationale Verbrechensbekämpfung,
11. die Statistik für Zwecke der Republik.

§ 8

(1) Im Bereich der konkurrierenden Gesetzgebung haben die Länder die Befugnis zur Gesetzgebung, solange und soweit die Republik von ihrem Gesetzgebungsrecht keinen Gebrauch macht.

(2) Die Republik hat in diesem Bereich das Gesetzgebungsrecht, soweit ein Bedürfnis nach gesetzlicher Regelung durch die Republik besteht, weil
1. eine Angelegenheit durch die Gesetzgebung einzelner Länder nicht wirksam geregelt werden kann oder
2. die Regelung einer Angelegenheit durch ein Landesgesetz die Interessen anderer Länder oder der Gesamtheit beeinträchtigen könnte oder
3. die Wahrnehmung der Rechts- und Wirtschaftseinheit, insbesondere die Wahrnehmung der Einheitlichkeit der Lebensverhältnisse über das Gebiet eines Landes hinaus sie erfordert.

(3) Die konkurrierende Gesetzgebung erstreckt sich auf folgende Gebiete:

...

§ 9

Die Republik hat das Recht, unter den Voraussetzungen des § 8 Absatz 2 Rahmenvorschriften zu erlassen über:

...

Ausführung der Gesetze der Republik und Verwaltung der Republik

§ 12

Die Länder führen die Gesetze der Republik als eigene Angelegenheit aus, soweit dieses Gesetz nichts anderes bestimmt oder zuläßt.

§ 13

(1) Führen die Länder die Gesetze der Republik als eigene Angelegenheit aus, so regeln sie die Einrichtung der Behörden und das Verwaltungsverfahren, soweit nicht Gesetze der Republik etwas anderes bestimmen. Der Ministerrat kann dazu allgemeine Verwaltungsvorschriften erlassen.

(2) Der Ministerrat übt die Aufsicht darüber aus, daß die Länder die Gesetze der Republik dem geltenden Recht gemäß ausführen. Der Ministerrat kann zu diesem Zweck Beauftragte zu den obersten Landesbehörden und mit deren Zustimmung auch zu den nachgeordneten Behörden entsenden.

§ 14

(1) Führen die Länder die Gesetze der Republik im Auftrag der Republik aus, so bleibt die Einrichtung der Behörden Angelegenheit der Länder, soweit nicht Gesetze der Republik etwas anderes bestimmen. Der Ministerrat kann dazu allgemeine Verwaltungsvorschriften erlassen.

(2) Die Landesbehörden unterstehen den Weisungen der zuständigen obersten Behörden der Republik. Der Vollzug der Weisung ist durch die obersten Landesbehörden sicherzustellen.

(3) Die Aufsicht der Republik erstreckt sich auf Gesetzmäßigkeit und Zweckmäßigkeit der Ausführung. Der Ministerrat kann zu diesem Zwecke Bericht und Vorlage der Akten verlangen und Beauftragte zu allen Behörden entsenden.

§ 15

Führt die Republik die Gesetze durch republikseigene Verwaltung oder durch republiksunmittelbare Körperschaften oder Anstalten des öffentlichen Rechts aus, so werden die allgemeinen Verwaltungsvorschriften vom Ministerrat erlassen. Er regelt die Einrichtung der Behörden.

...

§ 18
Übergangsregelung für Verwaltungsbefugnisse

...

(2) Bis zur Herstellung der Einheit Deutschlands kann der Ministerrat der DDR zur wirksamen Bekämpfung von Naturkatastrophen oder Unglücksfällen, die das Gebiet mehr als eines Landes gefährden, den Länderregierungen die Weisung erteilen, Polizeikräfte anderen Ländern zur Verfügung zu stellen, sowie Kräfte des Grenzschutzes und der Streitkräfte zur Unterstützung der Polizei einzusetzen. Diese Maßnahmen sind nach Beseitigung der Gefahr oder auf Verlangen der Mehrheit der Länder unverzüglich aufzuheben.

§ 19
Finanzhoheit der Republik und der Länder

(1) Die Republik und die Länder tragen gesondert die Ausgaben, die sich aus der Wahrnehmung ihrer Aufgaben ergeben. Handeln die Länder im Auftrag der Republik, trägt die Republik die sich daraus ergebenden Ausgaben.

(2) Republik und Länder sind in ihrer Haushaltswirtschaft selbständig und voneinander unabhängig. Sie haben den Erfordernissen des gesamtwirtschaftlichen Gleichgewichts Rechnung zu tragen.

(3) Die Finanzausstattung der Länder ist so zu gestalten, daß die Länder in der Lage sind, ihre Aufgaben sachgerecht zu erfüllen. Die unterschiedliche Finanzkraft der Länder ist angemessen auszugleichen; hierbei sind die Finanzkraft und der Finanzbedarf der Gemeinden und Kreise zu berücksichtigen.

(4) Näheres ist durch Gesetz der Republik zu regeln.

§ 20
Übergangsregelung für die Mitwirkung der Länder

(1) Die Ministerpräsidenten der Länder und der Oberbürgermeister von Berlin besitzen bis zur Herstellung der Einheit Deutschlands in den Fällen der §§ 8, 9, 11 und 19 Absatz 4 dieses Gesetzes ein Einspruchsrecht. Der Einspruch gilt als eingelegt, wenn die Mehrheit innerhalb von einem Monat nach Beschlußfassung von dem Einspruchsrecht Gebrauch macht.

(2) Der Einspruch der Mehrheit der Ministerpräsidenten der Länder

und des Oberbürgermeisters von Berlin kann von der Volkskammer nur mit einer Mehrheit von zwei Dritteln der Abgeordneten abgewiesen werden. Sonst gilt das Gesetz als nicht beschlossen.

...

§ 25
Inkrafttreten

(1) Dieses Gesetz tritt am 14. Oktober 1990 in Kraft.

(2) Gleichzeitig tritt das Gesetz über die weitere Demokratisierung des Aufbaus und der Arbeitsweise der staatlichen Organe in den Ländern der DDR vom 23. Juli 1952 (GBl. Nr. 99 S. 613) außer Kraft.

(3) Aus der Verfassung der Deutschen Demokratischen Republik vom 6. April 1968 in der Fassung des Gesetzes zur Ergänzung und Änderung der Verfassung der Deutschen Demokratischen Republik vom 7. Oktober 1974 werden gestrichen:

- der Artikel 47,
- der Artikel 48 Absatz 2,
- der Artikel 49 Absätze 1 und 2,
- der Artikel 58,
- der Artikel 70,
- der Artikel 72,
- im Artikel 76 Absatz 1 der Satz 2 sowie der Absatz 2,
- der Artikel 78 Absatz 1 sowie
- der Artikel 89 Absatz 3.

9 Entwurf:
Verfassung der Deutschen Demokratischen Republik

vorgelegt von der

Arbeitsgruppe „Neue Verfassung der DDR" des Runden Tisches

am 4. April 1990

Präambel

Ausgehend von den humanistischen Traditionen, zu welchen die besten Frauen und Männer aller Schichten unseres Volkes beigetragen haben,

eingedenk der Verantwortung aller Deutschen für ihre Geschichte und deren Folgen,

gewillt, als friedliche, gleichberechtigte Partner in der Gemeinschaft der Völker zu leben, am Einigungsprozeß Europas beteiligt, in dessen Verlauf auch das deutsche Volk seine staatliche Einheit schaffen wird,

überzeugt, daß die Möglichkeit zu selbstbestimmtem verantwortlichen Handeln höchste Freiheit ist,

gründend auf der revolutionären Erneuerung,

entschlossen, ein demokratisches und solidarisches Gemeinwesen zu entwickeln, das

Würde und Freiheit des einzelnen sichert,
gleiches Recht für alle gewährleistet,
die Gleichstellung der Geschlechter verbürgt
und unsere natürliche Umwelt schützt,

geben sich die Bürgerinnen und Bürger der Deutschen Demokratischen Republik diese Verfassung.

I. Kapitel
Menschen- und Bürgerrechte

1. Abschnitt
Würde, Gleichheit, Freiheit, Solidarität

Artikel 1

(1) Die Würde des Menschen ist unantastbar. Sie zu achten und zu schützen ist die oberste Pflicht des Staates.
(2) Jeder schuldet jedem die Anerkennung als Gleicher. Niemand darf wegen seiner Rasse, Abstammung, Nationalität, Sprache, seines Geschlechts, seiner sexuellen Orientierung, seiner sozialen Stellung, seines Alters, seiner Behinderung, seiner religiösen, weltanschaulichen oder politischen Überzeugung benachteiligt werden.

Artikel 2

Vor der öffentlichen Gewalt sind alle Menschen gleich. Jede Willkür und jede sachwidrige Ungleichbehandlung ist untersagt.

Artikel 3

(1) Frauen und Männer sind gleichberechtigt.
(2) Der Staat ist verpflichtet, auf die Gleichstellung der Frau in Beruf und öffentlichem Leben, in Bildung und Ausbildung, in der Familie sowie im Bereich der sozialen Sicherung hinzuwirken.

Artikel 4

(1) Jeder hat das Recht auf Leben, körperliche Unversehrtheit und Achtung seiner Würde im Sterben. In das Recht auf körperliche Unversehrtheit darf nur durch Gesetz eingegriffen werden.
(2) Niemand darf grausamer, unmenschlicher oder erniedrigender Behandlung oder Strafe und ohne seine freiwillige und ausdrückliche Zustimmung medizinischen oder wissenschaftlichen Experimenten unterworfen werden.

(3) Frauen haben das Recht auf selbstbestimmte Schwangerschaft. Der Staat schützt das ungeborene Leben durch das Angebot sozialer Hilfen.

Artikel 5

Die allgemeine Handlungsfreiheit ist unter dem Vorbehalt des Gesetzes gewährleistet.

Artikel 6

(1) Das Recht auf Freizügigkeit, Ein- und Ausreise steht jedem Bürger und jedem Ausländer und Staatenlosen mit ständigem Wohnsitz zu.
(2) Diese Rechte können zur Bekämpfung von Seuchen und Katastrophen durch Gesetz beschränkt werden. Zur Vermeidung besonderer Belastungen der Allgemeinheit bei der Sicherung einer ausreichenden Lebensgrundlage kann das Recht auf Freizügigkeit, zur Sicherung der Vollstreckung gerichtlicher Entscheidungen und Durchsetzung rechtlicher Verpflichtungen kann das Recht auf Ein- und Ausreise durch Gesetz beschränkt werden.

Artikel 7

(1) Keinem Bürger darf die Staatsbürgerschaft entzogen, noch darf er ausgewiesen oder ausgeliefert werden.
(2) Ausländer dürfen in kein Land ausgeliefert oder ausgewiesen werden, in dem ihnen die Beeinträchtigung ihrer Menschenwürde oder die Todesstrafe droht.
(3) Politisch Verfolgte genießen Asylrecht.

Artikel 8

(1) Jeder hat Anspruch auf Achtung und Schutz seiner Persönlichkeit und Privatheit.
(2) Jeder hat das Recht an seinen persönlichen Daten und auf Einsicht in ihn betreffende Akten und Dateien. Ohne freiwillige und ausdrückliche Zustimmung des Berechtigten dürfen persönliche Daten nicht erhoben, gespeichert, verwendet, verarbeitet oder weitergegeben werden. Beschränkungen dieses Rechts bedürfen des Gesetzes und müssen dem Berechtigten zur Kenntnis gebracht werden.

Artikel 9

(1) Die Wohnung ist unverletzlich.
(2) Durchsuchungen können nur durch Gesetz zugelassen werden. Sie dürfen nur durch den Richter angeordnet werden. Das Gesetz kann vorsehen, daß sie beim Vorliegen einer gegenwärtigen erheblichen Gefahr und im Falle einer Verfolgung auf frischer Tat auch von anderen Amtsträgern angeordnet und durchgeführt werden können; sie unterliegen richterlicher Bestätigung.
(3) Das Betreten der Wohnung ohne die Einwilligung des Inhabers ist nur zum Zwecke der Abwehr einer gemeinen Gefahr oder einer Gefahr für Leib und Leben einzelner Personen aufgrund Gesetzes zulässig.
(4) Die Befugnis zum Betreten und zur Besichtigung von ausschließlich betrieblich und geschäftlich genutzten Räumlichkeiten zur Vornahme von Amtshandlungen ohne die Einwilligung des Inhabers bedarf einer Ermächtigung durch Gesetz oder aufgrund eines Gesetzes.

Artikel 10

(1) Das Brief-, Post- und Fernmeldegeheimnis ist unverletzlich.
(2) Eingriffe sind nur durch Gesetz nach richterlicher Anordnung und nur zum Zwecke der Bekämpfung schwerer, organisierter Kriminalität zulässig.

Artikel 11

(1) Die Freiheit des Gewissens ist gewährleistet.
(2) Widerstreitet das Gewissen staatsbürgerlichen oder bürgerlichen Pflichten, so muß der Bürger, wenn er diese Pflichten nicht erfüllen will, andere Leistungen anbieten und der Staat andere, gleichbelastende Pflichten eröffnen.

Artikel 12

(1) Jeder hat das Recht auf Freiheit und Sicherheit seiner Person, Freiheitsbeschränkungen dürfen nur insoweit erfolgen, als sie gesetzlich vorgesehen und unumgänglich sind.
(2) Jeder, dessen Freiheit eingeschränkt wird, muß unverzüglich über die Gründe der Freiheitsbeschränkung unterrichtet werden. Personen, denen die Freiheit entzogen wird, müssen unverzüglich, spätestens aber

innerhalb von 24 Stunden, einem Richter vorgeführt werden. Der Richter entscheidet über die durch Gesetz zugelassene Freiheitsentziehung in einer mit Gründen versehenen schriftlichen Form oder ordnet die Freilassung an. Der Betroffene kann in angemessenen Abständen eine richterliche Überprüfung der Fortdauer der Freiheitsentziehung verlangen. Über eine Freiheitsentziehung und vor jeder richterlichen Entscheidung über deren Anordnung oder Fortdauer ist eine Person des Vertrauens des Betroffenen, bei Jugendlichen auch der Erziehungsberechtigte, zu benachrichtigen. Dem Betroffenen ist Gelegenheit zu geben, mit einem Rechtsbeistand seiner Wahl Verbindung aufzunehmen.
(3) Festgehaltene Personen dürfen weder körperlich noch seelisch mißhandelt und keinen Schikanen ausgesetzt werden.
(4) Freiheitsstrafe und Strafvollzug sollen vornehmlich der gesellschaftlichen Wiedereingliederung dienen. Im Strafvollzug ist die Auferlegung von Arbeitspflichten zulässig.
(5) Die Todesstrafe und die lebenslange Freiheitsstrafe sind abgeschafft.
(6) Jede Person, deren Freiheit unrechtmäßig eingeschränkt worden ist, hat Anspruch auf Schadenersatz.

Artikel 13

(1) Niemand darf seinem gesetzlichen Richter entzogen werden. Jeder hat Anspruch auf ein faires, zügiges und öffentliches Verfahren. Die Öffentlichkeit darf nur nach Maßgabe des Gesetzes durch Gerichtsbeschluß ausgeschlossen werden.
(2) Die strafrechtliche Verantwortlichkeit wird durch Gesetz bestimmt. Strafgesetze haben keine rückwirkende Kraft. Jeder gilt bis zu seiner rechtskräftigen Verurteilung als nicht schuldig.
(3) Niemand darf für dieselbe Handlung mehrfach strafrechtlich zur Verantwortung gezogen werden. Jeder Verurteilte hat einen Rechtsanspruch darauf, daß das gegen ihn ausgesprochene Urteil durch ein höheres Gericht überprüft wird.
(4) Im Verfahren der strafrechtlichen Verfolgung hat jeder einen Rechtsanspruch auf folgende Garantien, über die er in geeigneter Weise zu belehren ist:

1) Er muß unverzüglich in einer Sprache, die er versteht, über die gegen ihn erhobenen Beschuldigungen unterrichtet werden.
2) Ihm ist Gelegenheit zu geben, bei der gerichtlichen Verhandlung anwesend zu sein und sich selbst oder durch einen Verteidiger seiner

Wahl zu verteidigen. Es muß ihm, wenn die Sache es verlangt, ein Verteidiger zugewiesen werden; bei Bedürftigkeit geschieht das unentgeltlich. Eine angemessene Vorbereitung der Verteidigung ist zu gewährleisten.

3) Er kann unter den gleichen Bedingungen wie die Anklage das Erscheinen von Sachverständigen und Zeugen sowie die Vorlage von Beweismitteln verlangen und Zeugen und Sachverständige befragen.

Artikel 14

(1) Niemand darf verpflichtet werden, andere Personen wegen begangener oder drohender Straftaten anzuzeigen. Für drohende schwere Straftaten kann das Gesetz Ausnahmen vorsehen.

(2) Niemand darf gezwungen werden, gegen sich selbst oder durch Gesetz bestimmte nahestehende Personen auszusagen.

(3) Für die Angehörigen von Heilberufen, rechtsberatender Berufe, sozialer Dienste sowie für Seelsorger ist durch Gesetz ein Zeugnisverweigerungsrecht vorzusehen. In die hierdurch geschützte Vertraulichkeit von Informationen darf in keiner Weise eingegriffen werden.

Artikel 15

(1) Jeder hat das Recht, Informationen und Meinungen in jeder Form frei zu bekunden und zu verbreiten und sich aus allgemein zugänglichen oder anderen, rechtmäßig erschließbaren Quellen zu unterrichten. Die Geltung dieser Rechte in Dienst- und Arbeitsverhältnissen darf nur durch Gesetz oder aufgrund eines Gesetzes eingeschränkt werden.

(2) Die Freiheit der Presse, des Rundfunks und anderer Massenmedien ist gewährleistet. Das Gesetz hat durch Verfahrensregelungen sicherzustellen, daß die Vielfalt der in der Gesellschaft vorhandenen Meinungen in Presse, Hörfunk und Fernsehen zum Ausdruck kommen kann.

(3) Diese Rechte finden ihre Schranken in Gesetzen, die die Freiheit der Meinung und der Unterrichtung nicht wegen deren geistigen Inhalts oder geistiger Wirkung beschränken dürfen. Gesetzliche Einschränkungen zum Schutze der Jugend und der Ehre sind zulässig. Kriegspropaganda sowie die öffentliche Bekundung von menschenwürdeverletzender Diskriminierung sind durch Gesetz zu verbieten.

(4) Die vorhandenen Hörfunk- und Fernsehsender sind als selbständige öffentlich-rechtliche Anstalten zu errichten. Sie haben die Aufgabe,

durch das Angebot einer Vielfalt von Programmen zur öffentlichen Meinungsbildung beizutragen. Ihre innere Ordnung wird durch Gesetz geregelt. Die Zulassung privater Hörfunk- und Fernsehsender darf nur durch Gesetz und nur dann erfolgen, wenn dadurch die Erfüllung der Aufgabe der öffentlich-rechtlichen Anstalten nicht beeinträchtigt wird.
(5) Rechtmäßige journalistische Tätigkeit darf durch Zeugnispflicht, Beschlagnahme und Durchsuchung nicht behindert werden.
(6) Zensur ist verboten.

Artikel 16

(1) Jeder hat das Recht, sich ohne Anmeldung oder Erlaubnis friedlich zu versammeln.
(2) Für Versammlungen oder Umzüge unter freiem Himmel kann dieses Recht nur aufgrund dringender Erfordernisse der öffentlichen Sicherheit und nur durch Gesetz beschränkt werden.

Artikel 17

Jeder hat das Recht, Vereinigungen zu bilden, ihnen beizutreten und sich in ihnen den Vereinszwecken gemäß zu betätigen.

Artikel 18

(1) Jeder hat das Recht, sich zu einer Religion oder Weltanschauung zu bekennen und sie allein oder mit anderen öffentlich oder privat zu bekunden. Dem Bedürfnis nach Gottesdienst und Seelsorge in öffentlichen Einrichtungen ist stattzugeben. Es darf keinerlei Zwang auf die Freiheit der Wahl oder Ausübung einer Religion oder Weltanschauung stattfinden.
(2) Die Erziehungsberechtigten sind frei, die religiöse und weltanschauliche Bildung ihrer Kinder entsprechend ihren Überzeugungen zu gewährleisten.

Artikel 19

(1) Die Wissenschaft ist frei. Der Staat sichert die Ausübung der Freiheit von Forschung und Lehre.
(2) Durch Gesetz kann die Zulässigkeit von Mitteln oder Methoden der Forschung beschränkt werden. Es kann Informationspflichten in bezug auf besonders risikobehaftete Forschungen vorsehen.

(3) Die staatlich geförderten Universitäten pflegen die Wissenschaften in Forschung, Lehre und Ausbildung. Sie sind Körperschaften des öffentlichen Rechts und verfügen im Rahmen des Gesetzes in allen akademischen Angelegenheiten über das Recht der Selbstverwaltung.
(4) Die geistige Arbeit, das Recht der Urheber und der Erfinder genießen den Schutz des Staates.

Artikel 20

(1) Die Kunst ist frei.
(2) Das kulturelle Leben sowie die Bewahrung und Vermittlung des kulturellen Erbes werden gefördert. In den Haushalten des Bundes, der Länder und der Träger der Kommunalautonomie sind die dafür erforderlichen Mittel vorzusehen.

Artikel 21

(1) Jeder Bürger hat das Recht auf politische Mitgestaltung. Die Verfassung und die Gesetze gestalten aus, wie das Recht unmittelbar oder durch frei gewählte Vertreter ausgeübt wird.
(2) Jeder Bürger hat mit vollendetem 18. Lebensjahr das Recht, an allgemeinen, gleichen, freien, geheimen und direkten Wahlen zur Volkskammer, zu den Landtagen und den Kommunalvertretungen teilzunehmen und in sie gewählt zu werden. Ausländer und Staatenlose mit ständigem Wohnsitz haben Wahlrecht auf kommunaler Ebene.
(3) Jeder Bürger hat den gleichen Zugang zu öffentlichen Ämtern. Das gleiche Recht steht für die kommunale Ebene den in Absatz 2 Satz 2 genannten Personen zu. Die Rechtsstellung der Angehörigen des öffentlichen Dienstes, die hoheitliche Befugnisse ausüben (Beamte), ist gemäß den Funktionsanforderungen einer bürgernahen Verwaltung durch Gesetz zu regeln.
(4) Jeder, dessen Rechte und Belange durch die öffentliche Planung von Vorhaben, insbesondere von Verkehrswegen und -anlagen, Energieanlagen, Produktionsstätten und Großbauten betroffen werden, hat das Recht auf Verfahrensbeteiligung. Dasselbe Recht haben Zusammenschlüsse von Betroffenen.
(5) Jeder hat das Recht, sich einzeln und in Gemeinschaft mit anderen mit Anregung, Kritik und Beschwerde an jede staatliche Stelle zu wenden. Es besteht Anspruch auf Gehör und begründeten Bescheid in angemessener Frist.

Artikel 22

(1) Die Familie ist durch den Staat zu schützen und zu fördern.
(2) Andere Lebensgemeinschaften, die auf Dauer angelegt sind, haben Anspruch auf Schutz vor Diskriminierung.
(3) Eltern haben das Recht und die Pflicht zur Erziehung ihrer Kinder. Wer Kinder erzieht, hat Anspruch auf angemessene staatliche Hilfen und gesellschaftliche Rücksichtnahme. Der Staat fördert die Möglichkeit der Erwerbstätigkeit und der beruflichen Bildung Erziehender, insbesondere durch Arbeitszeitregelungen.
(4) Kindern ist durch Gesetz eine Rechtsstellung einzuräumen, die ihrer wachsenden Einsichtsfähigkeit durch die Anerkennung zunehmender Selbständigkeit gerecht wird.
(5) Kinder genießen staatlichen Schutz vor körperlicher und seelischer Vernachlässigung und Mißhandlung. Kinderarbeit ist verboten.

Artikel 23

(1) Das Gemeinwesen achtet das Alter. Es respektiert Behinderung.
(2) Jeder Bürger hat das Recht auf soziale Sicherung gegen die Folgen von Krankheit, Unfall, Invalidität, Behinderung, Pflegebedürftigkeit, Alter und Arbeitslosigkeit.
(3) Das Recht wird durch öffentlich-rechtliche Versicherungssysteme gewährleistet, an denen teilzunehmen jeder berechtigt und verpflichtet ist. Bestandteile der Versicherungssysteme sind mindestens die Arbeitslosenunterstützung und eine Altersrente für jeden.
(4) Bei besonderen Notlagen besteht ein Anspruch auf Sozialfürsorge.
(5) Soziale Sicherung und Sozialfürsorge haben das Ziel, eine gleichberechtigte, eigenverantwortliche Lebensgestaltung zu ermöglichen. In Heimen stehen den Bewohnern Mitverantwortungs- und Mitentscheidungsrechte zu.

Artikel 24

(1) Jeder Bürger hat das Recht auf gleichen, unentgeltlichen Zugang zu den öffentlichen Bildungs- und Ausbildungseinrichtungen. In dieses Recht kann nur durch Gesetz oder aufgrund eines Gesetzes eingegriffen werden.
(2) Es besteht eine mindestens zehnjährige allgemeine Schulpflicht. Die Schule hat die Fähigkeiten und Begabungen der Schüler zu fördern. Das

Schulwesen muß die Offenheit und Durchlässigkeit der Bildungsgänge gewährleisten.
(3) Der Staat fördert die Einrichtung und Unterhaltung von Kinderkrippen und Kindergärten sowie Schulhorten.
(4) Für den Schulbesuch können andere als staatliche Schulen gewählt werden, die vom Gesetz festgelegten Mindestnormen entsprechen. Die Einrichtung von Privatschulen darf nicht zur Sonderung der Schüler nach den Einkommensverhältnissen der Eltern führen. Die Privatschulen haben Anspruch auf öffentliche Finanzierung, soweit dadurch der Vorrang des öffentlichen Schulwesens nicht gefährdet wird.
(5) Schüler und Studenten haben Anspruch auf staatliche Ausbildungsförderung nach Maßgabe des Gesetzes.

Artikel 25

(1) Jeder Bürger hat das Recht auf angemessenen Wohnraum. Es ist ein gesetzlicher Kündigungsschutz vorzusehen. Bei der Abwägung der Interessen des Nutzers und des Eigentümers der Wohnung ist der überragenden Bedeutung der Wohnung für die Führung eines menschenwürdigen Lebens besonderes Gewicht beizumessen. Eine Räumung darf nur vollzogen werden, wenn Ersatz zur Verfügung steht.
(2) Der soziale Wohnungsbau und die Wohnungserhaltung sind staatlich zu fördern. Der Staat ist besonders zur Förderung des Baus alters- und behindertengerechten Wohnraums verpflichtet.

2. Abschnitt
Arbeit, Wirtschaft, Umwelt

Artikel 26

Jeder hat das Recht, seinen Beruf frei zu wählen und auszuüben. In diese Freiheit kann nur durch Gesetz oder aufgrund eines Gesetzes eingegriffen werden.

Artikel 27

(1) Jeder Bürger hat das Recht auf Arbeit oder Arbeitsförderung.
(2) Das Recht jedes Bürgers, über seine Arbeitskraft frei zu verfügen und

seinen Arbeitsplatz frei zu wählen, ist gewährleistet. Öffentliche Arbeits- und Dienstpflichten sind nur für besondere, durch Gesetz festgelegte Zwecke zulässig. Sie müssen für alle gleich sein. Frauen dürfen nur zur Abwendung aktueller Notlagen zu einer öffentlichen Dienstleistung verpflichtet werden. Die Wehrpflicht ist abgeschafft.
(3) Der Staat schützt die Arbeitskraft durch gesetzliche Regelungen über die Arbeitssicherheit, die Arbeitshygiene und die Begrenzung der Arbeitszeit. Er fördert das Recht des einzelnen, seine Arbeitskraft zur Führung eines menschenwürdigen Lebens zu verwenden. Er hat in seiner Wirtschaftspolitik dem Ziel der Vollbeschäftigung in der Regel Vorrang einzuräumen. Jeder Bürger hat im Falle von Arbeitslosigkeit oder drohender Arbeitslosigkeit ein Recht auf öffentlich finanzierte Maßnahmen der Arbeitsförderung. Dabei ist der beruflichen Weiterbildung oder Umschulung der Vorrang vor Arbeitslosengeld und Arbeitslosenhilfe einzuräumen.
(4) Für gleiche Arbeit besteht ein Anspruch auf gleichen Lohn.
(5) Lehrlinge, Schwangere, Alleinerziehende, Kranke, Werktätige mit Behinderung und ältere Werktätige genießen erweiterten Kündigungsschutz.

Artikel 28

Jeder in einem Betrieb oder Unternehmen beschäftigte Werktätige hat das Recht, durch Vertretungsorgane in den wirtschaftlichen, sozialen und personellen Angelegenheiten des Betriebes und auch des Unternehmens mitzubestimmen, falls dieses aufgrund der Zahl seiner Beschäftigten, seiner Marktstellung oder anderer Merkmale eine besondere Bedeutung für das Gemeinwesen hat. Das Nähere regelt das Gesetz.

Artikel 29

(1) Das Eigentum und das Erbrecht werden gewährleistet. Formen, Inhalt und Umfang werden durch das Gesetz bestimmt. Eigentum ist sozialpflichtig.
(2) Das persönlich genutzte und das genossenschaftliche Eigentum sowie die aufgrund eigener Leistung erworbenen Rentenansprüche und -anwartschaften stehen unter dem besonderen Schutz der Verfassung. Der Erwerb von persönlichem Eigentum an Wohnungen und Wohngrundstücken und die Bildung genossenschaftlichen Eigentums werden gefördert.

(3) Die hoheitliche Übertragung des Eigentums oder einzelner Eigentumsrechte auf einen Dritten aus Gründen des Allgemeinwohls (Enteignung) ist zulässig. Die Enteignung persönlich genutzten Eigentums ist nur aus dringenden Gründen des Allgemeinwohls zulässig. Enteignungen dürfen nur durch Gesetz oder aufgrund eines Gesetzes erfolgen, das Art und Ausmaß der Entschädigung regelt. Werden bestehende Eigentumsrechte durch Gesetz oder aufgrund eines Gesetzes umgestaltet und wird dem Eigentümer dadurch ein schwerwiegender vermögenswerter Nachteil auferlegt (Sonderopfer), so ist ein Opferausgleich vorzusehen. Entschädigung und Opferausgleich sind unter gerechter Abwägung der Interessen der Allgemeinheit und der Beteiligten zu bestimmen; nur soweit persönlich genutztes Eigentum betroffen ist, ist der Wertverlust voll auszugleichen. Dem persönlich genutzten Eigentum steht das genossenschaftliche Eigentum gleich.

Artikel 30

Die Bildung von Kartellen und marktbeherrschenden Unternehmen ist unzulässig. Ausnahmen sind nur auf gesetzlicher Grundlage im Interesse der Sicherung gefährdeter Arbeitsplätze, der Förderung strukturschwacher Regionen und der Erhaltung der internationalen Wettbewerbsfähigkeit möglich.

Artikel 31

(1) Boden und Wirtschaftsunternehmen können zum Zwecke der Vergesellschaftung durch ein Gesetz, das Art und Ausmaß der Entschädigung regelt, in selbständige Unternehmen der Gemeinwirtschaft überführt werden. Für die Entschädigung gilt Artikel 29 Absatz 3 Satz 5 entsprechend.
(2) Der Staat und die Träger der Kommunalautonomie sind befugt, zur Erfüllung ihrer Aufgaben am Wirtschaftsleben teilzunehmen.
(3) Aus Gründen der zuverlässigen und umfassenden Versorgung der Bevölkerung mit Gütern und Dienstleistungen sowie aus wichtigen ordnungspolitischen Gründen können durch Gesetz oder aufgrund eines Gesetzes Monopole der öffentlichen Hand geschaffen werden.

Artikel 32

(1) Die Nutzung des Bodens und der Gewässer ist in besonderem Maße den Interessen der Allgemeinheit und künftiger Generationen verpflichtet. Ihre Verkehrsfähigkeit kann durch Gesetz beschränkt werden. Die Nutzung von Grund und Boden ist nur im Rahmen einer Flächennutzungsplanung zulässig. Das Eigentum und die Nutzung von land- und forstwirtschaftlichen Flächen, die einhundert Hektar übersteigen, ist genossenschaftlichen und öffentlichen Einrichtungen und den Kirchen vorbehalten. Die Veräußerung von Grund und Boden und die Überlassung von Nutzungsrechten an Ausländer bedürfen der Genehmigung.
(2) Steigert sich der Wert von Boden aufgrund seiner planerischen Umwandlung in Bauland, so steht den Trägern der Kommunalautonomie ein Ausgleich für die Wertsteigerung zu. Dieser Planungswertausgleich wird in der Regel durch die entschädigungslose Abgabe eines Anteils des beplanten Bodens erbracht. Der Anteil entspricht dem Maß der Wertsteigerung, darf aber die Hälfte des Bodens nicht übersteigen.
(3) Der Abbau von Bodenschätzen bedarf der staatlichen Genehmigung. Dabei ist dem öffentlichen Interesse an der schonenden Nutzung des Bodens besonderes Gewicht beizumessen.

Artikel 33

(1) Der Schutz der natürlichen Umwelt als Lebensgrundlage gegenwärtiger und künftiger Generationen ist Pflicht des Staates und aller Bürger. Die staatliche Umweltpolitik hat Vorsorge gegen das Entstehen schädlicher Umwelteinwirkungen zu treffen sowie auf den sparsamen Gebrauch und die Wiederverwendung nichterneuerbarer Rohstoffe und die sparsame Nutzung von Energie hinzuwirken.
(2) Eine schwere Beeinträchtigung oder Gefährdung der natürlichen Umwelt darf nur in dem Umfang zugelassen werden, in dem dies zum Schutz überragend wichtiger Interessen der Allgemeinheit unerläßlich ist.
(3) Niemand darf durch nachteilige Veränderungen der natürlichen Lebensgrundlagen in seiner Gesundheit verletzt oder unzumutbar gefährdet werden. Jedermann kann mit der Behauptung, durch nachteilige Veränderungen der natürlichen Umwelt in seinem Recht auf Leben und körperliche Unversehrtheit gefährdet oder verletzt zu sein, die Offenlegung der Daten über die Umweltbeschaffenheit seines Lebenskreises verlangen. Die Verbandsklage ist zulässig.

(4) Wer Umweltschäden verursacht, haftet und ist für Ausgleichsmaßnahmen verantwortlich.
(5) Der Staat und die Träger der Kommunalautonomie sind verpflichtet, der Allgemeinheit die Zugänge zu Bergen, Wäldern, Feldern, Seen und Flüssen freizuhalten und gegebenenfalls durch Einschränkungen des Eigentums freizumachen.

3. Abschnitt
Rechte der Sorben

Artikel 34

(1) Der Staat achtet und fördert die Interessen der Sorben. Er gewährleistet und schützt ihr Recht auf den Gebrauch und die Pflege ihrer Sprache, Kultur und Traditionen. Er unterhält oder unterstützt die dazu erforderlichen Einrichtungen, insbesondere im Sozial- und Bildungswesen. Die Sorben haben das Recht, ihre Muttersprache vor den Verwaltungsbehörden und den Gerichten zu gebrauchen. In der Landes- und Regionalplanung sind die Lebensbedürfnisse der Sorben besonders zu berücksichtigen.
(2) Durch Gesetz können Autonomierechte eingeräumt werden.

4. Abschnitt
Gesellschaftliche Gruppen und Verbände

Artikel 35

(1) Vereinigungen, die sich öffentlichen Aufgaben widmen und dabei auf die öffentliche Meinungsbildung einwirken (Bürgerbewegungen), genießen als Träger freier gesellschaftlicher Gestaltung, Kritik und Kontrolle den besonderen Schutz der Verfassung.
(2) Bürgerbewegungen, deren Tätigkeit sich auf den Bereich eines Landes oder des Bundes erstreckt, haben das Recht des Vorbringens und der sachlichen Behandlung ihrer Anliegen in den zuständigen Ausschüssen der Volkskammer oder der Landtage. Sie haben, soweit die Persönlichkeit und die Privatheit Dritter nicht verletzt werden, nach Abwä-

gung entgegenstehender öffentlicher Interessen Anspruch auf Zugang zu den bei den Trägern öffentlicher Verwaltung vorhandenen Informationen, die ihre Anliegen betreffen.

Artikel 36

(1) Die Freiheit der Vereinigungen ist gewährleistet. Sie haben das Recht, ihre innere Ordnung frei und selbständig zu bestimmen.
(2) Die innere Ordnung von Verbänden muß demokratischen Grundsätzen entsprechen, sofern sie überwiegend die Interessen ihrer Mitglieder in der Öffentlichkeit vertreten oder an der Erfüllung staatlicher oder überwiegend staatlich finanzierter öffentlicher Aufgaben mitwirken. Das gleiche gilt für Verbände, die in ihrem Wirkungsbereich keinem wesentlichen Wettbewerb ausgesetzt sind. Im Rahmen des Verbandszwecks haben die Mitglieder das Recht auf die ungehinderte Ausübung der Meinungs- und Versammlungsfreiheit und auf die Freiheit der Gruppenbildung. Die gleichberechtigte Teilnahme an der innerverbandlichen Willensbildung ist gewährleistet.
(3) Verbände im Sinne des Absatzes 2 Satz 2 dürfen die Mitgliedschaft nicht aus sachwidrigen Gründen verwehren.
(4) Das Gesetz kann vorsehen, daß Vereinigungen, die nach ihrem Zweck oder ihrer Tätigkeit gegen die Strafgesetze verstoßen, Beschränkungen unterworfen oder verboten werden.

Artikel 37

(1) Die Freiheit der Parteien, gleichberechtigt an der politischen Willensbildung in der Gesellschaft mitzuwirken, ist gewährleistet.
(2) Die innere Ordnung der Parteien muß demokratischen Grundsätzen entsprechen. Die Mitglieder haben das Recht auf die ungehinderte Ausübung der Meinungs- und Versammlungsfreiheit im Rahmen des Parteiprogramms sowie auf gleichberechtigte Teilnahme an der innerparteilichen Willensbildung.
(3) Die Parteien haben über ihre Finanzierung öffentlich Rechenschaft abzulegen. Die Wahlkampfkostenerstattung ist an eine gesonderte Entscheidung der wahlberechtigten Bürger gebunden (Bürgerbonus). Diese Regelungen gelten auch für Bürgerbewegungen, soweit sie sich an Wahlen zur Volkskammer oder zu den Landtagen beteiligen.
(4) Die Rechte von Parteien, die systematisch und nachhaltig in ihrer Programmatik die Menschenwürde angreifen oder in dieser Weise durch

ihre Tätigkeit gegen die Grundsätze eines offenen und gewaltlosen politischen Willensbildungsprozesses verstoßen, können, sofern Gefahren für den politischen Willensbildungsprozeß anders nicht abgewendet werden können, von einer Wahl ausgeschlossen oder verboten werden. Die Entscheidungen sind dem Verfassungsgericht vorbehalten; ihre Wirkung ist zeitlich zu begrenzen. Vor einer Entscheidung des Verfassungsgerichts ist keinerlei Benachteiligung der Partei oder ihrer Mitglieder zulässig. Die bürgerlichen und staatsbürgerlichen Rechte der Mitglieder werden auch durch die Entscheidungen des Verfassungsgerichts in keiner Weise berührt.

Artikel 38

(1) Die Freiheit der Kirchen und Religionsgemeinschaften ist gewährleistet. Sie ordnen und verwalten ihre Angelegenheiten selbständig innerhalb der Schranken der für alle geltenden Gesetze. Die Gleichwertigkeit des sozialen Schutzes kirchlicher Arbeitnehmer mit den Garantien aus dem allgemeinen Arbeits- und Sozialrecht ist zu gewährleisten.
(2) Kirchen und Religionsgemeinschaften wird auf Antrag die Rechtsstellung einer Körperschaft des öffentlichen Rechts zuerkannt.
(3) Der Staat fördert und unterstützt nach Maßgabe von Vereinbarungen die Kirchen und Religionsgemeinschaften, insbesondere in ihren sozialen Tätigkeiten und bei der Wahrung ihres kulturellen Erbes. Der Staat kann aufgrund von Vereinbarungen für Kirchen und Religionsgemeinschaften gegen Erstattung der Verwaltungskosten die Einbeziehung der Mitgliedsbeiträge übernehmen.

Artikel 39

(1) Jedermann hat das Recht, Gewerkschaften zu bilden, ihnen beizutreten und sich in ihnen den Gewerkschaftszwecken gemäß zu betätigen. Abreden, die dieses Recht einschränken oder zu behindern suchen, sind nichtig, hierauf gerichtete Maßnahmen sind rechtswidrig und durch Gesetz mit Sanktionen zu belegen. Die Errichtung berufsständischer öffentlich-rechtlicher Vereinigungen mit Zwangsmitgliedschaft ist unzulässig.
(2) Die Freiheit und Unabhängigkeit der Gewerkschaften ist gewährleistet. Sie haben das Recht des Zutritts zu den Betrieben. Das Nähere über die gewerkschaftliche Tätigkeit in den Betrieben wird durch Gesetz geregelt.

(3) Die Gewerkschaften müssen in tarifrechtlicher Hinsicht gegnerfrei sein. Ihre innere Ordnung muß demokratischen Grundsätzen entsprechen. Das Recht der Mitglieder auf die ungehinderte Ausübung der Meinungs- und Versammlungsfreiheit, auf Freiheit der Gruppenbildung sowie auf gleichberechtigte Teilnahme an der innergewerkschaftlichen Willensbildung ist zu gewährleisten.

(4) Gewerkschaften haben das Recht, über alle die Arbeits- und Lebensbedingungen der Werktätigen betreffenden Angelegenheiten Tarifverträge abzuschließen. Tarifvertragsparteien sind Gewerkschaften und ihre Dachverbände, Unternehmen aller Eigentumsformen und Unternehmensverbände, der Bund, die Länder und die Träger der Kommunalautonomie.

(5) Das Streikrecht der Gewerkschaften ist gewährleistet. Bei Arbeitskämpfen ist der Schadenersatz, nicht aber die Androhung und Erhebung von Zwangsgeldern zur Durchsetzung gerichtlicher Entscheidungen ausgeschlossen. Der Lohnersatz bei mittelbar arbeitskampfbedingten Produktionsausfällen ist Gemeinlast der sozialen Autonomie und wird den Betrieben nach Maßgabe gesetzlicher Regelungen erstattet.

(6) Eine das Arbeitsrechtsverhältnis beendende Aussperrung ist verboten. In nicht bestreikten Betrieben ist jegliche Aussperrung verboten.

5. Abschnitt
Geltung

Artikel 40

(1) Die Menschen- und Bürgerrechte dieser Verfassung binden Gesetzgebung, vollziehende Gewalt, Rechtsprechung und, soweit die Verfassung dies vorsieht, auch Dritte unmittelbar.

(2) Soweit Menschen- und Bürgerrechte durch Gesetz oder aufgrund eines Gesetzes eingeschränkt werden können, muß der Grundsatz der Verhältnismäßigkeit gewahrt werden. Solche Beschränkungen dürfen in keinem Falle den Wesensgehalt eines Menschen- und Bürgerrechts antasten.

(3) Die Menschen- und Bürgerrechte gelten auch für inländische juristische Personen des privaten und öffentlichen Rechts, soweit sie ihrem Wesen nach auf diese anwendbar sind.

(4) Wird jemand in seinen Menschen- und Bürgerrechten verletzt, so kann er sie auf dem Rechtsweg einklagen.

II. Kapitel
Grundsätze und Organe des Staates

1. Abschnitt
Grundsätze

Artikel 41

(1) Die Deutsche Demokratische Republik ist ein rechtsstaatlich verfaßter demokratischer und sozialer Bundesstaat und besteht aus den Ländern ... Sie bekennt sich zu dem Ziel der Schaffung einer gesamteuropäischen Friedensordnung, welche die durch den Zweiten Weltkrieg in Deutschland geschaffene Lage auf der Grundlage der Aussöhnung mit allen Völkern, die von Deutschen unterdrückt und verfolgt wurden, überwindet. In diesem Rahmen wird das deutsche Volk über die staatliche Gestaltung Deutschlands selbst bestimmen.
(2) Die Deutsche Demokratische Republik bekennt sich zu dem Ziel der Herstellung der Einheit der beiden deutschen Staaten.

Artikel 42

(1) Träger der Staatsgewalt ist das Volk.
(2) Die Gesetzgebung ist an die Normen der Verfassung, die vollziehende Gewalt und die Rechtsprechung sind an die Verfassung sowie an Gesetz und Recht gebunden.
(3) Die allgemeinen Regeln des Völkerrechts sind unmittelbar geltendes Bundesrecht.

Artikel 43

Die Staatsflagge der Deutschen Demokratischen Republik trägt die Farben schwarz-rot-gold. Das Wappen des Staates ist die Darstellung des Mottos „Schwerter zu Pflugscharen“.

Artikel 44

(1) Durch Gesetz, das der Zustimmung der Länderkammer bedarf, können Hoheitsrechte auf zwischenstaatliche Einrichtungen, insbeson-

dere auf gemeinsame Einrichtungen der beiden deutschen Staaten übertragen werden. Artikel 132 Absätze 1 und 2 bleiben unberührt.
(2) Die Beschränkung von Hoheitsrechten zugunsten eines Systems kollektiver Sicherheit im Rahmen einer gesamteuropäischen Friedensordnung ist zulässig.

Artikel 45

(1) Die Deutsche Demokratische Republik fördert alle auf eine ausgewogene Abrüstung gerichteten Bestrebungen und Maßnahmen.
(2) Die Vorbereitung oder Führung eines Angriffskrieges ist verboten.
(3) Waffen dürfen nur mit Genehmigung der Regierung hergestellt, befördert und in Verkehr gebracht werden. Sie dürfen nur in Staaten exportiert werden, die dem gleichen System kollektiver Sicherheit angehören.

2. Abschnitt
Staatshaftung

Artikel 46

Für Schäden, die einem Dritten durch rechtswidriges Handeln oder Unterlassen von Mitarbeitern eines Trägers öffentlicher Gewalt in Wahrnehmung dienstlicher Pflichten zugefügt werden, haftet derjenige Hoheitsträger, dessen Mitarbeiter den Schaden verursacht hat. Das Nähere regelt das Gesetz.

3. Abschnitt
Der Bund, die Länder und die Kommunalautonomie

Artikel 47

(1) Die verfassungsmäßige Ordnung in den Ländern muß den Grundsätzen des demokratischen und sozialen Rechtsstaates entsprechen.

(2) Den Ländern steht die Wahrnehmung der staatlichen Aufgaben zu, soweit sie nicht durch diese Verfassung dem Bund oder den Trägern der Kommunalautonomie zugewiesen sind.

Artikel 48

(1) Bundesrecht bricht Landesrecht.

(2) Verletzt ein Land die ihm nach der Verfassung oder einem anderen Gesetz des Bundes obliegenden Pflichten, so kann die Regierung mit Zustimmung der Länderkammer die notwendigen Maßnahmen treffen, um das Land zur Erfüllung seiner Pflichten anzuhalten. Die Regierung oder die Beauftragten haben dazu das Weisungsrecht gegenüber dem Land und seinen Behörden.

(3) Die innerhalb des Bundes geübte Rechts- und Amtshilfe wird auch den Ländern, die innerhalb eines Landes geübte Rechts- und Amtshilfe wird auch anderen Ländern und dem Bund gewährt.

Artikel 49

(1) Die Pflege der Beziehungen zu auswärtigen Staaten und zur Bundesrepublik Deutschland ist Sache des Bundes.

(2) Verträge und Vereinbarungen mit auswärtigen Staaten oder mit der Bundesrepublik Deutschland, die die Zuständigkeiten der Länder berühren, bedürfen der Zustimmung der Länderkammer. Vor dem Abschluß eines Vertrages oder einer Vereinbarung, die die besonderen Verhältnisse eines Landes berühren, ist das Einvernehmen mit dem betroffenen Land herbeizuführen. Kommt eine Einigung nicht zustande, so entscheidet die Länderkammer.

(3) Soweit die Länder die ausschließliche Gesetzgebungskompetenz haben, können sie mit auswärtigen Staaten, der Bundesrepublik Deutschland und deren Ländern Verträge schließen und Vereinbarungen treffen. Das Benehmen mit der Regierung des Bundes ist herzustellen.

Artikel 50

(1) Das Recht der Träger der Kommunalautonomie, die Angelegenheiten der örtlichen Gemeinschaft im Rahmen der Gesetze in eigener Verantwortung zu regeln und zu verwalten, ist gewährleistet. Es schließt die Satzungs-, Organisations-, Personal-, Planungs- und Finanzhoheit ein.

(2) Die Träger der Kommunalautonomie sind durch einen Finanzausgleich in die Lage zu versetzen, ihre Aufgabe zu erfüllen. Aufgaben dürfen ihnen nur durch Gesetze und nur dann entzogen werden, wenn sie zu ihrer Erfüllung außerstande sind.

(3) In die Verantwortung der Träger der Kommunalautonomie fallen

1. die örtliche Verkehrs- und Bauleitplanung;
2. der örtliche Nahverkehr;
3. die örtliche Wohnraumbeschaffung und Wohnraumverwaltung;
4. die Sozialhilfe;
5. die medizinische Grundversorgung einschließlich der Krankenversicherung;
6. die Einrichtungen der Kinderbetreuung;
7. die Altenbetreuung;
8. die Daseinsvorsorge für Menschen mit Behinderung;
9. die Einrichtungen des Bildungswesens mit Ausnahme der Hoch- und Fachschulen;
10. die Kultur-, Jugend- und Breitensportförderung einschließlich ihrer Einrichtungen;
11. die Schaffung und Erhaltung von Naherholungsgebieten und Freizeiteinrichtungen;
12. die Wahrung der öffentlichen Sicherheit durch örtliche Polizeibehörden;
13. die Förderung der örtlichen Wirtschaftsstruktur;
14. die Bauaufsicht, insbesondere die Erteilung von Baugenehmigungen;
15. die Vermeidung, Verwertung und Beseitigung von Hausmüll und Abwässern;
16. die Förderung von Städte- und Gemeindepartnerschaften.

(4) Soweit andere Aufgaben bisher von den Kreisen, Städten und Gemeinden wahrgenommen wurden, werden sie von den Trägern der Kommunalautonomie als Selbstverwaltungs- oder als Auftragsangelegenheiten wahrgenommen. Durch Gesetz können weitere Aufgaben übertragen werden.

(5) Die Länder üben in den Angelegenheiten der Kommunalautonomie die Rechtsaufsicht, im übrigen die Fachaufsicht aus.

4. Abschnitt
Die Volkskammer

Artikel 51

(1) Die Volkskammer ist das oberste Organ der Staatswillensbildung. Sie hat die Aufgabe der Gesetzgebung, der Kontrolle der Regierung und Verwaltung, der Verabschiedung des Staatshaushalts, der Wahl des Ministerpräsidenten, der Bestätigung des Regierungsprogramms und der Ratifikation völkerrechtlicher Verträge. Sie nimmt alle Aufgaben und Befugnisse des Bundes wahr, soweit sie von dieser Verfassung nicht anderen Organen ausdrücklich vorbehalten sind.
(2) Die Opposition ist ein notwendiger Bestandteil der parlamentarischen Demokratie. Sie steht der Regierungsmehrheit als Alternative gegenüber und hat das Recht auf Chancengleichheit.

Artikel 52

(1) Die Volkskammer besteht aus 400 Abgeordneten. Der Volkskammer können der Präsident der Republik, die Mitglieder des Verfassungsgerichts, die Mitglieder des Rechnungshofes, die Mitglieder der Staatsbank und der Datenschutzbeauftragte nicht angehören.
(2) Die Abgeordneten sind Vertreter des ganzen Volkes und an Aufträge und Weisungen nicht gebunden. Niemand kann einen Abgeordneten zwingen, gegen seine Überzeugung zu entscheiden.
(3) Die Abgeordneten haben das Recht, in der Volkskammer oder deren Ausschüssen das Wort zu ergreifen, Fragen und Anträge zu stellen sowie bei Wahlen und Beschlüssen ihre Stimme abzugeben. Die Geschäftsordnung gewährleistet das Rederecht nicht fraktionsgebundener Abgeordneter und deren Mitwirkung in den Ausschüssen.
(4) Dem Abgeordneten stehen eine seine Unabhängigkeit sichernde Vergütung sowie Aufwandsentschädigung und die unentgeltliche Benutzung öffentlicher Verkehrsmittel zu. Die Rechte der Abgeordneten sind nicht übertragbar und nicht pfändbar.

Artikel 53

(1) Ein Abgeordneter darf zu keiner Zeit wegen seiner Abstimmung oder wegen einer Äußerung, die er in der Volkskammer oder in einem

ihrer Ausschüsse getan hat, gerichtlich oder dienstlich verfolgt oder sonst zur Verantwortung gezogen werden.

(2) Einem Abgeordneten darf für Äußerungen, die er in Ausübung des Rederechts macht, weder das Wort entzogen noch die Teilnahme an Sitzungen verwehrt werden. In anderen Fällen kann ein Ausschluß von der Sitzung nur mit einer Mehrheit von drei Vierteln der anwesenden Abgeordneten erfolgen. Der Ausschluß von der Sitzung darf nicht zum Ausschluß von einer Abstimmung führen.

(3) Wegen einer mit Strafe bedrohten Handlung darf ein Abgeordneter nur mit Erlaubnis der Volkskammer verfolgt werden. Bei Festnahme und anderen Zwangsmaßnahmen der Strafverfolgung muß unverzüglich eine Entscheidung der Volkskammer herbeigeführt werden. Bis zur Entscheidung der Volkskammer nimmt deren Präsident die dem Ermittlungsrichter zustehenden Rechte wahr. Die Erlaubnis der Volkskammer ist auch bei jeder anderen Beschränkung der persönlichen Freiheit des Abgeordneten erforderlich.

(4) Jedes Strafverfahren, jede Freiheitsentziehung und jede sonstige Beschränkung der persönlichen Freiheit sind auf Verlangen der Volkskammer auszusetzen. Der Aussetzungsbeschluß gilt auch für die Zeit zwischen den Wahlperioden bis zu seiner Aufhebung.

(5) Die Abgeordneten sind berechtigt, das Zeugnis zu verweigern. Auch nach dem Ende des Mandats sind die Abgeordneten berechtigt, über Tatsachen und Personen, mit denen sie in ihrer Eigenschaft als Mandatsträger befaßt werden, das Zeugnis zu verweigern. Das Zeugnisverweigerungsrecht erlischt nicht durch die Beendigung des Mandats. Soweit das Zeugnisverweigerungsrecht reicht, ist eine Beschlagnahme unzulässig.

Artikel 54

(1) Wer sich um ein Mandat bewirbt, hat Anspruch auf den zur Vorbereitung seiner Wahl erforderlichen Urlaub.

(2) Niemand darf gehindert werden, ein Mandat zu übernehmen und auszuüben. Eine Kündigung oder Entlassung aus diesem Grunde ist unzulässig.

Artikel 55

(1) Die Wahlperiode der Volkskammer endet vier Jahre nach dem ersten Zusammentritt oder mit der Auflösung. Die Neuwahl findet im letzten Vierteljahr der Wahlperiode statt, im Falle der Auflösung an dem Sonntag, der dem 49. Tag der Auflösung folgt.

(2) Die Volkskammer tritt spätestens am 30. Tag nach der Wahl, jedoch nicht vor dem Ende der Wahlperiode des letzten Parlaments zusammen.
(3) Die Volkskammer kann jederzeit mit der Mehrheit von zwei Dritteln ihrer Mitglieder ihre Auflösung beschließen.
(4) Die Volkskammer bestimmt den Schluß und den Wiederbeginn ihrer Sitzungen. Der Präsident der Volkskammer kann sie früher einberufen. Er ist hierzu verpflichtet, wenn ein Fünftel der Mitglieder, der Präsident der Republik oder der Ministerpräsident es verlangen.

Artikel 56

(1) Die Volkskammer gibt sich eine Geschäftsordnung und wählt ihren Präsidenten, dessen Stellvertreter und die Schriftführer (Präsidium). Organe der Volkskammer sind der Präsident, das Präsidium, der Ältestenrat, die Ausschüsse und die Fraktionen.
(2) Der Präsident führt die Geschäfte der Volkskammer. Er übt die Ordnungsgewalt und das Hausrecht im Gebäude der Volkskammer aus. Ohne seine Genehmigung darf in den Räumen der Volkskammer keine Durchsuchung oder Beschlagnahme stattfinden.
(3) Der Präsident verwaltet im Einvernehmen mit dem Präsidium die gesamten wirtschaftlichen Angelegenheiten der Volkskammer und stellt den Entwurf des Haushaltsplanes der Volkskammer fest. Der Präsident ist oberste Dienstbehörde der Beschäftigten der Volkskammer. Zu ihrer Einstellung und Entlassung benötigt er die Zustimmung des Präsidiums. Der Präsident vertritt die Volkskammer in allen Angelegenheiten nach innen und außen.

Artikel 57

(1) Zusammenschlüsse von Abgeordneten haben die Stellung einer Fraktion, wenn sie fünf Prozent der Zahl der Abgeordneten auf sich vereinen. Die Geschäftsordnung kann einen geringeren Prozentsatz festlegen.
(2) Die Fraktionen haben Sitz und Stimme in den Organen der Volkskammer. Bei der Verteilung der Redezeit darf die Opposition gegenüber Mehrheit und Regierung nicht benachteiligt werden.
(3) Die Arbeitsfähigkeit der Fraktionen und der einzelnen Abgeordneten, auch der fraktionslosen, ist zu gewährleisten. Hierzu gehören die Einrichtung und technische Ausrüstung von Büros und die Finanzierung von Mitarbeitern und des sachlichen Bedarfs.

Artikel 58

(1) Die Wahlprüfung ist Sache der Volkskammer. Gegen die Entscheidung der Volkskammer ist die Beschwerde beim Verfassungsgericht gegeben.
(2) Das Mandat endet bei Verlust der Wählbarkeit oder bei Verzicht. Ein Entzug des Mandats ist unzulässig.

Artikel 59

(1) Die Volkskammer und ihre Ausschüsse verhandeln öffentlich. Die Öffentlichkeit kann in der Volkskammer mit Zweidrittelmehrheit, in den Ausschüssen mit der Mehrheit der Mitglieder ausgeschlossen werden. Über den Antrag wird in nichtöffentlicher Sitzung entschieden.
(2) Die Volkskammer ist beschlußfähig, wenn mehr als die Hälfte ihrer Mitglieder anwesend ist. Sie faßt ihre Beschlüsse mit der Mehrheit der abgegebenen Stimmen, soweit diese Verfassung nichts anderes bestimmt.
(3) Die Berichterstattung über die öffentlichen Sitzungen der Volkskammer und ihrer Ausschüsse und eine öffentlich zugängliche Dokumentation über Verlauf und Ergebnis der Sitzungen werden gewährleistet. Für wahrheitsgetreue Berichte über die Sitzungen kann niemand verantwortlich gemacht werden.

Artikel 60

(1) Die Volkskammer und ihre Ausschüsse können die Anwesenheit jedes Mitglieds der Regierung verlangen. Es muß der Volkskammer Rede und Antwort stehen.
(2) Die Mitglieder der Regierung und die Mitglieder der Länderkammer haben Zutritt zu den Sitzungen der Volkskammer und ihren Ausschüssen. Den Mitgliedern der Regierung und der Länderkammer steht das Rederecht zu. Der Ministerpräsident muß jederzeit gehört werden.

Artikel 61

(1) Bei den Beratungen der Ausschüsse haben alle Fraktionen das Recht, daß mindestens ein von ihnen benannter Sachverständiger gehört wird.
(2) Wer Gesetzesvorschläge unterbreitet, ist von den zuständigen Ausschüssen zu hören. Hierzu können Unterausschüsse gebildet werden.

Artikel 62

(1) Die Volkskammer bestellt einen Ausschuß zur Behandlung von Anregungen, Kritiken und Beschwerden. Der Vorsitzende des Ausschusses ist zugleich der Bürgeranwalt.
(2) Regierung und Verwaltung sind verpflichtet, dem Ausschuß auf Verlangen Akten vorzulegen, Zutritt zu öffentlichen Einrichtungen zu gewähren, alle erforderlichen Auskünfte zu erteilen und Amtshilfe zu leisten.

Artikel 63

(1) Die Volkskammer hat das Recht und auf Antrag einer Fraktion die Pflicht, Untersuchungsausschüsse einzusetzen, die in öffentlicher Verhandlung die Beweise erheben, die sie oder die Antragsteller für sachdienlich halten. Die Öffentlichkeit kann mit der Mehrheit von zwei Dritteln der Mitglieder des Ausschusses ausgeschlossen werden.
(2) Der Vorsitzende wird mit einer Mehrheit von zwei Dritteln der Mitglieder des Untersuchungsausschusses gewählt. Er darf keiner der die Regierung bildenden Parteien oder Bürgerbewegungen angehören.
(3) Auf die Beweiserhebung finden die Vorschriften der Strafprozeßordnung sinngemäß Anwendung. Auf Verlangen eines Fünftels der Mitglieder des Untersuchungsausschusses sind Regierung und Verwaltung verpflichtet, ihren Bediensteten Aussagegenehmigungen zu erteilen. Gerichte und Verwaltungsbehörden haben Rechts- und Amtshilfe zu leisten. Das Brief-, Post- und Fernmeldegeheimnis bleibt unangetastet.
(4) Der Untersuchungsbericht ist der richterlichen Erörterung entzogen. In der Würdigung des der Untersuchung zugrunde liegenden Sachverhalts sind die Gerichte frei.

Artikel 64

(1) Die Volkskammer bestellt einen Ständigen Ausschuß, der die Rechte der Volkskammer gegenüber der Regierung zwischen zwei Wahlperioden wahrt.
(2) Der Ständige Ausschuß hat auch die Rechte eines Untersuchungsausschusses, nicht aber das Recht, Gesetze zu beschließen, den Ministerpräsidenten zu wählen, ihn oder Minister abzuwählen oder den Präsidenten der Republik anzuklagen.

Artikel 65

(1) Zum Schutz der Menschen- und Bürgerrechte und als Hilfsorgan der Volkskammer werden der Bürgeranwalt, ein Beauftragter für Fragen der Gleichstellung von Mann und Frau, ein Beauftragter für den Strafvollzug und ein Beauftragter für Ausländer bestellt. Sie werden von der Volkskammer auf die Dauer von sechs Jahren mit der Mehrheit von zwei Dritteln ihrer Mitglieder gewählt. Sie können mit derselben Mehrheit abgewählt werden. Einmalige Wiederwahl ist zulässig.
(2) Die Beauftragten sind in der Ausübung ihres Amtes unabhängig und nur dem Gesetz unterworfen. Regierung und Verwaltung sind verpflichtet, ihnen auf Verlangen Akten vorzulegen, Zutritt zu öffentlichen Einrichtungen zu gewähren, alle erforderlichen Auskünfte zu erteilen und Amtshilfe zu leisten.
(3) Die Beauftragten erstatten der Volkskammer jährlich öffentlich Bericht. Die Volkskammer und ihre Ausschüsse können jederzeit die Anwesenheit der Beauftragten verlangen.
(4) Niemand darf wegen seiner Eingaben oder wegen Auskünften gegenüber den Beauftragten gemaßregelt oder benachteiligt werden.

5. Abschnitt
Die Länderkammer

Artikel 66

(1) Durch die Länderkammer wirken die Länder an der Gesetzgebung und Verwaltung des Bundes mit.
(2) Die Länderkammer besteht aus Mitgliedern der Landesregierungen, die von diesen bestellt und abberufen werden. Eine Vertretung ist zulässig.
(3) Jedes Land hat mindestens drei Stimmen. Länder mit mehr als zwei Millionen Einwohnern erhalten eine weitere Stimme für je eine weitere Million Einwohner. Restzahlen werden gerundet.
(4) Die Stimmen des Landes können nur einheitlich und nur durch anwesende Mitglieder der Länderkammer oder deren Vertreter abgegeben werden. Die Länder können höchstens so viele Mitglieder entsenden, wie ihnen Stimmen zustehen.

Artikel 67

(1) Die Länderkammer wählt jährlich einen Präsidenten.
(2) Der Präsident beruft die Länderkammer ein. Auf Verlangen eines Landes oder des Ministerpräsidenten hat er die Länderkammer einzuberufen.
(3) Soweit in dieser Verfassung nichts anderes bestimmt ist, faßt die Länderkammer ihre Beschlüsse mit der Mehrheit der Stimmen ihrer Mitglieder.
(4) Die Verhandlungen der Länderkammer sind öffentlich. Die Öffentlichkeit kann mit Zustimmung von zwei Dritteln der Länder ausgeschlossen werden.
(5) Den Ausschüssen der Länderkammer können andere Mitglieder oder Beauftragte der Länderregierungen angehören.

Artikel 68

Die Mitglieder der Regierung haben das Recht und auf Verlangen die Pflicht, an den Verhandlungen der Länderkammer und ihrer Ausschüsse teilzunehmen. Sie müssen jederzeit gehört werden.

6. Abschnitt
Die Regierung

Artikel 69

Die Regierung hat die Aufgabe der Staatsleitung und die Verantwortung für die vollziehende Gewalt des Bundes. Sie besteht aus dem Ministerpräsidenten und den Ministern.

Artikel 70

(1) Der Ministerpräsident wird von der Volkskammer auf Vorschlag des Präsidenten der Republik ohne Aussprache gewählt.
(2) Gewählt ist, wer die Stimmen der Mehrheit der Mitglieder der Volkskammer auf sich vereinigt. Der Gewählte wird vom Präsidenten der Republik ernannt.
(3) Wird der Vorgeschlagene nicht gewählt, so kann die Volkskammer

binnen dreier Wochen nach dem Wahlgang mit der Mehrheit ihrer Mitglieder einen Ministerpräsidenten wählen.
(4) Kommt innerhalb der Frist des Absatzes 3 eine Wahl nicht zustande, so findet unverzüglich ein neuer Wahlgang statt, in dem gewählt ist, wer die Mehrheit der abgegebenen Stimmen erhält. Vereinigt der Gewählte die Stimmen der Mehrheit der Mitglieder der Volkskammer auf sich, so muß der Präsident der Republik ihn ernennen. Erreicht der Gewählte diese Mehrheit nicht, so hat der Präsident der Republik binnen sieben Tagen entweder ihn zu ernennen oder die Volkskammer aufzulösen.

Artikel 71

Die Minister werden auf Vorschlag des Ministerpräsidenten vom Präsidenten der Volkskammer ernannt und entlassen. Der Ministerpräsident ernennt seine Stellvertreter aus dem Kreis der Minister.

Artikel 72

Der Ministerpräsident und die Minister leisten bei der Amtsübernahme vor der Volkskammer folgenden Eid: „Ich schwöre, daß ich meine Kraft dem Wohle des Volkes widmen, Recht und Gesetze der Deutschen Demokratischen Republik wahren, meine Pflichten gewissenhaft erfüllen und Gerechtigkeit gegen jedermann üben werde." Dem Eid kann auch eine religiöse Beteuerung hinzugefügt werden.

Artikel 73

Der Ministerpräsident und die Minister dürfen kein anderes besoldetes Amt, kein Gewerbe und keinen Beruf ausüben. Über die Mitwirkung in Wirtschaftsunternehmen entscheidet die Volkskammer, wenn es sich um ein auf Erwerb gerichtetes Unternehmen handelt.

Artikel 74

(1) Der Ministerpräsident leitet die Geschäfte der Regierung und bestimmt die Richtlinien der Politik im Rahmen des von der Volkskammer bestätigten Regierungsprogramms. Innerhalb dieser Richtlinien leitet jeder Minister seinen Geschäftsbereich selbständig und in eigener Verantwortung.
(2) Über Meinungsverschiedenheiten der Minister entscheidet die

Regierung. Der Ministerpräsident leitet die Geschäfte der Regierung nach einer von ihr beschlossenen und vom Präsidenten der Volkskammer genehmigten Geschäftsordnung.

Artikel 75

(1) Die Volkskammer kann dem Ministerpräsidenten das Mißtrauen nur dadurch aussprechen, daß sie mit der Mehrheit ihrer Mitglieder einen Nachfolger wählt. Der Gewählte ist vom Präsidenten der Republik zu ernennen.
(2) Zwischen dem Antrag und der Wahl müssen 48 Stunden liegen.

Artikel 76

(1) Findet ein Antrag des Ministerpräsidenten, ihm das Vertrauen auszusprechen, nicht die Zustimmung der Mehrheit der Mitglieder der Volkskammer, so muß der Präsident der Republik die Volkskammer am 21. Tag nach der Abstimmung auflösen, wenn sie nicht bis dahin mit der Mehrheit ihrer Mitglieder einen Ministerpräsidenten wählt.
(2) Zwischen dem Antrag und der Abstimmung müssen 48 Stunden liegen.

Artikel 77

(1) Das Amt des Ministerpräsidenten oder eines Ministers endet mit dem Zusammentritt einer neuen Volkskammer, das Amt eines Ministers auch mit dem Rücktritt oder jeder anderen Beendigung des Amtes des Ministerpräsidenten.
(2) Jeder Minister muß zurücktreten, wenn ihm die Volkskammer das Vertrauen entzieht.
(3) Endet das Amt des Ministerpräsidenten, so sind er und mit ihm die Regierung verpflichtet, ihre Geschäfte bis zur Übernahme durch die neu zu bildende Regierung weiterzuführen. Auf Ersuchen des Ministerpräsidenten hat auch ein Minister die Geschäfte bis zur Ernennung eines Nachfolgers weiterzuführen.

7. Abschnitt
Der Präsident der Republik

Artikel 78

Der Präsident der Republik ist das Staatsoberhaupt.

Artikel 79

(1) Der Präsident vertritt die Deutsche Demokratische Republik völkerrechtlich. Er beglaubigt und empfängt die Chefs der diplomatischen Missionen.
(2) Im Falle der Verhinderung wird der Präsident vom Präsidenten der Länderkammer vertreten.

Artikel 80

Verträge mit auswärtigen Staaten und Verträge mit der Bundesrepublik Deutschland, die sich auf Gegenstände beziehen, für die der Bund die Gesetzgebungsbefugnis hat, bedürfen der Zustimmung der Volkskammer in der Form eines Gesetzes, soweit sie innerstaatliche Rechte und Pflichten begründen sollen. Die Vorschriften dieser Verfassung über die Mitwirkung der Länderkammer bleiben unberührt. Andere Verträge bedürfen der Zustimmung der Volkskammer, soweit sie von erheblicher Bedeutung für die Deutsche Demokratische Republik sind.

Artikel 81

(1) Der Präsident ernennt auf Vorschlag der bei ihm eingerichteten Wahlausschüsse die Bundesrichter und den Generalstaatsanwalt sowie die Mitglieder der Staatsbank und des Rechnungshofes des Bundes.
(2) Beim Präsidenten wird ein Bundesbeauftragter für den Datenschutz bestellt. Der Datenschutzbeauftragte wird vom Präsidenten berufen und ernannt. Artikel 65 Absätze 2 bis 4 finden Anwendung.

Artikel 82

Der Präsident übt das Gnadenrecht des Bundes aus.

Artikel 83

Der Präsident stiftet und verleiht Orden.

Artikel 84

Der Präsident kann zu Themen, die für die Allgemeinheit von besonderem Gewicht sind, Expertenkommissionen berufen.

Artikel 85

(1) Der Präsident wird ohne Aussprache von der Bundesversammlung auf vier Jahre gewählt. Wiederwahl ist zulässig. Die Bundesversammlung besteht aus allen Abgeordneten der Volkskammer, der Landtage sowie der Volksvertretungen der Kreise und der kreisfreien Städte.
(2) Die Bundesversammlung tritt zur gleichen Stunde, jeweils nach Ländern getrennt, zum Wahlakt zusammen. In den Ländern treten die Landtage und die Volksvertretungen der Kreise und kreisfreien Städte gemeinsam zusammen. Die Abgeordneten der Volkskammer treten gesondert zusammen.
(3) Die Bundesversammlung wird vom Präsidenten der Volkskammer im Einvernehmen mit dem Präsidenten der Länderkammer einberufen. Die Teilversammlungen der Bundesversammlung in den Ländern werden von den Landtagspräsidenten geleitet.

Artikel 86

(1) Gewählt ist, wer die Mehrheit der Stimmen der Bundesversammlung auf sich vereinigt.
(2) Ist im ersten Wahlgang der Präsident nicht gewählt, so sind für den unverzüglich anzuberaumenden zweiten Wahlgang nur die drei Kandidaten zugelassen, die im ersten Wahlgang die meisten Stimmen auf sich vereinigt haben. Gewählt ist, wer die meisten Stimmen auf sich vereinigt.
(3) Nach der Annahme seiner Wahl leistet der Präsident vor der Volkskammer den Amtseid in der in Artikel 72 niedergelegten Formel. Artikel 72 Satz 2 ist anwendbar.

Artikel 87

(1) Der Präsident genießt Immunität und Indemnität.
(2) Wegen Verletzung seiner Amtspflichten kann der Präsident nur vom Verfassungsgericht zur Verantwortung gezogen werden. Antragsberechtigt ist die Volkskammer. Der Antrag bedarf der Zustimmung von zwei Dritteln ihrer Mitglieder.

Artikel 88

Der Präsident darf weder einer Regierung noch einer gesetzgebenden Körperschaft angehören. Er darf kein anderes besoldetes Amt, kein Gewerbe und keinen Beruf ausüben und nicht Mitglied des Vorstandes oder Aufsichtsrates eines Unternehmens sein.

III. Kapitel
Funktionen des Staates

1. Abschnitt
Gesetzgebung

Artikel 89

Die Gesetze werden durch die Volkskammer oder durch Volksentscheid beschlossen.

Artikel 90

(1) Werden die Gesetze des Bundes von der Volkskammer beschlossen, so bedürfen sie zu ihrer Wirksamkeit der Zustimmung der Länderkammer, sofern die Verfassung dies vorsieht; im übrigen steht der Länderkammer das Recht des Einspruchs zu.
(2) In der Volkskammer werden Gesetzesvorlagen durch deren Mitglieder, durch die Regierung oder auf Beschluß der Länderkammer eingebracht. Es sind mindestens zwei Lesungen vorzusehen, und den Ausschüssen ist hinreichend Zeit zur Beratung einzuräumen.

(3) Vorlagen der Regierung sind der Volkskammer zusammen mit einer Stellungnahme der Länderkammer, Vorlagen der Länderkammer sind ihr mit einer Stellungnahme der Regierung zuzuleiten. Die Frist zur Stellungnahme beträgt sechs Wochen.

Artikel 91

(1) Der Zustimmung der Länderkammer bedürfen außer in den anderen in dieser Verfassung genannten Fällen Gesetze der Volkskammer über:
1. Änderungen der Ländergrenzen;
2. die Errichtung selbständiger Träger der bundeseigenen Verwaltung;
3. die Gerichtsverfassung;
4. die Verteilung der vom Bund erhobenen Steuern;
5. die Raumordnung und Fachplanungen des Bundes;
6. das Verwaltungsverfahren.

(2) War der Erlaß eines Gesetzes zustimmungsbedürftig, so gilt dies auch für nachfolgende Gesetzesänderungen.

Artikel 92

(1) Gesetze werden nach ihrer Annahme in der Volkskammer durch deren Präsidenten unverzüglich der Länderkammer zugeleitet.

(2) Die Länderkammer kann binnen zweier Wochen nach Eingang des Gesetzesbeschlusses verlangen, daß ein in gleicher Zahl aus Mitgliedern der Volkskammer und der Länderkammer für die gemeinsame Beratung von Vorlagen gebildeter Ausschuß einberufen wird. Die Zusammensetzung und das Verfahren dieses Ausschusses regelt eine Geschäftsordnung, die der Zustimmung der Volkskammer und der Länderkammer bedarf. Die in diesen Ausschuß entsandten Mitglieder der Länderkammer sind nicht an Weisungen gebunden. Ist zu einem Gesetz die Zustimmung der Länderkammer erforderlich, so können auch die Volkskammer und die Regierung die Einberufung verlangen. Schlägt der Ausschuß eine Änderung des Gesetzesbeschlusses vor, so hat die Volkskammer erneut Beschluß zu fassen.

(3) Soweit zu einem Gesetz die Zustimmung der Länderkammer nicht erforderlich ist, kann die Länderkammer, wenn das Verfahren nach Absatz 2 beendet ist, gegen ein von der Volkskammer beschlossenes Gesetz binnen einer Woche Einspruch einlegen. Die Einspruchsfrist beginnt im Falle des Absatzes 2 letzter Satz mit dem Eingang des von der Volkskammer erneut gefaßten Beschlusses, in allen anderen Fällen mit

dem Abschluß des Verfahrens vor dem in Absatz 2 vorgesehenen Ausschuß.
(4) Wird der Einspruch mit der Mehrheit der Stimmen der Länderkammer beschlossen, so kann er durch Beschluß der Mehrheit der Mitglieder der Volkskammer zurückgewiesen werden. Hat die Länderkammer den Einspruch mit einer Mehrheit von mindestens zwei Dritteln ihrer Stimmen beschlossen, so bedarf die Zurückweisung durch die Volkskammer einer Mehrheit von zwei Dritteln der Anwesenden, mindestens der Mehrheit der Mitglieder der Volkskammer.

Artikel 93

Ein von der Volkskammer beschlossenes Gesetz kommt zustande, wenn die Länderkammer zustimmt, den Antrag gemäß Artikel 92 Absatz 2 nicht stellt, innerhalb der Frist des Artikels 92 Absatz 3 keinen Einspruch einlegt oder ihn zurücknimmt oder wenn der Einspruch von der Volkskammer nach Maßgabe des Artikels 92 Absatz 4 überstimmt wird.

Artikel 94

(1) Durch Gesetz kann die Regierung zum Erlaß von Verordnungen ermächtigt werden. In der Verordnung ist die Rechtsgrundlage anzugeben. Gesetzesändernde Verordnungen sind ausgeschlossen.
(2) Das Gesetz kann bestimmen, daß vor Erlaß der Verordnung der zuständige Ausschuß der Volkskammer gehört wird und ihre Wirksamkeit davon abhängig gemacht wird, daß der Ausschuß der Verordnung nicht widerspricht. Ist ein Gesetz zustimmungspflichtig, so gilt dies auch für Verordnungen.
(3) Rahmengesetze können vorsehen, daß die Landtage Verordnungsermächtigungen unter entsprechender Anwendung der Absätze 1 und 2 erteilen.

Artikel 95

Der Bund und die Länder haben das Recht der Gesetzgebung, soweit ihnen die Verfassung dieses Recht ausdrücklich zuweist. Auf den anderen Gebieten haben die Länder die Gesetzgebungsbefugnis, soweit und solange der Bund von seinem Recht keinen Gebrauch gemacht hat. Der Bund kann auf den Gebieten seiner Gesetzgebung Rahmengesetze erlassen.

Artikel 96

Der Bund hat die ausschließliche Gesetzgebung über:

1. die auswärtigen Angelegenheiten;
2. die Staatsbürgerschaft;
3. das bürgerliche Recht und das Zivilprozeßrecht, das Strafrecht und das Strafprozeßrecht, das Arbeits- und Sozialrecht einschließlich der Betriebsverfassung und des Verfahrensrechts, die Gerichtsverfassung;
4. die Freizügigkeit, das Paßwesen, die Ein- und Auswanderung und die Auslieferung;
5. das Währungs-, Geld- und Münzwesen, Maße und Gewichte sowie die Zeitbestimmung;
6. die Einheit des Zoll- und Handelsgebietes, die Handels- und Schiffahrtsverträge, die Freizügigkeit des Warenverkehrs und den Waren- und Zahlungsverkehr mit dem Auslande einschließlich des Zolls und des Grenzschutzes;
7. das Recht der Wirtschaft einschließlich der Unternehmensverfassung;
8. das Bodenrecht und den Grundstücksverkehr einschließlich des Rechts der Enteignung;
9. den Bergbau, die Energieversorgung einschließlich des Rechts der Kernenergie;
10. die Angelegenheiten der Verteidigung;
11. die Reichsbahn und den Luftverkehr, die Bundeswasserstraßen und die Autobahnen;
12. das Post- und Fernmeldewesen;
13. die Rechtsverhältnisse der im Dienste des Bundes und der bundesunmittelbaren Körperschaften des öffentlichen Rechts stehenden Personen;
14. den gewerblichen Rechtsschutz, das Urheberrecht und das Verlagsrecht;
15. die Organisation der Kriminalpolizei, der internationalen Verbrechensbekämpfung sowie der Spionageabwehr;
16. die Statistik für Bundeszwecke;
17. die anderen in dieser Verfassung vorgesehenen Fälle.

Artikel 97

Die Länder haben die ausschließliche Gesetzgebung über

1. das Länderstaatsrecht;

2. die Länderraumordnung;
3. das Recht der Gefahrenabwehr;
4. die Einrichtung von selbständigen Trägern der Landesverwaltung;
5. die Errichtung der Gerichtsbezirke;
6. die Errichtung der Träger der Kommunalautonomie und das Kommunalrecht;
7. den Natur- und Landschaftsschutz;
8. das Bauordnungsrecht;
9. die Errichtung von Universitäten und Fachhochschulen;
10. das Archiv- und Bibliothekswesen in den Ländern und die Kulturförderung;
11. die Denkmalpflege in den Ländern;
12. die Schmalspur- und die Seilbahnen;
13. das Forst- und Jagdwesen und die Binnenfischerei;
14. die Vermeidung, Verwertung und Beseitigung von Hausmüll und Bauschutt;
15. das Markt- und Messewesen.

Artikel 98

(1) Gesetzesvorlagen zu einem Volksentscheid werden durch Volksbegehren beim Präsidenten der Republik eingebracht. Dem Volksbegehren muß ein ausgearbeiteter und mit Gründen versehener Gesetzentwurf zugrunde liegen. Im Entwurf sind neun Vertrauensleute zu benennen. Der Volksentscheid ist herbeizuführen, wenn das Begehren von 750 000 stimmberechtigten Bürgern gestellt wird.
(2) Ein Volksentscheid über den Staatshaushalt findet nicht statt.
(3) Der Präsident legt den Entwurf unverzüglich der Regierung vor. Hat er Zweifel an der Zulässigkeit des Volksbegehrens, so beantragt er innerhalb von vier Wochen eine Entscheidung des Verfassungsgerichts; die Vertrauensleute sind am Verfahren zu beteiligen.
(4) Der Ministerpräsident unterbreitet das Volksbegehren zugleich mit einer Stellungnahme der Regierung binnen eines Monats der Volkskammer. Die Vertrauensleute sind zu den Beratungen der zuständigen Ausschüsse der Volkskammer hinzuzuziehen und haben in ihnen das Rederecht. Der Volksentscheid unterbleibt, wenn die Volkskammer die Gesetzesvorlage innerhalb einer Frist von drei Monaten nach Unterbreitung unverändert oder in einer Fassung, der zwei Drittel der Vertrauensleute zugestimmt haben, annimmt. Bei der Berichterstattung des Ausschusses steht der Vertretung des Volksbegehrens das Rederecht zu. Im

übrigen ist der Volksentscheid binnen zehn Wochen nach Ablauf der in Satz 3 genannten Frist herbeizuführen. Den Trägern des Volksbegehrens ist innerhalb dieser Zeit in den öffentlich-rechtlichen Massenmedien Gelegenheit zur unentgeltlichen Werbung für ihr Anliegen zu geben.
(5) Beim Volksentscheid kann nur mit „ja“ oder „nein“ abgestimmt werden. Es entscheidet die Mehrheit der abgegebenen Stimmen.
(6) Das Verfahren wird durch Gesetz geregelt.

Artikel 99

(1) Die nach den Vorschriften dieser Verfassung zustande gekommenen Gesetze werden nach Gegenzeichnung durch den Ministerpräsidenten vom Präsidenten der Volkskammer ausgefertigt und im Gesetzblatt verkündet.
(2) Verordnungen sind im Gesetzblatt zu veröffentlichen.
(3) Jedes Gesetz und jede Verordnung tritt, soweit nichts anderes bestimmt ist, mit dem 14. Tag nach Ablauf des Tages in Kraft, an dem das Gesetzblatt erscheint.

Artikel 100

(1) Diese Verfassung kann nur durch ein Gesetz der Volkskammer geändert werden, das der Zustimmung von zwei Dritteln der Mitglieder der Volkskammer bedarf. Es muß den Wortlaut der Verfassung ausdrücklich ändern oder ergänzen. Es bedarf der Bestätigung in einem Volksentscheid.
(2) Eine Änderung der Verfassung, die die in den Artikeln 1, 40, 42, 89 und 107 niedergelegten Grundsätze in Frage stellen, ist unzulässig.

2. Abschnitt
Die Verwaltung

Artikel 101

Die Länder führen die Bundesgesetze als eigene Angelegenheit aus, soweit diese Verfassung nichts anderes bestimmt oder zuläßt.

Artikel 102

(1) Führen die Länder die Bundesgesetze als eigene Angelegenheit aus, so regeln sie die Einrichtung der Behörden und das Verwaltungsverfahren, soweit nicht Bundesgesetze mit Zustimmung der Länderkammer etwas anderes bestimmen. Die Bundesregierung kann mit Zustimmung der Länderkammer allgemeine Verwaltungsvorschriften erlassen.
(2) Die Regierung des Bundes übt die Rechtsaufsicht aus. Sie kann zu diesem Zweck Beauftragte zu den obersten Landesbehörden entsenden.
(3) Wird Beanstandungen nicht abgeholfen, so entscheidet die Länderkammer, ob das Land das Recht verletzt hat. Gegen den Beschluß der Länderkammer kann das Verfassungsgericht angerufen werden.

Artikel 103

Führt der Bund die Gesetze durch bundeseigene Verwaltung oder durch bundesunmittelbare Körperschaften oder Anstalten des öffentlichen Rechts aus, so werden die allgemeinen Verwaltungsvorschriften von der Regierung erlassen. Das gleiche gilt für die Einrichtung der Behörden.

Artikel 104

(1) In bundeseigener Verwaltung werden geführt
1. der auswärtige Dienst;
2. die Finanzverwaltung nach Maßgabe des Art. 118 und der Zoll;
3. die Genehmigung und die Überwachung kerntechnischer Anlagen;
4. die Deutsche Post;
5. die Bundesstraßen einschließlich der Bundeswasserstraßen;
6. der Luftverkehr;
7. die Streitkräfte einschließlich der Grenztruppen;
8. die Spionageabwehr;
9. die Kriminalpolizei.
(2) Durch Gesetz, das der Zustimmung der Länderkammer bedarf, kann der Bund für Angelegenheiten, auf denen die Länder nicht ausschließliche Gesetzgebungszuständigkeit haben, Bundesämter einschließlich eines eigenen Verwaltungsunterbaus oder bundesunmittelbare Körperschaften oder Anstalten des öffentlichen Rechts errichten.

Artikel 105

(1) Der Bund kann bei der Erfüllung der Aufgaben der Länder mitwirken, wenn diese Aufgaben für die Gesamtheit bedeutsam sind und die Mitwirkung des Bundes zur Verbesserung der Lebensverhältnisse erforderlich ist. Die Mitwirkung des Bundes ist in Staatsverträgen zu vereinbaren. In den Verträgen sind Bestimmungen über das Verfahren und über die Finanzierung vorzusehen. Die Bereitstellung der Mittel bleibt der Feststellung in den Haushaltsgesetzen des Bundes und der Länder vorbehalten.
(2) Die Regierung des Bundes und die Länderkammer sind über die Durchführung der Gemeinschaftsaufgaben zu unterrichten.

Artikel 106

(1) Durch Gesetz wird eine unabhängige Staatsbank als bundesunmittelbare juristische Person des öffentlichen Rechts errichtet.
(2) Die Staatsbank hat unter Berücksichtigung des Zieles der Vollbeschäftigung den Erfordernissen der Preisstabilität, des außenwirtschaftlichen Gleichgewichts und eines angemessenen Wirtschaftswachstums Rechnung zu tragen.
(3) Die Mitglieder des Vorstandes der Staatsbank werden von dem beim Präsidenten einzurichtenden Wahlausschuß gewählt. Diesem gehören neben den Mitgliedern des Wahlausschusses nach Artikel 125 Absatz 3 (Rechnungshof) fünf weitere Mitglieder nach Maßgabe des Einrichtungsgesetzes an.
(4) Der Finanzminister und der Vorsitzende des Finanzausschusses der Volkskammer haben das Recht, an den Sitzungen des Vorstandes der Staatsbank teilzunehmen.

3. Abschnitt
Die Rechtsprechung

Artikel 107

Die rechtsprechende Gewalt ist den Richtern anvertraut. Die Richter sind unabhängig und nur der Verfassung und dem Gesetz unterworfen.

Artikel 108

(1) Die rechtsprechende Gewalt wird durch das Verfassungsgericht und durch andere Gerichte des Bundes und der Länder für Straftaten und zivil-, familien-, verwaltungs-, finanz-, arbeits- und sozialrechtliche Streitigkeiten sowie durch gesellschaftliche Gerichte ausgeübt.
(2) Soweit Gerichtszweige noch nicht bestehen, bedarf ihre Einführung des Gesetzes. Ausnahmegerichte sind unzulässig.

Artikel 109

(1) Das Verfassungsgericht ist ein allen übrigen Verfassungsorganen gegenüber selbständiger und unabhängiger Gerichtshof des Bundes. Das Verfassungsgericht gibt sich eine Geschäftsordnung.
(2) Die Entscheidungen des Verfassungsgerichts sind unanfechtbar. Die Entscheidungsformel bindet die Organe des Bundes und der Länder sowie alle Gerichte und Behörden.
(3) Die Entscheidung des Verfassungsgerichts über die Verfassungsmäßigkeit eines Rechtssatzes hat Gesetzeskraft. Die Entscheidungsformel ist im Gesetzblatt zu veröffentlichen.

Artikel 110

Das Verfassungsgericht entscheidet
1. über Verfassungsbeschwerden von Bürgerinnen und Bürgern gegen die Verletzung ihrer Menschen- und Bürgerrechte durch die öffentliche Gewalt;
2. über Zweifel an der Vereinbarkeit von Bundesrecht mit dieser Verfassung auf Antrag eines Fünftels der Mitglieder der Volkskammer, der Regierung des Bundes oder einer Landesregierung;
3. über Zweifel an der Vereinbarkeit von Verträgen gemäß Artikel 80 mit dieser Verfassung nach Beginn des Gesetzgebungsverfahrens auf Antrag eines Drittels der Mitglieder der Volkskammer oder einer Landesregierung;
4. über Zweifel an der Vereinbarkeit von Landesrecht mit dieser Verfassung und mit sonstigem Recht des Bundes auf Antrag eines Drittels der Mitglieder der Volkskammer, der Regierung des Bundes oder einer Landesregierung;
5. auf Antrag eines Gerichts über die Vereinbarkeit eines Gesetzes des Bundes oder von Landesgesetzen mit dieser Verfassung, wenn das

Gericht von der Verfassungswidrigkeit des betreffenden Gesetzes überzeugt ist und dies für die gerichtliche Entscheidung von Bedeutung ist;

6. auf Antrag eines Gerichts über Zweifel, ob eine Regel des Völkerrechts Bestandteil des innerstaatlichen Rechts ist und ob sie unmittelbar Rechte und Pflichten für den einzelnen erzeugt;
7. aus Anlaß von Streitigkeiten über den Umfang der Rechte und Pflichten von Bundesorganen oder anderer Beteiligter, die in dieser Verfassung oder in Geschäftsordnungen oberster Bundesorgane mit eigenen Rechten ausgestattet sind;
8. bei Meinungsverschiedenheiten über Rechte und Pflichten des Bundes und der Länder, insbesondere bei der Ausführung von Bundesrecht durch die Länder und bei der Ausübung der Bundesaufsicht;
9. in anderen öffentlich-rechtlichen Streitigkeiten zwischen dem Bund und den Ländern, zwischen verschiedenen Ländern oder innerhalb eines Landes, soweit nicht ein anderer Rechtsweg angegeben ist;
10. über Beschwerden von Trägern der Kommunalautonomie und anderer öffentlich-rechtlicher Körperschaften wegen Verletzung ihrer Rechte.

Es entscheidet ferner in den anderen ihm von der Verfassung und vom Gesetz zugewiesenen Fällen.

Artikel 111

(1) Das Verfassungsgericht besteht aus dem Präsidenten, zwei Vizepräsidenten und sechs Verfassungsrichtern. Sie dürfen während ihrer Amtszeit keinem anderen staatlichen Organ angehören.
(2) Das Verfassungsgericht bildet einen Senat und drei Kammern, die die Entscheidungen des Senats vorbereiten. Die Kammern können über Verfassungsbeschwerden und Richtervorlagen einstimmig befinden, wenn der Senat in der gleichen Rechtsfrage schon geurteilt hat oder die Sache von geringer Bedeutung oder die Rechtslage offensichtlich ist.
(3) Das Verfahren vor dem Verfassungsgericht ist gebührenfrei.

Artikel 112

(1) Die Richter des Verfassungsgerichtes werden von einem beim Präsidenten der Republik einzurichtenden Richterwahlausschuß auf die Dauer von 12 Jahren gewählt. Eine Wiederwahl ist ausgeschlossen.
(2) Der Richterwahlausschuß besteht aus
– dem Präsidenten der Republik als Vorsitzendem;

– je zwei weisungsunabhängigen, von den Länderregierungen bestellten Bevollmächtigen sowie einer doppelten Anzahl von Abgeordneten der Volkskammer, die nach den Grundsätzen der Verhältniswahl bestimmt werden.
(3) Der Ausschuß entscheidet mit einer Mehrheit von zwei Dritteln der Stimmen seiner Mitglieder.

Artikel 113

(1) Die Rechtsstellung der Richter ist durch besonderes Gesetz zu regeln.
(2) Die Bundesrichter werden von einem Ausschuß gewählt, der entsprechend der Vorschrift des Artikels 112 Absatz 2, ergänzt um den jeweiligen Fachminister, gebildet wird. Der Ausschuß entscheidet mit der Mehrheit der Stimmen seiner Mitglieder.
(3) Die Berufsrichter werden auf Lebenszeit ernannt. Sie können gegen ihren Willen nur kraft richterlicher Entscheidung und nur aus Gründen und unter den Formen, die die Gesetze bestimmen, dauernd oder zeitweise ihres Amtes enthoben oder an eine andere Stelle oder in den Ruhestand versetzt werden. Das Gesetz kann eine Altersgrenze festsetzen, bei deren Erreichung Richter in den Ruhestand treten. Bei Veränderungen der Gerichtsbezirke können Richter an ein anderes Gericht versetzt oder unter Belassung des vollen Gehalts in den Ruhestand versetzt werden.

IV. Kapitel
Die Staatsfinanzen

Artikel 114

(1) Der Bund und die Länder tragen gesondert die Ausgaben, die sich aus der Wahrnehmung ihrer Aufgaben ergeben, soweit die Verfassung nichts anderes bestimmt. Gesetze des Bundes, die Geldleistungen gewähren, müssen bestimmen, daß die Geldleistungen vom Bund getragen werden.
(2) Der Bund kann den Ländern Finanzhilfen für besonders bedeutsame Investitionen der Länder und der Träger der Kommunalautonomie

gewähren, die zum Ausgleich unterschiedlicher Wirtschaftskraft oder zur Förderung des wirtschaftlichen Wachstums erforderlich sind. Finanzhilfen können auch für Investitionen zur Förderung des Umweltschutzes und zur Verbesserung der Agrarstruktur gewährt werden. Das Nähere wird durch Gesetz bestimmt, das der Zustimmung der Länderkammer bedarf.

Artikel 115

(1) Der Bund hat die Gesetzgebung über Zölle und Steuern, soweit sie nicht nach Satz 2 den Ländern zusteht. Die Länder haben die Befugnis zur Gesetzgebung über die örtlichen Verbrauchs- und Aufwandssteuern.
(2) Zölle, Steuern und sonstige Abgaben dürfen nur auf der Grundlage gesetzlicher Vorschriften erhoben werden.
(3) Gesetze des Bundes über Steuern, deren Aufkommen den Ländern ganz oder zum Teil zufließt, bedürfen der Zustimmung der Länderkammer.

Artikel 116

(1) Das Aufkommen folgender Steuern steht dem Bund zu:
- die Zölle,
- die Verbrauchssteuern, soweit sie nicht nach Absatz 4 dem Bund und den Ländern gemeinsam oder nach Absatz 3 den Trägern der Kommunalautonomie zustehen,
- die Kapitalverkehrssteuern,
- die Versicherungssteuer.

(2) Das Aufkommen folgender Steuern steht den Ländern zu:
- die Grunderwerbssteuer,
- die Vermögenssteuer,
- die Kraftfahrzeugsteuer,
- die Erbschaftssteuer,
- die Rennwett- und Lotteriesteuern.

(3) Das Aufkommen folgender Steuern steht den Trägern der Kommunalautonomie zu:
- die Gewerbesteuer,
- die Grundsteuer,
- die Steuern mit örtlich bedingtem Wirkungskreis.

(4) Das Aufkommen der Einkommenssteuer, der Körperschaftssteuer

und der Umsatzsteuer steht dem Bund und den Ländern gemeinsam zu (Gemeinschaftssteuern), soweit das Aufkommen der Einkommenssteuer nicht nach Absatz 5 den Trägern der Kommunalautonomie zugewiesen wird. Die Anteile von Bund und Ländern werden durch Gesetz festgelegt, das der Zustimmung der Länderkammer bedarf. Hierbei haben Bund und Länder im Rahmen der laufenden Einnahmen gleichmäßig Anspruch auf Deckung ihrer notwendigen Ausgaben. Die Festlegung ist so vorzunehmen, daß die Einheitlichkeit der Lebensverhältnisse im Gebiet des Bundes weitestmöglich hergestellt und gewahrt wird. Werden den Ländern durch Gesetz des Bundes zusätzliche Ausgaben auferlegt oder Einnahmen entzogen, so kann die Mehrbelastung durch Gesetz des Bundes, das der Zustimmung der Länderkammer bedarf, vorübergehend auch mit Finanzzuweisungen des Bundes ausgeglichen werden.

(5) Die Träger der Kommunalautonomie erhalten einen Anteil an dem Aufkommen der Einkommenssteuer, der sie in die Lage versetzt, ihre Aufgaben zu erfüllen. Der Anteil wird von den Ländern an ihre Träger der Kommunalautonomie unter Berücksichtigung der unterschiedlichen Lebensverhältnisse nach Maßgabe der Einwohnerzahl weitergeleitet. Das Nähere bestimmt ein Gesetz, das der Zustimmung der Länderkammer bedarf.

(6) Von dem Länderanteil am Gesamtaufkommen der Gemeinschaftssteuern fließt den Trägern der Kommunalautonomie insgesamt ein von der Landesregierung zu bestimmender Hundertsatz zu. Die Landesgesetzgebung bestimmt im übrigen, ob und inwieweit das Aufkommen der Landessteuern den Trägern der Kommunalautonomie zufließt.

(7) Den Trägern der Kommunalautonomie ist das Recht einzuräumen, im Rahmen der Gesetze die Hebesätze der Gewerbesteuer und der Grundsteuer festzusetzen.

Artikel 117

(1) Das Aufkommen der Landessteuern und der Länderanteil am Aufkommen der Einkommens- und der Körperschaftssteuer stehen den einzelnen Ländern insofern zu, als die Steuern von den Finanzbehörden in ihrem Gebiet vereinnahmt werden (örtliches Aufkommen). Durch Gesetz, das der Zustimmung der Länderkammer bedarf, können nähere Bestimmungen über die Abgrenzung sowie über Art und Umfang der Zerlegung des örtlichen Aufkommens getroffen werden. Der Länderan-

teil am Aufkommen der Umsatzsteuer steht den einzelnen Ländern nach Maßgabe ihrer Einwohnerzahl zu.
(2) Durch Gesetz, das der Zustimmung der Länderkammer bedarf, ist sicherzustellen, daß die unterschiedliche Finanzkraft den Ländern angemessen ausgeglichen wird; hierbei sind die Finanzkraft und der Finanzbedarf der Träger der Kommunalautonomie zu berücksichtigen. Das Gesetz kann auch bestimmen, daß der Bund aus seinen Mitteln leistungsschwachen Ländern Zuweisungen zur ergänzenden Deckung ihres allgemeinen Finanzbedarfs (Ergänzungszuweisungen) gewährt.

Artikel 118

(1) Der Bund und die Länder errichten Finanzverwaltungen.
(2) Zölle und die vom Bund geregelten Verbrauchssteuern einschließlich der Einfuhrumsatzsteuer werden durch Finanzbehörden des Bundes verwaltet. Der Aufbau dieser Behörden wird durch Bundesgesetz geregelt.
(3) Die übrigen Steuern werden durch die Finanzbehörden der Länder verwaltet. Der Aufbau dieser Behörden und die einheitliche Ausbildung der Angehörigen des öffentlichen Dienstes werden durch Bundesgesetz geregelt, das der Zustimmung der Länderkammer bedarf.
(4) Das von den Finanzbehörden des Bundes anzuwendende Verwaltungsverfahren wird durch Bundesgesetz geregelt. Das von den Finanzbehörden der Länder anzuwendende Verfahren wird durch Bundesgesetz geregelt, das der Zustimmung der Länderkammer bedarf.

Artikel 119

(1) Bund und Länder sind in ihrer Haushaltswirtschaft selbständig und voneinander unabhängig. Sie haben unter besonderer Berücksichtigung des Zieles der Vollbeschäftigung den Erfordernissen der Preisstabilität, des außenwirtschaftlichen Gleichgewichts und eines angemessenen Wirtschaftswachstums Rechnung zu tragen.
(2) Durch Bundesgesetz, das der Zustimmung der Länderkammer bedarf, können für den Bund und die Länder gemeinsam geltende Grundsätze für das Haushaltsrecht, für die Haushaltswirtschaft sowie für eine mehrjährige Finanzplanung aufgestellt sowie zur Abwehr einer Störung des gesamtwirtschaftlichen Gleichgewichts die Kreditaufnahme des Bundes, der Länder und der Träger des Kommunalautonomie sowie sonstiger öffentlicher Haushalte beschränkt werden.

Artikel 120

(1) Der Haushaltsplan des Bundes dient der Feststellung und Deckung des Finanzbedarfs, der zur Erfüllung der Aufgaben des Bundes für ein Jahr erforderlich wird. Der beschlossene Haushaltsplan ist die verbindliche Grundlage für die Haushalts- und Wirtschaftsführung.
(2) Der Haushaltsplan des Bundes wird vor Beginn eines Haushaltsjahres durch Gesetz beschlossen.
(3) Im Haushaltsplan sind alle Einnahmen und Ausgaben des Bundes aufzunehmen. Bei Staatsunternehmen brauchen nur die Zuführungen oder die Ablieferungen eingestellt zu werden.
(4) Der Haushaltsplan ist in Einnahmen und Ausgaben auszugleichen.
(5) Die Gesetzesvorlage nach Absatz 2 sowie Vorlagen zur Änderung des Haushaltsgesetzes und des Haushaltsplanes werden gleichzeitig mit der Zuleitung an die Länderkammer bei der Volkskammer eingebracht; die Länderkammer ist berechtigt, innerhalb von sechs Wochen, bei Änderungsvorlagen innerhalb von drei Wochen, zu den Vorlagen Stellung zu nehmen.

Artikel 121

(1) Ist bis zum Schluß des Rechnungsjahres der Haushaltsplan für das folgende Jahr nicht durch Gesetz festgestellt, so ist bis zu seinem Inkrafttreten die Regierung ermächtigt, alle Ausgaben zu leisten, die nötig sind,
a) um gesetzlich bestehende Einrichtungen zu erhalten und gesetzlich beschlossene Maßnahmen durchzuführen,
b) um die rechtlich begründeten Verpflichtungen zu erfüllen,
c) um Bauten, Beschaffungen und sonstige Leistungen fortzusetzen oder Beihilfen für diese Zwecke weiter zu gewähren, sofern durch den Haushaltsplan des Vorjahres bereits Beträge bewilligt worden sind.
(2) Soweit nicht auf besonderem Gesetz beruhende Einnahmen aus Steuern und sonstigen Abgaben die Ausgaben unter Absatz 1 decken, darf die Regierung die zur Aufrechterhaltung der Wirtschaftsführung erforderlichen Mittel bis zur Höhe eines Viertels der Kreditaufnahme des abgelaufenen Haushaltsjahres im Wege des Kredits flüssig machen.

Artikel 122

Überplanmäßige und außerplanmäßige Ausgaben bedürfen der Zustimmung des Ministers der Finanzen. Sie darf nur im Falle eines unvorhergesehenen und unabweisbaren Bedürfnisses erteilt werden. Über- und außerplanmäßige Ausgaben sollen durch Einsparungen bei anderen Ausgaben des Haushaltsplanes des Bundes ausgeglichen werden. Einzelheiten können durch Bundesgesetz bestimmt werden.

Artikel 123

Gesetze, welche die von der Regierung vorgeschlagenen Ausgaben des Haushaltsplanes erhöhen oder neue Aufgaben in sich schließen oder für die Zukunft mit sich bringen, bedürfen der Zustimmung der Regierung. Das gleiche gilt für Gesetze, die Einnahmenminderungen in sich schließen oder für die Zukunft mit sich bringen.

Artikel 124

(1) Die Aufnahme von Krediten sowie die Übernahme von Bürgschaften, Garantien oder sonstigen Gewährleistungen, die zu Ausgaben in künftigen Rechnungsjahren führen können, bedürfen einer der Höhe nach bestimmten oder bestimmbaren Ermächtigung durch Bundesgesetz.
(2) Die Einnahmen aus Krediten dürfen die Summe der im Haushaltsplan veranschlagten Ausgaben für Investitionen nicht überschreiten. Ausnahmen sind nur zulässig zur Abwehr einer Störung des gesamtwirtschaftlichen Gleichgewichts.
(3) Das Nähere wird durch Bundesgesetz geregelt.

Artikel 125

(1) Der Minister der Finanzen hat der Volkskammer im Laufe des nächsten Jahres über alle Haushaltseinnahmen eines Rechnungsjahres sowie über ihre Verwendung und die Schulden des Bundes zur Entlastung der Regierung Rechenschaft zu legen. Der Rechnung ist ein Vermögensnachweis beizufügen.
(2) Die Prüfung der Haushaltsrechnung sowie der Wirtschaftlichkeit und Ordnungsmäßigkeit der Haushalts- und Wirtschaftsführung erfolgt durch den Rechnungshof des Bundes. Seine Mitglieder besitzen richter-

liche Unabhängigkeit. Artikel 65 Absatz 2 Satz 2 findet entsprechende Anwendung. Er hat der Regierung, der Volkskammer und der Länderkammer jährlich über die Ergebnisse seiner Tätigkeit zu berichten.
(3) Die Mitglieder des Rechnungshofes werden durch einen beim Präsidenten der Republik einzurichtenden Wahlausschuß gewählt. Diesem Ausschuß gehören an:
1. der Präsident als Vorsitzender;
2. der Präsident der Volkskammer;
3. die Mitglieder des Finanzausschusses der Volkskammer;
4. der Finanzminister;
5. die Finanzminister der Länder.

V. Kapitel
Übergangs- und Schlußbestimmungen

Artikel 126

(1) Nach Inkrafttreten dieser Verfassung werden die Gesetze ausschließlich von den in dieser Verfassung vorgesehenen gesetzgebenden Körperschaften des Bundes und der Länder beschlossen.
(2) Als Bundesrecht gilt dasjenige Recht der Deutschen Demokratischen Republik fort, dessen Gegenstände nicht in der ausschließlichen Gesetzgebungsbefugnis der Länder liegen.
(3) Als Landesrecht gilt dasjenige Recht der Deutschen Demokratischen Republik fort, dessen Gegenstände zur ausschließlichen Gesetzgebungsbefugnis der Länder gehören. Für eine Dauer von vier Jahren vom Inkrafttreten dieser Verfassung an können die Länder dieses Landesrecht nur gemeinsam und mit Zustimmung der Länderkammer ändern, ergänzen oder aufheben. Bis zum ersten Zusammentritt der Länderkammer kann die Volkskammer als Landesrecht fortgeltende Rechtsvorschriften ändern, ergänzen oder außer Kraft setzen.

Artikel 127

(1) Recht der Deutschen Demokratischen Republik gilt nach Maßgabe dieses Artikels fort, soweit es dieser Verfassung nicht widerspricht.

(2) Die Rechte gemäß den Artikeln 8 Absatz 2, 21 Absatz 4, 23 Absatz 3, 26 und 27 Absatz 3 Satz 4 bestehen bis zur Anpassung des geltenden Rechts an diese Verfassung nur in dem zum Zeitpunkt ihres Inkrafttretens bestehenden Umfang; die Anpassung muß spätestens am 31. Dezember 1990 vollzogen sein.

(3) Anlagen, die entgegen den Bestimmungen des Artikels 33 Absätze 2 und 3 Gefährdungen oder Beeinträchtigungen der natürlichen Umwelt verursachen, können für fünf Jahre vom Inkrafttreten dieser Verfassung an weiter betrieben werden, soweit sie das Maß der am 31. März 1990 von ihnen verursachten Emissionen nicht überschreiten und unverzüglich wirksame Maßnahmen zu deren schrittweiser Verminderung auf die von dieser Verfassung erlaubten Grenzwerte ergriffen werden. Die Bestimmungen des Artikels 33 Absatz 4 gelten für Altlasten nur nach Maßgabe des Gesetzes.

Artikel 128

Die in den Artikeln 21 Absatz 3 Satz 3 und 113 Absatz 1 erteilten Gesetzgebungsaufträge sind vom Bund und von den Ländern bis zum 31. Dezember 1990 zu erfüllen. Richter, die vor Inkrafttreten dieser Verfassung gewählt worden sind, bleiben bis zur Wirksamkeit des in Artikel 113 Absatz 1 genannten Gesetzes im Amt.

Artikel 129

(1) Mit dem Inkrafttreten dieser Verfassung sind die in Artikel 41 Absatz 1 genannten Länder errichtet.

(2) Die Volkskammer hat unverzüglich ein Gesetz zu verabschieden, welches die Ländergrenzen festlegt und vorläufige Regelungen über die Einrichtungen von Länderverwaltungen sowie von Regelungen für die Konstituierung der obersten Staatsorgane der Länder enthält (Ländereinrichtungsgesetz). Dieses Gesetz bedarf der Mehrheit von zwei Dritteln der Mitglieder der Volkskammer.

Artikel 130

Anspruch auf bevorrechtigte Einbürgerung haben diejenigen, die oder deren Vorfahren aufgrund ihrer Zugehörigkeit zu einer Rasse oder Religion in der Zeit vom 30. Januar 1933 bis zum 9. Mai 1945 verfolgt oder von Verfolgung bedroht wurden, wenn sie oder ihre Abkömmlinge erneut Diskriminierungen aufgrund ihrer Gruppenzugehörigkeit ausgesetzt sind.

Artikel 131

(1) Die Bodenreform und die Eigentumsentziehungen, die durch Artikel 24 der Verfassung der Deutschen Demokratischen Republik vom 7. Oktober 1949 bestätigt worden sind, sind unantastbar.

(2) Enteignungen und sonstige Formen der Eigentumsentziehung, die zum Zeitpunkt ihres Vollzugs in Übereinstimmung mit dem Recht der Deutschen Demokratischen Republik erfolgten, bleiben unbeschadet formeller Unrichtigkeit von Grundbüchern, Katastern und anderer öffentlicher Register wirksam. Das gleiche gilt für vermögenswerte Rechte, die Bürger nach dem Verlassen der Deutschen Demokratischen Republik zurückgelassen haben und die in Übereinstimmung mit dem jeweils geltenden Recht der Deutschen Demokratischen Republik endgültig auf Dritte übertragen worden sind oder von Dritten genutzt werden. Nutzungen an derartigen vermögenswerten Rechten sind zu schützen. Die Nutzer haben Anspruch auf Eigentumserwerb nach den am 31. Dezember 1989 geltenden Rechtsvorschriften über die Bewertung, soweit das Eigentum in der Hand eines Trägers öffentlicher Gewalt ist. Soweit davon Wohnungen, Wohngrundstücke und für Erholungszwecke genutzte Grundstücke betroffen sind, haben dieses Recht die persönlichen Nutzer.

(3) Eigentum, das unter Verletzung des jeweils geltenden Rechts der Deutschen Demokratischen Republik entzogen worden ist, ist auf Antrag an die rechtmäßigen Eigentümer zurückzuerstatten, soweit es sich noch in der Verfügung eines Trägers öffentlicher Gewalt befindet. Dies gilt nicht für Wohnungen und Wohngrundstücke sowie für Erholungszwecke genutzte Grundstücke. Es gilt auch nicht für Eigentum, das in die Verfügung von Genossenschaften und volkseigenen Unternehmen übergegangen ist.

(4) Ist eine Rückerstattung nach Absatz 3 ausgeschlossen, bleiben die inzwischen erfolgten Verfügungen wirksam. Die Rechtsstellung der Nutzer bestimmt sich nach Absatz 2 Sätze 3 bis 5. Nutzungen sind auch dann zu schützen, wenn eine Rückerstattung nach Absatz 3 stattfindet. Den früheren Eigentümern ist eine Entschädigung zu zahlen. Die Entschädigung ist auf gesetzlicher Grundlage unter gerechter Abwägung der Interessen der Allgemeinheit und der Beteiligten auf der Grundlage des im Zeitpunkt des Verlassens der Deutschen Demokratischen Republik geltenden Bewertungsgesetzes zu bestimmen; dabei

sind der Zeitpunkt und die besonderen persönlichen Umstände, die zum Verlassen der Deutschen Demokratischen Republik führten, zu berücksichtigen. Die Entschädigung kann in Raten gezahlt werden. Bei Lastenausgleichszahlungen im Hinblick auf den Vermögensverlust ist die Entschädigung ausgeschlossen. In geeigneten Fällen ist ein einverständlicher Interessenausgleich zwischen den Beteiligten zu fördern, der an die Stelle von Entschädigungsleistungen tritt.
(5) Die vollen Eigentumsrechte an beweglichen Sachen, die nach den bis zum 31. Dezember 1989 geltenden Rechtsvorschriften in der treuhänderischen Verwaltung des Staates oder eines sonstigen Treuhänders standen, sind auf Antrag der Berechtigten wiederherzustellen; soweit der Treuhänder darüber verfügt hat, sind die Erlöse auszuhändigen. Das gilt nicht für bewegliche Sachen, die von volkseigenen Betrieben oder Genossenschaften genutzt werden.
(6) Soweit das Eigentum an treuhänderisch verwaltetem unbeweglichen Vermögen nicht gemäß den nachfolgenden Vorschriften auf neue Rechtsträger übergeht, sind die vollen Eigentumsrechte der Berechtigten auf deren Antrag wiederherzustellen. Das Eigentum an treuhänderisch verwalteten Wohnungen, Wohngrundstücken und für Erholungszwecke genutzten Grundstücken geht auf die Träger der Kommunalautonomie über, in deren Gebiet sie gelegen sind. Für die persönlichen Nutzer gelten die Vorschriften des Absatzes 2 Sätze 3 und 4. Das Eigentum an treuhänderisch verwaltetem unbeweglichen Genossenschaftsvermögen geht auf die nutzende Genossenschaft über. Das Eigentum an treuhänderisch verwaltetem unbeweglichen Betriebsvermögen geht auf den Treuhänder über. Es ist auf die nutzenden Betriebe zu übertragen, sobald sie die Rechtsform eines selbständigen Unternehmens annehmen. Das Eigentum an diesen Unternehmen steht dem Land zu, in dem sie ihren Sitz haben. Die Vorschriften des Absatzes 4 Sätze 4 bis 8 finden Anwendung.

Artikel 132

(1) Wird die Einheit durch einen Beitritt zur Bundesrepublik Deutschland verwirklicht, so sind die Voraussetzungen, unter denen das Grundgesetz der Bundesrepublik Deutschland für das gegenwärtige Hoheitsgebiet der Deutschen Demokratischen Republik in Kraft gesetzt wird, durch Vereinbarung zu regeln. Die Erfüllung der völkerrechtlichen und außenwirtschaftlichen Verpflichtungen der Deutschen Demokratischen Republik muß sichergestellt sein.

(2) Die Vereinbarung bedarf zu ihrer Wirksamkeit der Zustimmung von zwei Dritteln der Mitglieder der Volkskammer und der Bestätigung in einem Volksentscheid.

(3) Diese Vereinbarung soll Regelungen über die beschleunigte Angleichung der Wirtschaftskraft der auf dem gegenwärtigen Hoheitsgebiet der Deutschen Demokratischen Republik gelegenen Landesteile und der Lebensverhältnisse ihrer Bewohner an die im jetzigen Gebiet der Bundesrepublik Deutschland bestehenden Verhältnisse enthalten. Zur Verwirklichung des Rechts der Bürger der Deutschen Demokratischen Republik auf Beteiligung an der demokratischen Selbstbestimmung des deutschen Volkes ist auf das Zusammentreten einer gesamtdeutschen verfassungsgebenden Versammlung hinzuwirken.

(4) Die Vereinbarung soll ferner vorsehen, daß die in dieser Verfassung garantierten Menschen- und Bürgerrechte auf dem gegenwärtigen Hoheitsgebiet der Deutschen Demokratischen Republik auch dann fortgelten, wenn sie Rechte begründen, die im Grundgesetz nicht enthalten sind. Dies gilt auch für die unmittelbare Bindung Dritter an diese Rechte. Sie sollen als Landesverfassungsrecht fortgelten; die Geltung des Artikels 31 des Grundgesetzes für die Bundesrepublik Deutschland soll insoweit ausgeschlossen sein. Die Vereinbarung soll vorsehen, daß Rechtsvorschriften der Deutschen Demokratischen Republik, die mit den vorgenannten Rechten vereinbar sind, nicht aber mit dem Grundgesetz für die Bundesrepublik Deutschland, abweichend von Artikel 31 des Grundgesetzes für die Bundesrepublik Deutschland, als Landesrecht auf dem gegenwärtigen Hoheitsgebiet der Deutschen Demokratischen Republik fortgelten. Änderungen des nach diesem Absatz fortgeltenden Rechts bedürfen der Zustimmung aller auf dem gegenwärtigen Hoheitsgebiet der Deutschen Demokratischen Republik eingerichteten Länder.

Artikel 133

Bis zur Wahl des Präsidenten der Republik gemäß Artikel 85 nimmt der Präsident der Volkskammer dessen Aufgaben und Befugnisse wahr.

Artikel 134

Am Tag des Inkrafttretens dieser Verfassung verliert die Verfassung der Deutschen Demokratischen Republik vom 6. April 1968 in der zuletzt geänderten Fassung vom 5. April 1990 ihre Gültigkeit.

Artikel 135

(1) Diese Verfassung bedarf zu ihrer Annahme eines Beschlusses der Volkskammer mit der Mehrheit von zwei Dritteln ihrer Mitglieder und einer Bestätigung durch Volksentscheid. Sie kann als vorläufiges Grundgesetz durch einen Beschluß der Volkskammer mit der Mehrheit von zwei Dritteln ihrer Mitglieder in Kraft gesetzt werden.

(2) Die Verfassung wird vom Präsidenten der Volkskammer ausgefertigt und im Gesetzblatt der Deutschen Demokratischen Republik verkündet.

Artikel 136

Diese Verfassung verliert ihre Gültigkeit an dem Tage, an dem eine Verfassung in Kraft tritt, die von einer gesamtdeutschen verfassungsgebenden Versammlung beschlossen und durch einen Volksentscheid bestätigt worden ist, oder an dem Tage, an dem sie nach Eintritt der Voraussetzungen des Artikels 132 außer Kraft gesetzt wird.

Anhang:

A. Erklärung des Runden Tisches

Vom 7. Dezember 1989

1. Die Teilnehmer des Runden Tisches stimmen überein, sofort mit der Erarbeitung des Entwurfes einer neuen Verfassung zu beginnen.
2. Sie berufen dafür eine paritätisch zusammengesetzte Arbeitsgruppe, die umgehend mit der Arbeit beginnt und nach Notwendigkeit weitere Bürger und Bürgerinnen einbezieht.
3. Die Teilnehmer des Runden Tisches haben Übereinstimmung darüber, daß die Bestätigung dieser neuen Verfassung nach Neuwahlen zur Volkskammer in einem Volksentscheid 1990 erfolgt.
4. Die für die Durchführung der Neuwahlen erforderlichen Verfassungsänderungen sind unverzüglich zu erarbeiten.
5. Die Teilnehmer des Runden Tisches nehmen das Angebot zur Mitwirkung an einem entsprechenden Volkskammerausschuß zur Kenntnis und bestimmen eigenständig ihre Mitarbeit.

B. Beschluß des Runden Tisches

Vom 12. März 1990

Zur Arbeit an einer neuen Verfassung:
1. Die vorgelegten und in Arbeit befindlichen Teile des Entwurfs der neuen Verfassung der DDR sollen von der Arbeitsgruppe zu einem Gesamtentwurf bearbeitet werden.
2. Der Runde Tisch beauftragt die Arbeitsgruppe, diesen Verfassungsentwurf im April 1990 der Öffentlichkeit zur Diskussion zu übergeben.
3. Der Runde Tisch empfiehlt der neugewählten Volkskammer, die Arbeitsgruppe „Neue Verfassung der DDR“ dann in die Tätigkeit des zu

bildenden Verfassungsausschusses einzubeziehen, wenn er die Ergebnisse der öffentlichen Verfassungsdiskussion auswertet.
4. Der Runde Tisch schlägt der neugewählten Volkskammer vor, für den 17. Juni 1990 einen Volksentscheid über die Verfassung der DDR und ein Ländereinrichtungsgesetz auszuschreiben.
5. Der Verfassungsentwurf des Runden Tisches ist in die Debatte um eine neue gesamtdeutsche Verfassung einzubeziehen, wie dies auch in der Präambel und im Artikel 146 des Grundgesetzes für die Bundesrepublik Deutschland vorgesehen ist.

C. Brief an die Abgeordneten der Volkskammer

Vom 4. April 1990

Sehr geehrte Damen und Herren Abgeordnete,
die Arbeitsgruppe „Neue Verfassung der DDR“ des Runden Tisches hat in ihrer Plenarsitzung am 4. April 1990 einen Gesamtentwurf der Verfassung der DDR einstimmig verabschiedet. Der Entwurf hat damit die Zustimmung der Repräsentanten all jener Parteien und Vereinigungen gefunden, die den Runden Tisch bildeten und die in der neu gewählten Volkskammer eine verfassunggebende Mehrheit besitzen.

Der Runde Tisch hat uns durch seinen Beschluß vom 12. März 1990 beauftragt, den Entwurf der Öffentlichkeit zu übergeben.

Wir übergeben Ihnen, sehr geehrte Abgeordnete, den Gesamtentwurf der Verfassung mit der Bitte, sich dafür einzusetzen, daß die Volkskammer der Inkraftsetzung dieses Verfassungsentwurfs der Beschlußfassung über verfassungsändernde Einzelgesetze den Vorzug gibt. Wir sind überzeugt, daß wir für die Probleme, denen sich unser Land gegenübersieht, sachgerechte und am Standard modernen Verfassungsdenkens orientierte Verfassungsregelungen gefunden haben. Wir möchten unterstreichen, daß der Entwurf eine in sich zusammenhängende und aufeinander abgestimmte Regelung darstellt, die für Aufbau und Arbeitsweise eines demokratischen und sozialen Rechtsstaates und für die Sicherheit seiner Bürger erforderlich ist. Wir glauben, daß die Verabschiedung dieses Verfassungsentwurfs der weiteren Entwicklung unseres Landes auf dem Weg zur deutschen Einheit und insbesondere auch dem Wirken der Volkskammer eine gute Grundlage geben würde.

Die Arbeitsgruppe erklärt sich bereit und bittet darum, an der Arbeit des Verfassungsausschusses der Volkskammer beratend mitzuwirken.

Berlin-Niederschönhausen, 4. 4. 1990 Mit vorzüglicher Hochachtung
Mitglieder der Arbeitsgruppe
„Neue Verfassung der DDR“

Anlagen:
Unterschriften
Verfassungsentwurf

D. Mitglieder der Arbeits- und Expertengruppe

Der Arbeitsgruppe des Runden Tisches „Neue Verfassung der DDR“ gehörten, zum Teil abwechselnd, an:
Herbert Blahnik DBD; Ministerin Tatjana Böhm, Unabhängiger Frauenverband; Klaus Emmerich, FDGB (Sekretär der AG); Erich Fischer, SPD; Tatjana Forner, Unabhängiger Frauenverband; Bernd Gehrke, Vereinigte Linke; Erwin Gehrt, Bund Freier Demokraten; Karl-Friedrich Gruel, PDS; Reinhard Gruhl, Demokratie Jetzt; Rainer Hannemann, Demokratischer Aufbruch; Bernhard Hellner, CDU; Witho Holland, Bund Freier Demokraten; Rainer Huhle, Bauernverband e. V. der DDR; Elfgard Künstler, Bund Freier Demokraten; Mareile Löber, Grüne Liga; Dietrich Meltzer, CDU; Erich Pannach, Domowina; Minister Gerd Poppe, Initiative Frieden und Menschenrechte; Gerd Quilitzsch, FDGB; Peter Schindler, Bauernverband e. V. der DDR; Gerd Schoppa, Bauernverband e. V. der DDR; Richard Schröder, SPD; Werner Schulz, Neues Forum; Kerstin Spyrka, DBD; Gudrun Stecklina, Demokratie Jetzt; Wolfgang Templin, Initiative Frieden und Menschenrechte; Minister Wolfgang Ullmann, Demokratie Jetzt; Gerhard Weigt, Demokratie Jetzt; Christine Weiske, Grüne Partei; Klaus Wolfram, Neues Forum; Vera Wollenberger, Grüne Partei

Expertengruppe:
Dr. sc. Tatjana Ansbach, Berlin; Prof. Dr. Axel Azzola, Darmstadt; Prof. Dr. Alexander von Brünneck, Hannover; Prof. Dr. sc. Bernhard Graefrath, Berlin; Dr. Bernd Hohmann, Berlin; Dr. Peter Müller, Oberkirchenratspräsident, Schwerin; Prof. Dr. Ulrich K. Preuß, Bremen; Dr. Gerd Quilitzsch, Berlin; Prof. Dr. Bernhard Schlink, Bonn; Prof. Dr. Karl-Heinz Schöneburg, Berlin; Dr. Dr. h. c. Helmut Simon, Bundesverfassungsrichter a. D., Karlsruhe; Doz. Dr. Fritz Tech, Berlin; Doz. Dr. sc. Hans-Jürgen Will, Berlin; Prof. Dr. sc. Rosemarie Will, Berlin

Redaktionsgruppe:
Dr. K. Emmerich (Sekretär); Dr. sc. E. Fischer; Dr. sc. K.-F. Gruel; R. Gruhl; Doz. Dipl.-Staatswiss. B. Hellner; Dr. D. Meltzer; Dr. P. Müller; Dr. G. Weigt; Dr. H. J. Will; Prof. Dr. R. Will; K. Wolfram

Die Präambel wurde von der Schriftstellerin Christa Wolf verfaßt.

Karten

zu den Verfassungsgebieten des Deutschen Bundes im Jahre 1849, des Deutschen Reiches in den Jahren 1871–1919, des Deutschen Reiches in den Jahren 1919–1937, Deutschland 1945–1949 mit der Einteilung in Besatzungszonen, der Bundesrepublik Deutschland und der Deutschen Demokratischen Republik sowie der Bundesrepublik Deutschland nach dem Beitritt der fünf neuen Bundesländer

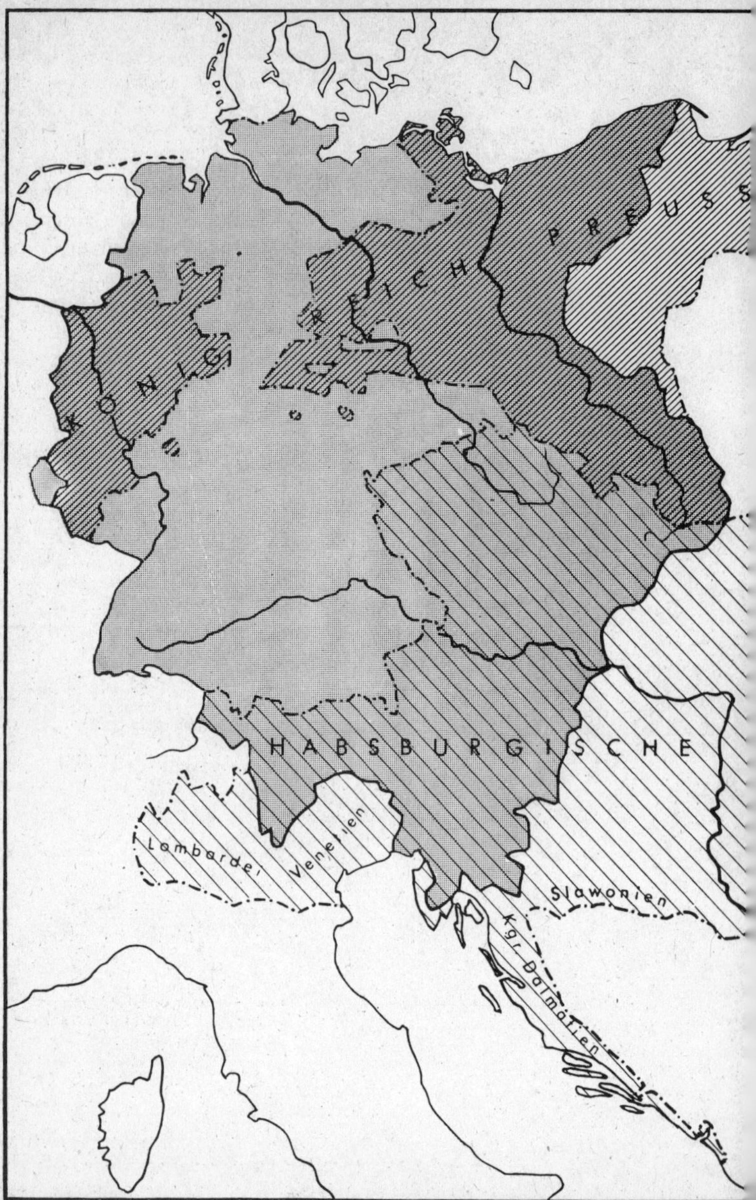
KÖNIGREICH PREUSS
HABSBURGISCHE
Lombardei
Venetien
Slawonien
Kgr. Dalmatien

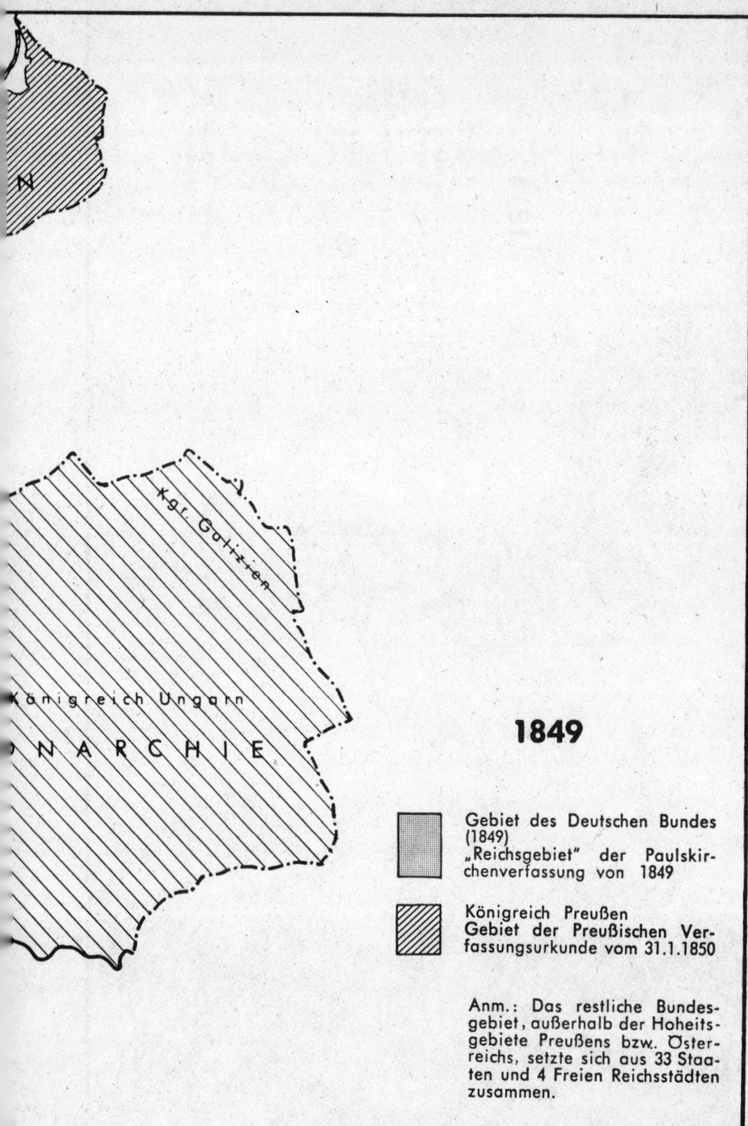
N
Kgr. Galizien
Königreich Ungarn
NARCHIE
1849
Gebiet des Deutschen Bundes (1849)
„Reichsgebiet" der Paulskirchenverfassung von 1849
Königreich Preußen
Gebiet der Preußischen Verfassungsurkunde vom 31.1.1850
Anm.: Das restliche Bundesgebiet, außerhalb der Hoheitsgebiete Preußens bzw. Österreichs, setzte sich aus 33 Staaten und 4 Freien Reichsstädten zusammen.
0 100 200 300 400 500 km

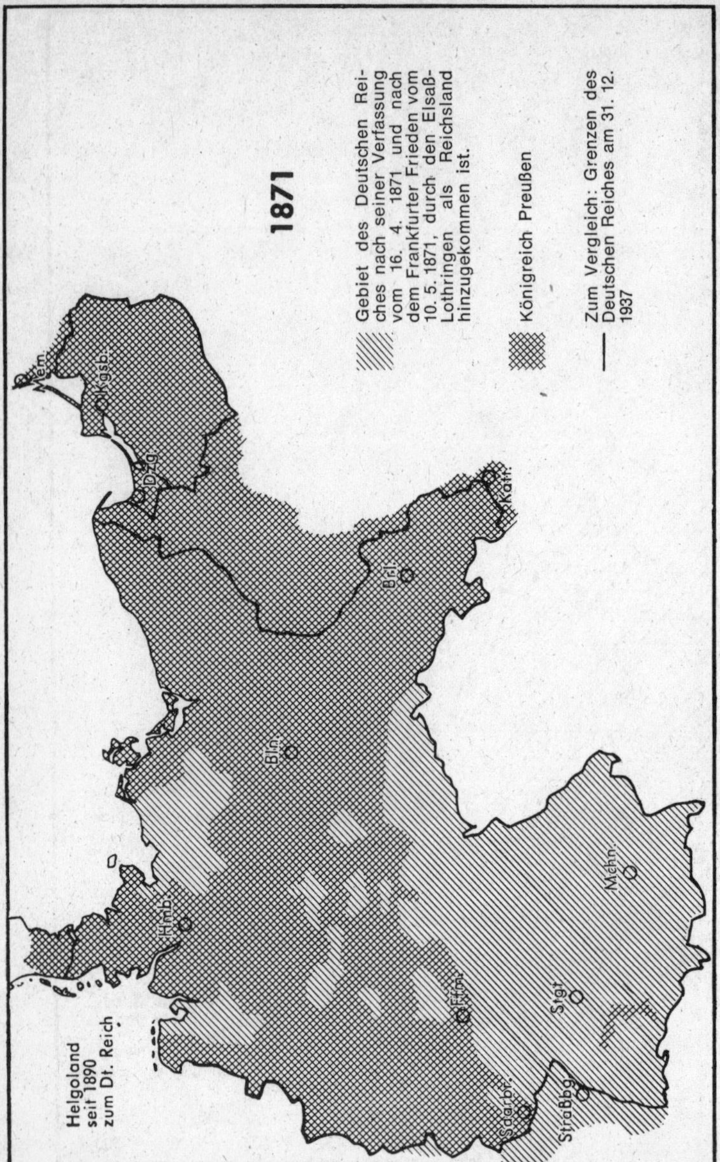
1871
Gebiet des Deutschen Reiches nach seiner Verfassung vom 16. 4. 1871 und nach dem Frankfurter Frieden vom 10. 5. 1871, durch den Elsaß-Lothringen als Reichsland hinzugekommen ist.
Königreich Preußen
Zum Vergleich: Grenzen des Deutschen Reiches am 31. 12. 1937
Helgoland seit 1890 zum Dt. Reich
Mem.
Kgsb.
Dzg.
Katt.
Brsl.
Bln.
Hmb.
Ffm.
Mchn.
Stgt.
Saarbr.
Straßbg.

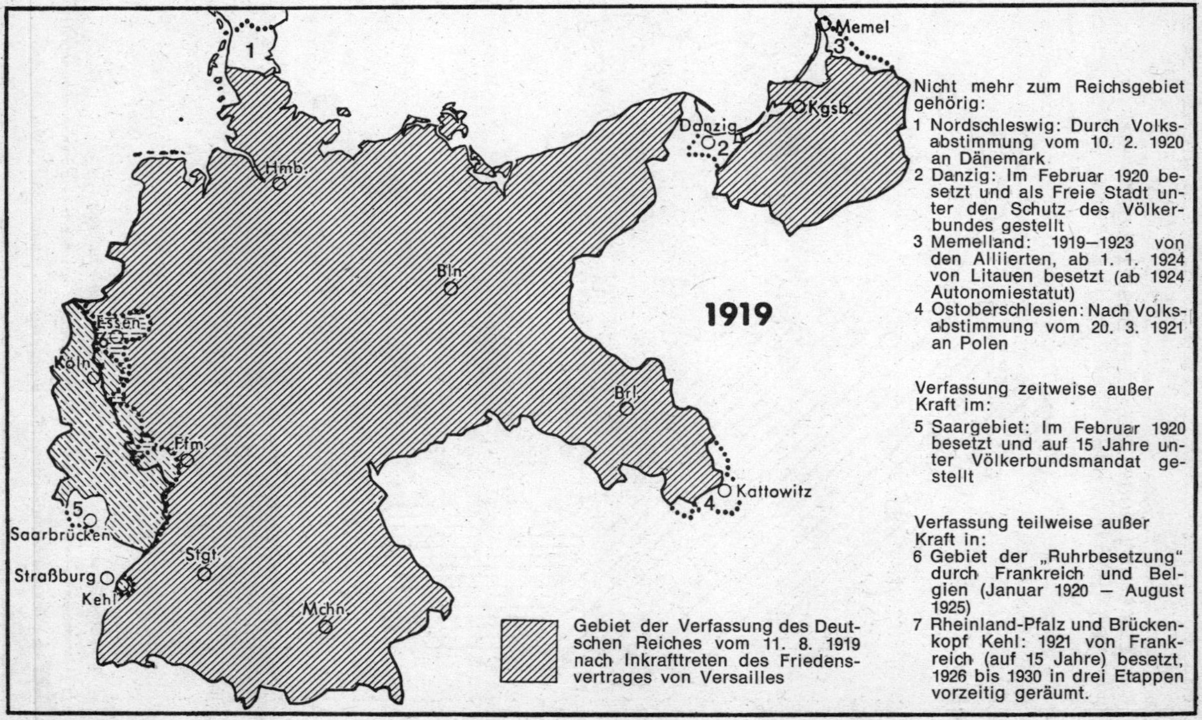
1919
Memel
3
Kgsb.
Danzig
2
1
Hmb.
Bln
Essen
6
Köln
Ffm.
7
5
Saarbrücken
Straßburg
Kehl
Stgt.
Mchn.
Brl.
Kattowitz
4
Gebiet der Verfassung des Deutschen Reiches vom 11. 8. 1919 nach Inkrafttreten des Friedensvertrages von Versailles
Nicht mehr zum Reichsgebiet gehörig:
1 Nordschleswig: Durch Volksabstimmung vom 10. 2. 1920 an Dänemark
2 Danzig: Im Februar 1920 besetzt und als Freie Stadt unter den Schutz des Völkerbundes gestellt
3 Memelland: 1919–1923 von den Alliierten, ab 1. 1. 1924 von Litauen besetzt (ab 1924 Autonomiestatut)
4 Ostoberschlesien: Nach Volksabstimmung vom 20. 3. 1921 an Polen
Verfassung zeitweise außer Kraft im:
5 Saargebiet: Im Februar 1920 besetzt und auf 15 Jahre unter Völkerbundsmandat gestellt
Verfassung teilweise außer Kraft in:
6 Gebiet der „Ruhrbesetzung" durch Frankreich und Belgien (Januar 1920 – August 1925)
7 Rheinland-Pfalz und Brückenkopf Kehl: 1921 von Frankreich (auf 15 Jahre) besetzt, 1926 bis 1930 in drei Etappen vorzeitig geräumt.

Einteilung Deutschlands in Besatzungszonen von 1945 bis 1949

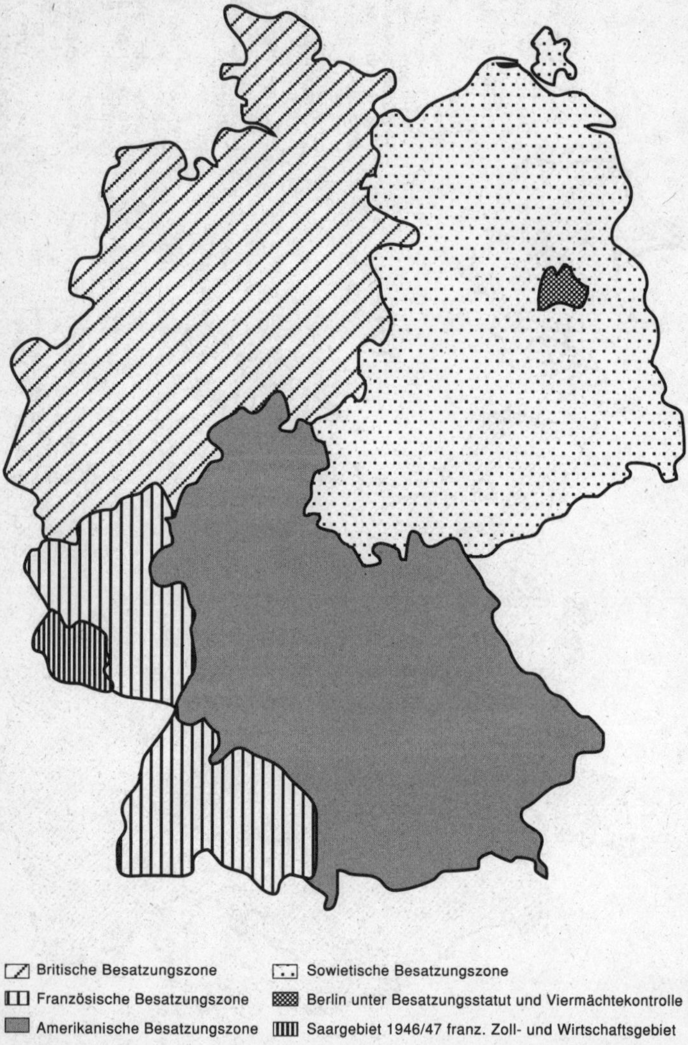

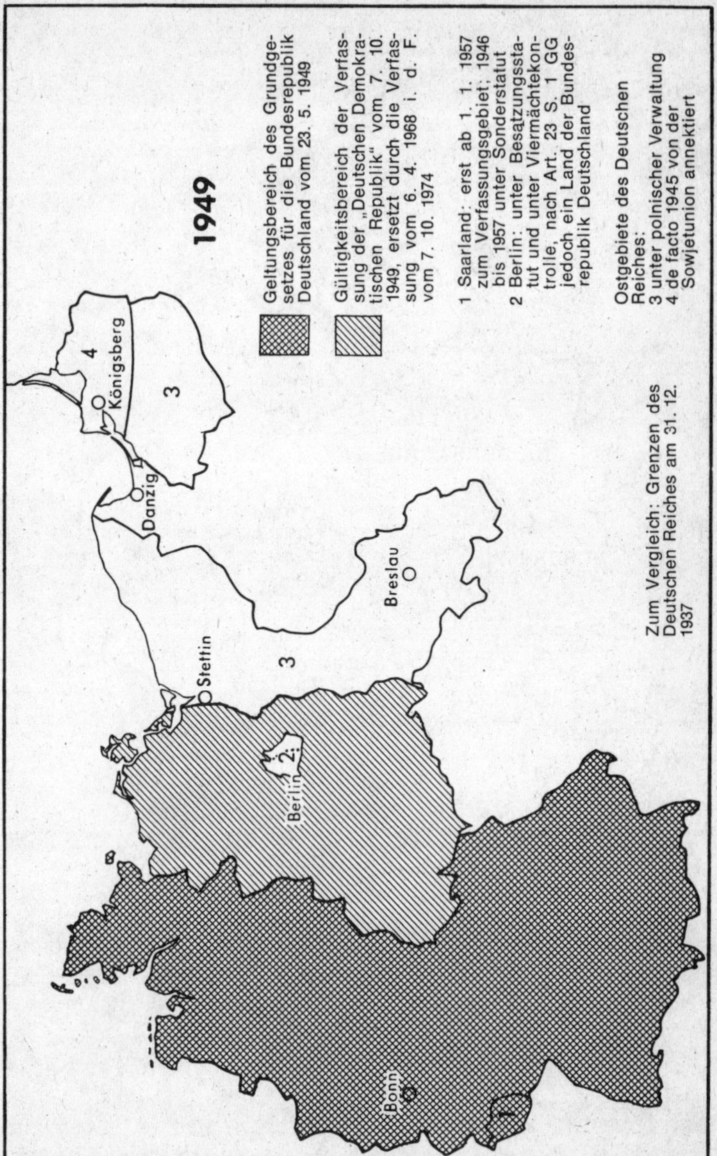
1949
Geltungsbereich des Grundgesetzes für die Bundesrepublik Deutschland vom 23. 5. 1949
Gültigkeitsbereich der Verfassung der „Deutschen Demokratischen Republik" vom 7. 10. 1949, ersetzt durch die Verfassung vom 6. 4. 1968 i. d. F. vom 7. 10. 1974
1 Saarland: erst ab 1. 1. 1957 zum Verfassungsgebiet; 1946 bis 1957 unter Sonderstatut
2 Berlin: unter Besatzungsstatut und unter Viermächtekontrolle, nach Art. 23 S. 1 GG jedoch ein Land der Bundesrepublik Deutschland
Ostgebiete des Deutschen Reiches:
3 unter polnischer Verwaltung
4 de facto 1945 von der Sowjetunion annektiert
Zum Vergleich: Grenzen des Deutschen Reiches am 31. 12. 1937
Königsberg
4
3
Danzig
Breslau
Stettin
3
Berlin
2
Bonn
1

DAS VEREINTE DEUTSCHLAND
mit seinen Bundesländern

Fläche insgesamt:	357 042 qkm
Einwohnerzahl insgesamt:	79 Millionen

Die Zahlen in der Karte entsprechen den Einwohnerzahlen der einzelnen Bundesländer (Stand: 1990).

Sachregister

Das Sachregister umfaßt die abgedruckten Verfassungen in der Numerierung von 1 bis 9 sowie in den Anhängen A nach 3 und A nach 8. Es enthält die üblichen alphabetisch geordneten Einzelstichworte (mager gedruckt). Wenn für einen Gegenstand zwei Begriffe gebräuchlich sind, wurde dem durch einfache Verweisung ohne Fundstellenangaben Rechnung getragen. Hinzu kommen noch 11 Grundstichworte (fett gedruckt), unter denen vom Gegenstand her zusammengehörende Einzelstichworte zusammengefaßt sind, um Vergleiche über die verschiedenen Verfassungen hinweg zu erleichtern. Wichtige Gegenstände, die unter einem Gruppenstichwort erscheinen, sind auch unter den Einzelstichworten aufgeführt. Inhaltsstichworte (fett gedruckt) sollen dazu dienen, die Gliederung der in dieser Ausgabe enthaltenen Gesetzestexte auf einen Blick zu erfassen.

Die fett gedruckten Ziffern bezeichnen die Nummern der Gesetze in dieser Ausgabe (der Zusatz A. deutet auf einen Anhang hin), die mageren Ziffern verweisen auf die Paragraphen oder Artikel dieser Gesetze.

C

D

L

R

T

U

W

EIN SIEDLER BUCH BEI GOLDMANN

KINDHEIT IN OSTPREUSSEN. Eine Liebeserklärung an das verlorene Ostpreußen: Ein zauberhaftes, durch seine sprachliche Schlichtheit bestechendes Buch, in dem Marion Gräfin Dönhoff die verschwundene Welt Ostpreußens wieder entstehen läßt.
ISBN 3-442-12810-2

IM GEGENLICHT. »Ein unvergeßliches Buch.« *(Jürgen Busche, Hamburger Morgenpost).* Dieses Reisejournal wird all diejenigen begeistern, die Italien lieben und sich eine realistische Sicht des bedeutenden Kulturlandes wünschen.
ISBN 3-442-12809-9

GOLDMANN